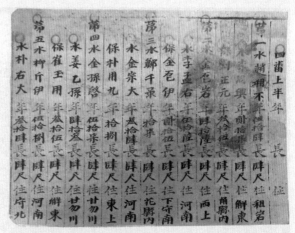

대구부 군안

경안부 수군의 군안으로 추정된다. 이 추정이 타당하다면 이 군안에 수록된 병력들은 병종과 관계없이 모두 납포군(納布軍)이었을 가능성이 높다. 군안의 첫머리에는 '4번반(四番半)'이라는 번차(番次)가 수록되어 있다. 이 군안에 따르면 수군은 크게 수군 2명과 보인 1명으로 편제되어 있다. 여기서 수군은 경안부 수군, 보인은 병말보(竝末保)를 가리키는 것으로 추정된다. 이 그림을 통해 호수 한 명당 보인 세 명이 배속된 조선 전기 수군 편제 방식이 무너졌음을 파악할 수 있다. 이 군안에는 병종, 이름, 나이, 키, 거주지 등 병력 충원을 위한 기초 정보가 수록되어 있다. 아산 현충사 소장.

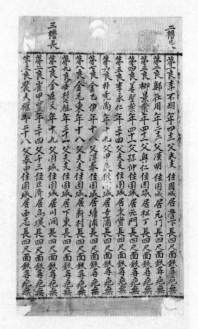

거제군 군안

이노장(二櫓長)이나 삼노장(三櫓長) 등의 명칭을 통해 이 군안이 군선 승선 인원을 표기해놓은 것임을 짐작해볼 수 있다. 각 노에는 노장 1명과 노군 8명, 즉 9명이 편성되어 있다. 이 군안에는 노군의 이름, 나이, 거주지, 키, 얼굴색, 흉터 등이 기록되어 있다. 당시 읍전선에서 병력을 어떻게 충원했는지 알 수 있는 자료이다. 아산 현충사 소장.

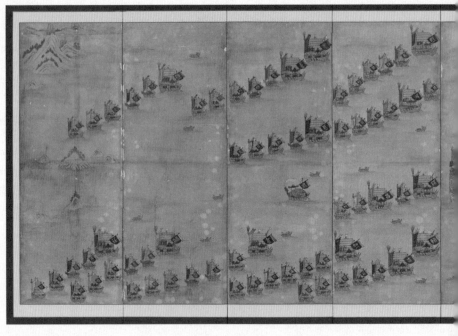

삼도수군조련도 (위)

통제사가 타는 군선을 중심으로 충청·전라·경상도 수군이 배치되어 있다. 이 그림을 보면 삼도 수군이 전·후·좌·우·중영 등 5개 영으로 편성되었음을 알 수 있다. 이 그림에서 눈에 띄는 것은 각 군선마다 있는 검은 색 깃발인 대기(大旗)이다. 대기에는 해당 군선의 모항(母港) 이름의 첫 글자가 흰색으로 쓰여 있다. 이 대기의 존재를 통해 조선 후기 수군이 『기효신서』를 일정 부분 수용했다는 사실을 파악할 수 있다. 국립해양박물관 소장.

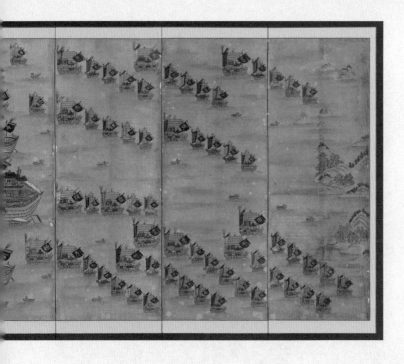

영조 24년(1748) 경상좌수사 이언섭의 장계 (아래)
경상좌수사 이언섭이 훈련을 하면서 느낀 군선의 장단점을 언급한 장계이다.
이 장계를 통해 당시 전선의 문제점과 귀선이 증가했던 이유를 짐작할 수 있다. 국립해양박물관 소장.

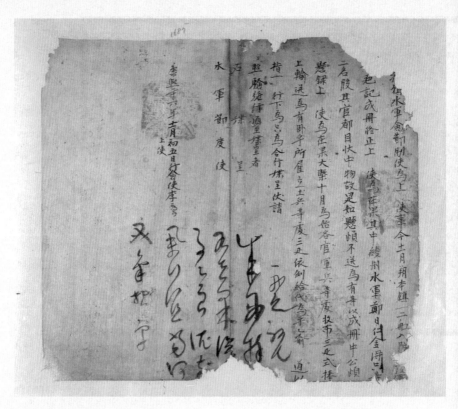

숙종 13년(1687) 첨절제사의 첩정

숙종 13년(1687) ○○鎭 첨절제사가 전라도 수군절도사에게 올린 첩정이다. 첨절제사라는 직위와 군선수를 고려해보면 이 첩정을 올린 사람은 사도진첨사일 가능성이 높다. 이 첩정을 통해 숙종 13년 당시 수군진에서 방군에게 역가를 거두어 병력을 고립하는 방식이 고착되어 있었음을 파악할 수 있다. 이 시기 수군의 고립가는 3필이었다. 국립해양박물관 소장.

조선 후기 수군 연구

| 정책, 재정, 훈련에 관하여 |

지은이 송기중(宋基重)

충남대학교 국사학과에서 학사, 석사, 박사과정을 마치고 문학박사학위를 받았다. 조선 후기 수군사를 연구하고 있으며, 특히 수군, 어영청, 병조 등이 주요 연구 분야이다. 대표 논문으로 「17세기 수군방어체제의 개편」, 「균역법 실시와 수군 급대의 운영」 등이 있다. 충남대, 건양대, 우송대 등에서 강의하고 있다.

조선 후기 수군 연구 — 정책, 재정, 훈련에 관하여

초판 1쇄 인쇄 2019년 8월 20일
초판 1쇄 발행 2019년 8월 30일

지은이 송기중
펴낸이 정순구
책임편집 정윤경
기획편집 조수정 조원식
마케팅 황주영

출력 블루엔
용지 한서지업사
인쇄 한영문화사
제본 대원바인더리

펴낸곳 (주) 역사비평사
등록 제300-2007-139호 (2007. 9. 20)
주소 10497 : 경기도 고양시 덕양구 화중로 100(비전타워21) 506호
전화 02-741-6123~5
팩스 02-741-6126
홈페이지 www.yukbi.com
이메일 yukbi88@naver.com

ⓒ 송기중, 2019
ISBN 978-89-7696-734-3 94900
    978-89-7696-733-6 94900 (set)

와이비
아카이브

조선 후기 수군 연구

정책, 재정, 훈련에 관하여

송기중 지음

역사비평사

책머리글

이 책은 17~19세기 중엽까지 수군진, 군선, 역제, 훈련 등 네 가지 주제를 통해 수군 방위 태세의 변화를 시계열적으로 살펴본 연구이다. 필자가 조선 후기 수군에 대해 관심을 가진 것은 석사학위논문을 쓰면서부터였다. 석사과정에 들어올 때 필자는 군사 제도사와 유민(流民)에 대해 관심이 많았다. 필자의 관심을 알고 계셨던 지도교수님께서는 군사 제도사를 할 거라면 수군을 한번 해보라고 하셨다. 처음 지도교수님의 말씀을 들었을 때 필자는 수군이 유명하고 연구가 많이 되어 있어 감당할 수 있을지 의문이 들었다. 하지만 선행 연구를 정리하면서 그 생각은 기우에 불과했음을 알 수 있었다.

이때까지 수군 연구는 임진왜란 당시 이순신의 활약상에만 집중할 뿐이었다. 조선 후기 수군에 대해서는 실증적인 연구가 거의 없었을 뿐 아니라 '이전보다 약해졌다'라거나 '발전하지 못했다'는 등 부정적인 평가가 주류를 이루었다. 필자는 이순신의 업적을 선양하고 연구하는 것도 중요하지만, 임진왜란 전후 수군의 제도사적인 연구가 좀 더 체계적으로 진행될 필요가 있다고 생각했다. 이후 조선 후기 수군진의 설치

추이를 살펴보는 과정에서, 필자는 조선 정부가 해양 방위에 상당한 관심을 가지고 있었음을 알게 되었다. 이후 필자는 군선의 배치 변화, 수군 역제의 정비, 역가 납부 문제 등으로 연구 주제를 확대했고, 박사학위논문까지 제출할 수 있었다.

이 저서는 필자의 박사학위논문을 수정 보완한 것이다. 박사학위 논문의 목차를 좀 더 체계적으로 조정하고, 조전선 변통 논의와 수조(水操)에 관한 내용을 크게 보완했다. 새로운 자료들을 발굴하여 반영했고, 문장을 윤문하거나 각종 오류를 바로 잡았다. 그 과정에서 상당히 많은 부분이 수정되었다. 이러한 수정을 통해 이 책이 좀 더 체계적이고 완성도 높은 글이 되었기를 희망한다. 아울러 이전에 발표한 논문을 수정하여 보론 형태로 실었다. 보론인 논문은 본래 박사학위논문에 포함시키고 싶었으나 상황이 여의치 않아 논문 형태로 둔 글이다.

모든 학위논문은 각고의 노력 속에서 태어난다. 필자의 논문도 순탄한 과정을 거쳐 탄생한 것만은 아니었다. 여러 어려움 속에서 필자가 공부를 놓지 않을 수 있었던 것은 여러 선생님의 따뜻한 훈도와 보살

픔이 있었기 때문이었다. 특히 송양섭 교수님은 학부 때부터 박사과정에 있을 때까지 따뜻한 사랑으로 보살펴주시고 훈도해주셨다. 사실 교수님이 아니었다면, 아둔한 제자가 이런 연구서를 낸다는 것 자체가 불가능했을 것이다. 김상기 교수님은 필자의 박사학위 지도교수로서 학위논문의 완성에 많은 가르침을 주셨을 뿐 아니라 경제적으로 궁핍한 제자에게 여러 가지 배려를 해주셨다. 아울러 장병인, 김수태, 허종, 이정란 교수님은 학문적 엄밀성과 진지함을 갖출 수 있도록 여러 격려와 질책을 해주셨다. 지금도 모교가 자랑스러운 것은 이들 스승의 가르침이 마음속에 남아 있기 때문이다. 서태원, 노영구 교수님은 학위논문의 심사 과정에서 필자의 논문이 체계를 잡아갈 수 있도록 여러 가르침을 주셨다. 지금도 그 가르침은 필자의 학문적인 자산으로 남아 있다.

충청문화연구소의 성봉현, 임병권 선생님의 은혜도 잊을 수 없다. 필자가 고문서에 대해 조금이라도 흥미를 가지게 된 것은 두 분의 가르침 덕분이다. 대동사목반의 이근호, 권기중, 이왕무, 최주희 선생님은 필자가 학문적 고민이 있을 때마다 들어주시고 해결해주셨다. 또한 이성우, 정욱재, 이양희, 김민석, 박범, 문광균, 임성수, 고(故) 정상화, 백미선, 손연하, 한아름, 정영우, 안다미 등 충남대학교 선후배와 동료들의 사랑도 잊을 수 없다. 이들과 한 공간에서 생활하면서 있었던 유쾌한 추억들은 필자의 소중한 자산으로 남아 있다. 국가와 사회반과 19세기반의 동료 선후배들과의 동료애도 필자를 지탱하는 버팀목 중 하나이다. 그리고 이 글을 윤문해주신 정윤화 선생님과 그림의 초안을 잡아준 조애란에게도 깊은 감사를 드려야겠다.

도서 시장이 항구적인 불황 상태에 있음에도 이 책을 출판해주신 역사비평사의 정윤경 선생님을 비롯한 관계자 여러분에게도 감사드린다. 정윤경 선생님께서는 필자의 무리한 부탁에도 불구하고 출판에 대한 여러 가지 번거로운 일을 해주셨다. 이 책을 완성하는 데 자료를 선뜻 내주신 여러 선생님들과 기관의 관계자 여러분께도 사의를 표하고 싶다. 생활인으로서 여러 가지로 부족한 아들을 끝까지 지켜봐주신 윤윤임 여사와 동생 송지우에게도 언제나 사랑하는 마음을 전하고 싶다. 요즘 어머니께서 몸이 좋지 않으신데 꼭 쾌차하셨으면 좋겠다. 아울러 필자를 두고 먼저 가신 사랑하는 아버지에게도 이 책을 바친다.

차례

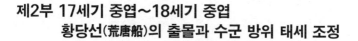

제2부 17세기 중엽~18세기 중엽
황당선(荒唐船)의 출몰과 수군 방위 태세 조정

그림 목록

표 목록

부록의 그림과 부표 목록

서론

제1장
연구 목적과 선행 연구 검토

조선왕조는 왜란과 호란을 거치면서 대내외적으로 매우 불안정한 상황에 직면했다. 이런 상황에서 조선 정부는 각종 부세 정책을 개편하여 민생 안정을 도모하고, 국방력 강화를 통해 대외 위협에 대비하고자 했다. 대외 위협에 대한 대비는 국가의 존망이 걸린 사항이었기 때문에 조선 정부 내에서 중요하게 다루어질 수밖에 없었다. 당시 존재하던 여러 대외 위협 중에서 해양으로부터의 침입은 조선 정부가 특히 우려했던 바였다. 임진왜란의 참혹한 기억을 논외로 하더라도, 황당선과 이양선이라는 낯선 배의 출몰과 해적들에 대한 각종 첩보는 당시 지배층의 경각심을 충분히 고조시키고도 남았다.

그러므로 조선 정부는 해양 방위 태세 확립을 국가 안전 보장의 관건으로 인식하고 그에 따른 전략 수립에 골몰했다.[1] 해양 방위 전략은 국

---

1) 본 연구에서는 수군 제도라는 말 대신에 '防衛態勢'라는 개념을 사용하도록 하겠다. 防衛는 『표준국어대사전』에 따르면 '적의 공격이나 침략을 막아서 지킴'이라는 뜻이며, 態勢는 '어떤 일이나 상황을 앞둔 태도나 자세'를 의미한다. 그러므로 방위 태세는 '적의 침략을 막아서 지키기 위한 어떤 태도나 자세'라는 의미로 해

왕으로부터 관료를 비롯하여 지방의 유생에 이르기까지 주요 관심사 중 하나였고, 이들은 다양한 경로로 자신의 전략을 피력했다. 그들이 제시한 전략들에는 해양 세력을 가능한 한 상륙시키지 않고 바다에서 격퇴한다는 공통된 인식 하나가 존재했다. 그들의 이러한 인식 속에는 바다에서 해양 세력을 방어하는 것이 육지보다 유리하다는 생각이 깔려 있다. 그에 따라 바다에서 적을 제압할 수 있는 무력 수단인 수군[舟師]의 중요성이 해양 방위 전략에서 강조될 수밖에 없었다.

조선시대 수군 연구는 임진왜란 이전이나 19세기 후반을 중심으로 이루어졌지만,[2] 최근 조선 후기 수군에 관한 관심도 점차 늘어나고 있다. 조선 수군을 전기·중기·후기로 구분하고 시기별 변화를 검토한 김재근의 연구가 조선 후기 수군 방위 태세를 종합적으로 검토한 첫 번째 연구가 아닌가 싶다. 그는 조선 수군의 발달을 서양 해군과 비교하

석할 수 있다. 이 말은 보통 '관습이나 도덕 법률 따위의 규범이나 사회 구조 체계'를 말하는 '제도'라는 단어보다 역동적인 의미를 담고 있다. 본 연구는 조선왕조가 해양 세력의 침입을 어떤 식으로 방어했는지 그 변화상을 밝히는 데 목적이 있으므로 방위 태세라는 말을 사용했다.

2) 임진왜란 이전 조선 수군에 관한 주요 연구로는 有馬成甫, 『朝鮮役水軍史』, 海と 空社, 1942; 최석남, 『韓國水軍活動史』, 鳴洋社, 1965; 이형석, 『壬辰戰亂史』上·中·下, 壬辰戰爭史刊行委員會, 1974; 이재룡, 「朝鮮 前期의 水軍─軍役關係를 中心으로」, 『한국사연구』 5, 한국사연구회, 1970; 방상현, 『朝鮮初期 水軍制度』, 민족문화사, 1991; 노영구, 「조선초기 水軍役과 海領職」, 서울대학교 국사학과 석사학위논문, 1994; 오봉근, 『조선수군사』, 사회과학원, 1998; 이민웅, 『임진왜란해전사』, 청어람미디어, 2004; 제장명, 「정유재란 시기 해전과 조선 수군 운용」, 부산대학교 박사학위논문, 2014 등이 있다. 19세기 후반 수군에 대한 주요 연구 성과로는 김재승, 『韓國近代海軍創設史』, 혜안, 2000; 배항섭, 『19世紀 朝鮮의 軍事制度 硏究』, 국학자료원, 2002 등이 있다.

면서, 조선 후기 수군이 이전 시기보다 발전하지 않은 것은 아니지만, 그 정도가 미미한 수준에 그쳤다고 평가했다.[3] 북한 연구자인 오봉근은 수군 방위 태세를 진관 체제(鎭管體制), 함선(艦船)의 건조와 개량, 군정(軍丁)의 확보와 습조(習操) 등 세 부분으로 나누고 그 변화를 기술했다. 그는 조선 후기 수군의 발전 속도가 그리 빠르지 않았다고 지적하고, 그 원인으로 '봉건 지배층의 무능'을 지적했다.[4] 이 두 연구는 조선 후기 수군을 부정적으로 평가하여 재고의 여지가 있지만, 지금까지 제출된 수군 방위 태세에 관한 연구 중에서 가장 체계적인 서술이라 생각되며, 후대 수군 연구에 많은 영향을 주었다는 점에서 선구적인 위상을 점하고 있다.

  수군의 하위 분야인 진(鎭), 군선(軍船), 역제(役制), 수조(水操)에 관한 연구도 개별적으로 꾸준히 진행되고 있다. 수군 관련 연구 중에서 가장 활발한 분야는 진의 위치와 그 운영 실태에 관한 연구이다. 충청·전라·경상도 수군의 사령부인 삼도수군통제영(이하 통제영)에 관한 연구는 그 규모와 상징성으로 인해 가장 많이 진행되었다. 김현구는 조선 후기 통제사로 임명된 인물들의 특징과 임명 과정, 그리고 그 업무 등에 주목했다.[5] 이후 그는 환곡 연구에 매진하여 통영곡의 운영과 곡총 추이를 밝히는 한편, 통영곡의 폐단을 임술민란과 연결해보고자 했다.[6] 그의

---

3) 김재근, 「朝鮮王朝의 水軍」, 『군사』 1, 국방부전사편찬위원회, 1980.
4) 오봉근, 「17~19세기 중엽의 리조수군」, 『조선수군사』, 사회과학원, 1998.
5) 김현구, 「朝鮮後期 統制使에 관한 연구—그 職任을 中心으로」, 『부대사학』 9, 부산사학회, 1985.
6) 김현구, 「朝鮮後期 統制營의 財政運營에 관한 硏究—統營穀을 中心으로」, 부산대

연구를 통해 통제사의 임명과 통영곡의 운영에 대한 여러 부분이 규명되었다. 그 외에도 통제사의 설치 배경을 임진왜란 당시 수군의 상황을 통해 이해하고자 했던 연구를 비롯하여,[7] 환곡의 폐단 중 대표적인 사례인 이무(移貿)와 입본(立本)이 통영곡에서 시작되었다는 사실을 밝힌 연구도 있다.[8] 수영에 관한 연구는 황해수영·충청수영·전라좌수영·전라우수영을 중심으로 행해졌고,[9] 첨사·만호진의 운영이나 재정 실태에 대한 연구도 이루어지고 있다. 청산도진·안흥진·고금도진·고군산진의 설치 및 운영, 그리고 재정 실태를 분석하거나[10] 방답진과 고돌산진

학교 박사학위논문, 1994.

7) 방상현, 「朝鮮後期 水軍統制使 研究—水軍統制營設置背景을 중심으로」, 『국사관논총』 17, 국사편찬위원회, 1990.

8) 문용식, 「18세기 賑政과 還穀 운영」, 『朝鮮後期 賑政과 還穀運營』, 경인문화사, 2001.

9) 문영구, 『전라좌수영 연구』, 대한건설진흥회, 1992; 정청주, 「전라좌수영의 역사」, 『전라좌수영의 역사와 문화』, 순천대학교박물관, 1993; 박세나, 「조선시대 전라우수영 연구」, 목포대학교 석사학위논문, 2012; 이선희, 「조선후기 황해도 水營의 운영」, 『한국문화』 38, 서울대학교규장각한국학연구원, 2006; 신재덕, 「忠淸水營에 關한 硏究」, 『대보문화』 2, 大保文化研究會, 1992; 유현재, 「湖左水營誌의 소장 경위 및 자료적 가치」, 『충무공 이순신과 한국 해양』 3, 해군사관학교해양연구소, 2016; 신윤호, 「『호좌수영지』를 통해 본 전라좌수군의 운영과 충무공 현창」, 『충무공 이순신과 한국 해양』 3, 해군사관학교해양연구소, 2016; 김병호, 「湖左水營誌의 역사지리학적 접근」, 『충무공 이순신과 한국 해양』 3, 해군사관학교해양연구소, 2016.

10) 김경옥, 「靑山鎭의 設置와 財政構造」, 『朝鮮後期 島嶼研究』, 혜안, 2004; 김경옥, 「朝鮮後期 古群山鎭의 설치와 운영」, 『지방사와 지방문화』 10-1, 역사문화학회, 2007; 김경옥, 「조선후기 태안 안흥진의 설치와 성안마을의 공간구조」, 『역사학연구』 32, 호남사학회, 2008; 김경옥, 「16~17세기 古今島 인근의 海路와 水軍鎭 설치」, 『도서문화』 33, 목포대학교도서문화원, 2009; 김경옥, 「19세기 말엽 靑山島鎭의 재편과 해양방어체제의 변화」, 『지방사와지방문화』 20-2, 역사문화학회, 2017;

의 설치 과정과 운영을 다루기도 했다.[11] 평신진 둔전(屯田)의 운영 실태를 살펴보거나, 안흥진·마량진·소근포진의 기능과 역할, 그리고 내력을 규명하기도 했다.[12] 회령포진의 연혁을 밝히거나[13] 19세기 후반 설치된 절영도진의 성립과 운영을 살펴보기도 했다.[14] 이들 연구와는 궤가 다르지만, 진의 이설 추이를 통해 수군 정책에 접근하거나 서해안 방어 체제 강화라는 입장에서 수군진의 변화를 살펴보기도 했다.[15] 그 외에도 건축학적 입장에서 진 성곽의 의미를 다루기도 했다.[16] 이러한 조선 후기 수군진 연구는 주로 군사적인 측면보다는 연해 지역사 복원에 초점이 맞추어져 있었다.

김종수, 「군산도와 고군산진의 역사」, 『전북사학』 37, 전북사학회, 2010.

11) 변동명, 「조선시대의 突山鎭과 古突山鎭」, 『역사학보』 198, 역사학회, 2008.

12) 서태원, 「朝鮮後期 忠淸道 平薪鎭 硏究」, 『중앙사론』 34, 중앙대학교사학과, 2011; 서태원, 「朝鮮後期 忠淸道 安興鎭의 設置와 變遷」, 『역사와실학』 50, 역사실학회, 2013; 서태원, 「조선후기 충청도 安興鎭의 구조와 기능」, 『역사와실학』 52, 역사실학회, 2013; 서태원, 「朝鮮時代 忠淸道 所斤浦鎭의 변천」, 『역사와실학』 61, 역사실학회, 2016; 서태원, 「朝鮮後期 忠淸道 所斤鎭의 구조와 기능」, 『사학연구』 124, 한국사학회, 2016; 서태원, 「조선시대 충청도 馬梁鎭 연구」, 『한국문화』 81, 서울대학교규장각한국학연구원, 2018.

13) 이병혁, 「전라도 장흥도호부 水軍 萬戶鎭 會寧浦 연구」, 『호남문화연구』 61, 전남대학교호남학연구원, 2017.

14) 김강식, 「개항기 해항도시 부산의 絶影島鎭 설치와 운영」, 『역사와경계』 90, 부산경남사학회, 2014.

15) 송기중, 「17세기 수군방어체제의 개편」, 『조선시대사학보』 53, 조선시대사학회, 2010.

16) 최성민, 「조선후기 군사체제 변화에 따른 수군진성의 건축적 특성에 관한 연구—경상우수영을 중심으로」, 명지대학교 석사학위논문, 2015; 송혜영, 「동래지역 읍·영·진성의 공간구조와 관아 시설에 관한 연구」, 부산대학교 박사학위논문, 2017.

군선 분야 연구는 본래 임진왜란 당시 이순신이 활용한 군선에 대한 관심에서부터 비롯되었다. 연구자들은 이순신의 주요 승리 요인 중 하나를 귀선(龜船)으로 파악하고, 그 형태와 특징을 살펴보는 가운데 조선 후기 군선을 언급하는 방식으로 접근했다.[17] 이러한 군선 연구를 체계적으로 발전시킨 이는 김재근이다. 그는 선박사라는 관점에서 전선(戰船)·귀선 등 주요 군선의 건조 방법을 파악하고 복원하는 한편, 17~18세기 군선 배치 실태를 연구했다. 그는 17세기 당시 진에 배치된 주력 군선은 전선이었는데, 영조 연간 이후부터 방패선(防牌船)과 귀선의 배치가 확대되었다고 지적하면서, 그 원인으로 전선의 규모 증가로 인한 효용성 감소를 꼽았다.[18] 또한 『각선도본』에 수록된 그림을 분석해 군선의 모습을 고증하고, 전선의 조운선(漕運船) 이용에 대한 논의 과정을 분석하면서 조선 말기 군선의 모습을 살펴보았다.[19]

김재근의 연구는 조선이 보유했던 군선을 대부분 다루었을 뿐 아니라 다양한 사료를 이용하여 군선의 기능에 실증적으로 접근했다는 점에서 후대 연구에 귀감이 되었다. 그의 연구는 임진왜란 당시 군선의 구조에 대한 논쟁으로 연결되었을 뿐 아니라, 조선 후기 군선 연구가 군선의 구조와 기능을 밝히는 데 집중하는 경향을 보이는 데도 영향을

---

17) 최영희, 「龜船攷」, 『사총』 3, 고려대사학회, 1958; 조성도, 「龜船攷」, 『연구보고』 2, 해양사관학교, 1965.

18) 김재근, 「朝鮮後期의 軍船」, 『朝鮮王朝軍船研究』, 일조각, 1977.

19) 김재근, 「朝鮮末期의 軍船」, 『韓國船舶史研究』, 서울대학교출판부, 1984; 김재근, 「各船圖本」, 『續韓國船舶史研究』, 서울대학교출판부, 1994.

주었다.[20] 그로 인해 조선 후기 군선 연구는 해골선(海鶻船)의 구조와 기능,[21] 조선업과 조선술,[22] 노(櫓)의 구조[23] 등 주로 군선의 구조와 관련된 것이 주류를 이루게 되었다. 최근에는 대외 정세 변화에 주목하면서 군선 배치 문제나 군선역에 대한 연구도 진행되었다.[24]

수군역 분야는 수군진이나 군선 연구보다 활발하게 진행된 편은 아니었다. 수군역에 대해서는 주로 신분제를 연구하면서 부수적으로 언급하거나, 수군 인원수 변화를 서술하는 정도에 그쳤다.[25] 이후 '양역 균일화의 추이'를 다루면서 수군 역가의 변화를 살펴본 연구는 수군 역제를 역가 문제로 해석하여 새로운 시사점을 제기해주었다.[26] 「양남수군변통절목(兩南水軍變通節目)」의 반포와 균역법 시행 이후 역가 감축 실태를 밝히려는 시도를 통해, 진별로 할당된 수군 수와 수군 입역 방식

---

20) 龜船의 구조와 관련된 연구사는 박재광, 「임진왜란기 거북선의 구조와 역할」, 『해양문화연구』 4, 전남대학교이순신해양문화연구소, 2010 참조

21) 김용국, 「田雲祥과 海鶻船」, 『학술원논문집』 13, 대한민국학술원, 1974.

22) 김현구, 「조선후기 造船業과 造船術에 대한 연구」, 『國史館論叢』 81, 국사편찬위원회, 1998.

23) 김병륜, 「조선후기 선박의 櫓 구조와 軍船 格軍의 편성과 운용」, 『역사민속학』 54, 역사민속학회, 2018.

24) 송기중, 「17~18세기 수군 軍船의 배치 변화와 개선 방안」, 『동방학지』 169, 연세대학교국학연구원, 2015; 송기중, 「대동법 실시와 軍船役 규정의 정비」, 『조선시대사학보』 72, 조선시대사학회, 2015.

25) 박병주, 「鮮朝朝 水軍定額 및 水軍役攷」, 『논문집』 17, 여수수산전문대학, 1983; 박병주, 「肅宗朝의 「兩南水軍變通節目」攷」, 『논문집』 18, 여수수산전문대학, 1984.

26) 정연식, 「17·18세기 良役均一化政策의 推移」, 『한국사론』 13, 서울대학교국사학과, 1985.

의 변화 등이 밝혀지기도 했다.[27] 한편 수군역이 직역 체제라는 인식 속에서 수군진의 직역 부과 실태와 가계의 직역 전승 방식에 접근한 연구는 수군진에서 군현에 부과하는 직역과 부세 문제를 처음으로 다루었다는 점에서 주목되는 성과이다.[28]

수조는 1년에 두 차례에 걸쳐 행해진 정규 훈련으로 수군의 가장 큰 행사이기 때문에 연구자들의 관심을 받았다. 수조의 참여 군선 수를 파악하고 선단의 형태를 분석하거나[29] 조선 후기 수조의 시행 추이를 분석하여 18세기 후반부터 수조의 정지가 일상화된다는 점을 밝혀냈다.[30] 또한 17~18세기 병력과 무기 체제의 변동 속에서 수조에 동원된 화포 등 무기 체제를 밝히고,[31] 전국에 산재해 있던 여러 수조홀기(水操笏記)를 모아 정리하고 해제하기도 했다.[32]

그 외에도 지역 방위 태세를 규명하는 가운데 수군을 언급한 연구들도 수군 방위 태세의 변화상을 이해하는 데 도움을 준다. 강화도 방어 체제의 변화를 다루는 가운데 수군 제도의 변화를 언급하거나,[33] 17세

27) 송기중, 「17~18세기 전반 水軍役制의 운영과 변화―『兩南水軍變通節目』을 중심으로」, 『대동문화연구』 76, 성균관대학교대동문화연구원, 2011; 송기중, 「균역법 실시와 수군 급대의 운영」, 『역사학보』 218, 역사학회, 2013.

28) 송양섭, 「19세기 거제도 舊助羅 촌락민의 職役變動과 家系繼承 양상―『項里戶籍中草』를 중심으로」, 『한국문화』 67, 서울대학교규장각한국학연구원, 2014.

29) 장학근, 「조선후기 水操와 선단 편제」, 『朝鮮時代海洋防衛史』, 창미사, 1988.

30) 이민웅, 「17~8세기 水操 運營의 一例 考察―규장각 소장본 경상좌수영 『水操笏記』를 중심으로」, 『군사』 38, 국방부전사편찬위원회, 1999.

31) 장원주, 「17세기 朝鮮의 海防體制와 水操運用」, 중앙대학교 석사학위논문, 2012.

32) 정해은, 『한국 전통 병서의 이해』 II, 국방부군사편찬연구소, 2008.

33) 이민웅, 「18세기 江華島 守備體制의 强化」, 『한국사론』 34, 서울대학교국사학과,

기 후반 강화도 수군 방어 체계가 교동과 영종진을 중심으로 재편되는 과정을 밝히는 연구도 있다.[34] 18세기 황당선의 출현 이후 황해도의 수군 방어 체계 정비 방안을 살펴본 연구도 주목된다.[35] 또한 임진왜란 이후 대일 방어 대책을 살펴보면서 수군의 변화를 언급한 연구도 있다.[36] 최근에는 가칭 「충청수사근무수첩」을 분석하여 충청 수군의 전략적 위상과 운영을 다룬 연구도 있었다.[37] 유형원(柳馨遠)이나 신경준(申景濬)의 수군이나 군선 개혁론을 다루거나 정상기(鄭尙驥)·송규빈(宋奎斌) 등이 제시한 개혁론을 다루면서 수군을 언급한 연구도 있다.[38]

지금까지 조선 후기 수군 연구를 살펴보면, 다양한 방면에서 연구가 진행되어 수군에 관한 정보가 상당수 집적된 상태임을 알 수 있다. 하지만 연구가 산발적이고 분산적으로 이루어진 탓에, 이를 종합하는 연구가 없어 수군 방위 태세의 전모를 살펴볼 수 없다는 문제가 있는 것

1995.

34) 배성수, 「해양과 방어 체제—조선후기 관방을 중심으로」, 『바다와 섬, 인천에서의 삶』, 인천광역시역사자료관, 2008.

35) 강석화, 「조선후기 황해도 연안 방위체계」, 『한국문화』 38, 서울대학교규장각한국학연구원, 2006.

36) 이은호, 「壬辰倭亂 직후 朝鮮의 對日 방어대책과 水軍」, 고려대학교 석사학위논문, 2010.

37) 송기중, 「18세기 전반 충청 수군의 위상과 운영 실태—국립해양박물관 소장 가칭 「충청수사근무수첩」을 중심으로」, 『군사』 106, 국방부전사편찬연구회, 2018.

38) 김재근, 「旅菴의 兵船論에 대하여」, 『學術院論文集』 21, 대한민국학술원, 1982; 조정기, 「農圃子 鄭尙驥의 國防論」, 『부산사학』 7, 부산사학회, 1983; 백기인, 「邊方防禦論」, 『朝鮮後期 國防論 硏究』, 혜안, 2004; 송기중, 「반계 유형원의 수군제도 개혁론」, 『대동문화연구』 87, 성균관대학교대동문화연구원, 2014.

도 사실이다. 이에 지금까지 선행 연구를 통해 밝혀진 사실들을 토대로 이를 종합·정리하여 조선 후기 수군 방위 태세의 변화를 드러내는 작업이 필요하다고 생각한다. 본 연구는 이 점에 초점을 맞추어 조선 후기 수군 방위 태세의 변화에 대해 살펴보도록 하겠다.

제2장

연구 방법 및 내용 소개

　수군 방위 태세는 국가가 병력과 재원, 그리고 군기(軍器)를 공급하면 수군진과 연해 군현에서 군사 활동을 하는 일련의 과정을 의미한다. 그러므로 이 과정의 변화가 곧 수군 방위 태세의 변화라고 할 수 있다. 이 중 군기와 군사 활동은 범주가 너무 넓어 모든 부분을 다룰 수 없다. 때문에 그 위상이 각별한 군선과 수조로 주제를 한정하고자 한다. 또한 수군이 실제로 입역하여 근무를 서기도 하고 역가를 내기도 했다는 상황을 고려하여, 병력과 군사 재정을 함께 다룰 것이다. 그러므로 본 연구는 수군진, 군선, 병력·재원, 수조 등으로 범주를 설정하고 수군 방위 태세의 변화를 살펴보고자 한다.

　이 범주 안에서도 다양한 연구 주제가 파생될 수 있지만, 본 연구에서 해명하고자 하는 것은 다음 네 가지다. 첫째, 수군진의 설치와 폐지, 그리고 이동이다. 진은 군선의 정박처, 병력의 입역처, 해양 감시 초소 등 다양한 역할을 하는 수군의 근거지였다. 건국 초기 조선 정부는 고려의 전례를 참고하고 국방상 요충지를 선정하여 전국 연해 지역에 진

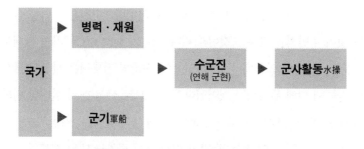

〈그림 0-1〉 조선 후기 수군 방위 태세의 개념

을 설치하고 축성했다.[39] 전략적 요충지에 진을 둔 이유는, 기동성이 떨어지는 전근대 수군의 특성상 적의 침입 가능성이 큰 곳에 거점을 마련하고 적의 침입에 대응하는 것이 여러 측면에서 효율적이기 때문이었다. 그런데 전략적 요충지는 예상되는 적군의 공격 유형과 지리적인 조건 등 다양한 요소에 의해 변화하는 것으로 항상 일정할 수 없었다. 이에 조선 정부는 대외적인 상황 변화에 발맞추어 진을 설치 혹은 폐지하거나 이동시켰다. 그러므로 진의 설치와 폐지, 이동 과정을 살펴보면, 각 시기 조선 정부에서 방비하고 있었던 적의 종류와 방어 방식 등을 파악할 수 있다.

---

39) 수군진은 바람이 없고 광활하며 선박이 자유롭게 왕래 정박할 수 있는 자연 요새로 U자형 지형에 설치되기 적합했다. 아울러 진은 바다 밑에 암석이 없고 沙 土가 좋아야 하며 썰물 때도 군선을 정박시킬 수 있어야 할 뿐 아니라 浦鎭民과 田地를 보호할 수 있어야 했다. 이러한 조건에 부적합한 진은 이동할 수밖에 없었다(방상현, 「浦鎭의 整備와 海防體制 確立」, 앞의 책, 1991, 39~48쪽). 진이 설치되고 나면 조선 정부는 진을 보호하기 위한 성을 축성했다. 오봉근, 「선군 및 함선의 량적 증가」, 앞의 책, 1998, 199쪽.

둘째, 군선 배치 실태의 변화와 활용 논의이다. "수전은 선력을 다투는 것이지 인력을 다투는 것이 아니다(水戰鬪船力而不鬪人力)"라는 통제사 이운룡(李雲龍)의 언급에서 알 수 있듯이, 수군의 전투력은 사실상 군선의 성능에 의해 결정되는 것이었다.[40] 그러므로 군선 배치 실태의 변화나 운용 방식에 대한 논의는 수군 전투 방식의 변화를 판정하는 주요 기준 중 하나였다. 이 점을 잘 알고 있던 조선 정부는 대외 정세의 변화에 조응하면서 군선을 재배치하거나 활용하는 논의를 했다. 그런데 지금까지 군선 연구는 군선 배치의 변화 원인을 군선의 구조와 기능 문제로 국한하여 설명하는 경향이 강해 군선 관련 논의를 오히려 협소하게 해온 측면이 있다. 이러한 점을 고려하여 정세 변화에 따른 방위 태세의 변화 차원에서 군선의 재배치가 가지는 함의에 대해 살펴보겠다.

셋째, 수군의 충원 방식 확립과 역가 변화이다. 지금까지 수군 역제 연구는 역가 감축 문제에 초점을 맞춰왔지만, 병력의 구성이나 역가 납부 방식에 대한 연구는 행해지지 못했다. 이는 수군 역제가 복잡할 뿐 아니라 연구자의 관심도 다른 병종에 비해 부족했기 때문이라고 생각된다. 조선 후기 수군은 그 모집 경로가 병종 별로 다양했다. 그렇다면 수군이 이렇게 다양한 경로로 충원되는 역사적 연원은 무엇이었는가? 조선 정부는 충원한 수군을 어떠한 기준을 가지고 진에 배분했는가? 그리고 이들은 진에서 무슨 역할을 했는가? 이러한 질문은 수군 역제 연구의 기초라고 할 수 있다.

---

40) 『息城君實記』, 「戰船利鈍論報狀」. 본래 이 말은 『紀效新書』 왕세정본에 나오는데 (『紀效新書』 왕세정본, 「福船說」), 통제사 이운룡이 이를 인용한 것으로 보인다.

또한 수군역은 직역 자체를 수행하기 어려울 뿐 아니라 자식에게 계승되는 세전역(世傳役)이라는 특성도 지니고 있었다. 조선 정부에서 세전이라는 강력한 규정까지 둔 것은 수군 확보가 당시 그만큼 어려웠음을 방증한다.[41] 조선 후기에도 그런 상황은 변화하지 않았다. 조선 정부는 수군을 원활하게 모집하고 도고(逃故)나 잡탈(雜頃) 등으로 인한 병력 손실을 막기 위해 입역 부담을 줄여주는 방향으로 정책을 추진했다. 하지만 이러한 정책은 오히려 진의 재정을 악화시키는 원인이 되었다. 조선 정부는 정책의 목적을 달성하면서도 진의 재정을 확보할 수 있는 여러 방안을 마련하고자 했다. 본 연구에서는 이러한 점에 초점을 맞추어 수군 역제의 운영 양상을 살펴볼 것이다.

넷째, 수조의 단위 및 추세 변화에 대한 것이다. 수조는 언제부터 시작되었는지 알 수 없지만, 임진왜란 이후부터는 봄과 가을로 1년에 두 차례 시행하는 것이 원칙이었다. 수조는 가상의 적을 상정한 모의 전투 훈련이다. 그에 따라 수조의 단위 및 추세 변화를 살펴보면 수군이 상정하고 있는 적의 모습을 파악할 수 있다. 수조 시행의 추세 변화는 『비

---

41) 세조 연간 保法의 도입은 수군역이 世傳役化되는 데 이바지했다. 보법이 시행되면서 군액이 폭발적으로 증가하자 수군 역제 운영에 두 가지 현상이 생겨났다. 첫째, 수군의 부담이 가중되면서 수군의 유리도산이 늘어났다. 둘째, 수군 정군에 대한 보인의 배당이 제대로 이루어지지 않아 수군이 旅外正兵 제도를 통해 避役하는 경우가 늘어났다. 그 결과 수군 병력 확보는 점점 어려워졌다. 이로 인해 성종 5년(1474) 수군의 父子世傳이 왕명으로 규정된 것이다. 부자세전 원칙은 수군이 苦役 및 賤役化되면서 수군을 이탈하고자 하는 시도를 근본적으로 차단하기 위해 행해진 것이었다. 이민웅, 「해상방어체제의 정비와 수군」, 『한국군사사』 5, 육군군사연구소, 2012, 420~421쪽.

변사등록(備邊司謄錄)』에서 추출한 통계를 근거로 이미 연구된 바가 있으나 본 연구에서는 『승정원일기(承政院日記)』를 통해 새롭게 통계를 내보고자 한다. 『승정원일기』는 『비변사등록』보다 방대한 내용을 담고 있으므로 좀 더 정확한 통계를 기대할 수 있다.

조선 후기 수군 방위 태세는 대내외적인 여건 변화에 발맞추어 변모해갔다. 따라서 본 연구는 수군 방위 태세를 시기별로 구분하여 그 변화의 실태를 드러내는 데 초점을 맞출 것이다. 제1부에서는 임진왜란 이후부터 17세기 중엽(선조~효종 연간)까지 수군 방위 태세의 강화 과정을 다루겠다. 이 시기는 일본의 재침 위협이 아직 불식되지 않았고 후금(後金)의 등장으로 북방 정세가 혼란한 시기로 수군의 중요성이 강조되는 때였다. 조선은 불안한 대외 정세 속에서 수군 전력 강화에 힘을 쏟았다. 제1장에서는 통제영과 통어영이 창설 및 이설되고 진이 이동하는 현황을 살펴보는 한편, 진에 군선이 배치되는 모습을 통해 17세기 초·중엽 대외적 위기 상황에 조선이 어떠한 방식으로 대응하고자 했는지 살펴보고자 한다. 제2장에서는 수군 역제의 제도적 확립 과정을 살펴보겠다. 조선 정부는 임진왜란 직후부터 병력 조달에 어려움을 겪었으며, 이를 극복하기 위한 여러 대책을 내놓았다. 그 대책을 통해 조선 정부가 수군을 어떻게 충원하고자 했는지 파악해보고자 한다. 제3장에서는 이 시기 독특한 수군 운영 방식인 첨방이 시행되었던 원인이 무엇이었으며, 어떤 요인에 의해 없어지는지 살펴볼 것이다. 아울러 수조 중 하나인 합조가 정례화되는 과정을 살펴보겠다.

제2부에서는 17세기 중엽부터 18세기 중엽(현종~영조 중반기)까지 수군 방위 태세가 조정되는 모습을 살펴보겠다. 이 시기는 일본과 청의 군사

적 위협이 사실상 없어진 상태에서 황당선이 출현하고 대동법이 완결되는 등 여러 제도적 개혁이 이루어지던 때였다. 조선 정부는 17세기에 마련된 수군 방위 태세를 변용하여 이러한 대내외 관계의 변화에 대응해갔다. 제1장에서는 수군진의 이설 추이와 군선의 배치 변화를 통해 당시 방위 태세의 주안점이 무엇이었는지 살펴보겠다. 제2장에서는 양역 문제가 제기되는 상황 속에서 수군 역제의 개편 방향을 살펴보겠다. 조선 후기 수군 역제 변화의 과정을 담고 있는 「양남수군변통절목(兩南水軍變通節目)」, 「황해도수군변통절목(黃海道水軍變通節目)」, 『양역총수(良役摠數)』, 『양역실총(良役實摠)』 등을 분석할 것이다.[42] 이 일련의 과정을 통해 수군 역제는 이전과 다른 모습으로 변화했다. 제3장에서는 수조의 시행 추이 및 절차에 대해 알아보고 그 함의를 살펴보겠다.

제3부에서는 18세기 중엽부터 19세기 중엽(영조 중반기~철종)까지 수군 방위 태세가 이완되는 과정을 살피겠다. 이 시기는 서양 세력이 이양선이라는 형태로 출몰했지만, 조선 정부는 아직 그에 대한 긴장을 느끼지 않았던 시기였다. 따라서 수군 전력을 축소하거나 전용(轉用)하는 논

---

42) 「양남수군변통절목」의 정식 명칭은 「수군변통절목」과 「양남수군변통절목」 등 두 가지로 확인된다. 숙종 30년(1704) 『이정청등록』에 수록된 절목에는 「수군변통절목」이라고 표기된 반면, 역가와 고립가(급대가)를 제외한 나머지 내용이 거의 같은 『비변사등록』의 숙종 42년(1716) 절목에는 「양남수군변통절목」이라고 되어 있는 것이다. 필자는 이 두 절목의 적용 범위와 서술상의 편의를 고려하여 두 절목의 명칭을 「양남수군변통절목」으로 통일하고자 한다. 각주에서도 「수군변통절목」이라는 명칭 대신에 「양남수군변통절목」이라는 명칭을 쓸 것이다. 다만 「황해도수군변통절목」과 「양남수군변통절목」을 통칭하는 경우 수군변통절목이라는 용어를 쓰고자 한다.

의가 이루어졌다. 제1장에서는 수군진이 폐지되는 과정과 통어영의 격하 논의 등에 대해 살펴보고, 정조 연간에 활발하게 제기된 조전선 변통 논의에 대해 규명할 것이다. 제2장에서는 균역법 시행 이후 수군 역가가 삭감되는 과정과 그에 따른 급대의 지급 과정을 살펴보겠다. 또한 균역법 시행 이후 통제영의 재정 문제가 논란이 되었다. 그에 따른 조선 정부의 논의와 대처 과정도 살펴보겠다. 제3장에서는 수조가 정지되고 도시(都試) 등이 수조를 대체하는 상황에 대해 알아보겠다. 이를 통해 그동안 베일에 가려져 있던 조선 후기 수군 방위 태세의 변화상을 드러내보고자 한다.

제1부

17세기 초·중엽 대외 정세의 긴장 고조와 수군 방위 태세 강화

제1장

'통영체제(統營體制)' 형성과
전선(戰船) 중심의 군선 배치

1. 통제·통어영의 성립과 수군진의 거점 이동

1) 통제영 강화와 경상도 중심의 수군진 복구 및 설치

(1) 일본군 침입로 예측과 수군 방어 전략 마련

선조 25년(1592) 발발한 임진왜란은 조선이 이때까지 겪어보지 못한 대규모 전쟁이었다. 동년 4월 14일 일본군이 부산진에 상륙하자 조선 정부는 순변사 이일(李鎰)과 신립(申砬)을 상주와 문경에 급파하여 저지선을 구축했다. 하지만 이일과 신립은 병력의 징집에 실패했을 뿐 아니라 무기까지 열세를 보이면서 방어선 구축에 실패했다. 이렇게 되자 한양을 비롯하여 안주·평양이 일본군에 점령당하면서 조선은 위기에 봉착했다.

전선(戰線)이 북상하자 선조는 평양을 거쳐 의주까지 몽진했으며, 명(明)에게 구원을 요청했다. 일본군의 만주 진입을 두려워한 명이 두 차례에 걸쳐 참전하자, 조선은 비로소 반전의 기회를 마련할 수 있었다. 조선은 명과 연합군을 결성하여 전투력을 재정비하고, 평양성과 행주

산성 등에서 승리를 거두면서 한양 수복에 성공했다. 이후 장기간의 휴전협상과 정유재란을 거쳐 선조 31년(1598) 일본군이 철수하면서 임진 왜란은 끝났다.

임진왜란 초기 조선군이 이렇게까지 열세에 처했던 이유는 육군이 일본군의 북상을 조기에 차단하지 못했기 때문이었다. 그에 비해 수군은 일본군의 전술에 효율적으로 대응하면서 전쟁을 주도했다. 수군은 선조 25년(1592) 5월 5일부터 9월 2일까지 약 4개월 동안 네 차례 출진하여 10여 회 이상 승리했다. 그 사이에 옥포·한산도·부산포 전투에서 얻은 전과는 조선군의 전열 정비와 사기 진작에 이바지했다. 정유재란이 발발했을 때도 수군은 명량·노량 등 주요 전투에서 승리하면서 일본군을 철수시키는 데 주요한 역할을 했다.[1]

임진왜란이 끝나자 조선 정부는 일본군의 재침 가능성을 염려했고, 그에 대한 대비책을 세우고자 했다.[2] 하지만 그 대비책이 효과를 보기 위해서는 반드시 군사력이 뒷받침되어야 했다. 조선 정부는 명장(明將) 척계광(戚繼光)이 쓴 병법서인 『기효신서(紀效新書)』를 수용하고 병력 편제를 속오법(束伍法)으로 바꾸었다. 아울러 훈련도감(訓鍊都監) 등 중앙 군문을 창설했으며, 지방에는 속오군(束伍軍)을 두는 등 군사력의 양적 증

---

1) 임진왜란 당시 수군의 활약상에 대해서는 이민웅, 『임진왜란해전사』, 청어람미디어, 2004 참조.

2) 당시 조선의 대일 정책은 소극적이었다. 일본의 사정을 엄밀하게 탐사하여 그들의 대조선 정책을 파악하는 한편, 왜관에 사는 일본인들을 다독거려 사단이 일어나는 것을 방지하고, 조선의 사정이 일본으로 유출되는 것을 막고자 했다. 한명기, 「병자호란 무렵 조선의 대일정책과 인식」, 『정묘병자호란과 동아시아』, 푸른역사, 2009, 299쪽.

강에도 힘을 쏟았다. 그 결과 임진왜란 이후 육군의 모습은 이전과 크게 달라졌다. 이러한 군사력 정비 방안은 육군에서만 있는 것이 아니었다. 임진왜란 직후부터 수군 강화 방안도 제시되기 시작했다.

> 7년간 대진(對陣)했던 적이 하루아침에 도망쳤습니다. 적을 추격하여 섬멸시키지는 못했지만, 적의 소굴이 되었던 영남과 호남의 연해 일대가 다시 우리의 소유로 되어 국가와 민생의 기뻐하니 이보다 더 큰 것이 어디에 있겠습니까! 다만 두려워하는 마음이 있으면 흥하고 두려워하는 마음이 없으면 망하는 것은 필연적인 이치입니다. (…) 영남 바닷가에 있는 여러 진(鎭)의 설치에 대해서는 애당초 그곳 형세를 헤아리지 않았던 것은 아닙니다. 그러나 지금 왜적이 출몰한 이후 해안선의 곡직(曲直)과 수로의 완급(緩急)을 다시 조사하여 헤아리지 않을 수 없습니다. 그러니 도원수·통제사·감사·병사에게 여러 포(浦)를 순심(巡審)하여 어떤 진은 유지하고 어떤 보(堡)는 폐지해야 하며, 어떤 포는 증설해야 하는지 등을 갖추어 기록하여 치계(馳啓)하게 하소서.[3]

---

3) 『宣祖實錄』卷107, 31年 12月 2日 癸丑. "七年對壘之賊 一朝退遁 雖未能追擊殲滅 而湖嶺二南沿海一帶 爲賊窟穴之地 復爲我有社稷生靈之慶 孰有大於斯者乎 第 以有畏則興 無畏則亡 必然之理也 (…) 嶺南濱海諸鎭之設 當初非不商度形勢 而 及今倭賊出沒之後 海汀之迂直 水路之緩急 有不可不更爲商確者 令都元帥 統制 使監兵使 巡審諸浦 某鎭則可以仍舊 某堡則可以廢置 某浦可以添設 使之具錄馳 啓."

일본군이 철수한 직후인 선조 32년(1599) 12월 비변사는 수군을 강화하기 위해 해안선의 곡직과 수로의 완급 등을 조사할 필요가 있다고 했다. 이를 바탕으로 비변사는 도원수·감사·통제사·병사 등에게 지시하여 각지에 있는 수군진의 상황을 살펴보고 설치 및 폐지, 그리고 이동 여부를 결정하자고 제안했다.

조선 정부가 수군 방위 태세의 정비를 서두르게 된 데는 임진왜란 당시 참전한 명군 지휘관의 권유도 주요한 역할을 했다. 유격 허국위(許國威)는 선조에게 "왜적을 막으려면 주사(舟師)가 제일이라고 생각되니, 황해도에서 전선을 많이 만들어 남해(南海)에 두루 배치해야 한다"라고 했으며, 유격 모국기(茅國器)도 "부산진은 대단한 요충지이므로 병선을 많이 건조하여 방비하는 것이 좋겠다"라고 주장했다.[4] 이들이 수군 강화책을 주장한 것은 임진왜란 당시 조선군과 함께 싸우면서 느낀 조선 수군의 우수성 때문이었다.

조선 정부는 수군을 강화하기에 앞서 우선 적의 침입 경로를 예측하고자 했다. 선조 33년(1600) 1월 좌의정 이항복(李恒福)은 일본군의 예상 침입 경로에 대해 소상히 보고했다. 그는 ① 대마도 옆인 오도(五島, 고토)에서 삼도(三島, 거문도)와 선산도(仙山島, 청산도)를 거쳐 고금도와 가리포로 이르는 길, ② 대마도에서 동북풍을 타고 연화도와 욕지도를 거쳐 경상도 남해의 미조항과 전라도 여수 남단의 방답진 사이에 이르는 길, ③ 부산포에 직접 도착하는 길이 있다고 설명했다. 그가 분석한 예상 침입 경로를 지도로 그려보면 ①과 ②는 전라도로 가는 길이며, ③은 경

---

4) 『宣祖實錄』卷118, 32年 10月 2日 戊寅.

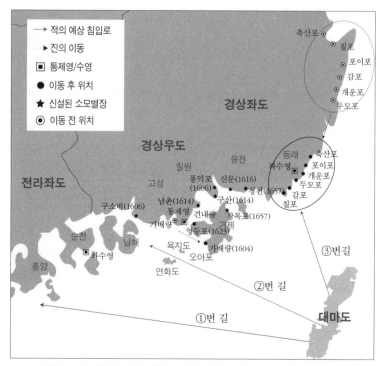

<그림 1-1> 17세기 초·중엽 일본의 침입 예상로와 수군진 이동 및 설치 현황

상도로 도달하는 길이었다.

　이항복은 일본군의 침입 경로에 대한 예측을 바탕으로 적의 침입 가능성을 분석했다. 그는 일본군이 대규모로 침략할 때 ①번 길을 이용할 가능성은 거의 없다고 보았다. 이 길을 경유하면 일본군이 조선에 도착하는 데 1박 2일이 걸렸다. 그런데 대규모 부대가 바다에서 하룻밤을 자는 것은 여러 위험 부담이 있기 때문에 이 길을 택하지 않을 것이라 본 것이다. 이항복은 일본군이 소규모라면 이 길을 활용할 가능성도 있다고 보았다. ②번 길은 통제영의 봉수대가 있어 발각될 가능성이 크기 때문에 일본군이 선택하지 않을 것이라고 예상했다. 이항복은 일본군이 대규모로 침입할 때 ③번 길을 이용할 가능성이 가장 크다고 생각했다. 그는 일본군이 순풍(順風)을 타고 이 길을 통과하여 침입할 경우 거리가 짧아 이동에 따른 부담이 없는 반면, 조선군은 역풍(逆風)으로 인해 전술적으로 불리하다는 점을 근거로 들었다. 이러한 침입로 분석을 바탕으로 이항복은 경상도의 부산진과 견내량(見乃梁)을 거점으로 방위 태세를 구성하고, 전라도의 고금도에 부대를 은닉해놓는 전략을 구사해야 한다고 주장했다.[5]

결국 이항복의 제안은 경상도를 중심으로 수군 방위 태세를 구축해야 한다는 것이었다. 이 주장에 대해 여러 논의가 진행되었다. 전라감사 한효순(韓孝純)은 외적이 어디로 향할지 알 수 없으므로 전선을 모두 경상도로 이동시키는 것은 올바른 계책이 아니라고 주장했다.[6] 국왕 선조도 경상도에만 전력을 집중할 수 없다고 하면서 거부감을 보였다. 이에 이항복은 "전라·경상도의 물력(物力)이 모두 부족함으로 설령 두 도(道)의 힘을 합해 오로지 일면(一面)만 지킨다 하더라도 오히려 진영(陣營)을 이루지 못할 것인데, 진영을 나누어서 배치해놓으면 형세가 고립되고 멀어서 수미(首尾)가 서로 돌아보지 못할 것"이라고 지적했다. 이를 근거로 "옛날에 700리에 진영을 연이어 설치하고서도 적을 방어하

---

5) 『宣祖實錄』卷121, 33年 1月 28日 癸酉.
6) 『白沙集』卷1, 「舟師事宜啓」. "孝純因此 前數日貽書於臣 以爲賊之所向 豈可預料 盡移戰舡於嶺南 非計之得也云云 此正是上教所謂重兵湖南右道之意."

기 어렵다는 말이 있는데 그것이 바로 이런 경우를 두고 하는 말"이라고 하면서 한효순과 선조의 의견을 논박했다.[7]

(2) 통제영의 이동과 위상 정립

그의 방어 전략은 임진왜란 당시 일본군이 이용했던 길을 바탕으로 구상한 것이었다. 그 결과 그의 방어 전략은 여러 방법으로 실현되었다. 그 방안 중 하나가 바로 통제사(統制使)의 위상 정립과 통제영(統制營)의 개편이다. 통제사는 임진왜란 당시 발생한 지휘 체계의 혼란을 개선하기 위해 선조 26년(1593)에 설치된 관직이었다.[8] 통제영은 통제사가 주둔하는 영으로 통제사와 같이 설치되었다. 그런데 통제사는 임진왜란 당시만 하더라도 위상이 공고하지 못했다. 선조 29년(1592)에 "한때의 필요에서 나온 것으로 그대로 둘 수도 있고 혁파할 수도 있는 관직"이라고 한 해평군 윤근수(尹根壽)의 언급을 통해 이를 짐작해볼 수 있다.[9]

조선 정부는 '평소에 위망(威望)이 드러나고 수군에 익숙한 자'를 천

---

7) 『白沙集』卷1,「舟師事宜啓」."第以兩南物力 萬分單弱 雖合二道之力 專守一面 猶不成陣 分屯列營 形孤勢遠 首尾不相顧 古所謂七百里連營 難以拒敵者 正謂此也."

8) 임진왜란 당시 여러 수영이 연합 작전을 할 때 수사들의 갈등이 크게 부각되었다. 조선 정부에서는 이를 해결하기 위해 수사들을 통솔할 수 있는 방안을 마련하고자 했다. 그것이 통제사와 통제영의 설치로 이어졌다. 방상현,「朝鮮後期 水軍統制使 硏究—水軍統制營設置背景을 중심으로」,『국사관논총』17, 국사편찬위원회, 1990, 91~92쪽.

9) 『宣祖實錄』卷82, 29年 11月 9日 辛丑."統制之任 出於一時 可以或仍或革.";『統營啓錄』, 고려대학교민족문화연구원(일본동양문고) VII-2-243, 崇禎 2年(仁祖 7, 1629) 10月."蓋統制使之設非古也 壬辰倭變後 權設衙門 李舜臣首爲此任."

거하여 통제사의 지위를 높이고자 했으나 이 조치로는 한계가 있었다.[10] 통제사의 직제를 개편하는 것이 좋은 방안으로 등장했다. 조선 정부는 선조 40년(1607) 수사가 통제사를 겸임하는 것에서 통제사가 수사를 겸임하는 것으로 변경했고, 품계도 정3품에서 종2품으로 격상했다. 이 조치로 통제사의 직책은 겸직에서 본직이 되었고, 관직명도 경상우수사겸통제사(慶尙右水使兼統制使)에서 통제사겸경상우수사(統制使兼慶尙右水使)로 바뀌었다.[11] 경상우수영의 우후(虞候)도 정4품에서 정3품으로 승격되었고, 명칭도 통우후(統虞候)로 변했다. 이 조치로 인해 통제사는 충청·전라·경상도 수군을 거느리는 최고 지휘관의 위상을 정립했다.

임진왜란 이후 진행된 통제사의 상설화는 수군 지휘 체계에 상당한 변화를 가져왔다. 『경국대전』에 기록된 수군의 전임 무관은 정3품 수사, 종3품 첨절제사, 종4품 만호밖에 없다. 이들은 수영, 첨절제사진, 만호진 등에 각각 파견되어 근무를 섰다. 이들 수군진은 주진(主鎭), 거진(巨鎭), 제진(諸鎭)으로 구분되어 진관 체계 안에 편제되어 있었다. 16세기를 거치면서 종4품 동첨절제사와 종9품 권관 자리가 생김에 따라 동첨절제사진과 권관진 등의 새로운 제진도 생겼다. 또한 후술하겠지만 군현에도 전선이 배치되면서 연해 군현의 수령도 수군 지휘 체계 안으로 들어왔다. 그에 따라 임진왜란 당시에는 수사를 주장(主將)으로 하여 첨사(첨절제사·동첨절제사), 만호, 권관 등 수군 지휘관과 군현 수령이 편제되

---

10) 『宣祖實錄』 卷143, 34年 11月 8日 壬寅.
11) 『宣祖實錄』 卷211, 40年 5月 6日 戊辰.

는 형태로 지휘 체계가 구성되었다.[12]

조선 전기 수군 지휘 체계에서 지휘관 한 명이 지휘할 수 있는 최대 단위는 1개 수영과 소속 진 및 군현이었다. 하지만 이 방식은 한 사람이 지휘할 수 있는 병력이 많지 않아 적의 대규모 침입을 대비하는 데 취약하다는 문제점이 있었다. 임진왜란에서 이러한 점이 드러나자 조선 정부는 이전의 수군 지휘 체계를 계승하면서도 통제사라는 새로운 관직을 설치하여 한 사람이 여러 수영을 지휘할 수 있는 새로운 지휘 체계를 구축했다. 임진왜란 이후 진행된 통제사의 상설화 조치는 조선 수군이 영 단위 지휘 체계와 함께 삼도 수군 지휘 체계를 항상 유지하여 이전보다 다양한 형태의 적을 상대할 수 있게 되었다는 점에서 조선 수군을 한 단계 발전시킨 조치로 평가할 수 있다.

통제사의 위상이 재고되면서 통제영의 위치도 이동했다. 선조 34년(1601) 조선 정부는 전라좌수사가 겸임하던 통제사를 경상우수사가 겸임하도록 하는 한편, 고금도에 있던 통제영의 위치를 거제의 오아포(烏兒浦)로 이동하도록 결정했다. 하지만 오아포는 섬의 돌출된 부분에 있어 적에게 노출되기 쉬웠을 뿐 아니라, 대규모 군영이 위치하기에 조건이 열악하다는 문제점이 있었다. 이 문제를 해결하기 위해 조선 정부는 경상도 고성에 본영을 두고 오아포에 별도의 행영(行營)을 설치해 풍화

---

12) 조선 후기에는 첨절제사와 동첨절제사를 구분하지 않고 그냥 '첨사'라고 지칭하는 사례가 많다. 본 연구에서는 자료에서 명확하게 분류한다면 첨절제사와 동첨절제사를 구분하고, 그렇지 않다면 자료에 기록된 대로 첨사로 지칭했다. 또한 동첨절제사와 만호는 품계는 같지만 동첨절제사의 지위가 더 높았다. 만호가 동첨절제사가 되어도 승격했다는 표현을 쓴 것도 이 때문이다.

시(3~8월)에만 가서 근무하게 했다. 하지만 오아포의 행영 설치가 당시 제기된 문제들을 해결해주지는 못했던 것 같다. 인조 16년(1638) 순검사 임광(任絖)은 "본영(本營)에 배속된 사졸이 안도할 수 없고, 원수(元帥)[통제사]가 외롭고 위태로운 곳에 머무르고 있으며, 가까운 섬에 오래 사는 왜인들이 뜻밖의 변란을 일으킬 걱정이 없지 않았다"라고 오아포 행영 설치의 문제점을 지적했다.[13]

조선 정부는 통제영의 위치를 변경하기 위한 논의에 착수했다. 그 결과 통제영은 선조 36년(1603) 거제 두룡포(頭龍浦)로 이동했다.[14] 통제영이 설치될 장소가 두룡포로 결정된 까닭은, 6대 통제사 이경준(李慶濬)의 치적을 기린 「두룡포기사비(頭龍浦記事碑)」와 김세렴(金世濂)의 「왜구대책(倭寇對策)」을 통해 확인할 수 있다.

두룡포는 서쪽으로 판데목[掘浦]을 의지하고 동쪽으로 견내량(見乃梁)을 이끌고 있으며 남쪽으로 큰 바다와 통하고 북쪽으로는 육지와 이어져 있어 깊어도 구석지지 않고 얕아도 드러나지 않아서 수륙의 형세가 진실로 국방의 요충지였다(「두룡포기사비」).[15]

---

13) 방상현, 「朝鮮後期 水軍統制使 研究—水軍統制營設置背景을 중심으로」, 『국사관논총』 17, 국사편찬위원회, 1990, 91~94쪽.

14) 『統營志』에 따르면 두룡포는 거제현의 坊里 이름이었는데 숙종 3년(1677) 고성으로 귀속되면서 春元面으로 개칭했다고 한다. 『統營志』奎10876.

15) 「頭龍浦記事碑」 시도유형문화재 112호 "頭龍 西依掘浦 東控見梁 南通大洋 北連平陸 深而不奧 淺而不露 眞水陸之形 便關防之要害."

옛적에 진을 설치한 본의는 대장(大將)이 전라·경상도 사이에 있어 하삼도(下三道) 수군을 겸하여 통솔해 전라도와 충청도에 사변이 생기면 경상도를 기준으로 왼쪽에 주둔한 수군을 독려해 진격하며, 경상좌도에 사변이 생기면 전라도를 기준으로 오른쪽에 주둔한 수군을 독려해 진격하도록 한 것입니다(『왜구대책』).[16]

두룡포가 통제영의 위치로 선택된 데는 크게 세 가지 이유가 있었다. 첫째, 두룡포가 경상도에서 전라도로 이동하는 길목인 견내량 방비에 적합한 지역이라는 점 때문이었다. 둘째, 전략적 유연성을 발휘할 수 있는 지역이라는 점 때문이었다. 이곳은 충청도와 전라도에 사변이 생기면 경상도 수군을 동원해 격퇴하고, 경상좌도에 적이 침입하면 충청·전라도 수군을 동원해 격퇴하기에 적합한 위치에 있었다.[17] 셋째, 대형 군문이 들어설 만한 곳이라는 점 때문이었다. 두룡포는 북쪽과 남쪽에 육지와 바다를 접하고 있어 접근이 쉬울 뿐 아니라 은폐도 용이했다. 이 세 가지 이유를 종합해보면, 통제영의 위치를 두룡포로 정한 것은 당시 조선의 방어 전략을 잘 구현할 수 있고, 적의 침입에 대응하는 데도 적합한 지역이었기 때문이었음을 알 수 있다. 두룡포로 이동을 완료한 통제영은 고종 32년(1895) 폐지될 때까지 그 자리에 머물렀다.

---

16) 『萬機要覽』軍政 4, 「海防」. "古之設鎭本意 大將居全慶兩道之間 兼統下三道水軍 全羅忠淸有變 則督慶尙以左水軍進戰 慶尙左道有變 則督全羅以右水軍進戰."
17) 조선 정부가 이곳에 통제영을 설치한 것은 경상도 방위를 강화하기 위해서일 뿐 아니라 하삼도 연해 지역의 침입을 전면적으로 대비하기 위해서이기도 했음을 알 수 있다.

통제영이 설치된 후 선결해야 할 문제 중 하나는 거대한 군영을 운영할 재원을 확충하는 것이었다. 특히 군량 확보는 통제영이 당면한 과제 중 하나였다. 임진왜란 직후 경상우수영에서는 근무하는 장교와 사부(射夫)·포수(砲手)·격졸(格卒) 등의 급료를 웅천과 고성 등에 적치해둔 군현의 군량미(軍糧米)로 지급했다.[18] 이후 경상우수영이 통제영으로 승격하여 규모가 커진 뒤에는 더 많은 수입이 필요해졌다. 그에 따라 새로운 재원 마련 방안이 제시되었다.

둔전(屯田)의 확대는 그 방안 중 하나였다. 둔전은 본래 교통이 발달하지 않은 곳에서 국방상 요충지에 주둔한 군사에게 진황지 등을 개간·경작하게 하여 군수(軍需)에 충당하는 특수목적용 지목이다.[19] 통제사 이순신이 한산도를 비롯한 남해안 일대에 둔전을 설치했다는 기록으로 볼 때, 통제영은 임진왜란 당시부터 둔전을 경영했음을 알 수 있다. 이후 통제영의 둔전은 개간과 백성의 투탁(投託)으로 인해 연해에서 내륙 지역으로 확장되었다.[20] 그 결과 17세기 초반 둔전의 수입은 점차 늘어난 것으로 추정된다.

둔전과 함께 통제영의 주요 수입원 중 하나는 어염세(漁鹽稅)였다. 어염세는 어장과 염전에 매기는 세금으로, 조선 전기부터 수군진의 주요 수입원 중 하나였다. 임진왜란 직후 통제영은 전라도의 보화도(고하도)

---

18) 『啓本謄錄』萬曆 35年(宣祖 40, 1607) 2月 13日. "舟師入防將官及射砲手格卒等 所供糧料 庚子(宣祖 33, 1600)以來 本道各官所軍粮 運下于海陣 便近熊川固城等官 設站儲峙 遂朔支放."
19) 송양섭, 「서론」, 『朝鮮後期 屯田 硏究』, 경인문화사, 2006, 1쪽.
20) 『仁祖實錄』卷21, 7年 9月 26日 丁未.

와 비금도 등 상당히 먼 지역에도 염전을 가지고 있었다.[21] 이후 통제영 근처에서도 어장과 염전의 개발을 시작했다. 이에 인조 3년(1625) 통제영의 어염 생산량은 10일 만에 어염 1천 석 정도를 마련할 수 있다고 일컬어질 정도로 많았다.[22] 더욱이 어염은 생산 외에도 매매를 통해 이윤을 낼 수 있는 품목이었다. 당시 통제영은 어염을 현물로 수납하여 소금이 부족한 낙동강 상류 지역에 팔아 3~4배 이상의 차익을 남길 수 있었다.

아울러 둔전에서 거둔 소출과 어염을 판매하고 획득한 곡식을 축적하여 환곡을 조성했다. 광해군 12년(1620) 통제사 김예직(金禮直)은 "당초 충무공 이순신(李舜臣)이 연해에 둔전을 설치하거나 매매하여 빈 포지(浦地)에 어장이나 염전을 배치하고 절수(折受)할 것을 계문하여 수년 동안 이익을 취해 마련한 수만 석을 삼남에 두었다"라고 언급했다.[23] 이

---

21) 『啓本謄錄』萬曆 34年(宣祖 39, 1606) 2月 13日. 경상도는 주요 어염 생산 지역이었다. 남부 해안 지역인 고성과 거제도에서는 해수직자식으로 소금을 생산했으며, 낙동강 하류에 있는 김해 을미도에서는 염전을 통해 소금을 생산했다고 한다(김의환, 「朝鮮後期 鹽業의 發展과 鹽業政策」, 충북대학교 박사학위논문, 2004, 31쪽). 어염의 주요 산지인 경상도에 있는 통제영이 거리가 먼 전라도에도 염전을 보유했던 이유는 두 가지로 추정해볼 수 있다. 첫째, 임진왜란 이후 경상도가 황폐화된 상태였기 때문에 재정 보충을 위해 거리가 먼 지역에서도 염전을 확보하고자 했을 가능성이 있다. 둘째, 통제영이 고하도에 잠시 머물렀다는 점을 고려해보면 임진왜란 당시 통제영에서 운영하던 염전을 이후에도 그대로 보유하고 있었을 가능성도 있다.

22) 『承政院日記』8冊, 仁祖 3年 8月 3日. "且統營旬日之內 可辦千餘石之鹽."

23) 『穀摠便攷』卷3, 慶尙道會付. "統制使金禮直啓錄中有曰 當初忠武公李舜臣 就三道沿海或設屯田 或設貿販 又空閑浦地 排置鹽場漁箭 啓聞折受 逐年取利 數萬石穀物 分峙三南."

언급을 통해 통영곡은 충청·전라·경상도에 조성했으며, 처음 조성한 사람은 충무공 이순신이었음을 알 수 있다. 통영곡은 군량 비축을 위해 조성한 것이었지만, 모곡 중 일부가 통영곡 설치 초기부터 통제영 수입으로 전용되었던 것으로 보인다. 이후 통영곡은 통제영 수입의 절반 이상을 담당할 정도로 그 규모가 커지고 종류도 다양해졌다. 통제영의 위치 이동과 둔전·어염·환곡 등 재원의 확보는 통제영의 안정화에 이바지했다.

(3) 통제영 소속 수군진의 거점 이동과 복구

이와 함께 이항복의 전략을 실현하기 위한 소속 수군진 개편도 진행되었다. 이 지역에서 수군진의 개편 방향은 크게 세 가지로 요약할 수 있다. 첫째, 기존에 설치된 수군진의 빠른 복구이다. 임진왜란 직후 통제사가 관리하는 수군진은 통제영과 수영을 포함하여 충청도 여섯 곳, 전라우도 열네 곳, 전라좌도 여섯 곳, 경상좌도 열 곳, 경상우도 이십 곳 등 총 오십육 곳이 있었을 것으로 추정한다.[24] 각 군현에도 군선이 배치

---

24) 임진왜란 직후 어떤 수군진이 있었는지는 구체적인 자료가 없기 때문에 추정할 수밖에 없다. 연대기와 법전을 중심으로 임진왜란 직후 수군진을 추정하면 다음과 같다. 충청도에는 임진왜란 직후 수영 한 곳, 所斤·馬梁 등 첨절제사·동첨절제사진 두 곳, 安興·舒川浦·波知浦 등 만호·권관진 세 곳 등 수군진 여섯 곳이 있었을 것으로 추정한다. 전라우도에는 수영 한 곳, 臨淄 등 첨절제사진 한 곳과 群山浦·法聖浦·木浦·多慶浦·南桃浦·金甲島·於蘭浦·黔毛浦·加里浦·梨津·馬島·會寧浦 등 동첨절제사·만호진 열두 곳 등 수군진 열네 곳이 있었을 것으로 추정한다. 전라좌도에는 수영 한 곳, 蛇渡 등 첨절제사진 한 곳, 防踏·呂島·鹿島·鉢浦 등 동첨절제사·만호·권관진 네 곳 등 총 수군진 여섯 곳이 있었을 것으로 추정한다.

되었음을 고려하면, 경상도는 임진왜란 이전부터 이미 수군 전력이 집중된 지역이었다. 하지만 이 시기 수군진은 통폐합되거나 황폐해져 제 기능을 하지 못하는 상태였다. 선조 32년(1599) 경상감사 한준겸(韓浚謙)은 "도내 좌우(左右) 연해 지역의 수군진은 시기에 따라 증설하여 그 수가 매우 많다. 변란을 겪은 뒤에 모두 허물어져 들어가 지킬 수 없으며, 만호와 권관이 비록 부임하기는 하지만 모두 수영에 모여 있어 영직(影職)같이 되어버렸다"라고 증언했다.[25] 이런 상황에서 경상도 중심의 방어 태세를 구축해야 한다는 주장이 채택되자, 조선 정부는 이 지역 수군진의 복구를 다른 지역보다 우선했다.

둘째, 수군진의 위치 조정이다. 이 시기 수군진의 이동은 여러 원인에 의해 행해졌다. 본래 위치에 진을 복구하기 어려워 다른 지역으로 불가피하게 이동시킨 사례도 있고,[26] 조선 정부의 전략적 판단에 의해 이

경상우도에는 수영 한 곳, 加德·彌助項 등 첨절제사진 두 곳, 薺浦·天城·安骨浦·永登浦·玉浦·加背梁·知世浦·助羅浦·平山浦·赤梁·蛇梁·唐浦·尙州浦·所非浦·栗浦·曲浦·三千浦 등 동첨절제사·만호진·권관진 열일곱 곳 등 총 수군진 이십 곳이 있었을 것으로 추정한다. 경상좌도에는 수영 한 곳, 釜山 등 첨절제사진 한 곳, 多大浦·西生浦·開雲浦·豆毛浦·包伊浦·丑山浦·甘浦·漆浦 등 동첨절제사·만호진 여덟 곳 등 총 수군진 열 곳이 있었을 것으로 추정한다.

25) 『宣祖實錄』 卷118, 32年 10月 15日 辛卯. "道內左右沿海鎭堡 因時增設 其數甚多 而經變之後 鞠爲荒墟 不能入守 萬戶權管 雖依舊差來 皆聚於水使陣下 有同影職."

26) 임진왜란의 여파로 인해 임진왜란 이전의 본래 위치에 진을 복구하지 못하는 사례가 있었다. 지세포·가덕·천성진 등이 대표적이다. 지세포진은 진의 본래 위치에 사는 토병의 수가 임진왜란으로 급감해서 임진왜란 이후 옥포 근처로 이동했다. 가덕진과 천성진도 임진왜란 당시 성이 함락되어 안골포로 이동했다. 진을 본래 위치에 설치하면 시설이 없거나 인력과 물자를 제대로 공급받지 못할 가능

동한 사례도 있다. 그중 후자를 중심으로 살펴보면, 임진왜란 직후 두 모포는 기장에서, 개운포는 울산에서, 감포는 경주에서, 포이포는 장기 에서, 칠포는 흥해에서, 축산포는 영해에서 부산진 앞으로 이동한 것이 주목된다.[27] 이 여섯 곳의 재배치는 이 지역의 지리적 조건과 일본 군선 의 성능을 고려한 조치였다. 당시 관료들은 경상좌도 연해의 동래·기 장 북쪽을 "애초에 밀물이나 썰물이 나가고 들어오는 일이 없는데 파 도가 스스로 서로 부딪쳐 언덕 위를 때리기 때문에, 언덕의 돌이 높고 날카로워 조선의 배는 간간이 정박할 수 있는 곳이 있지만, 경박(輕薄)

성이 높기 때문에 이동한 것이었다. 이런 이유로 이동한 진은 조건이 갖추어지면 다시 환원되었다. 지세포진은 효종 1년(1650) 토병이 늘어나자 본래 위치로 돌아 왔고, 가덕진과 천성진은 효종 7년(1656) 통제사 柳赫然의 장계로 다시 옛 진으로 돌아왔다(『承政院日記』111冊 孝宗 1年 1月 4日;『嶺南邑誌』奎12173-v.1-17,「固 城」;「熊川」). 그 밖에도 진 이동에 대한 여러 기록이 나오지만 구체적인 배경이 나 경로를 파악하기 어려웠다. 그러므로 본 연구에는 이동 이유와 경로가 명확히 파악되는 것을 중심으로 논리를 전개하고자 한다.

27) 수군진 여섯 곳이 부산진 앞으로 이동한 시기에 대해서는 선조 25년(1592)설과 인조 7년(1629)설 등 두 가지 설이 있다. 그중 선조 25년(1592)은 임진왜란이 시작 된 시기이기 때문에 이때 수군진이 이동해 왔다고 보기에는 다소 무리가 있다. 인조 7년(1629)설도 믿기 어렵다. 양흥숙의 연구에 따르면 광해군 11년(1619)에 이미 이 수군진 여섯 곳이 이동했음을 확인할 수 있다(양흥숙, 「조선후기 東萊지 역과 지역민의 동향—倭館 교류를 중심으로」, 부산대학교 박사학위논문, 2009, 28 쪽). 그러므로 이 수군진 여섯 곳은 임진왜란이 끝나고 진이 복구되는 과정에서 이동해 온 것으로 보는 것이 타당하다(오봉근, 「17~19세기 중엽의 리조수군」, 『조 선수군사』, 사회과학원, 1998, 333~334쪽). 이는 "영해의 축산포, 흥해의 칠포, 장기 의 포이포는 임진왜란 이후에 그 쓸모없음을 알고 본도 감영에서 狀聞을 하여 동래의 수영 근처로 이동했다"는 경상감사 閔百祥의 언급을 통해서도 알 수 있 다(『承政院日記』1064冊, 英祖 27年 1月 4日). 민백상의 언급에 빠져 있는 개운포 도 다른 수군진과 마찬가지로 임진왜란 직후에 옮겨 왔을 가능성이 크다.

한 왜선은 무리를 지어 정박할 장소가 없는 곳"으로 인식했다.[28] 이러한 인식에 따라 조선 정부는 일본군의 침투 가능성이 낮은 지역에 있는 수군진을 경상좌수영과 부산진 근처로 이동시켜 전략적 효용성을 재고한 것이었다.[29] 선조 37년(1604) 고성의 남쪽에 있던 가배량이 거제도 서남쪽[右水營舊基]으로 이동한 것과 인조 1년(1623) 영등포가 견내량 근처로 이동한 것도 일본군의 기동로를 방어하기 위한 전략적 판단에서 비롯된 것으로 추정된다.[30]

셋째, 소모별장진(召募別將鎭)의 설치이다. 임진왜란 직후 조선 정부는 연해 지역에 소모별장을 파견해 백성을 모집하고 인구가 어느 정도 모인 곳에 진을 설치했다. 이 진을 소모별장진이라고 했다. 이 진은 백성을 모으고 둔전을 경작하게 하여 생계를 보장해주는 대가로 이들을 병력으로 동원했다. 소모별장진의 병력 충원 방식은 적은 병력으로 진을 운영할 수 있으면서도 물에 익숙한 수군을 얻는 데 효과적이었다. 광해군 7년(1615) 종사관 최현(崔睍)은 "배 1척의 격군을 내지(內地)의 군사로 분방(分防)하면 9번(番)으로 보낼 때 600여 명으로도 오히려 곤란한 측면이 있다"라고 하면서, "만약 모군이 그 땅을 스스로 지키면 불과 100여 명이면 충분하니 (…) 병사를 1만 명을 징발하는 것보다 소모군(召募軍)

---

28) 『承政院日記』1064冊, 英祖 27年 1月 4日. "蓋左沿 則東萊機張以北 初無潮汐水進退 而波濤自相蕩洶 掀打岸上 且其岸石嵯峨廉利 我國船隻 則雖或有間間可泊處 而如輕薄之倭船 初無成群齊泊之所 倭船之最怕者 無如左沿."

29) 이렇게 진이 부산진 앞으로 이동한 것은 왜관의 설치와도 관계가 있었을 것으로 생각된다. 양흥숙, 앞의 논문, 2009, 28쪽.

30) 『慶尙道邑誌』奎666, 「巨濟府」;『大東地志』「巨濟府」.

수천 명이 좋다고 하는 것이 이를 말하는 것이다"라고 지적했다.[31]

소모별장진의 효용성이 증명되자 이러한 형태의 진은 계속 증설되었다. 선조 39년(1606) 통제사 이운룡은 군관 권인용(權仁龍)을 모군별장으로 임명해 웅천의 풍덕포로 파견해서 병력을 모집했다. 아울러 전(前) 만호 강언량(姜彦粱)을 고성의 소비포로 파견하여 군량을 확보했는데, 이 군량을 석 달 동안 두 곳에 분급했더니 102명 정도가 모집되었다고 했다.[32] 조선 정부는 병력을 모집할 기반이 조성되면 소모별장진에 군선을 배치했다. 광해군 2년(1610) 통제사 이경준(李慶濬)은 작년에 풍덕포에서 전선을 만들어 배치했다고 했으며, 소비포에는 전선을 만들어 배치할 예정이라고 증언했다.[33]

17세기 중엽까지 소모별장진은 구소비포(구소을비포)·남촌·장목포·청천·신문·풍덕포·구산·고돌산·고군산·격포 등 열 곳까지 늘어난 것으로 확인된다. 이들 진이 설치된 지역은 고돌산·고군산·격포 등 세 곳이 전라도였고 나머지 일곱 곳이 경상우도였다. 설치 지역을 구체적으로 살펴보면 구소비포과 남촌은 고성, 청천·신문·풍덕포는 웅천, 장목

---

31) 『訒齋集』卷3,「答監司權仲明盼問嶺南弊瘼十二條」. "凡一船之格 若以內地軍分防 則九番所送六百餘名 而猶且齟齬 若使募軍 自守其地 則不過百有餘名 而用之有餘 (…) 所謂徵兵滿萬 不如召募數千者 此之謂也."

32) 『息城君實記』「舟師募軍狀」. "臣軍官前部長權仁龍 募軍別將差定 送於熊川地豊德浦 前萬戶姜彦良固城地所非浦差送 資糧段臣所措費軍糧分給 數三朔內兩處應募聚居人 已至百二名."

33) 『光海君日記』(重草)卷25, 2年 2月 6日 壬子. 임진왜란 당시 소비포에 이미 권관이 파견되었다는 점을 고려한다면 여기서 말하는 소비포는 구소비포가 아닐까 한다.

제1부 17세기 초중엽 대외 정세의 긴장 고조와 수군 방위 태세 강화 49

포는 거제, 구산은 칠원이었다. 설치시기는 17세기 초·중엽에 집중되어 있다. 구소비포와 풍덕포는 선조 39년(1606), 구산과 남촌은 광해군 6년(1614), 신문은 광해군 8년(1616), 청천과 장목포는 효종 7년(1657) 등에 설치된 것으로 보인다. 이후 인조 23년(1645) 구산진이 일시적으로 폐지된 것을 제외하고 나머지 진은 18세기 중엽까지 존속했다.[34] 소모별장진은 『속대전』에 실리면서 수군진의 한 형태로 인정받게 되었다.

요컨대, 임진왜란 이후 일본군이 침입해 올 가능성은 여전히 높았다. 조선 정부는 이항복의 전략에 따라 통제영을 견내량 근처로 이동하고, 소규모 진인 소모별장진을 설치하고, 경상도에서 전라도로 이동하는 길을 방어했다. 또한 경상좌도 동해안에 있는 진을 부산진 앞으로 이동시켜 일본이 부산을 거쳐 내륙으로 가는 길목을 지켰다. 이러한 진의 설치 및 이동으로 수군 방위 태세는 경상도를 거점으로 강화되었다.

2) 통어영의 설치와 수군진의 강화도 집결

(1) 북방의 위기와 주사청 설치

경기·황해도의 수군 방위 태세도 17세기 초반부터 많은 변화를 겪었다. 임진왜란 이전 조선 정부는 경기수영을 중심으로 이 지역 방위 태세를 구축했다. 임진왜란 직후 경기 지역에는 수군진 여덟 곳, 황해도에는 수군진 여섯 곳 등 총 열네 곳이 있었다고 추정된다.[35] 임진왜란

---

34) 『嶺南邑誌』奎12173-v.1-17, 「固城」, 「熊川」; 『慶尙道邑誌』奎666, 「巨濟府」; 『嶺南鎭誌』奎12183, 「開國五百三年十二月龜山鎭鎭誌事例成冊」; 『大東地志』「固城府」.

35) 경기에는 수영 한 곳, 月串鎭 등 첨절제사진 한 곳, 永宗·草芝·濟物·井浦·鐵串·德

이전 충청·전라·경상도보다 많은 수군이 배치된 것은 아니었지만, 해안 방어를 위한 기본적인 태세는 갖추고 있었다고 할 수 있다.

임진왜란 직후 조선 정부는 경상도 수군 방위 태세의 정비에 중점을 두었다. 따라서 경기·황해도 수군 방위 태세의 정비는 상대적으로 미진했다. 그렇지만 이 지역 방위 태세의 정비가 없었던 것은 아니었다. 조선 정부는 임진왜란 직후 유망한 해적들이 민가를 약탈하는 것에 대비하기 위해 광해군 1년(1609) 백령도에 진을 설치했으며,[36] 동왕 3년(1611) 가을포진을 등산곶으로 이동하고[37] 이름을 등산진이라 개칭했다. 아울러 명확한 시점을 알 수 없지만 17세기 초반에 아랑포와 광암진 등을 폐지하는 조치도 있었다. 하지만 유망(流亡)한 백성이 해적질하는 것은 국가의 안위를 위협할 정도는 되지 못했다. 조선 정부는 해적의 소요가 발생하면 이 지역 수군 지휘관을 처벌하는 수준에서 대응했다.[38]

국제 정세가 변모하는 광해군 후반기에 접어들면서 이 지역 수군의

浦 등 동첨절제사·만호진 여섯 곳 등 총 수군진 여덟 곳이 있었을 것으로 추정한다. 황해도에는 所江鎭 등 첨절제사진 한 곳과 廣嚴梁·阿郞浦·吾叉浦·許沙浦·茄乙浦·龍媒梁 만호진 여섯 곳 등 총 일곱 곳이 있었을 것으로 추정한다.

36) 『光海君日記』(重草) 卷12, 1年 1月 24日 丁未.

37) 『光海君日記』(重草) 卷44, 3年 8月 6日 癸酉.

38) 이는 광해군 1년(1609) 5월 황해도에 해적이 출몰한 사례를 통해 짐작해볼 수 있다. 해적들의 어선 약탈에 이 지역 수군이 미진하게 대처하여 문제가 되었다. 이에 구원하지 못한 가을포 만호 金應末과 보고를 제대로 하지 않은 병사 權晉慶을 처벌했다(『光海君日記』(重草) 卷16, 1年 5月 20日 庚子). 또한 광해군 4년(1612) 사간 尹重三은 "근래에 水賊이 해서 지방을 중심으로 많이 발생하는데, 主將을 체포할 생각은 하지 않고 代將이나 軍官에게 죄를 돌리고 주장은 추고만 하므로 기율이 분명하지 못하다"고 했다. 『光海君日記』(重草) 卷58, 4年 10月 1日 辛酉.

중요성이 이전보다 부각되었다. 만주 지역에서 성장한 건주여진(建州女眞)은 광해군 8년(1616) 후금(後金)을 건국하고 동왕 10년(1618) 무순을 점령하면서 중원 장악을 기도했다. 북방에서 강력한 세력이 등장해 질서가 재편되자, 조선 정부도 대응책 마련에 고심하지 않을 수 없었다. 특히 광해군 후반기에 이르러 명(明)에 대한 군사 파견을 두고 후금과 갈등이 고조되자, 광해군 정권은 기미책을 활용하여 후금의 요구를 어느 정도 수용하고 회유함으로써 침략을 막고자 했다.[39]

국제 정세에서 긴장이 고조되자 국방 문제가 조선 정부의 주요 의제로 등장했다. 그러면서 수도권 방비 문제가 중요하게 다루어질 수밖에 없었다. 조선 정부는 '보장처(堡障處)' 중심의 수도 방위 전략을 수립했다. 보장처 중심의 수도 방위 전략이란 동양의 고전적 병법 중 하나인 '퇴전전술(退戰戰術)'의 일종으로, 전란이 일어나면 이미 구축해놓은 보장처로 후퇴하여 전력을 재정비한 뒤 반격을 가하는 것이었다. 조선 정부가 이 전술을 택한 이유는 임진왜란 이후 회복되지 않은 경제 상황으로 인해 도성 자체를 방어하기 어렵다는 현실 인식 때문이었다.[40]

이 전술을 실행하기 위해서는 적합한 보장처를 선택하는 것이 중요했다. 당시 보장처로 공주·나주·안동·남한산성 등 여러 지역이 거론되었지만, 가장 주목받은 곳은 강화도였다. 그 이유는 광해군 즉위년(1608) 비변사의 장계를 통해 확인할 수 있다.

---

39) 광해군대의 후금 정책은 한명기, 「대후금 출병 문제와 대명관계」, 『임진왜란과 한중관계』, 역사비평사, 1999, 243~244쪽 참조.
40) 이근호, 「중앙 5군영의 확립」, 『한국군사사—조선후기 I』 7, 육군군사연구소, 2012, 438쪽.

강화도는 섬 자체가 경기와 가까운 데다 양서(兩西)와 양호(兩湖)가 한 눈에 막힘이 없이 들어오기 때문에 급박한 변란을 제압하는 곳으로는 이 섬을 능가할 곳이 없습니다. 임진왜란 때 김천일(金千鎰)이 여기를 지켜냈으니 명확한 증거가 됩니다. 선왕조 시절부터 힘을 쏟아 조치했던 것은 그 뜻이 있기 때문입니다.[41]

조선 정부는 지리적 요건과 임진왜란 당시 함락되지 않았다는 점을 근거로 강화도를 전략적 요충지라 판단했다. 이 점을 근거로 강화도를 보장처로 만들기 위한 여러 방안이 마련되었다. 강화도 방비를 위한 수군 강화 방안으로 주목되는 것은 광해군 10년(1618) 연미정(燕尾亭)에 설치된 주사청(舟師廳)이다. 주사청의 설치 이유는 연미정의 지리적 조건을 통해 파악할 수 있다. 연미정은 한강으로 진입하는 입구에 위치해 있기 때문에 전략적 요충지로 꼽혔다. 그러므로 주사청은 북방의 적이 한강으로 들어가는 입구를 차단하고 국왕이 강화도로 무사히 도피할 수 있도록 돕기 위해 설치되었음을 추정할 수 있다.

주사청의 지휘관은 주사대장(舟師大將)이었다. 주사대장은 본래 국왕이 타는 전선인 용주(龍舟)의 지휘관이자, 한강[三江] 주변에 살던 거주민을 감독하고 용산창(龍山倉)을 방수하는 임무를 지닌 관직이었다.[42] 이

---

41) 『光海君日記』(重草) 卷10, 卽位年 11月 10日 癸巳. "江華爲島 近於畿輔 而兩西兩湖 一望無礙 變急控制 無過於此島 壬辰之亂 金千鎰守此 已有明驗 自先朝費力 措置 其意有在."
42) 『宣祖實錄』卷66, 28年 8月 29日 己巳.

관직의 존재는 명종 연간부터 확인할 수 있다.[43] 선조가 파천했다가 한 양으로 돌아와서 주사대장을 임명했다는 기록으로 볼 때,[44] 이 관직은 임진왜란 당시까지도 존재했던 것으로 보인다. 광해군은 최측근인 동 지중추부사 이응해(李應獬)를 주사대장으로 임명하고 주사대장에게 주 사청을 관리하게 하여, 강화도 방위에 자신의 의지가 투영될 수 있도록 조치했다.[45]

조선 정부는 주사청을 통해 경기·황해 수군을 증강했다. 광해군 10년 (1618) 6월 국왕은 황해도와 하삼도(下三道)에서 전선 80척을 건조해서 강 화도 앞바다에 집결하도록 명령했다.[46] 그 과정에서 도별로 건조할 군 선의 숫자가 확정되었다. 그런데 조선 정부는 백성의 역이 과중해진다 는 이유를 들며 통제영에 분정한 군선 20척 중 5척을, 좌병영과 우병영 에 분정한 것 중 4척을, 좌수영에 분정한 것 중 1척을 감했다.[47] 또한 조 선 정부는 전라우수사 원수신(元守身)에게 국왕이 탑승하는 전선인 용 주(龍舟)를 다시 건조하라고 지시하기도 했다. 원수신은 우후 설응정(薛 應貞)에게 용주의 건조를 담당하게 했다.[48]

군선의 관리 방안도 제시되었다. 광해군 10년(1618) 12월 우승지 이위 경(李偉卿)은 희우정·현량·서강·마포·용산·서빙고·한강·두모포의 어민

---

43) 『明宗實錄』 卷25, 14年 5月 8日 己卯.

44) 『宣祖實錄』 卷66, 28年 8月 27日 丁卯.

45) 『光海君日記』(重草) 卷129, 10年 6月 7日 甲子.

46) 『光海君日記』(重草) 卷129, 10年 6月 28日 乙酉; 『光海君日記』(重草) 卷130, 10年 7 月 14日 庚子.

47) 『光海君日記』(重草) 卷130, 10年 7月 14日 庚子.

48) 『光海君日記』(重草) 卷136, 11年 1月 26日 庚戌.

과 상인 중 자원자에게 용주(龍舟)·대맹선(大猛船)·귀선(龜船) 등을 분배해 관리하게 하고, 그에 대한 반대급부로 상인과 어민에게 충청·전라·경상도의 사곡(私穀)을 조운할 권리를 주자고 주장했다. 아울러 사곡 조운에 따르는 이익 중에서 1할은 세금으로 거두고 나머지 9할은 어민이나 상인이 가져가도록 했다. 이 방안이 수용되면서 경강상인이 조운을 담당하게 되었다.[49] 또한 군선에 승선할 인원을 확보하기 위해 한강 주변의 어민이나 경기·황연도(황해도) 백성을 사공·격군으로 충당하여 연습시키거나 강화도 속오군(束伍軍)을 동원하기도 했다.[50] 그로 인해 이 지역 수군은 크게 강화된 것으로 생각된다.

그러나 주사청을 중심으로 한 수군 강화 방안은 여러 비판에 직면했다. 전선의 무리한 건조나 수조의 동원이 부역의 증가로 이어져 백성이 곤궁해질 수 있다는 의견이 제시되었다.[51] 병조는 중국의 사신을 접대할 때 들어가는 비용을 마련하기 위해 주사청을 폐지하자고 주장했다.[52] 이와 같은 반발과 광해군의 실각으로 인해 주사청을 중심으로 한

---

49) 舟師廳에 대해서는 이미 최완기,「船運活動의 失態」,『朝鮮後期船運業史研究』, 일조각, 1997, 234쪽; 고동환,「京江商人의 성장과 資本蓄積」,『朝鮮後期 서울商業 發達史研究』, 지식산업사, 1998, 348쪽에 언급된 바 있다. 하지만 두 논문은 주사청을 조운을 담당하는 기구로 바라보고 있다. 본 연구는 기존 연구와 다르게 군사 기구의 성격을 부각해보고자 한다.

50) 『光海君日記』(重草) 卷144, 11年 9月 14日 癸巳; 『光海君日記』(重草) 卷144, 11年 9月 24日 癸卯.

51) 『光海君日記』(重草) 卷131, 10年 8月 1日 丁巳; 『光海君日記』(重草) 卷151, 12年 4月 19日 丙寅.

52) 『光海君日記』(重草) 卷151, 12年 8月 13日 戊午.

수군 강화 방안은 결실을 보지 못했다. 주사청은 광해군 실각 이후 곧 폐지된 것으로 보인다. 이후 주사대장은 정묘호란 등 유사시에 이 지역 수군을 담당하기 위해 설치되는 임시직으로 그 성격이 변화했다.[53] 18세기 말에는 주교사가 설치되면서 주사대장이 주교사의 장관(長官)이 되었다.

(2) 통어영의 설치와 경기 수군 강화

광해군은 반정으로 실각했지만, 강화도 방비를 강화하자는 논의는 인조 연간에도 계속 이어졌다. 당시 지배층은 집권 초기 남한산성과 강화도를 보장처로 염두에 두고 있었다. 그런데 남한산성을 보장처로 삼으려면 성을 축조해야 하는 등 비용과 시간이 많이 소요되었기 때문에 강화도 방비에 주력하자는 의견이 대두되었다.[54] 정묘호란 등 북방의 위협이 가시화되자 조선 정부는 인조 5년(1627) 강화부를 유수부로 승격하는 한편,[55] 각종 방비 대책을 마련했다.

경기 수군 방위 태세의 정비도 당시 강구된 여러 방안 중 하나였다. 반정 후 등장한 집권 세력 중 일부는 경기 지역에서 수군 방위 태세 강

---

53) 주사청 폐지 이후 주사대장에 임명된 사람은 정묘호란 당시 具仁垕와 병자호란 당시 張紳이 대표적이다. 정조 13년(1789) 舟橋司가 설치된 이후에는 국왕이 강을 건널 때 유도대신 중 한 명이 주사대장의 직함을 받았다.

54) 『仁祖實錄』 卷5, 2年 3月 16日 庚午.

55) 인조 2년(1624) 조선 정부는 당시 남한산성의 성 축조 문제에 대해 논의했다. 이 논의에서 관료들은 남한산성의 축조에 긍정적인 모습을 보이면서도 당시 경제 상황을 고려하여 연기하자는 의견을 제시했다. 인조는 성은 내년에 쌓고 강화도에 진력하자고 결정했다. 『仁祖實錄』 卷5, 2年 4月 2日 戊戌.

화에 대해 긍정적인 입장을 가지고 있었다.[56] 이런 분위기 속에서 당시 집권층은 경기 지역의 진 재배치 방안을 논의했다. 경기수영은 본래 남양의 화량에 있었다. 하지만 수영의 위치가 수도권 방위에 적합하지 않다는 의견이 이미 제기되어 있는 상태였다. 선조 30년(1597) 영의정 유성룡(柳成龍)은 경기수사 이사명(李思命)의 말을 인용하여 "화량은 수도인 한양과 거리가 멀어서 바람이 좋지 않을 때는 한강까지 도달하는 데 시간이 많이 소요되며, 여주·이천·저평에 사는 수군은 거리가 멀어 변란이 일어났다는 소식을 듣고 집결할 때 쉽게 모이는 형세가 되지 못한다"라고 지적했다.[57] 이와 같은 문제점을 해결하고 당대에 제기된 국방의 위기를 극복하기 위해, 조선 정부는 인조 2년(1624) 경기수영을 강화도로 이동시켰다.

정묘호란이 일어난 지 2년 뒤인 인조 7년(1629) 월곶진이 혁파되는 한편, 경기수영은 교동으로 이동했고 수영의 옛터에 화량진이 설치되었다. 이와 함께 교동은 현(縣)에서 부(府)로 승격되었다.[58] 그렇다면 교동이 수영 설치 장소로 선택된 이유는 무엇이었는가? 이는 교동의 지리

---

56) 인조 집권 이후 집권 세력 중 한 명인 부체찰사 李時發은 강화도를 수군으로 방어해야 한다고 주장했다(『碧梧遺稿』卷4,「巡審江華形便後書啓」). 영사 尹昉도 강화도에서 수군을 갖추는 것이 중요하다고 주장했다. 『仁祖實錄』卷6, 2年 8月 1日 癸未.

57) 『西厓先生文集』卷5,「陳措置防守事宜兼辭職箚子」."臣又聞京畿水使李思命之言 以爲水營在南陽花梁 距京頗遠 若風勢不順 則累日行船 不達京江 又所屬水軍遠 在驪州利川砥平之間者 距水營亦遠 聞變調集 勢未易聚云."

58) 『仁祖實錄』卷20, 7年 2月 24日 庚戌."移水營於喬桐 陞縣爲府 以水使兼府使 罷月串鎭 復設花梁鎭."

적 조건을 통해 추정할 수 있다. 당시 서해에서 강화도를 거쳐 한강에 진입하는 경로는 ① 황해도에서 교동과 강화도 위쪽을 거쳐 한강으로 접어드는 길, ② 영종도로부터 강화도와 김포 사이의 앞바다로 들어가는 길, ③ 덕적도 앞바다를 지나 교동을 거쳐 강화도 위쪽으로 지나 강화도와 김포 사이의 해협으로 들어가는 길 등 세 가지가 있었다. 이 중 교동을 지나가는 통로는 ①과 ③번 길이었다. 이로 인해 교동은 서해에서 한양으로 접근하는 가장 중요한 요충지 중 하나로 평가받았다. 조선 정부가 수영을 교동으로 이동시킨 이유는, 주요 길목에 대규모 진을 설치해 북방의 적이 서해에서 한양으로 접근하는 것을 방어하고자 했기 때문이었다.[59]

이후 인조 11년(1633) 조선 정부는 경기수사를 통어사로 승격시키고, 통어사에게 경기·충청·황해도 수군을 관리하도록 했다. 아울러 통어사가 교동부사를 겸임하도록 하여, 교동이라는 조그만 섬 하나에 교동부와 통어영이 양립해서 생겨나는 재정상의 문제를 해결했다. 통어사는 통제사와 같이 삼도 수군을 통솔하기 위해 설립되었지만, 그 직제에는 차이가 있다. 통어사의 정식 명칭은 '경기수군절도사겸삼도수군통어사교동도호부사(京畿水軍節度使兼三道統禦使喬桐都護府使)'이다.[60] 이 명칭을 통해 통어사는 통제사와 달리 본직이 아니라 겸직이었음을 알 수 있다. 통어사는 통제사처럼 수사보다 한 단계 높은 상급 지휘관이 아니

---

59) 이민웅, 「18세기 江華島 守備體制의 强化」, 『한국사론』 34, 서울대학교국사학과, 1995, 10쪽.

60) 『承政院日記』 70冊, 仁祖 17年 7月 9日; 『續大典』 卷4, 「兵典」 外官職.

었을 가능성도 배제하기 어렵다. 하지만 수사가 파견되지 않은 황해도에서는 통어사가 수사 역할을 대신했을 가능성이 높다. 그러므로 통어사는 경기와 황해도에는 직접적인 영향을 미치고 수사가 파견된 충청도에서는 제한적인 영향력만 행사할 수 있었던 것으로 보인다. 이후 인조 14년(1636)에는 제물진과 초지진이 혁파되고 철곶진이 강화도 내부로 이동했다.[61] 그 결과 통어영은 화량·덕포·철곶·정포·영종 등 수군진 다섯 곳을 거느리게 되었다.[62]

이렇게 통어영이 설치되고 조선 수군이 이른바 '통영 체제(統營體制)'로 개편되자 충청 수군의 관할권 문제가 발생했다. 이는 통제영과 통어영이 모두 유사시 충청 수군을 관할하게 되어 있었기 때문이다. 조선 정부는 이 문제에 대해 여러 차례 논의를 진행했다. 인조 15년(1637) 통어사 나덕헌(羅德憲)과 인조의 대화를 살펴보자.

---

61) 필자는 석사논문을 비롯한 여러 글에서 철곶진이 인조 17년(1639)과 효종 즉위년(1649) 사이에 강화도로 이동했다고 설명했다. 이는 철곶포가 양천현 동쪽 13리에 있다는 『신증동국여지승람』의 기록과 철곶진 부근에 부평·금구·인천 등이 있다는 『승정원일기』의 기사, 그리고 효종 즉위년(1649) 韓震琦를 강화도 철곶에 정배한다는 기록 등을 근거로 한 것이었다(『新增東國輿地勝覽』 卷10, 陽川縣; 『承政院日記』 68冊, 仁祖 17年 2月 29日; 『承政院日記』 108冊, 孝宗 卽位年 10月 6日). 하지만 최근 확인한 羅德憲의 문집인 『壯巖遺集』의 「統禦營錄」에 따르면 철곶진은 인조 14년(1636) 제물진과 초지진을 혁파하고 강화도로 이동했다고 한다. 이에 나덕헌이 통어사로 파견되는 인조 15년(1637)에는 제물진과 초지진의 公廨 등을 훼철하고 철곶진을 건설하는 작업이 진행되었다(『壯巖遺集』 卷3, 「統禦營錄」, 丁丑年(仁祖 15, 1637) 6月 29日 "節到付鐵串僉使朴翰男牒呈內 本鎭亦上年十月分 草芝濟物兩浦革罷 移設於江華地"). 새로운 기록이 확인된 만큼 본 논문에서는 이 기록을 준용했다.

62) 『壯巖遺集』 卷3, 「統禦營錄」, 戊寅年(仁祖 16, 1638) 5月 10日.

통제영과 통어영은 모두 삼도(三道)를 겸하고 있는데, 충청도는 두 영 중 어디에 속합니까? 혹시라도 전쟁이 발발하면 누가 전적으로 통제합니까? 두 영의 장수가 서로 다툰다면 필시 문제가 되는 일이 있을 것입니다. 주상이 말하길, 이 일은 처음에 일시적인 편의에서 나온 것인데, 북방의 적[胡]을 방어할 때는 통어영이 통제하고 일본군 [倭]을 방어할 때는 통제영이 통제하면 된다.[63]

나덕헌은 통제사와 통어사의 지휘권이 중첩된다고 보고했다. 이에 대해 인조는 북방의 이민족이 쳐들어와 강화도가 위험해지면 충청 수군을 통어영에 소속시키고, 일본군이 침략해 남방에 문제가 생기면 통제영에 소속시키라고 지시했다. 이 문제는 인조 21년(1643)에 다시 제기되었는데, 그때도 같은 결정이 내려졌다.[64] 그 결과 통제영과 통어영 간에 충청 수군에 관한 지휘권 문제는 일단락되었다.

(3) 병자호란의 발발과 수군진의 강화도 이동

병자호란은 이렇게 정비된 경기·황해 수군 방위 태세의 장단점을 드러내는 계기가 되었다. 조선 정부는 병자호란이 일어나자 강화도의 방비를 강화유수 장신(張紳)에게 담당하도록 했다. 당시 통어사 신경진(申景珍)은 교동을, 충청수사 강진흔(姜晉昕)은 강화도 연미정을 수비했다.

---

63) 『承政院日記』 58冊, 仁祖 15年 6月 7日. "且統制統禦 皆兼三道 而忠淸一道 何屬 兩營 倘或臨亂 何人專制 兩將相爭 則必多掣肘事矣 上曰 此事 初出於一時之便 宜 而防胡則統禦制之 防倭則統制制之 可也."
64) 『承政院日記』 85冊, 仁祖 21年 6月 24日.

그 외에 전라도와 경상도 수군에게도 소집 명령이 떨어졌다. 하지만 전라좌수사 안몽윤(安夢尹)과 통우후 황익(黃瀷)이 인솔한 군사는 제시간에 도착하지 못했다.[65] 이로 인해 전투는 강화유수 장신과 충청수사 강진흔이 담당할 수밖에 없었다.

강화유수 장신은 휘하 수군을 광성진 연안에 배치하여 신안리 방면으로부터 도하할 것으로 예상되는 청군을 방어하는 한편, 갑곶 해안을 초계했다. 충청수사 강진흔은 충청도 수군을 연미정 아래 갑곶에 배치하여 보구곶성의 포내(浦內) 방면으로부터 도하할 것으로 예상되는 청군을 방어하는 한편, 가리산으로부터 월곶까지 해안을 초계했다.[66] 인조 15년(1637) 1월 22일 청군이 염하(鹽河)를 도하하여 강화도로 진입하기 시작했다. 청군은 선박과 뗏목 100여 척에 50~60명씩 나누어 탑승한 후 갑곶 연안에 포진하고 있던 충청수사 강진흔이 탑승한 군선을 목표 삼아 포격했다. 강진흔은 대소(大小) 군선 7척과 수군 200명을 거느리고 청의 군선 10여 척을 침몰시켰다.

하지만 전황은 조선 수군에게 불리하게 전개되었다. 이때 강화유수 장신의 부대가 도착했다. 장신은 정포만호 정연(鄭挺)과 덕포첨사 조종

---

65) 조선 정부는 전라좌수사 안몽윤과 통우후 황익이 인솔한 전라·경상도 수군이 安興에 이르러서 배회하다가 江都가 함몰하는 것을 본 뒤에 배를 운항했다고 의심하고 이를 충청감사에게 조사하게 했다(『仁祖實錄』卷35, 15年 6月 22日 己未). 조사 결과 안몽윤과 황익이 안흥에서 배회한 정황은 밝혀지지 않았으나 안몽윤의 경우 배가 출발한 뒤 1개월 만에 도착했고, 황익은 18일 만에 법성포까지 왔으므로 이를 참작하여 비변사에서 처리하는 것이 결정되었다. 『承政院日記』61冊, 仁祖 15年 10月 15日.
66) 柳在城, 「丙子胡亂」, 『丙子胡亂史』, 국방전사편찬위원회, 1986, 177쪽.

선(趙宗善)을 선봉으로 내세워 청군의 배후를 공격하도록 했다. 이들 역시 청군의 군선 수척을 격침했다. 하지만 최종 명령권자였던 장신은 얼마 후 간조가 되어 물이 빠지고 있다는 이유로 퇴각 명령을 내렸다. 장신의 명령을 거역하고 퇴각하지 않았던 강진흔의 분전에도 불구하고, 청군이 상륙에 성공하면서 강화도는 함락되고 말았다.[67] 이로 인해 경기 수군 방위 태세는 상당한 피해를 보았다.[68]

이렇듯 강화도에서 수군은 상당한 전과를 거두었지만, 강화도 방비에는 결과적으로 실패했다.[69] 병자호란 당시 수군의 전투 과정을 통해 밝혀진 수군의 장점과 한계는 크게 세 가지였다. 첫째, 수군이 청군과 싸워 승산이 있다는 점이었다. 병자호란 당시 청군과 싸웠던 수군은 조선 수군의 주력 부대라고 보기 어려웠음에도 상당한 전과를 냈다.[70] 이

---

67) 柳在城, 「丙子胡亂」, 『丙子胡亂史』, 국방전사편찬위원회, 1986, 179~180쪽.

68) 병자호란 직후 경기수사 겸 통어사에 임명된 나덕헌에 따르면, 병자호란 기간 동안 청군에게 잡혀가거나 살해 혹은 도망간 인원이 148호 정도라고 한다(『壯巖遺集』 卷3, 「統禦營錄」, 丁丑年(仁祖 15, 1637) 9月 29日). 이 기간 경기 지역 수군진이 상당한 피해를 보았음을 짐작할 수 있는 대목이다.

69) 병자호란 이후 조선 정부는 강화도 방어 실패의 책임을 물어 장신을 자결하도록 했고, 여러 장수의 간언에도 불구하고 강진흔을 참형에 처했다. 『仁祖實錄』 卷35, 15年 9月 21日 丙戌.

70) 허태구는 조선 정부가 병자호란 이전 강화도 방어 작전의 핵심 개념을 陸戰이 아닌 水戰에 두고 전력과 수군을 증강했다고 설명했다(허태구, 「丙子胡亂 江華島 함락의 원인과 책임자 처벌—金慶徵 패전책임론의 재검토를 중심으로」, 『진단학보』 113, 진단학회, 2011, 108쪽). 구범진은 당시 충청수사 강진흔은 전선 7척을 거느렸고, 장신은 전선 27척을 거느렸다고 주장했다. 청군의 군선 44척이 배라고 부르기 어려울 정도로 작은 크기였다는 점과, 조선의 전선이 청군의 배보다 압도적으로 컸음을 근거로, 강화도에 주둔한 조선 수군의 전력이 청군보다 월등

점은 후대 강화도 방위 태세에서 전선의 유용성을 강조하는 주요 근거가 되었다. 현종 5년(1664) 강도어사 민유중(閔維重)이 병자호란 당시 정포의 전선이 적선 2척을 전복한 사실을 예로 들면서 전선의 유용성을 강조한 것도 그런 맥락에서 이해가 가능하다.[71] 둘째, 유사시에 수군의 주력 부대인 전라·경상도 수군이 늦게 도착할 가능성이 현실화되었고, 그에 대한 대비책이 필요하다는 것이었다. 셋째, 간조나 만조 등 자연조건의 변화로 수군 전력이 무용지물이 될 수 있다는 점이었다.

　이런 상황 속에서 국제 정세는 다시 요동치기 시작했다. 효종 1년(1650) 후금에서 대조선 강경파였던 도르곤(Dorgon)이 수렵 도중 사망하고 순치제가 친정을 시행하자 권력 구조의 재편이 이루어졌다. 곧이어 도르곤 일파의 반역 음모가 드러나면서 그의 세력이 실각함에 따라 청의 대조선 정책도 기존과 다른 양상을 보였다. 효종은 청국이 외교보다는 내치 문제에 관심을 가질 것으로 판단하고, 군비 강화책을 적극적으로 추진했다.[72] 그는 중앙 군영인 수어청과 어영청을 강화하는 한편, 삼

　했다고 평가했다. 만약 강진흔의 함대가 갑곶으로 올라와 수전을 했다면 청군의 작은 배들이 당파되었을 것이라 추정했다(구범진, 「병자호란 시기 강화도 함락 당시 조선군의 배치 상황과 청군의 전력」, 『東洋史學研究』 141, 동양사학회, 2017, 349쪽). 당시 장신이 거느렸던 배 27척이 모두 전선이었는지는 알 수 없지만, 강화도 함락 당시 조선 수군의 전력이 청의 수군 보다 우위에 있었을 가능성은 충분하다. 다만 필자는 당시 조선 수군의 전체 전력에서 장신과 강진흔의 부대가 주력이었다고 보기는 어렵다는 점을 말하고 싶다. 오히려 경상도와 전라도에서 올라오려고 했던 수군 부대가 더 강력한 전투력을 가지고 있었을 가능성이 높다.

71) 『文貞公遺稿』 卷7, 「書啓」, "臣得聞本府民人傳說 則丁丑之變 敵船二隻 爲井浦戰船所盪覆云 戰船之利 於此亦可見矣."

72) 노영구, 「북벌론과 군사력 강화」, 『한국군사사―조선후기 I』 7, 육군군사연구소,

남 지역을 중심으로 전임영장을 파견하여 속오군의 훈련을 강화했다.[73] 이와 함께 강화도 방위 태세도 정비하고자 했다. 효종 6년(1655) 1월 국왕은 강화도 수군에 대해 다음과 같이 언급했다.

> 내가 반드시 물가에 보(堡)를 미리 설치하려는 것은 강화도의 관부(官府)가 깊은 곳에 있고 물가에는 방비할 것이 없기 때문이다. 유수는 관부 안에 있으니, 변란이 일어나면 어찌 손을 쓸 수 있겠는가! 관부 안에 무기가 있더라도 일이 급해진 뒤에야 비로소 물가에 옮기므로 형세가 미치지 못하는 것을 병자년의 난 때에 내가 친히 보았다. 물가에 보를 설치하면 국가가 난을 당해 들어가 있더라도, 보의 변장(邊將)이 스스로 방비할 것이다. 보를 설치하고 군사를 주둔하여 백성을 모집하여 살게 하면 유랑하며 할 일 없는 백성은 반드시 응모하여 들어갈 자가 있을 것이다. 진졸(鎭卒) 중 외방에 있는 자에게 포(布)를 거둬서 진 아래에 거주하는 군졸에게 주면 또한 좋지 않겠는가![74]

2013, 267쪽.

73) 효종의 군사 정책은 차문섭, 「孝宗朝의 軍備擴充」, 『朝鮮時代軍制研究』, 단국대학교출판부, 1973; 송양섭, 「효종의 북벌 구상과 군비 증강책」, 『한국인물사연구』 7, 한국인물사연구회, 2007 참조.

74) 『孝宗實錄』 卷14, 6年 1月 17日 壬寅. "予之必欲於水邊設堡者 以江都官府 僻在深處 水邊無備禦之具 留守深居府中 變出蒼黃 則亦安能措手乎 府中雖有兵器 事急之後 始乃搬運於水邊 勢所不及 丙子之亂 予所親見 若先設堡於江邊 則國家雖遭亂 而入處各堡 邊將自當備禦矣 設堡鎭守 募民以居 則流移閑雜之民 必有應募而入者 收布於所屬鎭卒之在外者 以給鎭下之軍 不亦可乎."

병자호란 당시 효종은 피난하여 강화도가 함락되는 모습을 지켜보았다. 그는 이 경험을 바탕으로, 병장기를 보관한 강화부가 강화도 내부 깊숙한 곳에 있어서 변란이 일어날 경우 강화도 외곽의 방비가 허술할 수 있다고 지적했다. 이를 보완하기 위해 효종은 강화도 외곽에 진을 설치하여 경기 연해 지역에서 강화도로 상륙하는 적을 저지하는 전략을 구사해야 한다고 보았다.

수군진의 이설도 추진했다. 조선 전기만 하더라도 경기 지역 수군진은 해안선을 따라 일정한 간격으로 배열되었다. 이후 여러 개편을 거쳐 효종 연간 강화도 내부의 수군진은 덕포·철곶·정포 등 세 곳밖에 남지 않았다. 효종은 기존에 폐지되었거나 외부에 있던 수군진을 강화도 내부로 옮겨 설치하는 방식으로 강화도 수군을 강화하고자 했다.[75] 조선 정부는 효종 6년(1655)경에 월곶·제물·초지진을 강화도 내부에 다시 설치했고,[76] 다음 해인 효종 7년(1656)에 용진진도 설치했다.[77] 아울러 시기

75) 이 시기 강화도에는 수군진 외에 육군진도 이설되었다. 진 이설 현황의 전체적인 면모는 송양섭, 「17세기 江華島 방어체제의 확립과 鎭撫營의 창설」, 『한국사학보』 13, 고려사학회, 2002; 이홍두, 「병자호란 전후 江都의 진보 설치와 관방체제 확립」, 『인천학연구』 8, 인천대학교 인천학연구원, 2008 참조.

76) 기존 연구에서는 월곶·초지·제물진이 설치된 시기를 효종 7년(1656)으로 파악했다(송양섭, 앞의 논문, 2002, 235쪽; 이홍두, 앞의 논문, 2008, 20쪽). 이는 李衡祥의 「강도지」와 19세기 초반 자료인 『大東地志』의 기록에 따른 것이다. 하지만 『承政院日記』에는 효종 6년(1655)에 이미 이 세 수군진이 설치되었다고 기록되어 있다(『承政院日記』 137冊, 孝宗 6年 10月 27日). 『승정원일기』가 이 두 자료보다 1차 사료라고 생각되기 때문에 본 연구에서는 이를 준용하기로 한다.

77) 용진진은 본래 이름이 용당이었는데 효종 4년(1653)에 용진으로 이름을 고쳤다고 한다(『瓶窩集(III)-江都志』 鎭堡, 303쪽). 광해군 4년(1612)에 龍津鎭이라

〈그림 1-2〉 17세기 초·중엽 경기 연해 지역 수군진의 변화

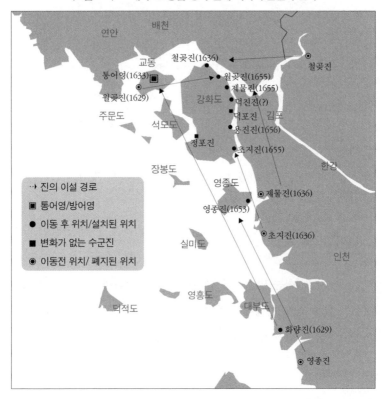

를 특정하기 어렵지만, 이 시기에 덕진진도 강화도 내부에 신설된 것으로 보인다. 이렇게 수군진 다섯 곳이 이동하거나 새로 설치되면서 경기

는 명칭이 보이는 것으로 보아 용진진은 임진왜란 직후에 설치되었을 가능성도 배제할 수 없지만(『光海君日記』(重草) 卷52, 4年 4月 11日 乙亥), 인조 14~15년(1636~1637)의 통어영 상황을 기술하고 있는 『장암유집』의 「통어영록」에 등장하지 않는 것으로 보아 효종 7년(1656)에 설치되었다고 추정하는 것이 합리적일 듯하다. 『壯巖遺集』 卷3, 「統禦營錄」.

연해에 있던 수군진이 강화도로 집결해 염하(鹽河)를 따라 일렬로 늘어서게 되었다.

효종은 강화도 외곽 도서에도 진을 설치하여 수군 방위 태세를 보완하고자 했다. 영종진은 본래 경기 남양에 있었는데 효종 4년(1653) 강화도 아래에 있는 자연도(紫燕島)로 이동했다. 영종진을 재배치한 이유는 두 가지로 생각된다. 첫째, 경기 지역에서 강화도로 진입하는 우회로를 보장하기 위해서다. 경기 내륙에서 강화도로 진입하기 위해서는 강화도와 김포 사이에 있는 해협인 염하(鹽河)를 건너야 했다. 하지만 염하는 겨울이 되면 성엣장이 생겨 선박을 운항하기 어렵다는 문제점이 있었다. 만약 겨울에 적이 침입하여 강화도로 피난할 일이 생기면, 국왕은 김포에서 강화도로 바로 들어가지 못하고 자연도(紫燕島)를 거쳐 들어가는 우회로를 선택할 수밖에 없었다. 이 우회로를 방어하기 위해 자연도에 진을 설치한 것이다. 둘째, 강화도 남부의 방위를 강화하기 위해서다. 자연도는 강화도 남부에 있으므로 충청·전라·경상도로부터 강화도로 북상하는 적을 방어하는 데 적합한 위치였다.[78]

안흥진의 개편도 강화도 수군을 지원하기 위한 방안이었다. 태안반도 서쪽에 있는 안흥진은 충청·전라도와 육로로 연결되어 있을 뿐 아니라 바닷길로 강화도와 인접한 곳에 있었기 때문에, 유사시에 강화도로 군량을 보급할 수 있는 전략적 요충지 중 하나였다. 또한 이 지역은

---

78) 자연도는 영종도의 옛 지명이다. 영종진이 옮겨 간 후 이름을 영종도로 바꿨다. 이에 대해서는 박광성, 「紫燕島考」, 『畿甸文化研究』 6, 인천교육대학 지역사회연구소, 1975, 1~9쪽 참조.

전라도와 경상도에서 한양으로 진입하는 길목에 있어서 세곡 운송을 관리할 수 있는 곳이기도 했다.

조선 정부는 이러한 입지를 고려해 광해군 1년(1609) 안흥진을 만호진에서 첨사진으로 승격시켰다. 이후 효종 4년(1653) 조수의 영향이 적어 군선을 신속하게 출동할 수 있는 안흥성 건너편 섬에 새로운 진을 설치했다. 아울러 조선 정부는 효종 6년(1655) 안흥성의 증축을 시작해서 다음 해인 효종 7년(1656)에 완성했다. 안흥성 증축이 끝난 다음 안흥첨사는 새로운 진으로 이동하고 안흥성 방어는 충청감사가 임명한 중군이 담당하게 되었다.[79]

요컨대, 북방의 위협이 가시화되는 광해군 연간부터는 수군 방위 태세 개편의 초점이 경상도에서 강화도로 이동했다. 조선 정부는 북방의 침입을 대비하기 위해 강화도를 보장처로 설정하고, 이곳의 수군 방위 태세를 강화했다. 광해군 연간에는 주사청을 설치했으나 곧 폐지되었다. 인조 연간에는 이 지역 수군 방위 태세를 총괄할 통어영이 설치되었다. 이후 효종 연간에는 경기 연해에 있던 수군진이 강화도로 이동하거나 새로운 진을 설치했다. 그 결과 강화도에 수군진이 집결했다.

---

79) 서태원, 「朝鮮後期 忠淸道 安興鎭의 設置와 變遷」, 『역사와실학』 50, 역사실학회, 2013a, 103~107쪽.

2. 군선 배치 기준의 마련과 전선(戰船)의 증가

1) 임진왜란 이후 전선의 위상 재정립

지금까지 살펴본 바와 같이 17세기 초·중엽 수군진은 경상도와 강화도 등 주요 거점을 중심으로 집중되었다. 이렇게 진의 위치가 정해지면서, 전투력을 결정하는 군선의 배치 방식에 대한 논의도 이루어질 수밖에 없었다. 군선의 배치 방식이 확정되기 위해서는 먼저 주력 전투 선박이 결정되어야 했다. 이를 위해서는 대비하고자 하는 적의 종류, 침입 방식, 침입 규모 등 다양한 측면을 고려해야 했다. 주력 전투 선박을 결정하는 것은 수군 전투력의 향방을 결정하는 것이기 때문에 중요한 문제가 아닐 수 없었다.

당시 조선이 주력 전투 선박으로 선택할 수 있는 배는 전선(戰船)·귀선(龜船)·방패선(防牌船) 등 본래 보유한 군선을 비롯하여 복선(福船)·사선(沙船) 등 중국 군선까지 다양했다. 또한 새로운 군선을 개발하여 주력 전투 선박으로 활용하는 것도 한 가지 방법이었다.[80] 이렇게 다양한 선택지가 있었지만, 정부 내에서는 전선(판옥선)을 주력 전투 선박으로 삼는 데 대해 별다른 이견이 없었다. 바로 임진왜란에서 증명된 전선의 성능 때문이었다.

---

80) 前 나주현령 羅大用은 鎗船을 개발하고 이를 배치할 것을 건의했다. 이 배에 대해 통제사 李雲龍은 선체가 협소하고 좌우에 방패를 부착할 수 없으므로 화살과 돌을 막지 못할 뿐 아니라, 돌진하여 서로 육박전을 할 때도 어렵다고 지적했다 (『息城君實記』「戰船利鈍論報狀」). 이를 통해 임진왜란 직후 새로운 선박의 개발 및 배치 논의가 이루어졌음을 알 수 있다.

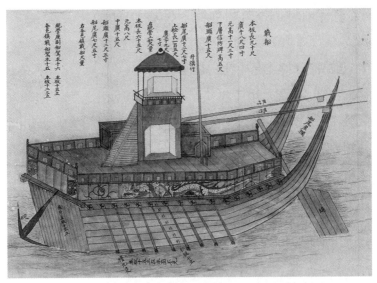

〈그림 1-3〉 『각선도본』에 수록된 전선(戰船) 규장각한국학연구원 소장

당시 전선의 우수성은 아성부원군 이산해(李山海)의 보고에서 명확하게 드러난다. 그는 조선군이 해상 전투에서 유리한 원인을 두 가지로 파악했다. 첫째, 전선의 성능이 일본 군선보다 뛰어나다는 것이었다. 이산해는 전선이 규모가 커서 파도의 영향을 덜 받고 화포를 장착할 수 있었기 때문에 일본 군선보다 안정성과 공격력이 뛰어나서 적의 사기를 꺾는 데 기여했다고 언급했다. 둘째, 바다에서 전투하면 일본군의 핵심 무기인 조총의 효용성이 크게 떨어진다는 점이었다. 선박 안에서 조총의 명중률은 파도 등으로 인해 육지보다 현저히 낮을 수밖에 없고, 이것이 조선군에게 유리한 점으로 작용한다고 했다. 이산해는 조선군의 약점으로 일본군이 조선 군선에 올라오는 경우를 제시했는데, 이때

도 수군이 사력을 다하면 쉽게 저지할 수 있다고 주장했다.[81]

전선의 우수성은 당시 조선의 관료나 명장(明將)의 언급을 통해서도 확인할 수 있다. 선조 32년(1599) 전(前) 별제 노인(魯認)은 일본군의 말을 인용하여 "명과 조선의 병선은 비록 크지만 빠르기가 나는 용(龍)과 같고 가까이 접근하여도 붙잡고 올라가기가 어려우며 대포(大砲)도 무서우니 바다에서 전투하기를 두려워했다"라고 했다.[82] 명(明)의 장수인 통판 여민화(黎民化)도 "귀국의 전선은 그 제도가 좋으니 반드시 많이 건조하여 해변에 미리 배치해두고, 몰래 와서 정탐하는 적이 있으면 낱낱이 죽여 없애야 한다"라고 했다.[83] 이를 통해 전선을 선호하는 견해는 관료들이나 재야 지식인 사이에 보편적으로 퍼져 있었음을 추정할 수 있다.[84]

---

81) 『鵝溪遺稿』卷5,「陳弊箚」. "賊之所長者 陸戰也 我之所長者 水戰也 (…) 夫板屋巨艦 橫截海面 視波若地 難撼如山 則賊之尖舸小船 不能當也 神砲飛礮 聲震雷霆 一發破船 腥血漲海 則賊之短銃片丸 不能格也 賊之所恃者刀劍 而雪鍔霜刃 無用於隨波出沒之際 我軍之所患者潰散 而一登船上 則怯夫懦卒 皆奮必死之勇 是皆利於舟楫 而不利於陣馬 所謂我國之長在水戰者 此也."

82) 『宣祖實錄』卷120, 32年 12月 25日 庚子.

83) 『宣祖實錄』卷110, 32年 3月 7日 丙戌.

84) 군선을 연구한 학자들도 판옥선의 장점을 여러 가지로 설명했다. 김재근은 板屋船[戰船]의 출현 의의에 대해, 첫째, 海防에 있어 小船主意의 행보를 깨뜨리고 전통적인 대선주의로 복귀했다는 점, 둘째, 중국 선박과 다른 독창성을 가지고 있는 점, 셋째, 판옥선은 방패선이나 귀선 등 조선 후기 군선의 母型이 된다는 점 등 세 가지로 정리했다(김재근,「板屋船」,『朝鮮王朝軍船硏究』, 일조각, 1977, 91~96쪽). 이민웅은 판옥선의 장점에 대해 첫째, 선체가 높아 일본의 등선육박 전술이 어렵다는 점, 둘째, 외판의 겹이음 구조와 木釘을 사용한 결과 강도 면에서 일본군을 압도할 수 있다는 점 등 두 가지로 정리했다. 이민웅,「임진왜란의 승패

이렇게 전선의 중요성이 확인되자, 기존에 맹선을 배치했던 곳에서도 전선을 도입하는 현상이 생겨났다. 전술한 바와 같이 임진왜란 직전 충청·전라·경상도 일대에는 이미 전선이 주력 전투함으로 배치되어 있었지만, 경기 지역 등 일부에서는 여전히 맹선을 운영하고 있었다. "경기와 가까운 진의 선척으로 말하면 월곶·영종·초지·정포·제물 등 포(浦)의 대맹선(大猛船)·중맹선(中猛船)·소맹선(小猛船)을 합해 71척으로 조종(祖宗)의 『경국대전』에도 규정되어 있는 것"이라는 광해 10년(1618) 좌부승지 이위경(李偉卿)의 언급을 통해 이를 확인할 수 있다.[85] 이후 인조 연간 이 지역의 방위 태세가 강조되면서 맹선에서 전선으로 주력 전투함이 변모했다.

2) 전선 위주의 군선 배치 방식 확립

이렇듯 임진왜란 이후 전선은 충청·전라·경상도 일대를 비롯하여 경기·황해 지역에도 배치되기 시작했다. 그렇다면 임진왜란 직후 수군진의 군선 배치 실태를 살펴보자.[86] 임진왜란 직후 통제영의 군선 배치 실

를 가른 조선의 성장」, 『임진왜란해전사』, 청어람미디어, 2004, 45쪽.

85) 『備邊司謄錄』 2冊, 光海 10年 5月 29日. "以京畿近鎭船隻言之 月串永宗草芝井浦 濟物等浦 大猛中猛小猛 合以七十一隻 付於祖宗經國之典 此聖人出尋常萬萬之 慮也."

86) 임진왜란 당시 전선의 건조와 공급 문제가 중요한 이슈로 떠올랐다. 통제사 이순신은 충청·전라도의 연해 군현에서 상당히 많은 숫자의 군선을 건조해서 배치하고자 했다. 그 결과 충청·전라·경상도 수군진에 배치된 군선 숫자가 조선 후기보다 많았던 것으로 보인다. 이후 전란이 끝나고 군선의 숫자를 조정하고 분배 기준을 마련하면서 조선 후기 군선 배치 기준도 확정된 것으로 생각된다.

태를 알 수 있는 자료는 드물다. 다만 인조 7년(1629) "이순신이 창제한 귀선이 선체가 좋은데 몇 척이 있는가?"라는 국왕의 질문에 통제사 구 굉(具宏)은 "전쟁에 임해 진에 돌격하는 데는 귀선만 한 것이 없는데 통 제영에는 다만 1척만 있고 전선은 4척이 있습니다. 신이 부임한 이후 귀선을 추가로 건조하고자 했으나 물력이 갖추어지지 못했습니다"라 고 아뢰었다.[87] 이를 통해 당시 통제영이 보유한 군선이 전선 4척과 귀 선 1척이었음을 알 수 있다.

이후 통제영에 배치된 군선 숫자는 늘어났다. 인조 15년(1637) 통제사 신경인(申景堙)의 장계로 부선(副船)이 설치된 데 이어, 현종 5년(1664) 통 제사 정부현(鄭傅賢)의 건의로 좌탐선(左探船)과 우탐선(右探船)이 설치되 었다.[88] 이 탐선은 정탐선이라고 불리며, 후대 자료를 볼 때 방패선 부 류로 생각되지만 일반적인 방패선보다 규모가 컸을 것으로 추정된다. 그에 따라 17세기 후반 통제영에서 보유한 전투 선박은 전선 5척, 방패 선[探船] 2척, 귀선 1척이었다. 보조 선박도 전투 선박의 증강에 발맞추 어 늘어났다. 이러한 군선의 증강으로 통제영은 이른바 '8전선 체제'를 갖추게 되었다.[89] 이렇게 형성된 8전선 체제는 19세기 후반까지 별다른

---

87) 『承政院日記』 27冊, 仁祖 7年 7月 7日. "上曰 李舜臣所創龜船 其制極好 統營今有 此船乎 宏曰 臨戰突陣 莫如龜船 今聞統營 只有一隻及板屋四船 今臣赴任 欲爲 加造 而只恐力不給耳."
88) 『三道水軍統制使節目』 김현구 소장, 「營門故事記略」. "丁丑申公景堙副船一隻狀 請加設","甲辰鄭傅賢左右探船狀請加設."
89) 통제영이 실제로 보유한 전선은 8척이 아니었다. 하지만 「兩南水軍變通節目」 등 관련 자료를 살펴보면, 통제영이 8전선을 보유했다고 지칭될 때가 많다. 따라서 본 연구는 이를 8전선 체제라고 지칭한다.

변화 없이 이어졌다.

임진왜란 직후 통제영을 제외한 다른 수군진의 군선 배치 현황도 자료를 통해 그 윤곽이 확인된다. 이는 선조 39년(1606) 통제사 이운룡(李雲龍)이 전선의 개조(改造)를 요청했던 상소를 통해 파악할 수 있다.

> 저의 소관 중에 삼도(三道)를 통틀어 조발해 변란에 대비하는 전선은 그 원수(元數)가 62척인데, 그중 충청도의 당진포·소근·마량·안흥·서천, 전라도의 금갑도·사도1선, 경상좌도의 서생포·개운포·부산포·다대포·수영3선·포이포, 우도의 당포·삼천진·가배량·평산포·곡포·상주포 등 전선 19척은 너무 심하게 썩어 바다에 나가기가 어렵습니다. 독려하여 개조하는 것이 좋겠습니다.[90]

이 자료를 통해 각 진의 군선 보유 현황을 파악할 수 있다. 군선을 2척 이상 보유했을 때는 보유한 곳의 이름에 숫자를 붙여 불렀다. 수영3선이라는 명칭을 보았을 때, 이 시기 경상좌수영은 전선을 세 척 이상 보유했음을 알 수 있다. 그런데 18세기 중엽에 경상좌수영의 전선이 3척이었음을 고려해보면, 이 시기 경상좌수영의 전선은 3척을 넘기 어렵다고 생각된다. 그러므로 이 시기 경상좌수영이 보유한 군선은 3척이었음을 짐작할 수 있다. 이 시기 다른 지역의 수영도 경상좌수영과

---

90) 『啓本謄錄』萬曆 34年(宣祖 39, 1606) 4月 14日. "臣所管戰艦 通三道 調取待變者 元數六十二隻內 忠淸道唐津所斤安興舒川 全羅道 金甲蛇渡一船 慶尙左道 西生浦開雲浦釜山浦多大浦水營三船包伊浦 右道唐浦三千鎭加背梁平山浦曲浦尙州浦等 戰船十九隻段 尤甚腐朽 決難出海 督令改造."

비슷한 전력을 가지고 있었던 것 같다. 인조 12년(1634) "전라좌수영과 우수영의 전선이 3척 있다"라는 우부승지 정세구(鄭世矩)의 언급이나, 인조 15년(1637) "통어영의 전선이 3척"이라는 통어사 나덕헌(羅德憲)의 언급을 통해 이를 추정해볼 수 있다.[91]

사도 1선은 사도진이 보유한 여러 전선 중에 첫 번째 전선이라고 해석된다. 당시 사도진이 몇 척의 전선을 보유했는지는 알 수 없지만, 18세기 자료인 『속대전』에 2척이 있었다고 기록된 점을 고려해보면 이 시기부터 2척을 이미 보유하고 있었을 가능성이 크다.[92] 전선을 1척 보유했을 때는 보유한 곳의 이름으로 불렸다. 예를 들면 다대포는 다대포에 배치된 전선을, 금갑도는 금갑도에 배치된 전선을 의미했다. 이상의 내용을 종합하면 전선은 임진왜란 직후 통제영 4척, 수영 3척, 첨사·만호·소모별장진 1~2척이 배치되어 있었음을 알 수 있다.

이에 비해 전선과 비슷한 규모의 선박인 귀선(龜船)은 통제영과 수영에 1척씩만 배치하는 것이 원칙이었다. 당시 수영이 여섯 곳 있었으니까 이 기준을 적용한다면 귀선은 6척밖에 배정되지 않았다. 임진왜란에서 귀선의 활약상에도 불구하고 17세기 초·중엽 조선 정부는 귀선을 전선에 비해 훨씬 적게 배치한 것이었다. 귀선의 배치 기준을 이렇게 설정한 이유는 두 가지로 정리할 수 있다.

첫째, 귀선의 건조 목적 때문이다. 귀선은 일본과의 전투에서 선봉에

---

91) 『承政院日記』 42冊, 仁祖 12年 3月 27日; 『壯巖遺集』 卷3, 「統禦營錄」, 丁丑年(仁祖 15, 1637) 6月 29日.

92) 『續大典』 卷4, 「兵典」 諸道兵船.

서서 일본군의 진(陣)을 흩어놓는 돌격선 역할을 했다. 임진왜란 이후에
도 귀선의 이 용도가 변했을 가능성은 별로 없다. 그런데 전술상 돌격
선은 그리 많이 필요하지 않았다. 둘째, 귀선의 운용상 어려움이다. 선
조 39년(1606) 전(前) 나주현령 나대용(羅大用)은 "귀선은 전쟁에 쓰기는 좋
지만, 사부와 격군이 125명으로 판옥선보다 적지 않으며, 사부(射夫)도
[활용하는 데] 편의가 없으니 각 영에 1척만 두고 추가로 건조하지 않았
다"라고 말했다.[93] 귀선은 전선만큼 많은 격군을 필요로 했을 뿐만 아니
라, 내부 공간이 좁아 활쏘기도 불편했던 것으로 보인다. 결국 귀선은
특수 용도로 쓰였고 사용에도 여러 불편한 점이 있었기 때문에 많이
배치하지 않은 것으로 생각된다.

전선과 귀선은 대형 선박이었다. 이 외에 전투 선박으로 거론할 수
있는 것이 방패선이었다. 방패선은 병선에 방패를 달아 공격 기능을 첨
가한 배로, 전선보다 규모가 작은 중형 군선이었다. 이 배는 임진왜란
이전에 개발되었으나 그 시기를 특정할 수는 없다. 임진왜란 이후 방패
선을 배치하자는 논의는 선조 38년(1605) 전라우수사 송안정(宋安珽)이 처
음 제기했다. 그는 당시 전라우도 수군이 경상도로 모두 첨방하여 전라
우도의 수군 방위 태세가 약화되었음을 지적하면서, 전라우도 군현에
방패선 1척을 만들어 유사시를 대비하게 하면 전라우도의 방비에 도움
이 될 것이라 주장했다.[94] 이후 방패선은 조석간만의 차가 큰 지역이나

---

93) 『宣祖實錄』 卷195, 39年 12月 24日 戊午. "龜船雖曰利於戰用 射格之數 不下板屋
   船一百二十五名 射夫亦不便宜 故各營各置一隻 不爲加造."
94) 『宣祖實錄』 卷193, 38年 11月 15日 乙酉.

물살이 빨라 전선이나 귀선을 배치하기 어려운 지역에 배치되었다. 충청도 일부 지역이나 강화도가 기록에서 확인된다.[95]

한편, 17세기 초·중엽 군선의 배치에서 눈에 띄는 것은 바로 읍전선 (邑戰船)의 존재이다. 『경국대전』 반포 당시에는 군선이 수군진에만 배치되어 있었다.[96] 그러나 일본군의 침입이 점차 늘어나자 조선 정부는 을묘왜변을 기점으로 충청·전라·경상도의 연해 군현에도 군선을 배치하기 시작했다. 이는 임진왜란 당시 수령이 군선에 탑승해서 일본과의 전쟁에 참여해 활약하는 사례로 이어졌다. 순천부사 권준(權俊)이나 홍양현감 배흥립(裵興立) 등이 대표적인 예이다.

이러한 활약으로 인해 임진왜란 이후 읍전선을 추가로 건조해야 한다는 의견도 제기된 상태였다. 광해군 3년(1611) 종사관 최현(崔晛)은 "지금 충원하는 격군이 다만 각 포(浦)의 수군일 뿐이기 때문에 방수(防守)

---

95) 강화도는 효종·현종 연간 급격한 방위 태세의 개편을 겪었다. 이 개편 가운데 수군진의 주력 전투 선박이 전선에서 방패선으로 교체되었던 것 같다(『備邊司謄錄』 24冊, 顯宗 5年 3月 6日). 하지만 현종 5년(1664) 강도어사 閔維重은 "月串 등 네 개의 鎭에는 戰船이 없으니 전선을 넉넉하게 만들어서 급한 변란에 대비하자"고 건의했다. 그에 대해 柳赫然은 (전선의) 수호가 어려울 뿐 아니라 水卒을 얻기도 어렵다고 주장했다. 훈련대장 李浣도 "배 한 척에 필요한 수졸이 80여 명이나 되는데, 어떻게 구할 수 있겠습니까! 그리고 강화도는 물살이 매우 빨라 큰 배를 다루기에는 불편합니다. 일찍이 선대에 防牌船을 다시 만들었던 것은 실로 깊은 뜻이 있었던 것입니다. 만약 방패선을 튼튼하게 만들면 전선보다 반드시 못하지는 않을 것"이라면서 방패선의 도입을 옹호했다(『顯宗改修實錄』 卷11, 5年 6月 23日 甲寅). 이들의 논쟁을 통해 강화도에서는 수군을 얻기 힘들고 물살이 빨라서 전선을 활용하기 어려웠으며, 이를 해결하기 위해 방패선이 배치되었음을 알 수 있다.

96) 『經國大典』 卷4, 「兵典」 諸道兵船.

의 형세의 군건한 바가 없다"라고 지적했다. 그는 이 문제를 해결하기 위해 "연해 군현을 덜어내어 주사에 소속시켜 옛 규정에 따라 전결(田結)을 기준으로 격군을 세우고, 그 군사[結軍]의 다소(多寡)에 따라 전선을 건조해 지급하는 것이 더 좋겠다'라고 제안했다.[97]

그에 따라 조선 후기에는 읍전선이 경기와 평안도를 제외한 대부분 연해 지역에 배치된 것으로 생각된다. 경기·평안도에 읍전선이 설치되지 않았던 이유는 알기 어렵다. 함경도와 강원도에는 수군이 거의 없었고, 읍전선도 당연히 배치되지 않았다. 18세기 자료를 보았을 때 황해도에는 17세기부터 읍전선이 배치되기 시작했던 것으로 보인다. 조선 후기 읍전선의 배치 실태는 충청도의 사례를 통해 짐작이 가능하다. 충청도에는 임진왜란 때부터 읍전선이 존재했다. 이후 인조 연간 북방의 위기가 고조되면서 이 지역에서 다시 읍전선을 건조하는 모습을 보였다.[98] 인조 13년(1635) 비변사의 언급을 살펴보자.

---

97) 『訒齋集』 卷3, 「元帥從事時陳弊疏」. "充格之卒 只是各浦水軍而已 防守無形勢固然矣 (…) 今欲整頓舟師 宜莫如除出沿海各官屬于舟師 而一依舊規 以田結立格軍 隨其結軍多少 造給戰船."

98) 임진왜란 당시 충청 수군은 읍전선을 운용하였다. 임진왜란 당시 충청도에는 서천·결성·비인·한산·임천·홍주·서산·남포·해미 등지에도 수군이 있었던 것으로 보인다(신윤호, 「임진왜란 시기 충청수군의 편제와 운용」, 『역사와실학』 68, 역사실학회, 2019, 124~125쪽). 이 때 건조된 읍전선이 전란으로 인해 전선이 다량으로 필요해지면서 급격히 건조된 것인지 아니면 원래 제도적으로 존재했는지에 대해서는 살펴볼 필요가 있다. 또한 이 때 건조된 읍전선은 임진왜란 이후 폐지되었다가 인조 연간에 다시 건조되었을 가능성도 배제하긴 어렵다. 이 부분에 대해서도 추후 연구가 필요하다.

지난번 탑전(榻前)에서 공청도(충청도)의 전선을 추가로 배정하라는 하교를 받들고, 저희가 서로 의논하여 마련했습니다. 태안 등 5개 고을은 각각 한 척씩 만들도록 하고, 그 나머지 보령·결성과 같은 작은 고을은 두 고을이 합쳐 1척을 만들게 하며, 남포는 비록 작지만 그 땅에서 배 만드는 재목이 나기 때문에 단독으로 한 척을 만들도록 하며, 서산은 본래 정해진 전선 외에 방패선 1척을 더 만들도록 하며, 비인·당진·해미는 각각 방패선 1척씩을 만들도록 했습니다.[99]

위의 인용문을 살펴보면, 충청도 읍전선은 읍세(邑勢)에 따라 1/2~2척 정도 배치하는 것이 원칙이었음을 알 수 있다. 이 지역 읍전선의 선종은 주로 전선이었고, 일부 군현에는 방패선이 배치되기도 했다.

전선·귀선·방패선이 전투 선박으로 결정되고 진과 군현별로 배치 기준이 정비되면서 이를 지원할 선박의 배치 기준도 마련되었다. 당시 전투 선박을 지원하는 보조 선박은 여러 종류가 있었지만 병선과 사후선이 대표적이었다. 병선은 임진왜란 당시 제기된 전선의 군량 부족 문제를 해결하기 위해 만들어진 배로, 미 200석 정도를 실을 수 있는 복물선(卜物船, 짐배)이었다.[100] 이 배에는 보통 사공 한 명과 격군 열다섯 명이 승선했다. 사후선은 전선의 앞과 뒤에서 적의 동태나 배의 이상 유무를

---

99) 『仁祖實錄』 卷31, 13年 9月 26日 癸酉. "備局啓曰 頃於榻前 伏承公淸道戰船添定之敎 臣等相議磨鍊 泰安等五邑 則使之獨造一船 其餘小邑如保寧結城竝二邑 造一船 藍浦雖小 而船材出於其地 故亦令獨造一船 瑞山則元定戰船之外 加定防牌船一艘 庇仁唐津海美 則各造防牌船一艘"

100) 김재근, 「戰防兵船制의 確立」, 『朝鮮王朝軍船研究』, 일조각, 1977, 208쪽.

살피는 초계함이었다. 이 배에는 보통 사공 한 명과 격군 네 명이 승선했다. 그 밖에도 협선(挾船)·소맹선(小猛船) 등의 소규모 선박 역시 보유했을 것으로 추정되지만 기록이 없어 알기 어렵다.

조선 후기 군선들은 전투 선박과 보조 선박이 선단[艞]을 편성해 기동했다. 이 선단의 편성 방식은 지역별로 차이를 보인다. 전라도와 경상도에서는 보통 전선 1척에 병선 1척과 사후선 2척이 편성되는 형태로 선단을 구성하는 것이 원칙이었다. 그런데 18세기 사례에서 알 수 있듯이, 17세기 초·중엽 고위 지휘관이 탑승하는 전선에는 병선과 사후선 등이 추가 편성되었을 가능성이 크다.[101] 충청도에는 병선이 편성되지 않고 전선 1척에 사후선 2척만 편성되는 것이 원칙이었다. 충청도의 병선은 선단 수가 아닌 진의 규모에 맞추어서 분배되었다.[102] 다른 지역에서 전투 선박에 보조 선박이 어떻게 편성되었는지는 알 수 없다. 또한 이 시기 귀선이나 방패선에도 병선이나 사후선을 편성한 것으로 보이지만 그 실태는 파악할 수 없다. 다만 후대 자료에 따르면 귀선에는 보통 병선 1척과 사후선 2척이 편성되는 것이 원칙이었으며, 방패선에는 사후선 1척만 편성되는 것이 원칙이었다는 점만 지적하고자 한다.[103]

이렇듯 진별로 군선의 배치 방식이 결정되고 읍전선의 배치가 서해

---

101) 18세기 후반 통제영 上船에는 兵船 2척과 伺候船 6척이 배속해 있었다. 『輿地圖書』下, 統營.
102) 18세기 초반 충청도의 군선 배치 실태에 대해서는 송기중, 「18세기 전반 충청 수군의 위상과 운영 실태—국립해양박물관 소장 가칭 「충청수사근무수첩」을 중심으로」, 『군사』 106, 국방부전사편찬연구회, 2018 참조.
103) 『輿地圖書』下, 統營.

안 지역까지 확대되었다. 이렇게 군선의 수효가 점차 증가하자, 조선 정부는 전선을 비롯한 각종 군선을 건조하는 데 힘을 쏟았다. 그 결과 조선이 보유한 전선 숫자는 급격히 증가했다. 선조 39년(1606) 충청·전라·경상도에는 총 62척의 전선이 있었는데 인조 17년(1639)에는 120척까지 증가했다.[104] 불과 30년 사이에 두 배 정도 늘어난 것이다.

3) 군선 관리 규정의 마련

군선 숫자의 증가와 함께 개삭(改槊) 및 개조(改造) 등 군선 관리 규정도 정비되었다.[105] 개삭은 군선을 수리하는 것이며, 개조는 군선을 다시 건조하여 퇴역한 전선을 대체하는 것을 의미한다. 군선의 주재료인 목재는 일정 기간이 지나면 썩기 마련이었다. 군선의 선체가 약해지면 여러 문제가 발생했다. 전선에서 지자총통·현자총통·황자총통 등 대포[地玄黃三字大砲]를 발사할 때, 군선이 그 반동을 견디지 못하고 파손되어 화포가 뒤로 물러나 바다로 떨어지는 문제가 생길 수 있었다.[106] 그러므로 정기적으로 군선을 수리하여 썩은 부분을 도려내거나 새 군선으로 교체해줄 필요가 있었다.

군선의 개삭 및 개조 기간은 『경국대전』에 "여러 포(浦)의 군선은 처음 건조된 지 8년 만에 수리[개삭]를 하고, 6년 후에 다시 수리를 하고 다

---

104) 『承政院日記』70冊, 仁祖 17年 7月 25日.
105) 개삭은 개소로 읽는 사례도 있다. 본 연구에서는 개삭으로 통일한다.
106) 『壯巖遺集』卷3, 「統禦營錄」, 丁丑年(仁祖 15, 1637) 6月 29日. "戰船 非他卜物載運之船 船上設地玄黃三字大砲之具 及其臨敵放砲之時 若不新造牢固之船 則必致動退淪沒之患."

시 6년 후에 개조한다"라고 명시되어 있었다.[107] 하지만 16세기 후반 전투 선박인 전선이 개발·확산되어 『경국대전』의 규정을 준용할 수 없게 되자, 개삭 및 개조에 대한 새로운 규정이 필요해졌다. 효종 2년(1651) 충청도에서 대동법이 시행됨에 따라 전선·방패선·병선의 개삭 및 개조 기간을 3년과 5년으로 확정하고, 읍전선에 한정해서 개삭 및 개조에 따른 비용은 대동저치미로 지급하도록 규정했다.[108] 이후 이러한 군선 규정은 대동법의 확대에 따라 전라도와 경상도로 확대되어갔다. 진이 보유한 군선의 개삭 및 개조 기간은 『대동사목』을 따랐지만, 비용은 진 자체에서 조달했다.

군선의 건조가 늘어나면서 군선의 규격도 확정되었다. 광해군 8년(1616) 순검사 권반(權盼)은 전선의 규모를 상선(上船)·차선(次船)·지차선(之次船) 등 세 등급으로 구분하고, 저판[本板]의 길이를 각각 14파[把][70척, 21.6m], 11파[55척, 16.9m], 10~9.5파[50~47.5척, 15.4~14.6m] 등으로 규정했다.[109] 저판이 배의 규모를 규정하는 척도였다는 점을 고려하면, 권반의 저판 길이 확정은 군선의 크기를 규정한 것이라고 봐야 한다.[110]

이렇게 전선의 크기를 세 종류로 제작한 것은, 탑승하는 지휘관의 지위를 고려한 것이었다. 상선은 1전선(一戰船)이나 좌선(座船)으로 지칭되

---

107) 『經國大典』卷4,「兵典」兵船. "造作八年仍修 又六年更修 又六年改造".
108) 「湖西大同事目」奎1594.
109) 1把=5尺으로 환산했다. 1척은 영조척(營造尺)일 가능성이 높다. 영조척 1척은 30.8cm이므로 이를 활용했다. 소수점 이하 두 자리는 반올림했다. 밑의 환산식도 모두 동일한 방식을 적용했다.
110) 김재근,「朝鮮後期軍船」, 앞의 책, 1977, 198쪽.

며 수사나 방어사 이상의 고위 지휘관이 탑승하는 배였다. 이들 지휘관이 탑승하는 배는 지휘관의 위상을 고려해 전선보다 크게 설계한 것으로 보인다. 차선과 지차선의 구분도 지휘관의 품계와 관계가 있었을 것이다. 차선은 첨사·만호 등 중급 지휘관이, 지차선은 별장·권관 등 하급 지휘관이 탑승했던 것으로 추정된다.

요컨대, 조선 후기 군선은 전투 선박과 보조 선박 등으로 크게 구분할 수 있다. 임진왜란 이후 조선 정부는 전선 중심의 군선 배치 방식을 확립했다. 전선은 통제영에 4척, 수영에 3척, 첨사·만호·권관·별장진에 1~2척을 배치했다. 귀선은 통제영과 수영에 1척씩 배치했다. 방패선은 서해안의 전선을 배치하기 어려운 곳에 주로 배치되었다. 임진왜란 전에는 남해안 일대 군현에만 읍전선을 배치했는데, 17세기 초·중엽에는 서해안으로 확대되었다. 군현에는 읍전선 1~2척 정도를 배치했다. 보조 선박은 전투 선박에 배속했는데, 전선 1척에 병선 1척과 사후선 2척이 편제되는 것이 보통이었다. 전투 선박과 보조 선박은 일종의 선단을 이루어 전투에 출정했다.

제2장

수군 충원 방식의 정비와
역가(役價) 납부의 인정

1. 병력 부족과 수군 충원 방식의 정비

1) 호패법의 시행과 수군 확보책 모색

17세기 초·중엽 조선 정부는 경상도와 경기 연해 지역을 중심으로 수군진을 재배치하여 외적의 침입에 대비했다. 이 시기 진에서 근무하는 인원은 통제사·수사·첨절제사·동첨절제사·만호·권관·소모별장 등 수군 지휘관과 통우후·우후 등 부지휘관, 장교들과 행정 인원, 그리고 군선 승선 인원을 포함한 수군 병력 등 상당히 다양한 층위를 가지고 있다.

이들은 그 지위에 따라 충원 방식이 달랐다. 수군 지휘관이나 부지휘관은 조선 정부에서 교지(教旨)를 통해 임명하는 것이 원칙이었다. 이들의 품계와 정원은 『경국대전』이나 『속대전』 등 법전에 명시되어 있었다. 약학(藥學)이나 역학(譯學) 등 중앙의 품계를 가지고 수영으로 파견되는 인원을 제외하면, 나머지 장교나 행정 인원 등은 대부분 수군 지휘관이 전령(傳令)을 통해 임명했던 것으로 보인다. 이 장교들은 수군 지휘관의 막료(幕僚)라고 할 수 있었다.

수군진에 근무하는 인원들 가운데 전투력의 핵심을 담당하는 것은 수군 병력이었다. 수군 병력의 충원 문제는 전투력 보존을 위해 반드시 해결해야 했다. 전술한 바와 같이, 군선은 임진왜란 이후 수군진과 연해 군현에 배치되었다. 그에 따라 군선을 운용할 수군도 진과 연해 군현에 모두 배치되어야 했다. 그런데 수군진과 군현은 서로 다른 역사적 경로를 거쳐 군선을 배치하게 된 만큼, 병력 동원 방식도 여러 측면에서 차이가 있을 수밖에 없었다. 여기서는 먼저 수군진의 병력 동원 방식을 살펴보고, 다음으로 읍전선의 병력 동원 방식에 대해 기술하겠다.

임진왜란 직후 수군진의 병력 부족은 심각한 상태였다. 이는 선조 39년(1606) 개운포의 사례를 보면 짐작할 수 있다.

전(前) 경상좌수사 안위(安衛)의 첩정 내에 도내 개운포 전선의 원군(元軍)은 42명이었는데, 강원도의 군사 120명 내 20명을 개운포에 지급하여 원군의 합이 62명이 되었고, 나머지 100명은 김해의 전선에 분방(分防)하도록 했습니다. 각 포(浦)에는 100명의 군사로도 오히려 부족함이 있는데, 개운포 격군은 다만 62명이라 배를 제어하는 데는 방도가 없습니다.[111]

---

111) 『啓本膳錄』萬曆 34年(宣祖 39, 1606) 6月 10日. "前慶尙左水使安衛牒呈內 開雲浦戰船元軍四十二名良中 江原軍百二十名內 二十名添給 合六十二名 餘軍一百名乙良 金海戰船分防爲在果 各浦百名之軍乙沙 猶患不足 而開雲浦格軍段 只六十二名 制船無路."

이 시기 개운포에 배치된 수군은 42명 정도였다. 강원도에서 부방한 병력 20명을 합산한다 해도 62명 정도밖에 되지 않았다. 이 인원으로는 전선의 승선 인원을 채우기에 턱없이 부족했다. 진에 수군이 부족하면 유사시에 군선을 출동시키기 힘들 뿐 아니라 진을 운영할 재정이 부족해지는 결과로 이어졌다.

임진왜란 직후 수군의 부족이 심각했던 이유는 두 가지로 정리할 수 있다. 첫째, 진에 배치되는 주력 전투 선박이 전선으로 결정되었기 때문이다. 전선은 조선이 여태까지 운영해온 군선 중에서 가장 규모가 컸다고 생각된다. 그에 따라 승선 인원도 이전의 주력 전투 선박에 비해 가장 많았을 가능성이 높다. 둘째, 임진왜란에 따른 급격한 인구 감소이다. 특히 수군진이 집중되어 있는 경상도 연해 지역은 임진왜란 당시 일본군이 오랫동안 주둔해서 다른 지역보다 피해가 컸다. 따라서 백성이 유망할 때가 많아 한정(閑丁)이 매우 감소해 있는 상태였다.[112] 이에 수군진에서 충원할 수 있는 병력과 충원해야 하는 병력 사이에 괴리가 클 수밖에 없었다.

수군 부족은 전투력 약화로 이어질 수 있으므로, 조선 정부는 수군을 확보하기 위한 각종 대책을 마련했다. 이 시기 논의된 대책 중 주목되는 것이 수군에 대한 과거인 주사과(舟師科)였다. 주사과는 선조 27년

---

112) 임진왜란 시기 경상도 피해 현황은 이 지역 田結數의 변화를 통해 살펴볼 수 있다. 임진왜란 이전 경상도의 전결 수는 대략 43만 결이었는데, 임진왜란 직후인 선조 36년(1603) 癸卯量田을 통해 파악된 전결은 7만 결밖에 되지 않았다. 임진왜란 전후로 35만 결이 줄어든 것이다. 오인택, 「朝鮮後期 癸卯 甲戌量田의 推移와 性格」, 『부대사학』 19, 부산사학회, 1995, 353쪽.

(1594) 통제사 이순신(李舜臣)의 건의에 따라 한산도에서 시행되었다. 이후에도 선조 29년(1596)과 선조 36년(1603)에 두 차례 시행되었다는 기록이 확인된다.[113] 주사과가 어떤 방식으로 시행되었는지는 현재로서는 확인하기 어렵다. 다만 과거를 시행하는 것이 조선 정부가 할 수 있는 시혜책(施惠策) 중 하나였다는 점을 고려해보면, 주사과의 시행이 병력의 사기를 북돋고 백성의 수군 입역(立役)을 유인하는 효과를 얻고자 한 것임을 짐작할 수 있다.

범죄를 저지른 자를 처벌 목적으로 수군에 충원시키는 일도 있었다. 광해군 1년(1609) 조선 정부는 이몽학(李夢鶴)의 난에 연루된 수백 명에게 책임을 물어 변방에 충원했는데, 이 중 일부가 수군에 충원되었다.[114] 이렇게 특정 범죄인을 수군으로 충원하는 것은 법령으로까지 만들어졌다. 과장(科場)에서 문제를 일으킨 사람을 수군에 충원하는 것이 그 대표적인 예였다. 그 외에도 도망가서 군적[文簿]에서 빠진 수군을 충원하거나 경주에서는 내섬시(內贍寺) 노비 중 일부를 격군에 동원하는 조치도 있었다.[115]

하지만 주사과 실행이나 처벌 등을 통한 수군의 충원은 임시적인 병력 조달 방안일 뿐이었다. 이에 장기적이고 상시적인 병력 조달 방안이 임진왜란 직후부터 논의되기 시작했다. 선조 32년(1598) 비변사는 여러 도의 선척을 거두어 전쟁에서 쓸 만한 군선은 수군에 배속하고, 연

---

113) 심승구, 「壬辰倭亂 중 武科의 運營實態와 機能」, 『조선시대사학보』 1, 조선시대 사학회, 1997, 94~97쪽.
114) 『宣祖實錄』 卷117, 宣祖 32年 9月 12日 戊午.
115) 『備邊司謄錄』 1冊, 光海 9年 9月 11日.

해의 육군을 모두 수군에 귀속하면 수군의 규모가 커질 것이라고 예상했다.[116] 다음 해인 선조 33년(1600)경에 조선 정부는 비변사의 의견을 수용하여 수군 소속 군현의 공물(貢物)을 면제해주는 한편, 전라·경상도의 육군과 각사 노비(各司奴婢)에게 상번(上番)과 신공(身貢)을 면제한 후 수군에 충원하는 조치를 취했다. 이 방안은 전라·경상도 연해 지역에 있는 한정(閑丁) 중 상당수를 수군에 소속시켜 그 수를 급격히 늘리는 조치였다. 조선 정부는 이러한 강력한 조치를 통해 전선 100척 이상을 운영할 수군을 확보할 수 있다고 생각했다.[117]

그런데 이 조치는 중앙관청에 공급하던 물품이나 인력을 수군진에 지급하는 것이었기 때문에 중앙관청과 마찰이 심했다. 이에 수군진에 귀속되었던 한정(閑丁)들이 다시 중앙관청에 입역하는 현상이 나타나기 시작했다. 광해군 3년(1611) 종사관 최현(崔晛)의 보고에 따르면, 경상도 상도(上道)의 군인은 이미 절반 이상이 중앙관청으로 상번하고 있었으며, 전라도에 사는 육군도 수군역에 충원되지 않는 실정이었다. 또한 수군에 소속되어 있는 군현의 공물 면제 방침이 철회되고 이를 다시 중앙에 상납하는 현상도 벌어졌다.[118]

조선 정부는 이런 방침이 실효를 거두지 못하자 수군 모집을 위해 보

---

116) 『宣祖實錄』卷107, 31年 12月 2日 癸丑.

117) 『訒齋集』卷3, 「元帥從事時陳弊疏」.

118) 『訒齋集』卷3, 「元帥從事時陳弊疏」. "往在庚子年(宣祖 33年, 1600)間 舟師所屬各官 貢物竝皆蠲除 兩南陸軍及各寺奴婢 或除上番 或除身貢 盡屬舟師 而僅備百隻 今則嶺南上道之軍 太半上番 湖南陸軍及結軍 幷皆減損 舟師各官貢物 亦已復設."

다 장기적인 대책을 마련할 수밖에 없었다. 둔전 건설은 유망한 백성들에게 경작지를 마련해주고 반대급부로 군역을 수취하는 것으로, 앞서 언급한 여러 방안보다는 장기적인 계획이었다. 광해군 2년(1610) 비변사는 둔전을 건설하고 10년 동안 전세(田稅)와 신역(身役)을 면제하는 조치를 취한다면 백성이 연해 지역으로 모여 한정 수천 명을 얻으리라 예측했다.[119] 이에 통제영을 비롯한 여러 수군진에서 둔전이 건설되기 시작한 것으로 생각된다.

조선 정부는 확보된 수군의 운용 방식도 마련해야 했다. 구체적으로, 진별로 매달 입역하는 인원을 정하고 몇 개 번(番)으로 나누어 근무할지 정해야 했다. 일정한 인원이 1년 동안 계속 근무하는 방식인 장번(長番)은 정예 병사를 확보할 수 있다는 장점이 있지만, 수군의 생계나 비용 문제 등을 고려해볼 때 실현되기 어려웠다. 그러므로 수군 한 명이 1년에 몇 개월만 근무를 서도록 했다. 조선 정부는 이 과정을 분군(分軍)이라 지칭했다.

『경국대전』에 규정된 수군 번차는 2번이었다.[120] 2번은 두 개 번이 6개월씩 나누어서 윤회입번(輪回立番)하는 방식이다. 이 방식은 호수의 입역 기간이 길어 수군의 부담이 가중되는 원인이 되기 때문에 명종 연간에 4번으로 개정했다. 이후 번차 개정 논의는 한동안 진행되지 않다가 임진왜란이 끝나고 병력 동원 체계를 정비하면서 다시 시작되었다. 그에 따른 논의 결과는 선조 34년(1601) 도순찰사 김신원(金信元)이 마련

---

119) 『光海君日記』(重草) 卷25, 2年 8月 22日 甲午.
120) 『經國大典』卷4,「兵典」番次都目.

한 「분군개단(分軍開單)」을 통해 부분적으로나마 확인해볼 수 있다. 여기에 따르면 "경상좌도 주사[左舟師] 소속으로 전선 10척에 입방하는 군사가 489명이고, 우도 주사[右舟師] 소속 전선 14척에 입방하는 군사가 총 552명이었는데, 이 중 격군은 6번에 따라 입역했다"고 한다.[121]

이후 분군과 관련된 절목은 몇 차례 반포된 것으로 생각되지만, 선조 39년(1606) 순찰사 이시언(李時彦)이 「분군절목(分軍節目)」을 반포했다는 기록만 확인할 수 있다. 「분군절목」은 수군 역제에 대한 전반적인 내용을 수록한 것으로 보인다. 그중 '풍고시(9월~다음 해 2월)까지 포수(砲手) 등의 방수를 중지하는 한편, 무상(舞上)이나 사공(沙工) 등 수군의 주요 보직자를 고립하고, 경상 좌·우도의 전선 1척당 각각 70명과 50명을 한정하여 배정했다는 내용을 확인할 수 있다.[122]

이렇듯 선조·광해군 정권은 수군을 충원하기 위한 다양한 방안을 모색했다. 이를 바탕으로 번차도 마련하여 체계적으로 수군을 입역하게 했다. 하지만 그 내용을 통해 알 수 있듯이, 이 시기까지만 해도 수군 입역 방식에 대한 명확한 방침이 서 있지 않았다. 수군 역제에 대한 제도적 정비가 이루어지는 인조 연간부터 수군 입역 방식이 정리되기 시작했다.

인조 4년(1626) 호패법(號牌法)의 시행은 수군 역제 정비의 주요한 기점이 되었다. 호패법은 호적을 정비할 목적으로 양정(良丁)의 총수와 거처

---

121) 『宣祖實錄』卷135, 34年 3月 18日 丙辰.

122) 『啓本謄錄』萬曆 33年(宣祖 38, 1605) 10月 27日. "伏見巡察使李時彦 爲分軍節目 風高時 各船砲手段 幷爲除防 土兵沙工無上叱分給代 左道舟師 則一隻格軍 七十名 右道舟師 則一隻格軍五十名爲限."

(居處)를 파악하는 것이다. 이 방식은 양정을 가장 효과적인 충원할 수 있는 방식 중 하나로 거론되었다. 호패법은 조선 전기부터 몇 차례 논의되고 시행되기도 했지만, 사족의 반발 등으로 인해 제대로 시행된 적은 별로 없었다.[123] 반정(反正)으로 집권한 인조는 이때까지 지지부진하던 호패법을 시행하고 군역제의 전반을 정비하면서 당면한 북방의 위기에 대응하고자 했다.

하지만 호패법을 통해 파악된 한정(閑丁)의 숫자는 병력 수효를 충족하기에 부족했다. 호패법을 주관했던 겸병조판서 장만(張晩)은 "팔도(八道)의 인구가 거의 200만에 이르렀으나 지금은 단지 120만여 명 정도밖에 되지 않는다"라고 전제하고 "선조 7년(甲戌年, 1574)에 군안을 개정할 때 기병·보병·수군 등 삼색군(三色軍) 중 진에 상번하는 인원이 19만 호 정도가 되었지만" "이번 호패법 시행으로 확보된 한정은 4만 호밖에 되지 않는다"라고 했다. 그 결과 "4만 호를 가지고 경상·충청·경기·황해에 나누어서 방수하게 하면 진포에 [분급할] 수군이 거의 없는" 상황이었다.[124] 장만이 양정수괄(良丁搜括)이 완료되기 이전에 보고를 올렸다는

---

123) 김성우는 광해군 연간과 인조 집권 초기 시행된 호패법의 목적을 恒産者 위주의 정예병 확보와 과세 비율 상향 조정에 따른 국가 재정 개선 등 두 가지로 파악했다. 하지만 이 조치는 사족들의 반발로 제대로 시행되지 못했다고 지적했다. 김성우, 「17세기 전반 班常制의 확립과 士族支配構造의 정착」, 『조선사연구』 8, 조선사연구회, 1999, 121~128쪽.

124) 『承政院日記』 14冊, 仁祖 4年 7月 20日. "臣意八道人口 幾至二百萬 而今但一百二十餘萬 則其間雖有漏落 不過十萬口也 人口可謂少矣 甲戌年軍案 騎步兵及水軍三色軍 各鎭分防 上番磨鍊時 以十九萬戶而分定矣 今之軍數 雖未盡抄 而應當定軍者 僅四萬矣 以四萬而分防於慶尙全羅忠淸京畿黃海 則各鎭全

점을 고려하더라도 당시 양정이 부족했음은 충분히 짐작할 수 있다.

한정의 부족으로 수군을 기대만큼 확충하기 어려워지자, 조선 정부는 모집한 인원 중에 '실제로 입역하는 수군'을 늘리는 조치를 논의할 수밖에 없었다. 조선 전기 수군은 호수-보인제(戶首保人制)에 의해 동원되는 것이 원칙이었다. 수군 호수 한 명은 『경국대전』에 명시된 바와 같이 1보 1정(一保一丁)을 받았다. 1보가 2정임을 고려하면 호수에 배정된 보인은 세 명이었다.[125] 호패법 시행 당시 조선 정부는 『경국대전』에 규정된 호수-보인제를 변형하여 수군을 편제하고자 했다. 즉 기존 편성 방식에서 보인 한 명을 삭감하여 호수 한 명당 보인 두 명으로 수군을 편성한 것이다. 이렇게 수군호를 구성하는 인원을 줄이면 호의 숫자가 증가하여 입역하는 호수의 숫자를 늘릴 수 있다는 장점이 있었다.

하지만 이 조치가 시행되면 수군의 부담이 늘어날 수밖에 없었다. 조선 정부는 이 문제를 해결하기 위해 여러 방안을 제시했다. 방안은 크게 두 가지였다. 첫째, 호수가 개인적으로 보인 한 명을 충당할 수 있도록 제도화한 것이다.[126] 이렇게 호수가 개인적으로 모집한 보인을 말보(末保)·병보(幷保)·병말보(幷末保)·합보(合保)·합득보(合得保) 등으로 지칭했다. 이들은 호수가 번(番)을 설 때 군량을 보조해주거나, 입역 기간 동안 호수에게 문제가 생기면 대신 근무를 서서 호수의 부담을 줄여주는 역

無水軍矣."

125) 『經國大典』 卷4, 「兵典」 給保.

126) 『仁祖實錄』 卷28, 11年 10月 19日 戊寅. "備局啓曰 水陸軍每戶 給三人 乃祖宗舊規 而頃年新軍籍時 因閑丁數少 每戶各給二保 而末一人 則令其戶首 私自聞見 隨所得充定矣."

할을 했다. 호수는 될 수 있으면 이들을 자신의 자제나 친척으로 충원하려 했다. 호수의 자제나 친척이 다른 역에 차출되어 집을 떠나는 것을 방지하기 위해서였다.[127]

둘째, 보인의 입역 허용이다. 주지하다시피 보인은 호수의 입역 자금 및 무기 마련 비용을 대는 조역자(助役者)였으므로 근무를 서지 않는 것이 원칙이었다. 하지만 수군에서는 호수와 보인의 역할이 정확히 고정되어 있지 않았다. 성종 8년(1477) 조선 전기부터 호수의 유고시에 보인이 입역하도록 하는 조치가 있었다.[128] 이후에도 그 관행이 이어지다가 호패법 시행에 따른 군적(軍籍) 개수가 진행되면서 보인의 입역 문제가 다시 논의되기 시작했다.

인조 5년(1627) 9월 군정청 당상 최명길(崔鳴吉)과 이서(李曙)는 수군에게 보인을 지급하자고 제안했다. 하지만 우의정 김류(金瑬)는 보인을 준다 하더라도 오래 머물면 고생스럽다고 원망할 것이니 단정(單丁)으로

---

127) 『仁祖實錄』卷28, 11年 10月 19日 戊寅.

128) 세종 29년(1447) 鎭撫·令吏·使令 등 문자를 해독하는 선군을 제외하고 격군에 한정하여 호수와 봉족의 相遞立番을 허가했다. 하지만 단종 2년(1454) 노약한 선군이 입번한다는 이유로 호수만 입번하게 하고 호수가 사정이 있을 때에 한하여 수령의 허락 아래 봉족이 입번할 수 있도록 했다. 이후 제시된 여러 의견을 정리해서 성종 8년(1477) 수군 충원에 관한 일곱 가지 원칙을 마련했다. ① 여정을 다른 역에 정하지 말 것 ② 요역은 견감할 것 ③ 호수 및 보인에게 해령직을 주어 수군을 강화할 것 ④ 호수의 유고시에는 수령의 책임하에 보인으로 代立하게 할 것 ⑤ 보인 중 强壯한 자 1인을 가려 圓牌를 주어 정군과 함께 相遞立番하게 할 것 ⑥ 수군의 입번은 4領으로 할 것 ⑦ 鎭撫·領船을 제외하고 보인의 代立을 허가할 것 등이었다. 이재룡, 「朝鮮前期의 水軍―軍役關係를 中心으로」, 『한국사연구』 5, 한국사연구회, 1970, 124쪽.

충원하더라도 속히 교대하는 것이 좋다고 주장했다. 병조판서 이정구 (李廷龜)도 김류의 주장에 동조하며 1년에 1개월씩 입번하는 것을 편하 게 여길 것이라고 했다.[129] 조선 정부는 최명길과 이서의 말을 수용해서 수군에게 보인을 지급했지만, 김류나 이정구의 입장을 고려해서 보인 이 호수를 대신해 입역하는 것을 일부 허용해준 것으로 생각된다.

이렇게 확보한 수군에 대해 분군(分軍) 절차가 진행되었다. 호패법 시 행 당시 거론된 번차(番次)는 6번(番)과 4번이다. 6번은 총 인원을 6개 번 으로 나누어 1개 번이 1년 중 2개월 동안 입역해 근무를 서는 방식이다. 이에 비해 4번은 총 인원을 4개 번으로 나누어 1개 번이 3개월 동안 입 역해 근무를 서는 방식이다. 이 두 방안을 두고 군정청 당상 이서와 최 명길은 첨예하게 대립했다.[130] 수군역이 힘든 역이라는 이유로 6번을 선택하자는 의견이 있었지만, 조선 정부는 필요한 수군의 숫자가 너무 많다는 이유를 들어 기존 방식인 4번을 선택했다.

호패법의 시행으로 호의 편성이 변했고 보인의 입역이 허용되었으 며 번차도 결정되었다. 그런데 이 일련의 조치는 의도치 않은 결과를 낳았다. 이는 인조 7년(1629) 3월 전라도 암행어사 여이징(呂爾徵)의 서계 와 인조 15년(1637) 통어사 나덕헌(羅德憲)의 장계를 통해 파악할 수 있다.

> 수군은 세 명이 모두 있으면 각각 1개월씩 번을 서는데, 단지 1보
> (保)만 있으면 호보(戶保) [중 1명이] 거듭 서게 되고, 단정(單丁)만 있으면

---

129) 『仁祖實錄』 卷17, 5年 9月 25日 戊子.
130) 『仁祖實錄』 卷17, 5年 9月 4日 丁卯.

홀로 석 달을 감당해야 하니, 원망과 괴로움이 막심합니다. 만약 궐보(闕保)를 충정할 수 없다면 번을 줄이기를 원한다고 했습니다(여이징의 서계).[131]

육군은 호수 한 명이 봉족 세 명에게 대포(代布)를 거두고, 호수는 서울로 상번하여 2개월 동안 입번하는 데 비해, 수군은 호수와 봉족이 모두 존재하는 자라고 할지라도 호수와 보인이 각 1개월씩 균일하게 스스로 번을 섭니다(나덕헌의 장계).[132]

수군호에 편성된 호수와 보인은 총 세 명이었다. 이 두 자료를 살펴보면 당시 전라도나 경기 수군은 호수만 입역하는 것이 아니라 호수와 보인이 3개월을 1개월씩 번갈아 근무하는 방식으로 입역하고 있었다. 그런데 보인 한 명이 결원일 때는 호의 구성원 중 한 명이 1개월을 추가로 담당해야 했고, 호가 한 명으로 구성되었을 때는 혼자서 3개월을 담당해야 했다. 수군들은 역이 공평하지 않다는 점을 근거로 호수와 보인이 모두 갖추어지지 않은 호의 입역 기간을 줄이자고 주장했던 것 같다. 하지만 이 주장은 수용되지 않았다.[133] 위의 두 인용은 당시 수군

---

131) 『承政院日記』 25冊, 仁祖 7年 3月 19日. "水軍竝三名者 各立一朔 只有一保者 戶保添立一朔 單 則獨當三朔 冤苦莫甚 若不得充定闕保 則願減番."

132) 『壯嚴遺集』 卷3, 「統禦營錄」, 丁丑年(仁祖 15, 1637) 7月 9日. "陸軍段戶首一名三奉足處 代布收捧 戶首叱分上番二朔立番爲白遣 水軍段戶奉足俱存者是白乎喩 良置 戶首一朔奉足各一朔式 均一自立其番."

133) 『壯嚴遺集』 卷3, 「統禦營錄」, 丁丑年(仁祖 15, 1637) 7月 9日.

의 입역 실태에 대한 귀중한 정보를 알려준다. 즉 보인의 입역 허용으로 인해 호수와 보인은 명목상으로는 구분되지만 실제로는 같은 역할을 했고, 호수·보인에 상관없이 한 명[軍丁]이 1개월 동안 입역해 근무를 서는 것이 보편화되었다는 것이다. 그 결과 호수-보인제는 명칭만 남아 있을 뿐 사실상 형해화된 것으로 보인다.

2) 수군의 입역 방식 확정과 이원화

이후에도 여러 차례의 분군을 통해 수군의 입역 방식이 정비된 것으로 보인다. 여러 자료를 취합하여 17세기 중엽에 만들어진 수군 입역 방식을 살펴보겠다. 하지만 이 시기 수군 입역 방식을 살피는 데는 현실적인 제약이 있다. 당시 수군은 평안·황해·경기·충청·전라·경상도 등 여섯 개 도에 주로 있었지만, 자료 부족으로 인해 경기·충청·전라·경상도에서만 수군 입역 실태를 파악할 수 있다. 또한 이 시기 조선 정부에서는 전투 선박인 전선·귀선·방패선을 기준으로 입역 수군의 숫자를 결정했을 것으로 추정된다. 하지만 현재에는 전선당 입역하는 수군 숫자만 알 수 있다.[134] 그러므로 본 연구에서는 경기·충청·전라·경상도의 수군진에 배치된 전선 1척당 입역하는 수군 숫자를 중심으로 논지를 전개할 수밖에 없다. 〈표 1-1〉은 이를 도표화한 것이다.

전라·경상도 수군진에 배정된 병종은 격군(格軍)과 사부(射夫) 등 두 가지였다. 격군은 풍화시와 풍고시에 따라 입역하는 숫자가 달랐다. 풍

---

134) 18세기 자료를 통해 귀선과 방패선에도 수군이 분급되었다는 사실이 확인되기 때문에, 17세기에도 이와 유사했을 것으로 추정할 수 있다.

〈표 1-1〉 17세기 초·중엽 전선 1척 당 1개월간 입역 수군(방군)의 숫자

(단위: 명)

지역	전선	병종	풍화시(3~8월)	풍고시(9월~다음 해 2월)
전라 경상	1	격군(방군)	100, 80	40, 30
		사부	18, 15	0
충청	1	방군	50, 40	50, 40
경기	1	방군	30	30

* 출전:『承政院日記』81冊, 仁祖 20年 3月 5日;『承政院日記』112冊, 孝宗 元年 4月 17日.

화시에 입역하는 격군은 80명으로 규정되었다. 80명이라는 숫자는 "노 (櫓) 20착(捉)이 설치된 전선에 노 1착당 격군 4명을 배치한다"는 기준으로 정해진 것이었다.[135] 통제사가 탑승하는 상선(上船)의 격군은 100명이었다. 이는 상선이 일반 전선보다 규모가 크다는 점을 고려한 것이었다. 풍고시에 입역하는 격군은 30~40명이었다. 풍화시 격군의 절반 정도가 풍고시에 입역하는 격군 수로 정해졌다. 아울러 요수(繚手)·타수(舵 手)·정수(碇手) 등이나 좌·우 포도(左右捕盜) 및 각색승차(各色陞差) 등 군선의 보직은 격군 중 일부가 겸임하게 했다.[136] 사부(射夫)는 풍화시에만 15

---

135) 『承政院日記』81冊, 仁祖 20年 3月 5日. "各浦戰船 櫓左右竝二十捉 故一捉各四 名 沙工舞上各一名 八十二名式定之."

136) 이들은 배의 관리와 운행에서 핵심적인 역할을 담당하는 직임이다. 繚手는 돛을 조정하는 보직이고, 舵手는 타공이라고 불리는데 배의 키를 조정하는 보직이다. 碇手는 닻을 조정하는 보직이다. 포도장은 배 안의 제반 업무를 담당하는 보직이라 생각되며, 각색승차는 어떤 직임인지 알 수 없다. 이들은 전선에 화재가 일어났을 때 배를 관리하지 못한 죄로 효수당하기도 했으며(『備邊司謄錄』136冊, 英祖 35年 5月 21日), 배가 썩는 것을 방지하기 위해 불로 그을리는 煙燻 등의 역을 담당하기도 했다. 『承政院日記』1798冊, 正祖 22年 10月 15日.

명 혹은 18명으로 규정되었다.[137]

풍화시와 풍고시에 따라 수군의 숫자에 차이를 둔 이유는 두 가지로 정리할 수 있다. 첫째, 한정된 병력으로 방위의 효율을 높이고자 했기 때문이다. 당시 동래부사의 보고에 따르면, 장마가 지나가고 가을바람이 불어오면 항해가 어려우므로 봄과 여름이 교차하는 시기에 출항하는 일본인의 수가 많다고 했다.[138] 이러한 보고를 근거로 해서, 관료들은 풍화시가 일본군의 침략 가능성이 큰 기간이라고 파악했다. 조선 정부는 풍화시라도 전선의 승선 인원 정도의 격군 수를 수군진에 머무르게 하여 유사시를 대비하고자 했던 것 같다.[139] 둘째, 수군의 입역 부담을 덜어주기 위해서였다. 수군의 처지에서는 여름보다 겨울에 입역하는 것이 더 고통스러울 수밖에 없었다. 조선 정부는 기후가 혹독한 풍고시에 최소한의 인원만 입역하게 하여 수군의 고통을 줄여주고자 했

---

137) 『各營釐整廳謄錄』奎15062,「兩南水軍變通節目」.

138) 『備邊司謄錄』5冊, 仁祖 16年 5月 10日.

139) 인조 13년(1635) 우승지 洪命耉는 舟師 入防軍을 80명으로 정한 것은 해상의 적에 대한 방비가 육지의 적에 대한 방비보다 더 급하기 때문이라고 했다. 그는 해적이 한번 바람을 타면 단번에 도달할 수 있으나 烽軍이 멀리 살펴 경계하는 것만으로는 미칠 수 없으며, 만약 적이 출현했다는 보고를 듣고 난 뒤에야 황급히 수습한다면 눈앞의 큰 전함을 도리어 적에게 내주는 꼴이라고 했다. 그러므로 아무 일이 없는 때라도 반드시 기계를 배에 싣고 격군을 정돈하여 위기에 대비해야 한다고 주장했다. 『承政院日記』47冊, 仁祖 13年 3月 13日. "洪命耉啓日 舟師入防之軍 例用八十名 所以朝夕待變 其與陸地 頗甚緊急 蓋海賊乘風 只是一帆之路 烽軍候望 亦不能及 若聞賊報之後 蒼黃收拾 則萬無可及之勢 眼前舸艦 反爲藉寇之物 以禦敵之道言之 則雖無事之時 必預載器械 俱整船格 以備不虞."

던 것으로 생각된다.

경기 지역의 수군 입역 방식은 조선 정부에서 병력을 고용하기 위해 월곶·덕포·정포·용진 등 네 곳에 사섬시의 공목(貢木)을 지원해주는 방식을 통해 파악할 수 있다. 이 공목 지급은 효종 4년(1653)에 결정되어 효종 7년(1656) 1월부터 시작되었다.[140] 당시 수군진 네 곳에 지급된 사복시 공목은 총 86동 20필이었는데, 이는 수군 30명이 진에 3필씩 내는 것을 전제로 하여 책정된 것이다. 이를 통해 경기 지역 진에는 수군이 전선 1척당 매달 30명씩 입역했음을 알 수 있다.[141] 충청도에도 경기 지역과 비슷한 방식으로 수군이 배치된 것으로 생각된다. 효종 7년(1656) 소근 첨사 황토성(黃土誠)은 풍고시나 풍화시를 막론하고 황해도 수군진 네 곳에 입방하는 수군이 50명이나 혹은 40명 정도라고 했다.[142]

경기·충청도 수군진에 배정된 수군은 전라·경상도와 달리 병종의 구분도 없고 그 인원수도 적으며 계절에 따라 입역 인원도 차이가 없었다. 그렇다면 경기와 충청도 수군의 입역 방식을 이렇게 정한 이유는 무엇인가? 이는 수군 방위 태세의 중요도와 관련이 있는 것 같다. 17세기 초·중엽 경기와 황해도 수군은 북방 정세의 변화로 인해 주목받았

---

140) 『甁窩集(III)-江都志』鎭堡, 308쪽.

141) 진 한 곳에 방군 30명이 12개월 동안 입역하면, 1년 동안 입역하는 인원은 360명이다. 여기에 4를 곱하면 진 네 곳의 입역 인원이 도출되는데 총 1,440명이다. 이들이 3필씩 낸다고 가정하면 역가 총액은 86동 20필이 된다. 이를 통해 조선 정부에서 진 네 곳에 防軍을 배치하기 어려워지자 그에 상응하는 금액을 조정 차원에서 지원해주었음을 알 수 있다. 『甁窩集(III)-江都志』鎭堡, 303쪽.

142) 『承政院日記』140冊, 孝宗 7年 6月 12日. "本道四鎭浦入防軍數 不如兩南 毋論風和 每朔入防 或五十名 或四十餘名."

음에도 불구하고 전라·경상도 수군보다 중요하다고 하기는 어려웠다. 그러므로 조선 정부는 전라·경상도와 달리 이 지역 수군진에 병종 구분을 하지 않고 적은 인원만 분배해준 것으로 생각할 수 있다.

1개월 동안 입역하는 인원수가 정해지면 다음으로는 이들의 근무 기간과 순번을 결정하는 번차(番次)에 대한 논의가 진행되어야 한다. 이 시기 수군 번차에 대해서는 다양한 논의가 있었던 것 같다. 그중에서 인조 26년(1648)경에 경상감사 이만(李曼)이 정한 번차가 주목된다. 이만은 기존 번차인 9번(番)에 1번을 더해 10번으로 편성하고 그중 9번은 윤회분번(輪回分番)하고 1번은 역가를 거두었다고 한다. 입방하지 않는 군사는 포를 거두었는데 그 값이 200여 동이 되었으며, 입방하지 않는 사부에게도 포를 거두었는데 그 액수가 2~300동 정도였다고 한다.[143] 〈표 1-2〉는 이만이 만든 번차를 기본으로 하고 후대 자료를 참조하여 추정한 전라도와 경상도의 번차이다.

번차는 병종이나 지역별로 차이가 있었다. 사부의 번차는 본래 전라

---

143) 『承政院日記』132冊, 孝宗 5年 8月 9日. "李曼爲慶尙監司時 本道舟師防軍及射夫 改分軍時 沈檜以本道守令 爲差員 專掌分軍 而在前則防軍只九番矣 添作十番 每年九番 則輪回分防 一番則爲剩軍收布 (…) 剩軍不防收布 每年二百餘同 不 防射夫收布 亦二三百同 而監司次知 除用於各處戰船改造槊之役 其餘留在云." 여기서 李曼이 경상감사로 재임한 시기는 인조 26년(1648) 2월부터 효종 즉위 년(1649) 12월까지이다(『承政院日記』100冊, 仁祖 26年 2月 14日; 『承政院日記』 107冊, 孝宗 卽位年 8月 3日). 또한 沈檜이 경산현감으로 재임한 것은 인조 26년 (1648)에서 효종 즉위년(1649) 사이이다(『承政院日記』100冊, 仁祖 26年 1月 6日; 『承政院日記』106冊, 孝宗 卽位年 7月 15日). 그러므로 이만이 번차를 정한 시점은 인조 26년(1648)이 아니면 효종 즉위년(1649)이다. 이 글에서는 '인조 26년 (1648)경'이라고 기술한다.

〈표 1-2〉 17세기 초·중엽 전라도 및 경상도의 전선 1척당 수군 번차

(단위: 번)

병종	입방(立防)												불입방
	풍고(風高)				풍화(風和)				풍고(風高)				
	1월	2월	3월	4월	5월	6월	7월	8월	9월	10월	11월	12월	
사부	·	·	선운1	선운2	선운3	선운4	선운5	선운6	·	·	·	·	후운
	·	·	후운1	후운2	후운3	후운4	후운5	후운6	·	·	·	·	선운
격군(방군)	1[上]	1[下]	2	3	4	5	6	7	8[上]	8[下]	9[上]	9[下]	10
	10[上]	10[下]	1	2	3	4	5	6	7[上]	7[下]	8[上]	8[下]	9
	9[上]	9[下]	10	1	2	3	4	5	6[上]	6[下]	7[上]	7[下]	8
	8[上]	8[下]	9	10	1	2	3	4	5[上]	5[下]	6[上]	6[下]	7
	7[上]	7[下]	8	9	10	1	2	3	4[上]	4[下]	5[上]	5[下]	6
	6[上]	6[下]	7	8	9	10	1	2	3[上]	3[下]	4[上]	4[下]	5
	5[上]	5[下]	6	7	8	9	10	1	2[上]	2[下]	3[上]	3[下]	4
	4[上]	4[下]	5	6	7	8	9	10	1[上]	1[下]	2[上]	2[下]	3
	3[上]	3[下]	4	5	6	7	8	9	10[上]	10[下]	1[上]	1[下]	2
	2[上]	2[下]	3	4	5	6	7	8	9[上]	9[下]	10[上]	10[下]	1

* 숫자는 번차를 의미한다. 1은 첫 번째 번, 즉 1번이고, 10은 열 번째 번, 즉 10번이다. 이 번차는 사부 1번을 15명 또는 18명, 격군 1번을 80명으로 가정한 것이다. 격군의 번은 상번과 하번으로 다시 나누어졌다. 상번과 하번은 각 번의 1/2이었다. 상번과 하번이 모두 근무를 서는 경우는 표기하지 않았으며, 상번 혹은 하번만 근무를 서는 경우에는 [上]과 [下]로 표기했다. 전라도 사부 번차는 경상도 사부 번차에서 후운이 없다고 가정하면 도출된다.

* 출전:『承政院日記』132冊, 孝宗 5年 8月 9日;『淸溪集』卷5,「疏應旨陳本道民弊疏」;『嶺營事例』계명대학교동산도서관소장본, 951.98.

도와 경상도 모두 6번제였다.[144] 이 방식은 사부 총원을 6개 번으로 나누고 풍화시 6개월 동안 매달 입역해서 근무를 서는 것이다. 이후 이 방식은 일부 변경되었다. 전라도에서는 6번제가 19세기까지 유지되었지

---

144) 『淸溪集』卷5,「疏應旨陳本道民弊疏」.

만, 경상도에서는 선·후운 6번제(先後運六番制)로 변경되었다. 이 방식은 사부 총원을 선운(先運)과 후운(後運)으로 나누고, 그중 1운을 다시 6번으로 편성하여 풍화시 6개월 동안 1개월씩 입역해 근무를 서는 방식이었다. 사부는 6번제를 적용하면 1년에 한 번씩 근무를 섰는데, 선후운 6번제를 적용하면 2년에 한 번만 근무를 섰다. 경상도에서 선·후운 6번제가 정착된 시기는 특정하기 어렵다. 효종 5년(1654)과 숙종 30년(1704) 사이의 어느 시점이라 추정할 뿐이다.

격군의 번차는 전라도와 경상도 모두 10번제였다. 10번제는 총 인원을 10개 번으로 편성하고 1개월씩 입역해 근무를 서는 방식이었다. 그중 9개 번은 근무를 서고 나머지 1개 번은 휴번(休番)했다. 9개 번은 12개월 동안 입역했다. 9개 번 중에 6개 번은 풍화시 6개월 동안 1개 번이 1개월씩 근무하고, 나머지 3개 번은 풍고시 6개월 동안 상번(上番)과 하번(下番)으로 나누어 1개월씩 돌아가면서 근무를 섰다. 격군은 매년 같은 달에 입역하여 근무를 서는 것은 아니었다. 첫해 1월에 1번의 상번이 근무를 서고, 2월에 1번의 하번이 근무를 서면, 둘째 해 3월에 1번의 상번과 하번이 같이 근무를 섰다. 이런 방식으로 번차를 운영하면 수군의 입역 주기는 1년 1개월 정도가 되며, 모든 번이 10년 주기로 한 번은 휴번했다. 휴번할 차례가 되면 수군은 번을 그냥 쉬는 것은 아니고 그에 상응하는 역가를 냈다.

이렇게 군선별로 군액이 분배되면 진에 입역하는 수군 숫자도 자연히 결정되었다. 전선 1척당 배치된 군액에 진에 배정된 전선의 숫자를 곱하면, 진에 배정되는 수군 숫자가 도출되는 것이다. 즉 전선 1척에 890명을 배정했다고 가정하면, 전선 1척을 보유한 수군진에는 890명이 입역하게 되고, 전선 2척을 보유한 수군진에는 1,780명이 입역하게 된다. 이때 형성된 수군의 입역 방식은 숙종 30년(1704) 「양남수군변통절목」에서도 그대로 적용되었을 뿐 아니라, 19세기 중엽까지 약간의 변경을 거쳐 유지되었다. 이렇게 중앙에서 모득해서 수군진에 분배하는 수군을 본 연구에서는 '경안부 수군'이라고 지칭하겠다.

이들 경안부 수군은 수군이라는 명칭 외에 '방군(防軍)'이라고 기록된 사례도 상당수 발견된다. 본래 방군은 경안부 수군 중에 격군을 지칭하는 말이었는데, 경안부 수군 전체를 의미하는 것으로 그 의미가 확장되었다. 경안부 수군이 근무를 설 때는 입방군(入防軍) 혹은 입방군(立防軍)이라고 했고, 근무를 서지 않을 때는 불입방군(不立防軍)·불입방군(不入防軍)·휴번군(休番軍)이라고 했다. 불입방군이 내는 역가는 불입방사포(不入防射布)·휴번목(休番木)·유포(留布) 등으로 칭했다.[145]

이렇듯 인조 연간 1개 번의 근무 인원과 번차가 정해졌고, 이를 바탕으로 수군진에 입역해 근무하는 인원도 결정되었다. 하지만 이러한 조선 정부의 수군 분급 방식은 한계가 있었다. 경기와 충청도에서는 분급된 수군의 숫자가 군선 승선 인원에 비해 상당히 적었음은 전술한 바와 같다. 또한 병력이 상대적으로 많이 분급된 전라도와 경상도에서도

---

145) 후술하겠지만 「兩南水軍變通節目」에서는 이들을 방군·사부·첨격사부 등으로 구분했다. 그런데 19세기 자료를 살펴보면 방군·사부·첨격사부를 구분하지 않고 그냥 防軍으로 통칭할 때가 많다. 방군은 중앙 차원에서 지급했고, 그 역가는 진의 주요 수입원 중 하나였기 때문에 『鎭誌』 등 거의 모든 수군 자료에 등장한다. 이 외에 군선 승선 인원은 수군이라는 말 대신에 舟師軍이라고 지칭할 때도 있었다.

수군 중 사부와 격군 등 일부 병종만 지급했다. 결과적으로 조선 정부는 수군진에 필요한 인원을 충분히 조달해주지 못했다. 그러므로 경안부 수군 외에 진에서 필요한 인원은 거의 모두 자체 조달해야 했다.

포수(砲手)는 임진왜란 기간 동안 조총의 보급과 함께 생겨난 병종으로, 17세기부터 군선에 승선했다. 임진왜란 직후 포수는 전선 1척당 5명이 승선하는 것이 원칙이었으나 인조 27년(1649) 경상감사 이만(李曼)의 건의로 경상도에서 전선 1척당 10명씩 탑승하는 것으로 규정이 변경되었다.[146] 전라도나 충청도 전선의 포수 인원도 17세기 초·중엽 어느 시점부터 경상도와 같이 10명으로 증가한 것으로 추정되지만, 구체적인 시점은 알 수 없다. 그 외에 다른 지역은 이 시기 전선에 승선한 포수의 인원수를 확인하기 어렵다.

포수의 인원수는 중앙에서 정해주었지만, 이들을 군현에 부과해서 모집한 것은 수군진이었다. 그러므로 포수의 급료도 수군진에서 자체 마련하는 것이 원칙이었다. 다만 예외적으로 경상도만큼은 포수의 급료를 조선 정부가 마련해주었다. 그 이유는 경상도 수군 방위 태세의 중요성에서 기인했다. 17세기 초·중엽 조선 정부가 경상도 방비에 박차

---

146) 17세기 후반에도 전선 승선 인원 중 포수의 숫자가 크게 늘어났다. 조선 정부는 숙종 14년(1688)을 기준으로 이전에 충원된 포수 10명을 舊砲手, 이후에 충원된 포수 14명을 新砲手라 하고 임금을 차등 지급했다. 구포수는 기존과 같이 1인당 매달 미 8두, 신포수는 1인당 2두를 받았다. 선혜청에서 신포수의 급료를 적게 책정한 이유는 이들의 급료 중 상당수를 진의 재정에서 취용해 쓰도록 되어 있었기 때문이다. 이를 합산해보면 전선 1척당 매달 지급 금액은 43石 3斗였다. 문광균, 「조선후기 양산 甘同倉의 설치와 변천」, 『한국문화』 66, 서울대학교규장각 한국학연구원, 2014, 366~367쪽.

를 가했음은 전술한 바와 같다. 이를 위해 구상된 방안 중 하나가 무과 출신을 경상도에 부방시켜 포수로 활용하는 것이었다.

그런데 이들을 경상도에서 근무하게 하려면 생계를 위해 급료를 지급해줄 필요가 있었다. 조선 정부는 이를 보충할 명목으로 별도의 세목을 창설했다. 이 세목은 포량미(砲糧米) 혹은 사포량(射砲糧)이라 불렸다. 무과 출신의 방수처가 서북(평안도)으로 옮겨가고 경상도 사람이 포수로 충원된 이후에도 이 세목은 폐지되지 않았다.[147] 대동법 시행 이후부터 사포량은 대동저치미(大同儲置米)로 마련했다.

화포수(火砲手)도 포수와 크게 다르지 않았다. 화포수는 자료의 한계로 인해 그 인원수나 입역 방식 등을 파악할 수 없다. 다만 조선 정부에서 이들을 직접 수군진에 분급하지 않은 것으로 보아 진 자체에서 확충했던 것으로 생각된다. 그러므로 이들의 급료도 원칙적으로 수군진에서 마련해야 했다. 다만 경상도에서만큼은 사포량에서 지급했던 것으로 추정된다.[148]

격군의 부족분도 수군진이 자체적으로 충원해야 했다. 격군의 부족은 경기와 충청도뿐 아니라 전라도와 경상도 수군진도 직면한 문제였다. 인조 15년(1637) 통어사 나덕헌(羅德憲)은 전선에 필요한 적정 격군 수가 상선(上船) 120명, 일반 전선 100명 정도인데, 조선 정부에서 지급해준

---

147) 『嶺南廳事例』奎15233, 射砲糧. "射砲粮 乃是田稅之外 而他道所無之役 蓋壬辰
經亂後 武科出身等 分防於本道沿海 而每以自備粮赴防爲怨 故別爲收稅 給其
粮料 出身移防西北之後 仍給入番射砲手 遂爲流例 大同設始時 不可仍存無名
之稅 久遠給料之卒 亦不可猝令自備 故每年以儲置給料事定式."

148) 『嶺南廳事例』奎15233, 射砲糧.

인원은 100명이나 80명 정도밖에 되지 않았다고 했다. 인조 16년(1638) 순검사 임광(任絖)도 "격군은 포(浦)당 80명인데 그 수가 심히 적고, 이 격군을 병선과 사후선에게 나누어주니 극히 부족하다"라고 했다.[149] 격군이 적정 인원보다 적게 탑승했을 때는 동력이 부족해져서 군선이 속력을 내기 어려울 뿐만 아니라 격군의 체력이 빨리 고갈되어 일정한 속력을 장시간 유지하기도 어려웠다. 이로 인해 수군 지휘관은 부족한 격군을 포작한(鮑作漢) 등으로 자체 충원하고 있었다.[150]

진의 자체 방위를 목적으로 설치한 아병(牙兵), 친병(親兵), 성정군(城丁軍) 등이나 재용 보용 목적으로 창설한 수용군(需用軍), 모군(募軍) 등도 통제영이나 수영에서 중앙의 허락을 받아 자체적으로 모집했던 것으로 생각된다. 여기서 거론하지 않은 잡다한 인원들도 모두 수군진이 모집해야 할 대상이었다. 이렇게 경안부 수군 외에 중앙의 허가를 받아 수군진 차원에서 모득하는 수군을 본 연구에서는 '외안부 수군'이라 하겠다.[151]

---

149) 『承政院日記』 63冊, 仁祖 16年 1月 4日.

150) 『承政院日記』 58冊, 仁祖 15年 6月 7日. "羅德憲曰 本營舟師所管 臣雖聞其大槪 時未赴任 不能目擊 第舟楫之制 與平時異 格軍之數 稍減於前 平時則水使船各 一百二十人 邊將船則百人 而改軍籍之後 各減二十人 統營水營則或以捕捉漢 代行 以補不足之數."

151) 이 구분은 18세기 초반에 발간된 『양역실총』을 근거로 한 것이다. 그런데 정조 11년(1787)에 발간된 『典律通補』의 別編에는 이들 경안부 수군이 외안부로 표기되어 있다(『典律通補』 下, 別編). 경안부 수군이 18세기 후반 어느 순간 외안부가 되었던 것이다. 경안부 수군이 기존 외안부 수군과 합산되어 외안부 수군으로 편제된 이유는 알기 어렵다. 그럼에도 본 연구에서 수군을 경안부와 외안부로 구분하는 이유는, 18세기 중엽까지만 해도 이 구분이 유효하기 때문이다.

지금까지 살펴보았듯이 조선 정부는 전선 승선 인원 중 운영에 필수적인 병종인 격군·사부에 국한에서 병력을 지급했다. 이들은 선후운 6번제, 10번제 등 각각 다른 번차에 따라 입역했다. 하지만 조선 정부가 진의 운영에 필요한 인원을 충분히 지급해준 것은 아니었다. 그러므로 진에서 필요한 나머지 인원들은 대부분 진 자체에서 충원해야 했다. 이로 인해 진의 수군은 경안부와 외안부로 이원화된 구조를 가지게 되었다.

3) 읍전선의 병력 동원 방식 마련

진뿐 아니라 읍전선의 병력 동원 방식도 17세기 초·중엽에 정비된다. 읍전선의 선장(船將)은 본래 수령이 임명되는 것이 원칙이었다. 하지만 수령은 군선 외에도 군현의 여러 업무를 담당하여 군선만 전문적으로 관리하기 어려웠다. 이에 수령은 대장(代將)을 임명하여 읍전선의 관리를 전담하도록 했다. 이 방식은 임진왜란 당시 이순신이 도입한 것으로 보이며, 후대에도 계속 이어졌다.[152]

대장(代將)은 정노위(定虜衛)나 충찬위(忠贊衛) 등의 직역을 가진 자가 임명되는 것이 원칙이었다. 하지만 효종 1년(1650) 병조참판 이만(李曼)은 이들이 배 근처에 항상 머물러 있지 않아 배를 잘 관리하지 못한다고 지적했다. 그는 이 문제를 해결하기 위해 양반 자제 중에 재주가 있는

경안부 수군이 외안부가 되었다 하더라도 그 운영 방식이 크게 달라지지는 않았다.

152) 『李忠武公全書』 卷4, 「舟師所屬諸將休番狀」.

자를 대장으로 임명하고, 사환 몇 명을 지급해 그들의 임무를 돕게 하자고 주장했다.[153] 이 방안은 수용된 것으로 보인다. 그 외에 읍전선 운영에 필요한 장교들도 18~19세기의 예와 같이 수령이 임명했을 것으로 추정된다.

읍전선 승선 인원의 충원 방식도 정비되었다. 읍전선 승선 인원은 수령이 군현 내에서 자체 충원하는 것이 원칙이었다. 이에 수령은 격군을 '전결조용(田結調用)' 방식으로 충원했다.[154] 이는 토지 결수(結數)를 기준으로 양정(良丁)을 차출하는 방식으로 추정된다. 격군 외에 다른 보직들도 이 방식을 활용하여 충원했을 가능성이 크지만, 구체적인 상황은 알기 어렵다.

전결조용 방식은 여러 문제가 있었던 것 같다. 인조 8년(1630) 비변사는 읍전선에 탑승하는 격군과 사부의 궐액(闕額)이 많다고 지적했다.[155] 인조 16년(1638) 서산군수 이진철(李晉哲)은 "본군 전선의 격군은 그 수가 적지 않아 수령이 근근이 뽑긴 하지만, 모두 오합지졸이라 군정(軍政)에 허술한 폐단이 있으며 백성 사이에서도 여러 문제가 된다"라고 주장했다.[156] 같은 해 전라감사 송상인(宋象仁)도 "도내 고을의 격군을 전결에서

---

153) 『承政院日記』111冊, 孝宗 1年 1月 4日. "且各官守令 職摠諸務 不得專意舟師 而戰船代將 例以定虜衛忠贊衛等卑賤闒庸之類差定 又不恒留船上 今若因循此規 則宿弊終難矯革 爲今之計 莫若先擇代將 以出身兩班中 有才望者差授 而定給若干使喚."

154) 『承政院日記』63冊, 仁祖 16年 1月 24日.

155) 『承政院日記』30冊, 仁祖 8年 4月 2日.

156) 『承政院日記』63冊, 仁祖 16年 1月 8日. "戰船格軍 其數不少 守令董能抄定 而皆是烏合之物 軍官多有虛疏之弊 民間亦有騷擾之事矣."

뽑으면, 평일에 훈련할 때는 그래도 되겠지만 다급할 때는 이 방법을 쓸 수 없다"라고 주장했다.[157]

이들의 증언을 통해 전결조용 방식이 건실한 병력을 확보하는 데 일정한 한계가 있었음을 알 수 있다. 조선 정부는 궐액이 10명 이상 되는 수령은 파출하고 10명 이하인 수령은 추고(推考)하는 등 수령에 대한 처벌 규정을 강화하고자 했지만,[158] 그것으로 모든 문제를 해결할 수는 없었다. 이에 조선 정부는 새로운 병력 충원 방식을 논의했다.

그 과정에서 등장한 방안이 읍전선 승선 인원을 속오군으로 충당하는 것이었다. 속오군은 임진왜란 이후 창설된 지방군의 주력 부대로 상당수 군현에 존재했다. 이들 중 일부를 읍전선 승선 인원으로 전용하자는 것이었다. 인조 5년(1627) 황해도 연안부 각산(角山) 소속 전선의 승선 인원을 속오군으로 충원한 데 이어,[159] 인조 13년(1635) 경상도 소속 읍전선의 승선 인원도 속오군으로 충원했다. 게다가 충청도와 전라도 군현에 새롭게 배치된 읍전선에도 속오군을 지급하는 방안이 결정되었다.[160]

읍전선에 대한 속오군 분급이 확산되자 인조는 읍전선에 속오군을 배치하는 데 대해 우려를 표시했다. "만약 격군을 청할 때마다 속오군으로 획급해주면, 속오군의 숫자가 점차 줄어들 것이다"라고 지적한 것

---

157) 『承政院日記』 63冊, 仁祖 16年 1月 24日. "宋象仁爲全羅監司時 以道內各官戰船 格軍田結調用 平日操練時 則猶之可也 以此欲爲緩急之用 則決不可矣."

158) 『承政院日記』 30冊, 仁祖 8年 4月 2日.

159) 『承政院日記』 19冊, 仁祖 5年 10月 25日.

160) 『承政院日記』 47冊, 仁祖 13年 3月 12日; 『承政院日記』 50冊, 仁祖 13年 9月 26日.

이다.[161] 당시 속오군 양성에 박차를 가하기 위해 「영장절목(營將節目)」까지 반포한 인조로서는 어쩌면 당연한 반응이었다. 이에 대해 순검사 임광(任絖)은 지금 지방의 양정(良丁) 대부분이 속오군에 소속되어 있어 수령들이 전선의 격군을 얻기 어려운 상황이라고 전제하고, 속오군을 읍전선에 배치한 이후 생겨난 병력 손실을 전선이 배치되지 않은 군현에서 보충하면 속오군의 숫자가 줄어들지 않을 것이라 제안했다.[162]

읍전선의 속오군 숫자는 군선 승선 인원에 준거하여 책정되었을 것으로 생각된다. 인조 13년(1635) 좌부승지 정기광(鄭基廣)은 경상도에서 전선 1척당 격군 80명을 속오군으로 지급했다고 보고했다.[163] 3년 뒤인 인조 16년(1638) 순검사 임광은 읍전선의 형편도 좋지 않으니 진의 전선의 예에 따라 사부 5명, 포수 5명, 격군 20명을 속오군으로 지급하자고 주장했다. 이 의견이 수용되면서 읍전선에 지급되는 속오군의 숫자가 늘어났다. 효종 연간 이후 홍주와 동래의 읍전선에 130명과 125명을 각각 배치했다는 기록을 볼 때,[164] 속오군은 군현마다 100여 명 이상이 배치된 것으로 보인다. 읍전선의 속오군은 일반 진의 수군과는 그 성격이 달랐다. 봄과 가을의 수조와 유사시에만 동원되었다는 기록을 볼 때[165]

---

161) 『承政院日記』 63冊, 仁祖 16年 1月 24日.
162) 『承政院日記』 63冊, 仁祖 16年 1月 24日.
163) 『承政院日記』 49冊, 仁祖 13年 9月 26日.
164) 『承政院日記』 117冊, 孝宗 1年 11月 22日; 『承政院日記』 121冊, 孝宗 2年 10月 11日.
165) 『承政院日記』 111冊, 孝宗 1年 1月 4日. "各官戰船 元無格軍 自朝廷折給陸束伍百餘名 而亦不可長在船上 故唯於春秋水操及有事變時調用 其於海防 尤極虛疏矣."

이들은 일종의 예비군 형태로 운영된 것으로 추정된다.

　결국 수군 방위 태세 운영에서 관건은 바로 병력의 동원과 분배였다. 조선 정부는 병력을 직접 충원하여 수군진에 분배해주고자 했다. 하지만 한정이 충분히 확보되지 못했다. 이로 인해 조선 정부는 수군진에 필요한 병력 중 일부만 지급할 수밖에 없었고, 필요 병력의 상당수는 진 자체에서 동원해야 했다. 그 결과 수군 병력은 모집하는 곳에 따라 경안부와 외안부로 이원화되었다. 또한 읍전선이 군현에 보급되면서 병력 동원의 제도적 정비가 필요했다. 조선 정부는 이들의 병력 동원을 군현에 맡겨두었다가 속오군의 지급을 허락했다. 이에 수군도 충원 형태를 기준으로 세 가지로 구분되었다. 첫째, 경안부 수군, 둘째, 외안부 수군, 셋째, 읍전선에 지급된 속오군이었다. 이를 통해 조선 후기 수군 병력 동원 체제의 기본 구조가 마련되었다.

2. 역가 납부 확산과 고립(雇立)의 인정

　지금까지 살펴보았듯이 수군은 모집 주체에 따라 여러 가지로 구분되었다. 그중 경안부 수군은 '납포군(納布軍)'으로 변해가고, 이를 대신할 병력을 고립해 쓰는 경향이 늘어났다. 이러한 방군수포(放軍收布)의 관행은 16세기부터 이미 일부 실행되었는데, 17세기에 접어들면서 더욱 확대되었다.[166] 인조 15년(1637) 형조정랑 손필대(孫必大)의 장계에 따르

---

166)　이재룡은 문종 연간부터 수군의 放軍收布가 본격화되었다고 지적했다(이재룡,

면, "조선 정부는 곤수(閫帥)가 군을 놓아주고 포를 징수하는 것[放軍徵布]을 엄히 금지했는데, 삼남의 병사나 수사가 이를 어기고 사적으로 번군을 놓아주고 역가를 징수할 때가 많아 첨사와 만호진에서 이미 식례가 되었고, 거둔 포는 해당 진에서 퇴짜[點退]를 놓거나 1필을 2필로 대납(代納)하여 가난한 군졸들이 견디지 못하고" 있는 상황이었다.[167]

17세기 후반부터 방군수포가 확대된 원인은 크게 세 가지로 정리할 수 있다. 첫째, 수군의 수효는 증가하는데 공급은 따라주지 못했던 현실이다. 17세기 중엽까지 국방의 위기가 빈번히 발생하고 진을 증설하는 추세였기 때문에, 병력의 수효도 늘어날 수밖에 없었다. 수군이 충분히 모집되어야 했지만 상황은 여의치 않았다. 병력이 급히 필요할 때 조선 정부는 궁여지책으로 고립을 활용했다.

인조 16년(1638) 순검사 임광(任絖)은 수군 방위 태세의 정비를 목적으로 전라·경상도 전선에 분급할 격군 수를 1척당 20명씩 늘리자고 제안했다. 인조 16년(1638)은 일본과 외교 문제가 발생한 직후였기 때문에 이

<hr />

앞의 논문, 1970, 128쪽). 방상현은 조선 전기 代立의 형태를 5가지로 구분했다. ① 입번수군이 병에 걸렸을 때, ② 가정에 상을 당하여 差役에 임할 수 없을 때, ③ 富實한 가문에 속한 자가 입역의 順次 때에 그 자손이 먼 곳에 差役되는 것을 꺼려 역부에게 대가를 내서 대립시킬 때, ④ 立役水軍이 萬戶·千戶 등에게 재물·포를 바치고 대립할 때, ⑤ 立番水軍이 만호와 천호에게 재물과 포를 바쳐 만호 등이 병적을 조작하거나 자기 휘하의 인부를 대립할 때 등이다. 방상현, 「朝鮮初期 水軍研究─鮮初水軍世傳과 軍役 중심」, 『경희사학』 15, 경희대학교 사학회, 1988, 266쪽.

167) 『壯巖遺集』 卷3, 「統禦營錄」, 丁丑年(仁祖 15, 1637) 11月 3日. "刑曹正郞孫必大上疏內節該一日 痛禁閫帥防軍徵布 臣觀三南兵水使 私放番軍徵捧價布 僉萬各鎭 改成式例 例所捧之布 極其點退 或有一疋代納二疋者 貧寒軍卒 何以支堪."

제안은 수용될 수 있었다. 하지만 한꺼번에 많은 병력을 동원하기는 쉽지 않았기 때문에, 조선 정부는 풍화시(3~8월)만이라도 여정목(餘丁木)을 이용해 병력을 고립했다.[168] 또한 전술한 바와 같이 효종 4년(1653) 조선 정부가 강화도 소속 수군진 네 곳에 사복시 공목을 지급하기로 결정한 것도 토병을 고립하기 위해서였다.[169]

둘째, 산군(山郡)에 사는 수군(이하 산군 수군) 문제이다. 산군 수군은 바다에 인접하지 않은 군현에 사는 경안부 수군을 의미한다. 전술한 바와 같이 임진왜란에서 연해 지역이 입은 피해는 상당했고, 그것은 이 지역 거주민 감소의 원인이 되었다. 그로 인해 이 지역에서 병력 확보가 어려워지자 조선 정부는 궁여지책으로 산군에서조차 병력을 모집했다.[170] 그런데 수군역은 한 번 충원되면 그 역을 자식에게 물려주는 세전역이었다. 그러므로 산군 수군이 후손을 낳으면 이들도 수군에 충원될 수밖에 없었다.

또한 조선 정부의 수군 충원 방식도 산군 수군을 양산하는 주요 원인 중 하나였다. 경안부 수군을 모집하고 분배하는 업무는 수군 지휘관이

---

168) 『承政院日記』 63冊, 仁祖 16年 1月 7日.
169) 이장희는 土兵에 대해 본토에서 낳아서 성장하고 虜情에 밝고 도로 사정에 숙달한 사람이라야 자격을 갖출 수 있다고 했다(이장희, 「朝鮮前期 邊界守禦와 土兵」, 『군사』 2, 국방부전사편찬연구회, 1981, 140쪽). 이 정의는 조선 전기의 북방 지역 사례를 바탕으로 내린 정의이긴 하지만 조선 후기 수군에도 적용할 수 있다고 생각한다.
170) 『一峯集』 卷9, 「甲寅封事」 "且所謂水軍者 必定以良民 而沿海旁邑 良民不足以 充其數 故多定遠邑之民."

아닌 감사의 몫이었다.[171] 그런데 업무를 맡은 감사는 연읍과 산군을 고려하지 않고 수군을 충원해서 진에 지급했다. 그 결과 연읍보다 산군에 수군이 많이 할당되는 사례도 발생했다.[172] 감사가 이런 방식으로 군액을 분배한 이유는 행정상의 편의로 인한 것이라 추정된다. 하지만 이는 산군 수군이 늘어나는 부작용을 낳았다.

산군 수군의 증가는 병력 충원이 원활하지 못했던 당시 사정과 진에 수군을 충원하는 방식이 빚어낸 결과였지만, 이후 여러 문제의 원인이 되었다. 효종 3년(1652) 유원지(柳元之)의 보고를 살펴보자.

> 제가 생각하기에 남방의 적(賊)을 방어하는 책임은 오로지 주사(舟師)에게 있습니다. 그러나 내지(內地)의 수군은 산과 골짜기에 분산되어 있고 거리가 멀어 병력을 징발하면 10~30일 정도 걸리는데(動經旬朔), 적이 침입하여 약탈할 때는 반드시 봄과 여름이라고 하기는 어렵고, 출몰하는 때가 일정치 않아 신속함을 바라기 어렵습니다. 불은 가까이 있는데 물이 멀리 있는 것과 같아 그 일의 형세가 미치지 못하니 이들은 멀리서 응원하러 오는 군사라고 할 수는 있어도 급할 때 대응하는 군사라고 하기는 어렵습니다. 이들이 장차 방소(防所)에 도착한다 하더라도 적이 이미 육지에 올라와 있고 주야를 가리지 않

---

171) 위에서 언급한 바와 같이 경상감사 李曼이 수군의 분군을 담당하는 것이 대표적인 예이다.

172) 『備邊司謄錄』 31冊, 肅宗 1年 9月 6日, 「黃海道所江防禦使事目」. "當初水軍 通道內磨鍊劃給已仍于 各鎭浦水軍在於山郡僻處者 反多於沿海之所居者 此則非本道爲然 他道亦有此弊."

고 달려와서 기력이 감퇴하여 지탱하지 못합니다. 심지어 그 지방의 풍토에 적응하지 못해 질병이 쉽게 생기고 구토하거나 설사를 하고 혼절하여 일어나지 못하니 그들이 쓸모없음은 분명합니다.[173]

유원지는 당시 산군 수군의 문제점을 적나라하게 지적했다. 이에 조선 정부는 산군 수군과 연읍에 사는 육군의 직역을 바꾸는 '환정(換定)'을 통해 문제를 해결하고자 했다. 환정은 이순신도 거론했을 만큼 수군 문제를 논의할 때 자주 언급되는 의제였지만, 특히 효종 연간에 그 논의가 활발했다.

효종은 「환정사목(換定事目)」까지 작성하여 이를 적극 추진했다.[174] 하지만 이 조치를 실현하는 데는 여러 걸림돌이 있었다. 수군은 고역이며 세전역이기 때문에, 연해 지역 육군은 수군역에 충원되려 하지 않았다. 그들은 자신이 수군역에 충원되면 자식도 수군에 충원될 것을 알고 있었으므로, 도망가거나 헐역(歇役)에 투속하는 등 군역에서 이탈하는 사례가 많았다.[175] 아울러 연해 지역 수령도 환정을 달가워하지 않았다.

---

173) 『拙齋集』卷3,「擬上應旨疏」. "臣竊以爲南邊守禦之責 專在舟師 而內地水軍 散處山谷 相距懸遠 徵發之際 動經旬朔 而賊之來寇 不必春夏 出沒無常 迅疾難期 遠水近火 勢不相及 此所謂赴援之師 非應卒之兵也 勢將比至防所 賊已登陸 晝夜犇赴 氣竭難支 且其不伏水土 疾疫易生 口吐糞沫 昏倒不起 其爲無用 亦甚明矣."

174) 집의 李天基에 따르면 환정사목은 8개 조항으로 구성되었다. 그 내용 중 6개조는 번을 바꾸거나 균역 등에 관한 내용이었고, 나머지 1조와 5조 등 두 개 조항은 수군역의 世傳 문제를 다루고 있다(『承政院日記』126册, 孝宗 4年 3月 21日).

175) 『承政院日記』126册, 孝宗 4年 3月 19日.

각 군현의 직역 중에서 수군역의 부담이 늘어나면 주민들의 불만이 증가해 통치에 어려움이 생길 수 있었기 때문이다. 효종은 육군에서 충원된 수군에게 세전(世傳)을 면제하는 특전까지 베풀었지만, 이 조치는 결국 실현되지 못했다.[176]

셋째, 수군진의 재정 문제이다. 17세기 당시 수군진의 주요 지출 항목은 지휘관의 급료, 군선 등 군기(軍器) 유지 및 수리 비용, 수조 시행에 따른 경비 등으로 크게 구분할 수 있다. 영(營) 이상 규모의 수군진에는 대동 수미(需米) 등 중앙의 재원이 지급되기도 했으나, 첨사 이하 지휘관이 파견되는 진에는 그렇지 못했다. 이에 수군진은 수입의 대부분을 자체적으로 마련해야 했다.

수군진은 재정을 확보하기 위해 각종 편법을 활용했다. 정규적인 순점 때 사람을 빌려서 점고를 받는 차인대점(借人代點)이나, 한잡인에게 포를 미리 지급해두었다가 불시의 순점 때 동원하여 점고를 받게 하는 명대(鳴代) 등이 그것이었다.[177] 유형원을 비롯한 여러 논자가 이런 편법을 비판했지만, 조선 정부는 이를 해결할 방법이 없었다. 그 결과 진에서는 산군 수군에게서 역가를 거두어 연해 토착민을 고립하는 방식을 더 선호할 수밖에 없었다.

결국 수군 수효의 증가, 산군 수군 문제, 진의 재정 문제가 결부되어 효종 6년(1655)에 경안부 수군의 역가 납부가 공식화되었다.[178] 이 조치로

---

176) 『承政院日記』126冊, 孝宗 4年 3月 21日.
177) 『磻溪隧錄』卷21,「兵制」諸色軍士.
178) 『備邊司謄錄』18冊, 孝宗 7年 6月 23日. "三南監水使 乙未十一月啓下 分付各鎭浦 各朔入防軍處 收布入送防所 一一給代雇立土兵." 여기서 을미년은 효종 6년

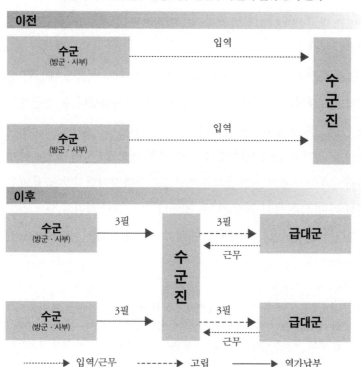

〈그림 1-4〉 역가 납부 인정 이후 경안부 수군의 입역 방식 변화

인해 입방군도 역가를 내게 되었다. 경안부 수군이 진에 납부하는 역가
는 3필이었다. 역가 액수는 이전부터의 관행을 고려해 결정한 것으로
생각된다.[179] 이들이 내는 역가는 수군포(水軍布), 번포(番布), 방포(防布), 방

(1655)을 의미한다.

179) 방상현은 수군의 대립가가 3필로 公定된 것은 성종 24년(1493) 7월이라고 했다.
하지만 그 공정가는 이후에도 잘 지켜지지 않고 더 높이 책정되는 사례가 많았
다고 지적했다. 방상현, 앞의 논문, 1988, 270쪽.

군목(防軍木), 방군포(防軍布) 등 다양하게 불렸다. 전납(錢納)이 허용된 이후에는 방군전(防軍錢), 방번전(防番錢), 번전(番錢), 방전(防錢) 등으로 호칭되기도 했다.

경안부 수군이 납포군(納布軍)으로 성격이 바뀌자 이들을 대신할 병력이 필요해졌다. 수군진에서는 토병을 고립해 활용했다. 본 연구에서는 이들 토병을 '급대군(給代軍)'이라고 규정하겠다.[180] 급대군의 고립가도 수군 역가와 같이 3필이었다.[181] 이 조치는 16세기부터 광범위하게 행해진 수군 역제의 운영 방식을 추인해준 것에 불과했지만, 조정 차원에서 이 방식을 공식 인정했다는 점에서 수군 역제 개편의 주요 기점으로 평가할 수 있다. 이 조치로 인해 수군진의 운영은 어떻게 변모했

---

180) '給代'는 본래 중앙의 시책으로 인해 관청이 재정 손실을 보았을 때 이를 보상해주는 의미로 자주 사용된다. 후술하게 될 역가 손실에 따른 손실을 보충한다는 뜻의 '균역청 급대'가 대표적인 용례다. 그렇지만 급대가 항상 그런 의미로만 쓰이는 것은 아니었다. 수군의 역가 납부 허용 이후 수군 역가를 가지고 병력을 고립하는 것을 수군 자료에서 給代 혹은 防軍給代라고 표현했다. 여기서 급대는 재정 보충을 의미하는 것이 아니라, '放軍收布準給代立'에서 給代立의 줄임말, 즉 병력을 고립한다는 뜻이었다(『承政院日記』 142冊, 孝宗 7年 10月 4日 "備邊司啓曰 昨日李濂上疏覆啓時 臣太和 全未知各浦土兵 以防軍收布準給代立事 已於上年定奪分付 故如是措語矣"). 필자가 급대군이라고 지칭한 것은 이런 점에 착안한 것이다.

181) 숙종 13년(1687) ○○鎭 水軍僉節制使가 전라도수군절도사에게 올린 첩정에는 "10월부터 각 관의 군병에게 3필씩 포를 거두어 수송하고 고립한 토병에게는 3필을 연례에 따라 고립할 것"이라고 기록되어 있다(「수군첨절제사첩정」 해양 450, 국립해양박물관 소장. "大槩十月爲始 各官軍兵等處 收布三疋式 收捧輸送 爲有卧乎 所雇立土兵等處 三疋依例給代爲乎乙喩"). 이를 통해 고립 비용이 3필이었음을 알 수 있다. 이 첩정에 대한 처결은 전례에 따라 하라는 것이었다.

는가? 효종 10년(1659) 경상감사 홍위(洪蔵)의 언급을 통해 경상좌수영과 소속 수군진의 역가 납부 실태를 짐작할 수 있다.

제가 살펴보건대, 좌수영 소속 각 포(浦)의 전선 16척에 매 1개월당 방군(防軍)이 1,306명이며 사부(射夫)는 288명입니다. 풍고시 6개월간 방군(防軍)은 반을 줄이고 사부는 입역하지 않습니다. 이들을 합계하면 방군은 11,034명, 사부는 1,728명입니다. 이들에게 포를 거둬서 사졸(士卒)을 고립(雇立)하여 격군으로 삼았습니다.[182]

당시 좌수영과 소속 진이 보유한 경안부 수군은 방군과 사부를 합하여 총 12,762명이었다. 이 언급에 따르면 풍화시(3~8월) 6개월 동안 매달 입역하는 방군(격군)과 사부는 각 1,306명, 288명이었다. 풍고시(9월~다음해 2월) 6개월 동안 매달 입역하는 방군 수는 653명이었으며, 사부는 입역하지 않았다.[183] 당시 경상좌수영과 소속 수군진이 보유한 전선 수가 16척이었으므로, 풍화시 전선 1척당 배치된 방군과 사부 숫자는 각각

---

182) 『淸溪集』卷5,「疏應旨陳本道民弊疏」. "臣取考左水營所屬各浦戰船十六隻 每一朔防軍一千三百六名 射夫二百八十八名 風高六朔 則防軍減半 射夫不入 而通計一年 則防軍一萬一千三十四名 射夫一千七百二十八名 以此收布 雇立土卒 以爲格軍者也."

183) 이 수치를 홍위가 언급한 방식으로 계산해서 1년간 입역하는 숫자를 산출해보면 방군은 11,754명이고, 사부는 1,728명이다. 홍위가 언급한 수치보다 방군의 총계가 720명 더 많은데, 그 이유는 알 수 없다. 본 연구에서는 홍위가 언급한 수치를 기본으로 하겠다.

평균 81.6명, 18명이었다.[184] 방군 숫자의 평균이 80명보다 약간 높은 이유는 일부 전선에 80명보다 많은 숫자가 배정되었기 때문이다. 즉 경상좌수사나 부산진첨사가 타는 전선에는 지휘관의 지위를 고려해 병력이 조금 더 배정되었던 것이다. 그러므로 일반 전선에서는 풍화시에 방군 80명과 사부 18명이, 풍고시에 방군 40명 정도가 포를 내기 위해 입역했음을 알 수 있다.

이를 바탕으로 이들이 낸 역가(役價)도 산출할 수 있다. 경상좌수영과 소속 수군진은 격군과 사부에게 3필씩을 거두어 총 38,286필 정도의 수입을 얻었다.[185] 풍화시에 매달 걷는 역가 총액은 방군 3,918필, 사부 864필 등 총 4,782필이었으며, 풍고시의 매달 역가 총액은 1,959필이었다. 이 금액을 가지고 전선 1척당 역가 수입을 살펴보면 방군 2,160필, 사부 324필 등 총 2,484필로 추산된다.[186] 전선 1척당 풍화시 1개월 동안 걷는 역가 총액은 298필이었으며, 풍고시 1개월 동안 걷는 역가 총액은 120필이었다. 이들에게 얻은 역가의 용처는 격군의 고립이었다.

요컨대, 수군의 동원이 어느 정도 체계가 잡힌 후 조선 정부가 직면한 문제는 경안부 수군의 역가 납부 문제였다. 병력 동원의 어려움, 산군 수군의 문제, 진의 재정 문제 등이 결부되어 수군의 포 납부가 일상

---

184) 방군 1,306명과 사부 288명을 16으로 나누어 전선 1척당 배정된 방군과 사부의 숫자를 산출했다.

185) 방군 1,306명과 사부 288명이라는 수치를 가지고 경상좌수영의 1년간 역가 수입을 계산하면 40,446필이다. 여기서는 경상감사 홍위가 언급한 수치를 가지고 계산했음을 밝혀둔다.

186) 방군은 [(80×9)+(18×6)]×3으로, 사부는 (18×6)×3으로 계산했다.

화되자, 조선 정부는 이를 인정할 수밖에 없었다. 이들이 납포군이 되자 수군진에서는 이들의 역할을 대신할 목적으로 그 지역 토병을 고립하여 병력으로 활용하고자 했다.

제3장

첨방(添防)의 시행과 합조(合操)의 정례화

1. 첨방을 통한 경상도 수군 방위 태세 보완

17세기 초·중엽 조선 정부는 수군진을 설치 및 이동하여 경상도와 강화도를 중심으로 집결하게 했고, 군선과 병력의 배치 방식도 규정했다. 이를 바탕으로 수군진은 여러 군사 활동을 감행했다. 수군의 군사 활동에는 수토(搜討), 시사(試射) 등 여러 종류가 있다. 그중 가장 규모가 큰 것이 바로 수조이다. 조선 후기 수조는 수영별로 훈련하는 영조(營操)와 몇 개의 수영이 모여 훈련하는 합조(合操) 등 두 종류가 있었다.[187] 전자는 가을에 주로 행해졌기 때문에 추조(秋操)라 하고, 후자는 봄에 행해졌기 때문에 춘조(春操)라 했다.

---

187) 營操를 道水操라고 쓰기도 한다(장학근, 「조선후기 水操와 선단편제」, 『朝鮮時代海洋防衛史』, 창미사, 1988). 이 표현은 자료에도 등장하지만, 이해하기에 따라 경상도 수조인지 경상우도 수조인지 혼돈이 올 수 있다. 그러므로 본 연구에서는 의미를 명확하게 하기 위해 '수영 단위에서 수조를 한다'는 의미의 영조라고 지칭하겠다.

조선 전기 수군이 진관 체제에 의해 운영되었다는 점을 고려해보면, 수영별로 훈련하는 방식은 이미 조선 전기부터 존재했다고 할 수 있다.[188] 그에 비해 여러 수영이 연합하여 훈련하는 방식은 통제사와 통어사가 설치되어 삼도 수군 지휘 체계가 형성된 뒤에야 가능했을 것으로 추정된다. 그러므로 봄에 연합 훈련을 하고 가을에 수영별 훈련을 하는 조선 후기 방식은 합조가 정식화된 뒤에야 형성될 수 있었다.

그렇다면 합조는 언제부터 정례적으로 열리게 되었을까? 이는 당시 수군 방위 태세의 운용 방식을 살펴봄으로써 짐작할 수 있다. 조선 정부가 17세기 초반 경상도 연해 지역을 거점으로 방위 태세를 구상했음은 전술한 바와 같다. 그런데 문제는 경상도가 임진왜란으로 인해 가장 큰 피해를 입은 지역이라는 데 있었다. 물류 체계가 발달하지 않은 전근대사회에서 전력 재건에 필요한 인력과 물자는 주로 현지에서 조달할 수밖에 없었다. 그러므로 당시 경상도의 피폐한 상황은 수군 전력 증강을 더디게 하는 요인이 되었다.

하지만 대외적 위협은 당면한 현실이었다. 그러므로 이 지역 수군 방위 태세를 복구하는 기간에 일어날 수 있는 대외적인 위기에 대한 조치가 필요했다. 조선 정부는 이를 대비하여 다른 도의 수군을 이용해

---

188) 수조가 시작된 것은 조선 전기부터이다. 세조 11년(1465) 국왕은 경기 병선을 나누어 上下가 서로 갈마들어 수전 연습을 시행하니 그 배의 빠르기가 나는 것과 같고 북을 치는 소리가 합하여 천지가 진동했다고 했다. 승리한 자가 凱歌를 부르며 돌아오니 국왕은 군용이 정제되고 훈련이 잘되었음을 기뻐하며 신숙주에게 어의 1령을 내렸다고 한다. 방상현, 「朝鮮前期 水軍 軍役考」, 『朝鮮初期 水軍 制度』, 민족문화사, 1991, 164쪽.

경상도 지역을 방어하는 방식인 첨방(添防)을 고안했다. 첨방은 선조 33
년(1600) 11월 도체찰사 이원익(李元翼)이 처음 제안했고, 선조 34년(1601)
경상감사 이시발(李時發)이 구체화했다. 이시발의 언급을 살펴보자.

> 근래 왜정(倭情)을 살펴보건대, 교활하여 헤아리기 어려우므로 내
> 년에 겁맹(劫盟)하는 일이 반드시 없으리라고 보장하기 어렵습니다.
> 그러나 경상도의 수·륙 방비(水陸防備) 등에 관한 일이 극히 허술하니
> 혹시라도 위급한 경보가 있으면 대적할 길이 만무하므로 신은 밤낮
> 으로 애가 타서 어떻게 계책을 세워야 할지 모르겠습니다. 다른 도의
> 군병을 첨방하는 등에 관한 일을 반드시 미리 요리(料理)하여 지휘해
> 야 [침략의] 기미가 있음에도 미치지 못하는 후회(無臨機未及之悔)가 없
> 게 될 것입니다. 적이 와서 침략을 하면 먼저 해상에서 방어해야 합
> 니다. 그런데, 좌·우영(左右營)의 수군이 30여 척이나 되지만 격군이
> 부족하여 분방(分防)하지 못하는 것이 또한 5~6척이나 됩니다. 형세
> 의 단약함이 이에 이르렀으니, 호남의 수군으로 제때에 첨방하여 봄
> 에 있을 변란에 대비하는 계책으로 삼지 않을 수 없습니다.[189]

이시발은 경상도 수군만으로는 일본군을 방어하기 부족하기 때문에

---

189) 『宣祖實錄』卷144, 34年 12月 28日 辛卯. "近觀倭情 狡黠叵測 明年刼盟之擧 難保
其必無 而本道水陸防備等事 極其疎虞 脫有警急 萬無抵敵之路 臣晝夜煎悶 不
知計將安出也 他道軍兵添防等事 必須預先料理指揮 庶無臨機未及之悔 敵來
交鋒 先在海防 左右舟師 雖三十餘隻 而格軍不足 不得分防者 亦有五六隻 形勢
之單弱至此 不可不以湖南舟師 及時添防 以爲春汛待變之計也."

육군에서 자주 이용된 첨방을 수군에도 적용하자고 제안했다.[190] 수군에서 첨방은 육군이 수군진에 첨방하는 것[191]과 수군이 다른 지역 요충지로 가는 것 등 두 형태가 있을 수 있는데, 이시발이 제안한 것은 후자였다. 그는 전라우도 수군을 전라좌도로 이동시키고, 전라좌도 수군을 거제에 주둔시키는 한편, 본래 거제에 주둔하던 수군 중 절반을 부산으로 이동시켜 방어하게 하자는 구체적인 방안을 제시했다.[192]

이원익과 이시발이 주장한 첨방은 변형된 형태로 수용되었다. 17세기 중엽까지 첨방이 시행된 것으로 확인되는 해는 선조 38년(1605), 선조 39년(1606), 선조 40년(1607), 인조 8년(1630), 인조 12년(1634), 인조 16년(1638), 인조 25년(1647) 등 일곱 해였다.[193] 자료가 간헐적으로 발견되어 첨방이 비정규적으로 이루어졌다고 생각할 수도 있지만, 인조 12년(1634) "매년 3월 통영에 첨방했다가 8월에 파방(罷防)하는 것이 본도 주사의 상례(常例)다"라는 우부승지 정세구(鄭世矩)의 언급을 고려해보면, 첨방이 비교적 자주 시행되었음을 추정할 수 있다.[194]

---

190) 황해도 출신이나 남방 군사가 평안도나 갑산에 첨방했다는 내용을 통해, 첨방이 육군에서도 널리 활용되었음을 알 수 있다. 『承政院日記』 8冊, 仁祖 3年 8月 12日; 『承政院日記』 126冊, 孝宗 4年 1月 20日.

191) 『承政院日記』 334冊, 肅宗 15年 閏3月 5日.

192) 『宣祖實錄』 卷144, 34年 12月 28日 辛卯.

193) 『啓本謄錄』 萬曆 33年(宣祖 38, 1605) 9月 15日; 『啓本謄錄』 萬曆 34年(宣祖 39, 1606) 2月 29日; 『啓本謄錄』 萬曆 35年(宣祖 40, 1607) 3月 5日; 『承政院日記』 30冊, 仁祖 8年 4月 2日; 『承政院日記』 42冊, 仁祖 12年 3月 27日; 『仁祖實錄』 卷36, 16年 1月 22日 丙戌; 『承政院日記』 99冊, 仁祖 25年 12月 13日.

194) 『承政院日記』 42冊, 仁祖 12年 3月 27日. "每年三月 添防於統營 至八月乃罷者 乃本道舟師常例也."

도		선조 39년(1606)		인조 16년(1638)	
		총 전선	참가 전선 수	총 전선	참가 전선 수
충청도		·	10척	23척	5척
전라	우도	25척	15척	·	10척
	좌도	15척	5척	·	
합계		40척	30척	23척	15척

* 전투 선박인 전선 숫자만 기술했다.
* 출전: 『啓本謄錄』萬曆 33年(宣祖 38, 1605) 12月 21日; 『啓本謄錄』萬曆 34年(宣祖 39, 1606) 2月 29日; 『宣祖實錄』卷164, 36年 7月 26日 庚辰; 『承政院日記』42冊, 仁祖 12年 3月 27日; 『承政院日記』63冊 仁祖 16年 2月 26日.

선조 39년(1606)과 인조 16년(1638)의 사례를 통해 첨방의 규모 및 방식을 파악할 수 있다. 〈표 1-3〉을 보자.

선조 39년(1606) 당시 전라우도는 전선 25척을 보유하고 있었다. 이 중에서 풍화시에 전선 15척이 경상도로 첨방했다. 나머지 전선 10척 중 8척은 수사의 지휘하에 고금도에 배치되었고, 2척은 가리포진에 정박했다. 전라좌수영 소속 전선 15척도 5척이 첨방을 하고, 나머지 10척 중 8척은 수영에, 2척은 방답진에 배치되었다. 충청도가 보유한 전선의 총 숫자는 알 수 없다. 다만 전체 전선 중 10척이 첨방했다는 기록만 있을 뿐이다.[195] 이를 합산하면 각 도에서 경상도에 첨방한 전선은 30척 정도

---

195) 『啓本謄錄』萬曆 33年(宣祖 38年, 1605) 12月 21日. "同本道戰艦原在二十五隻內 八隻水使領率古今島留泊 二隻加里浦留泊 十五隻嶺南添防 左道戰船十五隻內 八隻水使領率左水營留泊 二隻防畓留泊 其餘五隻嶺南添防爲白臥乎等用良"; 『啓本謄錄』萬曆 34年(宣祖 39, 1606) 2月 29日. "忠淸舟師十隻段 本月初一日 全羅左道舟師五隻 本月初四日 右道舟師十五隻段 本月初七日 頭龍浦營來到爲

였다. 병선과 사후선 등 보조 선박은 기록에 나타나지 않지만, 전선이 보조 선박과 선단을 이루어 다니는 것이 일반적이라고 볼 때 이들도 첨방에 참여했던 것으로 보인다. 선조 39년(1606)에 시행된 첨방에는 장졸(將卒) 6,000명 정도가 참여했던 것으로 추정된다.[196]

첨방한 병력은 각 도의 수군 전력에서 상당한 비중을 차지했다. 전라 좌·우도가 보유한 전체 전선 중 60%, 33% 정도가 경상도로 이동해 왔다. 충청도는 전체 전선 숫자를 알 수 없어 첨방한 전선이 차지하는 비중을 확인할 수 없다. 하지만 충청도 전선의 숫자가 일반적으로 전라·경상도보다 적었다는 점을 고려해보면 전체 전력 중 상당한 수가 첨방했음을 추정할 수 있다.[197]

이렇듯 조선 정부는 전라도와 충청도를 방어할 최소한의 병력만 남

白良在乙 私砲手格軍戰具一日點閱 十五日水操 外海諸道搜討後把守諸處 分送待變爲去乎於."

196) 선조 39년(1606)에 첨방한 병력 규모는 군선 승선 인원을 기준으로 추론해볼 수 있다. 당시 전선의 승선 인원은 사부 10명, 포수 15명, 격군 100명 등 총 125명 정도였다고 하는데, 화포수나 장교들까지 포함하면 이보다 많았을 것이다. 병선과 사후선의 탑승 인원은 각각 15명과 5명 정도였는데, 만약 전선 1척에 병선 1척과 사후선 2척이 함께 왔다고 가정하면 전선의 승선 인원에 병선과 사후선의 승선 인원 25명 정도가 합산되어야 한다. 여기에 장교나 지원병까지 고려하면, 전선 1척당 약 200명 정도가 왔다고 추정하는 것이 합리적이다. 이는 인조 16년(1638)의 사례에서도 확인된다. 충청도에서 전선 5척이 첨방했는데, 병력 1,065명이 따라왔다고 한다. 대략 전선 1척당 200명 정도가 온 것이다. 『承政院日記』 63冊, 仁祖 16年 2月 26日.

197) 선조 38년(1605) 전라우수사 宋安延에 따르면, 전라우수영 소속 각 관포 전선 중 10의 7~8이 해마다 영남에 첨방했다고 한다(『宣祖實錄』 卷193, 38年 11月 15日 乙酉).

〈그림 1-5〉 선조 39년(1606) 첨방의 절차

| 준비 · 출발 | ▶ | 도착 · 점고 (2월 초) | ▶ | 휴식 |

| 파방 (8월15일) | ◀ | 방수 (3월~8월) | ◀ | 수조 · 수토 (2월 15일) |

겨두고 전선을 경상도로 이동시켰다. 이렇게 이동한 병력은 경상도에서 여러 과정을 거쳐 첨방에 투입되었다. 선조 39년(1606) 첨방의 절차를 살펴보자(그림 1-5 참조).

첨방의 절차는 다섯 단계로 구분된다. 첫 번째 절차는 첨방의 준비 과정이다. 첨방이 결정되면 전라좌수사와 전라우수사, 그리고 충청수사는 군현과 수군진에서 다른 도로 이동할 군선과 병력을 선별했을 것이다. 이렇게 선별된 군선과 병력은 1월 말이나 중순에 일정한 지역에 집결하여 통제영 앞바다로 출발했다. 지역마다 다르겠지만 각 도 수군이 통제영에 도착하는 데 대략 10~15일 정도 시간이 소요되었기 때문에, 기한보다 최대 1개월 정도 일찍 출발했을 가능성이 크다.

두 번째 절차는 점고(點考)이다. 점고는 병장기와 인원을 점검하는 행사로, 병력이 도착한 직후에 바로 시행했다. 선조 39년(1606) 충청도 수군은 2월 1일, 전라 좌도 수군은 2월 4일, 우도 수군은 2월 7일에 각각 통제영에 도착하여 점고를 받았다.[198] 점고가 끝나고 한동안 활동 기록이 보이지 않는다. 이 기간에 휴식이 이루어진 것으로 생각된다.

세 번째 절차는 수조와 수토(搜討)이다. 동년 2월 15일 충청·전라·경상도의 수군이 연합하여 수조를 시행했다. 첨방은 여러 도의 수군이 모이는 흔치 않은 기회였기 때문에, 이 기간에 합조를 시행했던 것으로 보인다. 합조의 장소는 한산도 앞바다였다.[199] 첨방을 끝내고 합조를 할수 있지만 그렇게 하지 않은 이유는, 첨방을 시작하기 직전인 음력 2월은 바람이 좋아 연합 훈련을 시행하기 좋다는 계절적 요인이 작용한것으로 생각된다.[200] 수조가 끝나면 바다를 순찰하는 활동인 수토를 했다. 이 시기 수토의 과정은 알 수 없다. 다만 수토는 통제영 부근 섬과바다를 대상으로 실행했을 것이다.

네 번째 절차는 방수(防守)이다. 수조와 수토가 끝나고 나면 군선과병력은 정해진 파수처(把守處)에서 방수했다.[201] 선조 39년(1606)에는 2월18일 통제사 이운룡(李雲龍)이 파수할 곳을 분배했고, 지휘관이 하직했다.[202] 이들이 방수한 파수처는 통제영 주변 일대의 전략적 요충지였을것이다. 파수는 대략 6개월 동안 계속되었다. 이 기간 동안 여러 도에서온 수군은 특정 지역에서 숙식을 해결하면서 경계 근무를 수행했던 것

---

198) 『啓本謄錄』萬曆 34年(宣祖 39, 1606) 2月 29日.

199) 『居營日記』丙午年(宣祖 39, 1606) 2月 17日.

200) 『承政院日記』1039冊, 英祖 25年 1月 25日. "張鵬翼曰 秋則風勢不好 故分道合操春則風勢和平 故兩道合操矣."

201) 『啓本謄錄』萬曆 34年(宣祖 39, 1606) 2月 29日.

202) 『居營日記』丙午年(宣祖 39, 1606) 2月 18日. "十八日晴 是日日巳座 大廳行公 各處把守分配 諸將下直."

으로 추정된다.

다섯 번째 절차는 파방(罷防)과 복귀이다. 동년 9월 15일 각 도에서 온 수군은 파방하고 호궤를 한 후에 본래 있던 곳으로 돌아갔다. 파방 후 통제사는 경상우도 방위 태세를 변형시켜 풍고시를 대비했다. 경상우도 소속 전선을 몇 개 부대로 편성하고 경상우도 주요 요충지를 집중적으로 파수하는 조치를 취한 것이다. 가덕·천성·안골포·제포 소속 전선 4척은 안골포를 파수하고, 조라포·옥포·지세포 소속 전선 3척은 옥포를 파수하고, 삼천포·율포·소비포·가배량 소속 전선 4척은 거제현령과 협력하여 오아포[巨濟舊營]를 파수하게 했다. 가덕첨사와 조라포만호, 그리고 삼천포권관이 이 세 부대를 이끄는 지휘관이었다. 그 밖에 미조항과 사량 소속 전선은 그 주둔지[信地]를 지키게 했다. 적량·곡포·당포·평산포·영등포·상주포 등의 전선은 주둔지에 정박했다가 2척씩 3운(運)으로 나누어 돌아가면서 통제영에 와서 지키도록 했다.[203]

선조 39년(1606) 사례 외에 첨방의 규모나 방식을 알 수 있는 사례는

---

203) 『啓本謄錄』萬曆 34年(宣祖 39, 1606) 9月 16日. "嶺南添防全羅道舟師二十隻 九月十五日罷防定規乙仍于 將官軍人等 措備牛酒犒餉 放送爲白在果 本道過冬待變 安骨浦把守乙良 加德僉使吳纘祖定將 天城萬戶金時若 安骨浦萬戶安景祐 齊浦萬戶鄭守蕃等 所騎船四隻 玉浦把守乙良 助羅浦萬戶定將 玉浦萬戶金平孫 知世浦萬戶金璜等 所騎船三隻 巨濟舊營把守乙良 三千鎭權管朴英賢定將 玉浦權管奇惟發 所非浦權管柳義立 加背梁權管河夢溉等 所騎船四隻 及巨濟縣令李挺男協力待變亦申飭爲白於 彌助項僉使李暹 蛇梁萬戶鄭昕等乙良 各其信地待變 亦依前規分付爲白遣 赤梁萬戶韓克認 曲浦權管鄭應甲 唐浦萬戶梁士胤 平山浦萬戶李賢 尙州浦權管朴大謙等 所騎戰船乙良 二隻式分作三運 臣營下輪立待變爲白卧乎 事是良尒詮次."

인조 16년(1638) 첨방이다. 병자호란이 끝난 직후인 이 해에는 일본 사신 평성연(平成連)이 와서 의례 문제 등 일곱 가지 조건을 요구했다.[204] 병자호란으로 내부 정세가 어려운 상황 속에서 평성연의 요구는 조선 정부를 긴장하게 했다. 조선 정부는 평성연의 요구에 대한 대책을 마련하는 한편, 충청·전라·경상도의 감사 및 통제사에게 수군 방위 태세를 강화하라고 명령했다.

인조는 당시 수군 방위 태세 강화 방안 중 하나로 첨방을 염두에 두고 있었다. 최명길(崔鳴吉)을 비롯한 관료들의 반발도 만만치 않았지만, 인조는 자신의 의지를 관철했다.[205] 첨방의 시행이 결정되자, 충청도에서는 전선 5척과 부속 선박이, 전라도에서는 전선 15척과 보조 선박이 이동해 왔다. 군선과 같이 온 병력은 충청도 1,000명, 전라도 2,000명 등 총 3,000명 정도로 추산된다. 첨방하는 군선과 병력은 부지휘관인 우후

---

204) 병자호란 발발 소식을 들은 일본 측은 원병 파견을 거론하며 조선 측을 긴장하게 했다. 이후 인조 15년(1637) 12월 일본은 平成連을 사신으로 파견했다. 이들은 한양으로 상경을 요구했지만, 조선 측은 거부했다. 상경을 거부당한 평성연은 요구 사항을 일곱 가지 조항으로 압축하여 전달했다. 이때 전달된 일곱 가지 조항은 ① 교역하는 물품이 옛날 같지 않으니 중국과 교통이 끊겨 그런 것인가? 호란 때문인가? ② 倭使가 조선에 와서 모래밭에서 숙배하는 것을 고칠 것, ③ 해마다 미두를 주는 것을 下賜라 하지 말 것, ④ 封進價라는 표현을 쓰지 말 것, ⑤ 쓰시마 대신 귀주라고 불러줄 것, ⑥ 왜선의 정박처에 풍파를 막을 수 있도록 돌을 쌓아놓을 것, ⑦ 돌을 쌓는 것이 어려우면 館舍를 개축해줄 것 등이었다. 이 조항들에는 호란으로 곤경에 처한 조선의 실상을 인지하고 그것을 기회로 조선을 압박하여 자신들을 下待해온 조선의 태도를 바꾸어보겠다는 쓰시마 측의 의도가 명백히 담겨 있었다. 한명기, 「병자호란 무렵 조선의 대일 정책과 인식」, 앞의 책, 2009, 310~311쪽.

205) 『仁祖實錄』 卷36, 16年 2月 18日 壬子.

(虞侯)가 인솔했다.[206]

첨방과 관련된 여러 규정도 개정했다. 첨방의 방식도 충청·전라 수군이 모두 통제영으로 부방하는 것에서 충청 수군은 전라도로, 전라 수군은 경상우도로 이동하는 것으로 변화했다.[207] 또한 첨방을 하게 되면 수군이나 속오군이 동원되었는데, 이들이 3~8월까지 농번기에 고향을 떠나 있게 되기 때문에 농사를 짓지 못하게 될 때가 많았다. 조선 정부는 인근 지역 백성들에게 이들의 농사를 돕게 해서[208] 첨방에 따른 병력들의 피해를 줄이고자 했다. 인조 16년(1638) 5월에 일본의 정세가 안정되었다는 소식이 전해지고 남방의 가뭄이 심해지자, 그해의 첨방은 기간을 모두 채우지 못하고 6월에 파방(罷防)했다.[209]

이 시기 첨방은 일본과의 외교 마찰로 인해 시행되었기 때문에 비슷한 시기의 첨방보다 대규모였을 것으로 추정된다. 하지만 선조 39년(1606) 첨방과 비교하면 1/2 정도 규모밖에 되지 않았다. 이렇게 첨방의 규모가 후대로 내려올수록 축소된 이유는 무엇인가? 이는 대략 두 가지로 정리할 수 있다.

첫째, 많은 병력이 경상도로 집결할 때 다른 지역 방비에 문제가 생길 수 있다는 점 때문이었다. 선조 39년(1606) 사례에서도 알 수 있듯이 첨방을 시행하면 전라도에는 전선 10척과 여기에 소속된 보조 선박밖

---

206) 『承政院日記』 63冊, 仁祖 16年 2月 26日.

207) 『承政院日記』 63冊, 仁祖 16年 1月 26日. "上曰 予意以爲 忠淸道舟師 則添防於全羅 全羅舟師 則添防於統營 以爲待變之地 則似好矣."

208) 『仁祖實錄』 卷36, 16年 5月 8日.

209) 『承政院日記』 65冊, 仁祖 16年 6月 26日.

에 남지 않았다. 인조 1년(1623) 전라도 암행어사 장유(張維)는, 임진왜란 이후 첨방을 시행했는데 지휘관이 직접 수군을 이끌고 가서 2~9월 사이에 방수처에 주둔하기 때문에 전라도의 본진(本鎭)이 빌 수밖에 없다고 지적했다. 그는 일본군이 전라도에도 종종 출몰했음을 언급하면서, 일본군이 반드시 경상도로 온다고 장담할 수 없으므로 첨방하는 것을 재고해야 한다고 주장했다.[210]

충청도나 강화도 방비에 대한 우려도 제기되었다. 인조 16년(1638) 국왕이 첨방을 시행하려고 하자 좌의정 최명길(崔鳴吉)은 "전라도의 수군을 통제영으로 보내는 것은 나쁘지 않으나 충청도 수군을 전라도로 보내는 것은 옳지 않다"고 주장했다. 그 근거로 "지금 변란이 어느 곳에서 발생할지 알 수 없는 상황에서 충청도 수군을 전라도와 경상도로 다 보낸다면 근본이 되는 강화도의 방비가 약화될 수밖에 없다"고 지적했다. 인조가 최명길의 의견에 적극적으로 반박했음에도 최명길은 자신의 의견을 굽히지 않았다.[211]

둘째, 각종 사고나 비리 때문이었다. 선조 39년(1606) 장흥과 여도 소속 전선이 통제영으로 첨방하기 위해 이동하던 도중 광풍(狂風)을 만나 격군 노(奴) 주남(朱南), 노 석을금(石乙金), 제안초(諸安初) 등이 표류하여 실종되는 사건이 발생했다.[212] 아울러 효종 1년(1650) 병조참판 이만(李曼)

---

210) 『谿谷集』卷21, 「湖南暗行御史復命書啓」.
211) 『仁祖實錄』卷36, 16年 2月 18日 壬子.
212) 『啓本謄錄』萬曆 34年(宣祖 39, 1606) 2月 18日. "卽呈營下添防寶城戰船別將軍功僉正金慶涵牒呈內 今二月四日丑時量 自全羅左水營長興呂島等戰艦 一時開船 營下馳進爲如乎 到所致島洋中 卒遇狂風 載侃載浮 幾致敗沒 戰艦艱難渡涉爲

은 "군산의 검모포는 통제영과 거리가 멀어 천여 리를 이동해 와야 했기 때문에 양식을 휴대하고 곡식을 보내는데, 뇌물(賂物)이나 인정(人情)의 폐단을 다 거론하기 어렵다"라고 아뢰었다.[213] 결국 다른 지역 수군 방위 태세의 약화와 병력 운영에서 발생하는 여러 문제로 인해 효종은 첨방을 유지하기 어렵다고 판단했을 것이다. 경상도 수군 방위 태세가 정비되고 일본과의 관계가 어느 정도 개선된 효종 2년(1651), 첨방은 폐지되었다.[214]

2. 지휘 체계 확립과 합조의 정례화

하지만 합조 형식의 훈련은 폐지되지 않고 그대로 존속했다.[215] 그렇다면 합조는 어떻게 열렸는가? 합조는 일종의 모의 전투 훈련이다. 충청·전라·경상도 수군은 통제영 앞바다에 모여 대형[陣]을 형성하고 화

去乎 樵汲小脚船 格軍 奴朱南奴石乙金諸安初等 騎指隨來次 因風漂沒 不知去處."

213) 『承政院日記』 113冊, 孝宗 1年 6月 22日. "群山黔毛浦等處 距統營水路 千有餘里 行齎其送 人情賂物之弊 罔有紀極 難以殫擧."

214) 『孝宗實錄』 卷6, 2年 2月 23日 庚午.

215) 『승정원일기』에는 17세기 초·중엽의 수조 기록이 거의 발견되지 않는다. 필자는 이 시기에 합조가 빈번하게 이루어졌다고 판단하고 있었지만, 이를 통계로 제시하지 못했다. 하지만 최근 『고사록』 등의 자료를 발굴하여 통제영에서 이루어지는 습操가 17세기 후반보다 더 빈번하게 진행되었다고 밝힌 연구가 있어 눈길을 끈다. 김현구, 「조선후기 통제영의 군정 운영과 전개」, 『조선시대 수군진 조사—경상좌수영편』, Ⅳ, 국립해양문화재연구소, 2018, 338쪽.

포나 포를 쏘는 연습을 했다. 그러므로 훈련할 때는 반드시 지휘 체계가 필요했다. 이때 구성된 지휘 체계는 전쟁이 발발하면 그대로 활용되기 때문에, 조선 수군의 전시 대응 태세를 살펴볼 수 있어 중요한 의미를 지닌다.

16세기 수군의 지휘 체계는 문종 연간에 만들어진 오위진법(五衛陣法)에 입각하여 형성되었다. 임진왜란 당시 이순신 휘하 전라좌수영의 지휘관들은 출진할 때 자신의 본래 직위인 수사·첨사·만호·부사·군수·현감 외에 위장(衛將)·부장(部長)·유군장(遊軍將) 등의 호칭을 부여받았다. 권준(權俊)이나 어영담이 순천부사와 여도만호라는 직책 외에도 좌중위장(左中衛將)과 중부장(中部將)이라는 직책을 가진 것이 그 대표적인 예이다.[216] 당시 수군 지휘 체계는 보통 주장(主將) 한 명이 위장(衛將) 다섯 명을 지휘했고, 위장 한 명이 부장(部長) 네다섯 명을 통솔했다. 그리고 부장 한 명은 판옥선 1척과 보조 선박을 거느렸다.

하지만 임진왜란 이후 『기효신서』의 도입으로 수군 지휘 체계도 변화했다. 육군이 속오법으로 편성되는 상황에서 수군만 오위진법의 틀을 고수할 수 없었기 때문이었다.[217] 하지만 수군의 『기효신서』 도입 논

---

216) 『亂中日記』癸巳年(宣祖 26, 1593) 5月 10日.

217) 『기효신서』가 육군에 빠르게 정착할 수 있었던 원인은 기존 연구에서 대략 세 가지 정도로 거론된다. 첫째, 화기에 대한 조선 정부의 관심이다. 중국의 南兵은 평양성 전투를 치르면서 虎蹲砲나 佛狼機 등 기존에 조선이 쓰지 않던 화포를 사용했다. 이 화포는 일본군의 침략을 저지하는 데 적합한 성과를 냈다. 『기효신서』에 수록된 전법은 화기 운용에 적합했기 때문에 조선 정부가 관심을 가질 수밖에 없었다. 둘째, 『기효신서』의 군역자 차출 방식이 당시 조선 상황과 잘 맞았기 때문이다. 『기효신서』는 군역을 담당할 계층으로 '시골의 노실한 사람', 즉

의는 연대기 자료에서 발견되지 않는다. 그러므로 『기효신서』 내용 분석을 통해 이를 짐작해볼 수밖에 없다. 『기효신서』의 수군 관련 내용은 크게 지휘 체계, 군선, 훈련 및 신호 체계 등 세 가지로 구분할 수 있다.[218]

『기효신서』의 수군 지휘 체계는 오위진법과 상당히 달랐다. 1부(部)는 2~6개 사(司)로 구성되었고, 1사는 다시 2초(哨)로 구성되었다. 그에 따라 주장(主將)인 파총(把摠) 한 명이 분총 두 명에서 여섯 명까지 통솔하며, 분총 한 명이 초관 두 명을 통솔했다. 그리고 초관 한 명은 5~10척의 선박을 거느렸다.[219] 『기효신서』의 지휘 체계를 받아들인다고 해서 임진왜란에서 효용성이 증명된 오위진법을 무작정 버릴 수는 없었을 것이다. 17세기 초·중엽 조선 수군이 수조할 때 활용한 지휘 체계는 이순신이 구사한 수군 지휘 체계를 기반으로 『기효신서』의 내용을 수용하는

일반 농민층을 상정하고 있었다. 이러한 언급은 兵農一致를 근간으로 하는 조선의 군역제와 상통하는 측면이 있었다. 셋째, 『기효신서』의 병법이 조선에 지형에 적합했기 때문이었다.

218) 『기효신서』의 판본은 초간본, 사고전서에 실린 왕세정본, 이승훈본, 그리고 조선본까지 네 가지가 존재한다. 이 중 조선본은 이승훈본에 몇 가지 내용을 첨가한 것이었다(노영구, 「朝鮮增刊本 『기효신서』의 체제와 내용」, 『군사』 36, 국방부전사편찬위원회, 1998). 본 연구에서는 조선본을 기준으로 분석하겠다.

219) 『紀效新書』에서 主將이 통솔하는 司는 中司·左司·右司·前司·後司·中中司 등 6개까지 가능했다. 사는 보유한 선척수를 고려하여 주장의 재량에 따라 편성할 수 있었다. 규모가 작은 부대라면 2개 사로 선척을 편성해야 했다. 이때 사의 명칭은 좌사와 우사였다. 이를 기본으로 선척수가 늘어날수록 사의 숫자가 늘었다. 중사, 전사, 후사 순이었다. 중중사는 주장의 친위부대이며, 편성할 수도 있고 그렇지 않을 수도 있었다. 『紀效新書』卷12, 舟師篇.

형태로 형성되었을 것으로 생각된다.

그 결과 17세기 초반 수군 지휘 체계는 영장, 파총, 초관 등 『기효신서』의 지휘관 명칭을 그대로 쓰되, 사(司)당 초(哨) 수 등의 편제 방식은 기존의 오위진법 체계를 수용했을 가능성이 있다. 그로 인해 17세기 초반 수군이 합조할 때 지휘 체계는 통제사 한 명이 영장 다섯 명을 통솔하고, 영장 한 명이 파총 다섯 명을 통솔하며, 파총 한 명이 초관 다섯 명을 이끌고, 초관 한 명이 전투 선박 1척에 보조 선박 2~3척이 거느리는 형식으로 구성되었을 것으로 생각된다.[220]

『기효신서』는 중국 남부 지역에서의 수군 운용을 전제로 기술된 책이었다. 그러므로 이 책에서 제시된 군선은 조선의 자연 환경에 적합하지 않을 가능성이 높았다.[221] 더군다나 전술한 바와 같이 전선은 임진왜란에서의 뛰어난 활약으로 인해 수군 방위 태세를 구축하는 데 적합한

---

220) 18세기 후반 합조를 할 때 수군 지휘 체계를 살펴보면 통제사를 중심으로 5쁠으로 편제되어 있었다. 영장에 임명된 수군 지휘관은 前營將(전라좌수사), 左營將(경상좌수사), 中營將(통우후), 右營將(전라우수사), 後營將(충청수사) 등이었다. 그 휘하에는 첨사·만호·권관·별장 등 수군 지휘관과 선장, 그리고 부사·목사·군수·현감 등 수령이 파총과 초관으로 편제되었다. 18세기에 합조가 규정에 맞추어 열렸다고 가정한다면 550척이 넘는 배와 33,000명 정도의 인원이 참여해야 했다. 하지만 18세기 후반부터 이렇게 열린 적은 거의 없었다. 『三南水軍統制使節目』 김현구 소장, 「三南舟師司哨分案」.

221) 『기효신서』는 그 지역 사정을 고려해서 대소 군선을 섞어 선단으로 편성해야 한다고 했다. 그에 따라 이 책에서 제시한 군선의 크기는 다양했다. 이는 『기효신서』에 제시된 승선 인원이 군선별로 격차가 컸다는 점을 통해 알 수 있다. 『기효신서』는 1호부터 8호까지 총 여덟 척의 군선을 소개했는데, 승선 인원은 104명부터 16명까지 다양했다. 또한 『기효신서』가 제시한 배는 승선 인원에 격군이 없는 것을 볼 때 櫓船보다 帆船일 가능성이 높았다. 『紀效新書』 卷12, 舟師篇.

배로 평가받고 있었다. 그러므로 조선 정부는 성능이 검증된 전선을 버리고 『기효신서』가 제시한 배로 대체할 필요가 없었다. 그 때문에라도 조선 수군은 『기효신서』에 수록된 군선, 군선 내부의 병력 구성, 군선의 무기 배치 방식 등을 받아들이기 어려웠다.

『기효신서』에서 조선 수군이 그나마 수용할 수 있는 부분은 수조 및 신호 체계에 관련된 것이었다. 『기효신서』의 수조는 적과 멀리 떨어져 있을 때 화포를 사용하여 공격하다가 적이 가까이 오면 접근전을 하는 방식을 숙달하는 것이었다. 전선은 화포를 장착할 수 있었으므로 이 전법을 실현할 수 있었다. 따라서 이를 위한 여러 가지 훈련 절차나 신호 체계는 수용이 가능했다. 그렇지만 조선 정부는 수조의 절차나 운영에 있어서도 『기효신서』의 내용을 무작정 수용하지 않았다. 임진왜란이나 조선 전기 수군의 전술이나 육군 전술을 참고하여 『기효신서』의 내용을 보완했다. 그에 따라 일자진(一字陣)이나 방진(方陣) 등 『기효신서』 주사편에 없는 진법이 훈련 내용에 포함되었다. 이러한 내용은 『병학지남』에 체계적으로 정리되었다.

합조는 『병학지남』의 절차에 입각해서 진행되었다. 통제영 합조의 개략적인 과정은 인조 27년(1649) 사례에서 잘 드러난다. 이 시기 합조는 수령 및 지휘관이 3월 16일 통제영에 도착하는 것으로 시작되었다. 각 지역에서 수군이 모이는 것을 기회(期會)라고 지칭했다. 이때 합조에는 전라도와 경상도의 수군 지휘관과 수령들이 참여했고, 충청도 수군은 오지 않았다. 이틀 뒤인 18일에 사조(私操)가 시행되었다. 17세기 중엽 사조의 절차는 알 수 없다. 18세기 중엽의 사조가 본 훈련 전에 우후(虞侯)가 최고 지휘관이 되어 적의 기습을 상정하고 진행했던 훈련이라는 점을 고려해보면, 17세기에도 이와 비슷했을 가능성이 크다.

다음 날인 19일에는 통제사가 주관하는 훈련인 정조(正操)가 진행되었다. 이날의 정조(正操)에는 특이하게도 경상감사 이만(李曼)이 참여했다. 통제사는 상선(上船)에 탑승해서 훈련을 직접 지휘하고 경상감사는 응봉(鷹峯)에 올라가 훈련을 관람했다. 하지만 이날은 비가 와서 방영을 설치하고[下防營] 그치기를 기다리다가, 비가 그치지 않고 날이 저물자 통제영으로 복귀했다. 20일에는 세병관에서 통제사와 감사가 주관하여 잔치의 일종인 호궤(犒饋)를 했다. 호궤가 끝나자 모두 주둔지로 돌아갔다.[222] 그해에는 첨방이 시행되지 않았기 때문이다. 이를 통해 17세기 초·중엽 합조가 기회-사조-정조-호궤 순으로 이루어졌음을 알 수 있다.

한편, 다른 도의 수군을 동원해 강화도를 수비하는 방안도 논의했다. 인조 5년(1627) 정묘호란이 일어나자 인조는 강화도로 피난하여 관료들과 함께 강화도 방비를 위한 여러 방안을 모색했다. 1월 28일 체찰사 김

---

222) 『統營啓錄』 고려대학교민족문화연구원(일본동양문고) Ⅶ-2-243, 己丑年(仁祖 27, 1649) 3月. "春操設行時 兩南左右水使以下守令邊將 親騎戰船 十六日齊進營 下 十八日私操之後 巡使參操事 同日自固城到營時 兩南舟師江口結陣 慶尙左 右道諸船中 已迎命守令邊將 仍騎戰船 船頭跪拜 吶喊三次 中軍雖已迎命 領大 旗幟郊迎 未命邊將 則依禮文出迎行肅拜 公私禮畢後 統制使詣巡使 東主西從 容相會 十九日正操 兩使一樣初二吹 統使以主將承座船 巡使由早路詣鷹峰翫 操 而發放後 中軍承巡使傳令 行操節次 一番往裏還船 雨下如注 巡使直還正廳 統使下防營竣晴 仍雨不止 夜操不得形行 白暗後 釋還東軒 二十日詣洗兵官 兩 使朝飯相對 從資級比肩 坐中軍水使以下 諸將次次立禮 仍爲分坐犒饋而罷 諸 船信地 二十一日午後巡使還由固城."

류(金瑬)는 충청·전라·경상도의 정병들이 모두 강화도로 들어와야 한다고 주장했다. 이에 인조는 충청도와 경상도에 선전관(宣傳官)을 파견해 강화도로 전선을 보내라고 명령했다.[223] 이 명령에 따라 각 도에서 이동해 온 수군은 대략 5,500명 규모였다.[224] 당시 군선 승선 인원을 가지고 동원된 군선의 규모를 유추해보면, 전선 25~30척 정도였을 것이다.

3월 13일 수조가 열렸다. 국왕은 보고를 제대로 하지 않은 주사대장 구인후(具仁垕)를 처벌했다.[225] 17일에는 수군에 대한 적간(摘奸)이 이루어지고 그에 따른 처벌과 포상이 이루어졌다. 체찰사 김류는 배 1척당 사포수의 숫자가 8~9명밖에 되지 않고, 장비도 제대로 갖추지 못했다고 지적했다. 이러한 현상은 특히 사천현이 심하니 현감을 처벌하도록 건의했다.[226] 아울러 진도군수가 사정이 있어 자리에 없는 상황에서 진도의 군선이 강화도에 정시에 도착했을 뿐 아니라 군선의 상태도 견고했다는 이유를 들어 진도 소속 전선의 대장(代將) 서승춘(徐承春)을 평산포만호에 임명하기도 했다.[227]

정묘호란 이후에도 인조 정권은 대청 강경책을 고수했으므로, 청의 도발 가능성은 항상 존재했다. 조선 정부는 대청 방비의 일환으로 충청·전라·경상도 수군을 보다 적극적으로 활용하고자 했다. 이를 위해 인조 5년(1627) 수군을 소집했을 때 드러난 문제점이나 절차 등을 수정

223) 『仁祖實錄』 卷15, 5年 1月 28日 丙申.
224) 『仁祖實錄』 卷15, 5年 3月 28日 乙未.
225) 『仁祖實錄』 卷15, 5年 3月 13日 庚辰.
226) 『仁祖實錄』 卷15, 5年 3月 17日 甲申.
227) 『仁祖實錄』 卷15, 5年 3月 19日 丙戌.

할 필요가 있었다. 인조 11년(1633) 조선 정부는 선전관을 파견해 충청·
전라·경상도 수군을 강화도로 다시 집결시키라고 명령했다. 이 명령이
떨어지자 충청·전라도 수군은 수사가, 경상도 수군은 우후(虞侯)가 인솔
하여 강화도에 집결했다.[228] 그리고 이 과정에서 수군 집결에 관련된 절
차가 정비되었다.

강화도에 여러 도의 수군이 집결하는 방안은 정규적인 수조의 시행
으로 이어지지는 않았다. 그렇다고 이 지역에서 수조의 시행 기록이 발
견되지 않는 것은 아니다. 기록은 소략하지만 이 지역에서도 17세기 초
반 수조가 이미 시행되고 있었음을 확인할 수 있다. 광해군 12년(1620) 4
월 비변사에서 5월에 시행할 수조를 8월로 연기하자고 아뢰었고,[229] 다
음 해인 광해군 13년(1621) 8월에도 수조를 위해 도내 수군이 모두 올라
왔다는 기록이 있다.[230] 전술한 바와 같이 인조 5년(1627)에도 수조가 열
렸다. 하지만 이 훈련이 정규적으로 열리는 수조였다고 보기는 어렵다.
이 지역 수조의 실태는 현종 7년(1666) 부제학 조복양(趙復陽)의 장계와
그에 따른 논의를 통해 파악할 수 있다.

어사 민유중(閔維重)의 서계로 인해 경기수사가 여러 진에 봄과 가
을로 순력하는 일을 이미 계하했습니다. 그러나 빈한한 수졸이 1년
내에 수사의 행차를 두 번이나 겪는다면 반드시 난감한 일이 있을

---

228) 『仁祖實錄』卷28, 11年 1月 29日 辛酉.
229) 『光海君日記』(重草) 卷151, 12年 4月 19日 丙寅.
230) 『光海君日記』(重草) 卷168, 13年 8月 17日 丙戌.

것이니 반드시 변통해야 합니다. 주상(主上)이 말하길, 경기수사는 수조를 하지 않는가? 영의정 정태화(鄭太和)가 말하길, 그 까닭은 잘 모르겠으나 본래 습조(習操)하는 일은 없었습니다. 서필원(徐必遠)이 말하길, 제가 황해감사로 재임할 때 본 바에 따르면 황해도 각 처의 전선은 해포(海浦)에 두고 하나라도 점고(點考)를 하지 않으니 그 허술함이 막심합니다. 통어사로 하여금 일일이 점검하게 한다면 착실할 것 같습니다. 주상(主上)이 말하길, 경기수사 소속 전선 5척은 먼저 습조(習操)를 한 후에 3년에 한정하여 1차로 습조를 시행하고 만약 부득이 행할 수 없을 때라면 순력하여 점검하도록 할 것이며, 매년 봄과 가을의 순력은 정지하는 것이 좋겠다. 황해도에서는 읍소속과 허사·백령진 외에 각 진의 전선이 무사한 때에 통어사와 중간의 한 곳에서 만나 습조를 하도록 분부하는 것이 좋겠다.[231)]

통어사에게 황해도 수군진의 순력을 하게 하자는 어사 민유중의 제안에 대해 조복양은 민의 부담 증가를 명분으로 반대했다. 그러자 국왕은 경기 수군의 훈련 여부를 물었는데, 정태화는 습조하는 일이 없다

---

231) 『承政院日記』192冊, 顯宗 7年 1月 3日. "曾因御史閔維重書啓 使京畿水使 春秋 巡歷各鎭事啓下 而貧殘水卒 一年之內 若再經水使之行 則必難支堪 似當變通 矣 上曰 京畿水使 不爲水操耶 領議政鄭太和曰 雖未知其故 而本無習操之事云 矣 徐必遠曰 臣爲黃海監司時見之 則黃海道各處戰船 閣置海浦 一不點視 其虛 疎莫甚 若令統禦使 時時閱視 則似爲着實矣 上曰 京畿水使所屬戰船五隻 則先 爲習操之後 每以三年爲限 一次習操 如或有故不得行之 則巡歷點視 而每年春 秋巡歷 則停止 可也 黃海道則除列邑所屬及許沙白翎外 各鎭戰船 觀無事之時 統禦使期會於中間一處 聚集習操事 分付 可也."

고 대답했다. 정태화의 언급은 실제로 훈련이 한 번도 행해지지 않았다는 것이 아니라, 정규 훈련이 없었다는 의미로 이해하는 것이 타당하다. 이에 대해 서필원은 전선을 포에 두고 점검하지 않아 문제가 된다고 지적하고, 통어사가 이를 관리하게 하는 것이 좋겠다고 주장했다.

순력을 하면 백성의 부담이 늘어나는 것은 명백했다. 하지만 훈련을 하지 않으면 군사력이 약화되는 것도 문제였다. 현종은 3년을 기한으로 경기 수군이 1번씩 훈련하고, 부득이한 때에만 통어사가 순력(巡歷)하도록 조치했다. 훈련을 주관할 수사가 없는 황해도에서는 통어사가 읍전선과 백령·허사진을 제외한 나머지 수군을 훈련하도록 했다. 현종은 민의 부담을 조정하면서도 군사력의 강화를 도모하는 절충안을 선택한 것이다. 이 조치로 인해 이 지역에서도 정규적인 수조가 비로소 시행된 것으로 생각된다. 하지만 경기·황해 수군이 모여서 하는 합조는 황해수영이 설치되는 숙종 연간이 되어야 가능했다.

요컨대, 수조는 합조와 영조의 두 가지 형태로 시행되었다. 영조 형태의 수조는 조선 전기에도 있었기 때문에 합조의 성립이 조선 후기 수조 형태가 형성되는 기점이라고 할 수 있다. 조선 정부는 경상도의 수비를 강화하기 위해 다른 도의 병력을 이동시키는 방식인 첨방을 고안했다. 이후 첨방은 중지되었지만, 여러 도의 수군이 연합하여 훈련하는 합조는 그대로 존속되었다. 통어영 합조는 언제 시작되었는지 알기 어렵다. 광해군 연간 강화도가 거점으로 등장하면서 다른 도의 수군을 강화도로 이동시키는 방식도 강구했지만, 정규적인 합조까지는 연결되지 못했다. 이후 현종 연간에 통어영에서 정기적인 훈련을 시행하는 것이 결정되었고, 경기·황해도 수군이 합조하는 형식의 훈련은 숙종대에 와서야 실행되기 시작했다.

제2부

17세기 중엽~18세기 중엽
황당선(荒唐船)의 출몰과 수군 방위 태세 조정

제1장

서해안 방비 강화와 군선 배치의 다변화

1. 서해안 중심의 수군진 증설과 재배치

1) 강화도 외곽의 수군진 재배치와 황해수영의 설치

(1) 황당선의 출현과 기동성 강조 경향

17세기 초·중엽까지 수군에서는 강화도나 경상도 등을 거점으로 한 수군진의 증설, 전선 위주의 군선 배치, 수군 분급 방식의 정비와 역가 납부 허용, 첨방 시행 등의 조치가 이루어졌다. 이런 조치들은 일본이나 청(淸)과 같은 국가와의 전면전을 염두에 둔 것이었다.

하지만 17세기 중엽 이후 대외 정세가 재편되면서 수군 방위 태세도 변화하기 시작했다. 이 시기 청이나 일본과의 관계는 이전 시기보다 안정적인 모습을 보였다. 청은 오삼계(吳三桂)의 난과 정성공(鄭成功)의 난을 진압하면서 점차 안정기에 접어들었고, 조선에 대해서도 비교적 온건한 정책을 취했다. 일본과의 관계도 비슷했다. 일본 선박이 자주 출몰하기는 했지만, 국제 문제로 비화될 정도는 아니었다. 통신사가 계속

왕래하고 있었으며, 외교 마찰도 그리 크지 않았다.[1]

그렇지만 적의 침입 우려가 완전히 없어진 것은 아니었다. 영고탑회귀설(寧古塔回歸說)은 청이 본래 발상지인 만주로 회귀하여 조선의 북부 지역을 침략할 수 있다는 풍문으로, 오삼계의 난 이후 조야에 널리 유포되었다. 또한 해적이 침략할 수 있다는 첩보가 입수되기도 했다. 숙종 28년(1702) 연행사신은 해적이 절강성의 영파부(寧波府)를 침범했으며 이후 조선으로 이동해 올 가능성이 크다고 보고했다.[2] 숙종 36년(1710) 청의 예부(禮部)도 해적이 중국 관병을 살해하고 조선으로 향할 가능성이 크니 유의하라는 내용의 자문(咨文)을 보내기도 했다.[3]

이러한 첩보 외에도 조선 정부는 대외 위협에 대한 각종 정보를 다양한 경로로 입수했다. 하지만 이 정보는 부정확하여 현실과 괴리가 있을 때가 많았으며, 정확한 정보가 입수되었다 해도 당시의 현실적인 제약이나 선입관 때문에 제대로 해석되지 못했다.[4] 그럼에도 불구하고 이러한 첩보들은 당시 지배층에게 경각심을 일깨워 주기에 충분했다.

이 시기 조선에서 논란이 된 것은 황당선(荒唐船)이었다. 황당선 출몰의 배경에는 중국의 상황 변화가 있었다. 명대(明代) 후반부터 벼의 품

---

1) 이 시기 일본과 조선의 주요 외교 문제는 국서 개작 사건이나 외교 문서의 호칭 문제 등이었다. 이런 문제들은 외교상에서 흔히 벌어질 수 있는 것으로서 국가의 존망이 걸린 사안은 아니었다. 손승철, 「조선후기 탈중화의 교린체제」, 『朝鮮時代 韓日關係史研究』, 지성의 샘, 1994, 119~261쪽.

2) 『肅宗實錄』卷37, 28年 12月 20日 丙申.

3) 『肅宗實錄』卷49, 36年 9月 28日 己未.

4) 당시 조선의 정보 수집에 대해서는 이재경, 「三藩의 亂 전후(1674~1684) 조선의 정보수집과 정세인식」, 『한국사론』 60, 서울대학교국사학과, 2014 참조.

종을 개량하고 구황작물을 재배하면서 식량 공급이 원활해지자 중국의 인구가 증가하고 유출도 늘어났다. 하지만 청조(清朝)는 반청 세력인 정성공의 무역을 봉쇄하기 위해 해금 정책을 펼쳐 인구 유출을 막았다. 숙종 9년(1683, 강희 22) 청은 정성공의 근거지인 대만을 정벌하여 내지 정복의 목표를 달성하고 해금 정책을 완화했다.[5] 이는 중국 연해 백성의 해양 진출을 급격하게 늘리는 결과로 나타났다. 그 여파로 조선 앞바다에도 중국인이 탑승한 배가 자주 출몰했다. 황당선은 주로 산둥반도와 가까운 황해도에 출현했지만, 서해안에 인접한 다른 도에도 종종 나타났다. 이들은 조선에 들어와 밀무역을 하거나 수군 지휘관을 살해하는 등 각종 소요를 일으켰다.[6]

이렇듯 17세기 후반부터 조선의 주변 정세는 일본이나 청의 침입 가능성이 줄어드는 가운데 황당선 등 비정규적으로 침입하는 해적이 우려되는 상황이었다.[7] 그에 따라 조선의 군사 정책도 변모하기 시작했다. 조선 정부는 북한산성의 수축 등 도성 방위 태세를 정비하는 한편,

---

5) 청국의 해금 정책과 조선의 황당선 출현 문제에 대해서는 홍성구, 「청조 해금 정책의 성격」, 『한중일 해양 인식과 해금』, 동북아역사재단, 2007, 168~174쪽; 민덕기, 「동아시아 해금 정책의 변화와 해양 경계에서의 분쟁」, 『한일관계사연구』 42, 한일관계사학회, 2012 참조.

6) 이민웅, 「18세기 江華島 守備體制의 强化」, 『한국사론』 34, 서울대학교국사학과, 1995, 25쪽.

7) 김경옥은 수군진 증설의 주요 원인을 연해 지역의 호구 증가와 섬 관리 필요성 등으로 설명했다. 그는 ① 송전과 봉산의 관리, ② 조운로 保障, ③ 造船 기능, ④ 인구 및 호구의 관장, ⑤ 收稅 ⑥ 民役의 관장 등으로 수군진의 기능을 구분했다. 김경옥, 「島嶼政策의 추이」, 『朝鮮後期 島嶼硏究』, 혜안, 2004, 189~190쪽.

해방어사(海防御使)를 파견하여 연읍 지역의 방위 태세를 살폈다. 또한 황당선이 자주 출몰하는 황해도에는 요망처(瞭望處)를 증설했다. 영조 20년(1744) 황해수사 박문수(朴文秀)는 해주에서 은율까지 600리 넘는 해안에 20~30리 간격으로 요망처를 설치하고 백성을 차출해 윤회입번(輪回入番)하여 황당선의 출현 빈도가 높은 포구를 감시하도록 조치했다.[8]

이 시기 황당선 출몰과 관련된 대비책 중 주목되는 것은 기병 부대 강화이다. 임진왜란 이후 조선의 주력 부대는 주로 보병으로 구성되었다. 그런데 숙종 연간부터 각 지역에 기병 부대가 순차적으로 설치된 것이다. 숙종 10년(1684) 황해도에서 해서별기위(海西別騎衛)가 13초 규모로 창설되었으며, 함경도에서는 친기위(親騎衛)가 창설되었다. 이후 기병의 숫자는 점차 늘어났다. 조선 정부는 기동성이 좋은 기병을 활용해 불시에 침입하는 적들을 즉각적으로 방어하려 한 것으로 보인다.[9]

이러한 기조 변화는 수군 방위 태세에도 영향을 주었다. 17세기 초·중엽 청과 일본을 대비하기 위해 구상된 기존 수군 방위 태세로는 황당선의 침입을 대비하는 데 여러 문제가 있었다. 청이나 일본은 정규 수군을 보유하고 있었기 때문에, 이들과의 전쟁은 대규모 수상전(水上戰)으로 치러질 가능성이 컸다. 그러므로 여기에 대비하기 위해서는 대규모 선단을 일원적으로 통제할 지휘 체계와 대규모 전투에 위력을 발

---

8) 『承政院日記』 970冊, 英祖 20年 3月 28日.

9) 당시 친기위·별무사 등 기병의 설치와 전술 변화에 대해서는 강석화, 「朝鮮後期 咸鏡道의 親騎衛」, 『한국학보』 89, 一志社, 1997; 강석화, 「조선후기 平安道의 別武士」, 『한국사론』 41·42, 서울대학교국사학과, 1999; 노영구, 「18세기 騎兵 강화와 지방 武士層의 동향」, 『한국사학보』 13, 고려사학회, 2002 참조.

휘할 수 있는 큰 선박이 필요했다. 그에 비해 황당선은 소규모로 침입하는 해적이었으며, 광범위한 지역에서 불시에 침입하는 게릴라적인 성격을 가졌다. 그러므로 이들을 효율적으로 대비하기 위해서는 해안에 대한 감시가 이전보다 강조될 필요가 있었고, 발견하면 즉시 출동하여 조치할 수 있는 지휘 체계와 속력이 빠른 군선이 필요했다.

(2) 강화도 내부 수군진의 혁파, 변환 그리고 이전(移轉)

조선 정부는 황당선 출몰이 잦은 경기·황해도 수군 방위 태세를 먼저 개편하고자 했다. 이 지역 수군 방위 태세의 개편은 현종 6년(1665) 「강도사목(江都事目)」의 반포로부터 시작되었다. 「강도사목」은 강화유수 서필원(徐必遠)의 주도로 작성되었다. 「강도사목」에서 수군과 관련된 조항만 나열하면 다음과 같다.

> ① 선조(先朝) 때 월곶·제물·용진·초지 등 네 곳에 첨사·만호진을 설치한 뜻은 미리 막사(幕舍)를 마련하여 방어하고, 장사(壯士)가 의지할 곳이 있기 위해서이며, 각각 병선을 배치한 것은 새 살림을 꾸려나가는 데 도움을 주기 위함일 뿐이었다. 하지만 사목이 없었기 때문에 지금은 모든 일이 점차 본뜻과 배치되기에 이르렀으니, 이들 첨사·만호를 병마첨사·만호로 재가하며, 토병(土兵)과 모군(募軍)은 모두 육군으로 정할 것이다.[10]

---

10) 『備邊司謄錄』 25冊, 顯宗 6年 10月 30日 「江都事目」. "月串濟物龍津草芝四處僉萬戶 先朝設立之意 只欲其豫有家舍 爲防守壯士依止之地 至於各給兵船 欲資其新

②각 영(營)에 소속된 진 세 곳 중 덕포는 통진의 신촌으로, 철곶은 풍덕으로, 정포는 교동으로 옮길 것이다. 그리고 진 세 곳에 소속된 강화 출신 수군 400명은 본부(本府)에 전속(專屬)시키며, 대신 병조에게 부근의 육군으로 분방(分防)하게 하며 모두 남방의 선례(先例)대로 할 것이다. 변진(邊鎭)을 옮긴 뒤에도 본진(本鎭)이나 구진(舊鎭)을 착실히 조치할 것이다. 만일 허술한 폐단이 있으면 유수는 중죄를 면치 못할 것이다.[11]

「강도사목」에 따르면 강화도에 수군진을 설치한 목적은 '주둔지를 마련해주어 강화도 방비에 힘쓰고 군사들이 의지할 수 있기 위함'이었다. 그러나 이 시기 강화도에 주둔한 수군진은 이 목적을 충족시키지 못했다. 이에 조선 정부는 강화도에 있는 수군진 중에 상당수를 육군진으로 바꾸거나 외곽으로 이동시켰다. 이 조치가 시행된 다음 해인 현종 7년(1666) 덕진진도 별장진으로 격하되고 육군진으로 성격이 변화면서[12] 강화도에 있던 수군진은 전부 없어졌다. 아울러 이렇게 변환된 육군진

接生理而已 而以無事目之故 即今凡事 漸至背馳爲白置 此等僉萬戶 改以兵馬僉萬戶啓下 其上兵及募入人等 皆定陸軍爲白齊."

11) 『備邊司謄錄』25冊, 顯宗 6年 10月 30日「江都事目」. "各營屬三鎭中 德浦則移於通津新村 鐵串則移於豊德地 井浦則移於喬桐爲白遣 其三鎭所屬江華居水軍四百名 則專屬本府爲白乎旀 其代 令兵曹以附近陸軍分防 一如南方例爲白乎矣邊鎭移設後 本鎭舊處 各別着實措置 如有虛疏之弊 則留守難免重罪是白齊."

12) 이후 숙종 3년(1677) 덕진진은 다시 만호진이 되었고 육군 만호가 파견되었다. 『大東地志』江華都護府.

은 모두 월곶 진관에 편제되었다.[13]

　이 조치는 강화도 방위를 육군 중심으로 재편하는 것이었다. 이 조치는 급격하게 시행되었기 때문에, 관료의 반대도 많았다. 현종 6년(1665) 지중추부사 이완(李浣)은 정포진을 교동으로 옮기는 것에 대해 "교동은 시초(柴草)가 없고 지형이 좁아 수군진을 옮겨도 쓸모가 없다"라고 했고, "초지·제물·월곶진은 선왕(先王)이 강나루의 요충지를 방어하기 위한 것으로 우연한 뜻이 아니"라고 하면서 반대했다.[14] 또한 현종 10년(1669)에도 "적이 강가에 도달했을 때 주사(舟師)를 성대하게 베풀어 병력을 과시"할 수 있다고 하면서 수군의 유용성을 강조했다.[15] 좌의정 허적(許積)도 같은 해에 "서필원이 철거한 것이 큰 실책"이라고 주장하며 반대의 뜻을 표했다.[16] 이렇게 되자 현종 10년(1669) 덕포진을 제외한 철곶·정포진이 다시 강화도 내부로 이동했다.[17] 이 조치는 「강도사목」의 취지를 훼손하지 않으면서도 육군만으로 강화도를 방어할 때 생겨나는 문제점을 보완한 것이었다.

　숙종 4년(1678) 진무영의 설치는 강화도 방위 태세를 크게 강화하는 계기가 되었다. 강화도 수비를 전담할 사령부가 설치된 것이다.[18] 다음 해인 숙종 5년(1679) 돈대(墩臺) 48곳이 섬 외곽의 주요 지점에 축조되었

---

13) 『續大典』 卷4, 「兵典」 外官職.

14) 『顯宗改修實錄』 卷14, 6年 12月 27日 戊寅.

15) 『顯宗實錄』 卷16, 10年 3月 3日 丙申.

16) 『顯宗實錄』 卷16, 10年 3月 3日 丙申; 『肅宗實錄』 卷11, 7年 5月 21日 癸酉.

17) 『備邊司謄錄』 28冊, 顯宗 10年 4月 24日.

18) 진무영에 대해서는 송양섭, 「17세기 江華島 방어체제의 확립과 鎭撫營의 창설」, 『한국사학보』 13, 고려사학회, 2002, 235~238쪽 참조.

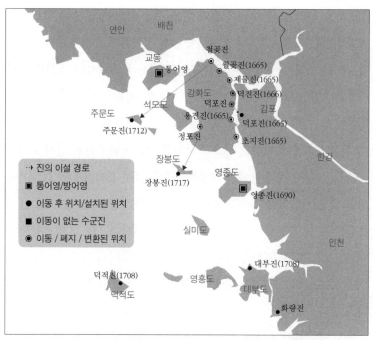

〈그림 2-1〉 17세기 중엽~18세기 초반 경기 연해 지역 수군진의 변화

으며,[19] 숙종 20년(1694) 문수산성(文殊山城)이 축조되었다. 이어서 강화부
의 내성(內城)과 외성(外城)이 모습을 드러냈다.

---

19) 연해 지역 일대에 돈대가 건설된 이유는 이 지역의 자연 환경 변화와 관계가 있
    다. 강화도는 예전에는 갯벌이 많아 배를 댈 곳이 별로 없었지만, 점차 모래와 흙
    이 쌓이면서 배를 대부분 해안가에 댈 수 있게 되었다. 이로 인해 강화도의 城 축
    조가 논의되었지만, 비용 문제로 인해 실현되기 어려웠다. 성을 대신하기 위해
    설치된 것이 돈대였다. 배성수, 「肅宗初 江華島 墩臺의 축조와 그 의의」, 『조선시
    대사학보』 27, 조선시대사학회, 2003, 142~150쪽.

강화도 육군 방위 태세 강화와 함께 수군 방위 태세에 대한 논의도 시작되었다. 숙종 4년(1678) 장봉도에 진을 설치하자는 병조판서 김석주(金錫胄)의 건의가 있었으며, 주문도에도 진을 설치하자는 의견도 있었다.[20] 하지만 숙종 10년(1684) 강화유수 윤계(尹堦)는 장봉도와 주문도가 강화도의 문호(門戶)이므로 진을 설치하는 것이 마땅하나, 거주민이 적어 진을 유지하기 어렵고 장교나 군병의 급료도 마련하기 쉽지 않다고 하면서, 강화부 백성 중에서 적당한 사람을 뽑아 봉화(烽火)와 요망(瞭望)만을 담당하게 하자고 주장했다.[21] 다음 해인 숙종 11년(1685)에도 윤계는 장봉도에 진을 설치할 목적으로 목장을 개간했는데, 민호(民戶)가 10여 호밖에 모이지 않아 필요한 인력을 조달하기 어렵고, 주문도는 목장의 말들로 인해 경작지를 만들기 어려워 재원을 충분히 조달하기 어렵다고 했다.[22]

당시 담당자인 윤계의 적극적인 반대로 인해 두 지역의 수군진 설치 문제는 후대에 다시 논의하는 것으로 일단락되었다. 이후 18세기 초·중엽 도성 방위에 대한 논의가 진척되면서 강화도 수군 방위 태세 정비에 대한 논의도 다시 탄력을 받기 시작했다.[23] 숙종 38년(1712) 철곶진

---

20) 『備邊司謄錄』 34冊, 肅宗 4年 11月 7日.

21) 『備邊司謄錄』 38冊, 肅宗 10年 10月 17日.

22) 『備邊司謄錄』 39冊, 肅宗 11年 3月 29日.

23) 숙종 30년대부터 都城死守論이나 與民共守論 등 유사시 한양을 백성과 함께 사수해야 한다는 의견이 조야에서 본격적으로 제기되었다. 이러한 생각의 변화는 강화도의 전략적 위상에 영향을 주었다. 17세기 후반 강화도는 '堡障處'의 역할 보다는 오히려 도성에 가까운 지역 방어의 중심지로서 역할이 더 강조되는 추세였다. 이근호, 「숙종대 중앙군영의 변화와 수도방위체제의 성립」, 『조선후기의 수

이 주문도로 이동하여 이름을 주문진으로 바꾸었으며, 첨사가 파견되었다. 또한 숙종 43년(1717) 정포진도 장봉도로 옮겨가 장봉진으로 이름을 바꾸었다.[24] 대부도에는 숙종 34년(1708) 해방구관당상 민진후(閔鎭厚)의 건의로 진이 설치되었으나, 경종 3년(1723) 화량진과 거리가 지나치게 가깝다는 김창집(金昌集)의 건의로 인해 다시 폐지되었다.[25]

덕적진 설치 문제는 복잡하게 전개되었다. 숙종 34년(1708) 예조판서 이인엽(李寅燁)의 서계에 의해 덕적도에 첨사진이 설치되었다.[26] 그러나 다음 해에 그는 "덕적도는 백성 300호(戶)가 사는 섬이기 때문에 수군진을 설치할 수는 있으나, 대부분 어영청 둔전에 속해 있어 첨사가 백성들을 거느리기 어렵다"라고 지적하고, "진을 별도로 설치하면 조정에서 많은 물력을 투여해야 하므로 기존에 이곳에 파견되어 있던 어영청 둔전 별장을 만호로 승격"하자고 주장했다.[27] 그의 주장은 곧 수용된 것

도방위체제』, 서울학연구소, 1998; 이민웅, 앞의 논문, 1995, 68쪽 참조.

24) 『新補受教輯錄』에는 주문진과 장봉진에 대해 "鐵串別將【康熙壬辰陞注文島僉使】, 井浦別將【康熙丁酉陞長峯島萬戶】"이라고 기록되어 있다(『新補受教輯錄』 「兵典」 外官職). 강희 임진년은 숙종 38년(1712)이며 강희 정유년은 숙종 43년(1717)이다. 이 자료를 통해 철곶별장과 정포별장이 주문도첨사와 장봉도만호와 관계가 있음을 알 수 있다. 그렇다면 그 관계란 무엇인가? 수군진인 철곶진과 정포진은 숙종 38년(1712)과 숙종 43년(1717)에 장봉도와 주문도로 옮겨갔고, 이 두 진의 옛터에는 육군 보를 설치하고 별장을 파견했다. 옮겨 간 수군진은 장봉진과 주문진으로 이름을 바꾸었고, 철곶과 정포는 육군의 보가 되어 19세기까지 그대로 이어졌다.

25) 『承政院日記』 445冊, 肅宗 34年 12月 27日; 『承政院日記』 531冊, 景宗 1年 閏6月 20日; 『承政院日記』 555冊, 景宗 3年 6月 3日.

26) 『承政院日記』 445冊, 肅宗 34年 12月 27日.

27) 『承政院日記』 447冊, 肅宗 35年 4月 2日.

으로 보인다. 이후 영조 1년(1725) 조선 정부는 전선과 군기(軍器)가 제대로 갖추어지지 않았고 화전민(火田民)만 수탈한다는 이유로 덕적진을 별장진으로 강등했다가, 영조 16년(1740) 승격하고 첨사를 파견했다.[28] 이후 덕적진은 19세기 후반까지 존재했다. 이 일련의 과정으로 인해 강화도 내부는 육군이, 외부는 수군이 담당하는 체제가 확립되었다.

이 시기 강화도 방위 태세에서 주목할 만한 것은 영종진의 변화이다. 영종진은 전술한 바와 같이 강화도로 진입하는 우회로를 방비할 목적으로 효종 4년(1653) 경기 남양부에서 자연도(紫燕島)로 이전한 수군진이었다. 영종진은 17세기 후반 강화도 방위 태세에서 차지하는 비중이 변화하지 않았을 뿐 아니라, 대동법 등 각종 재정 개혁으로 인한 물류의 증가로 인해 조운로 관리의 주요 거점으로 그 역할이 증대되었다.[29] 조선 정부는 이러한 위상 변화를 반영하여 숙종 7년(1681) 영종진을 첨사

---

28) 『承政院日記』 599冊, 英祖 1年 8月 16日. 『御營廳謄錄』에는 덕적진을 설치할 때 반포한 「德積島設鎭節目」이 남아 있다. 이 절목에 따르면 덕적진 설치에 필요한 군선과 병력은 인근 수군진에서 가져왔다. 화량진에서 병선 1척과 사후선 1척, 그리고 소속 수군, 주문진에서 병선 1척과 소속 수군을 덕적진으로 귀속했다. 『御營廳謄錄』 43冊, 庚申年(英祖 16, 1740) 7月. "本鎭 雖至於瞭望報警 而旣處海防 且屬水營 則戰防船卒 不可全無區劃 而此時亦難別爲區劃加定 花梁鎭兵船一隻 伺候船一隻 注文鎭兵船一隻 幷其所屬水軍 而移送以爲鎭下軍卒給代 出役之地 爲白齊."

29) 17세기 후반 조운로는 양산에서 출발하여 김해→웅천→칠원→통제영→진주→ 남해→순천→흥양→보성→장흥→강진→영암→해남→진도→해남→무안→나주 →함평→영광→무장→고부→만경→옥구→남포→태안→서산→화성→永宗鎭→ 강화→통진→고양→한양으로 이어진다(『田制攷』, 국사편찬위원회 B13G91, 「三 南漕運水路」). 영종진이 주요 조운로에 위치해 있음을 알 수 있다.

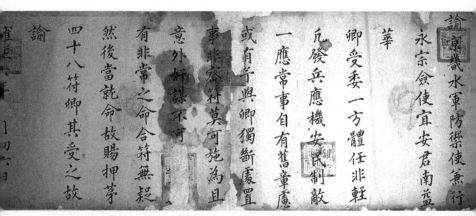

〈그림 2-2〉 경기수군방어사겸영종첨사 남익화(南益華) 유서 의령 남씨가 소장

진으로 승격하고 무관당상(武官堂上)을 파견하는 한편, 수군 정원을 400
명으로 늘리고 잡탈(雜頉)로 생긴 궐액(闕額)을 보충해주기도 했다.[30] 또
한 영종첨사에게 어영청 파총을 겸임하게 하고 속오군 1개 사[5哨]도 관
할하게 했다.[31]

숙종 16년(1690) 영종첨사가 방어사로 승격했다.[32] 이로 인해 영종첨

---

30) 『承政院日記』 345冊, 肅宗 17年 4月 11日.

31) 『備邊司謄錄』 44冊, 肅宗 16年 10月 12日 「永宗鎭應行節目」.

32) 방어영은 조선 후기 수도권과 북방 요해지에 설치되어 국방과 행정을 담당했던
    군사 기관이다. 방어영은 임진왜란 이후 육군부터 도입되기 시작하여 17세기 초
    반 수군에도 확산되었다(차문섭, 「朝鮮後期 兵馬防禦營 設置考」, 『국사관논총』
    17, 국사편찬위원회, 1990, 130~132쪽). 방어영의 총책임자인 방어사의 품계는 종
    2품으로 수사보다 고위직이었다. 방어사가 수사보다 적은 병력을 거느렸음에도
    고위직 관리가 파견된 이유는, 이들이 수군과 육군을 모두 지휘할 수 있을 뿐 아
    니라 수사와 마찬가지로 국왕의 명령을 받아 병력을 동원할 수 있는 권한이 있
    었기 때문이다.

사의 직위도 경기수군방어사겸영종첨사(京畿水軍防禦使兼永宗僉使)가 되었고 밀부(密符)를 받았다.[33] 그 결과 영종방어사는 통어사의 관할에서 벗어나 독자적인 지휘권을 행사했다.[34] 방어사의 전최(殿最)는 경기감사가 담당했고, 보유한 군선도 방어사가 통어사의 관섭 없이 직접 관리했다. 겸직도 어영청 파총에서 천총으로 승격했다. 관할 속오군도 기존 5초에 1초를 증강해서 6초를 만든 뒤에 좌사(左司)와 우사(右司)로 나누어 편성했다.[35] 조선 정부는 영종진의 재정을 보충해주기 위해 호도(虎島)·물류도(物溜島)에 있던 성균관 절수처(折受處)와 태복시(太僕寺) 목장 등을 영종진에 귀속시켰다.[36] 이로 인해 경기 수군 방위 태세는 통어영과 영종진이라는 두 개의 축으로 운영되기 시작했다.

(3) 황해도 및 평안도 수군진의 증설

이 시기에는 황해도의 수군 방위 태세 정비에 관한 논의도 많았다. 17세기 초·중엽 황해도는 강화도 북쪽 해안에서 경강(京江) 및 강화 연해로 침입하는 적을 방어하는 요충지 중 하나로 부각되었다. 하지만 황해도의 수군진은 전임 지휘관이 아닌 황해감사나 통어사가 관할했기 때문에 관리가 제대로 이루어지지 못한다는 지적이 있었다.[37] 그런 상

---

33) 「南益華有旨」, 『의령남씨 충장공파 고문서』, 충청문화연구소, 2017.
34) 공문을 보낼 때 영종방어사는 兵曹와 경기감사에게 첩정을 올리고, 통어영을 비롯한 2品 관청에는 行關했다. 『御營廳永宗鎭謄錄』 戊寅年(英祖 34, 1758) 7月.
35) 『備邊司謄錄』 44冊, 肅宗 16年 10月 12日 「永宗鎭應行節目」.
36) 『備邊司謄錄』 44冊, 肅宗 16年 5月 5日.
37) 『承政院日記』 243冊, 肅宗 即位年 12月 2日.

황에서 숙종 연간에 황당선이 빈번히 출현하자, 조선 정부는 이 지역 수군 방위 태세를 개편하여 대비하고자 했다.

숙종 1년(1675) 조선 정부는 「황해도소강방어사사목(黃海道所江防禦使事目)」을 반포하고 소강진을 방어영으로 승격했다. 진의 규모가 커지고 파견되는 지휘관의 등급이 올라감에 따라 소강진의 인력 수급과 재정 관련 대책도 마련되었다. 인근 도서인 창린도(昌獜島)를 소강진에 획급하여 재정을 보충해주는 한편, 군관·기패관·노비 등 영속(營屬)의 숫자를 늘리도록 한 것이다. 또한 방어영에서 사용하는 종이 등 기타 물품은 황해감영에서 규례에 따라 지급하게 했다.

소강진 외에 다른 수군진의 원활한 재정 수급을 위한 방안도 제시되었다. 당시 이 지역 경안부 수군 4,570명 중에서 도고와 잡탈이 1,375명이나 되었다. 도고와 잡탈이 전체 인원의 30%가 넘는 상황은 재정 악화로 이어져, 수군진이 토병을 고립할 비용을 충분히 마련하기 어려웠다. 이 문제를 해결하기 위해 조선 정부는 진의 상황에 맞추어 재원을 마련해주었다. 용매진에 연평도(延坪島)를, 등산진에는 사복시 소속 답(畓) 40마지기와 전(田) 30일경(日頃)을, 허사진에는 관향둔전 10일경을, 오차포진에는 별서강(別西江) 지역의 토지를 지급해준 것이었다.[38]

방어영의 설치로 인해 황해도의 수군 지휘 체계도 변화를 겪었다. 소강방어사가 백령·허사·오차·등산·용매 등 황해도 수군진을 관리한다

---

38) 강석화, 「조선후기 황해도 연안방위체계」, 『한국문화』 38, 서울대학교규장각한국학연구원, 2006, 375쪽; 『備邊司謄錄』 31冊, 肅宗 1年 9月 6日 「黃海道所江防禦使事目」.

는 규정이 조목으로 명시되면서, 소강방어사는 기존의 통어사 업무를 일부 수행하게 되었다. 그에 따라 소강방어사는 황해도 수군진에 배치된 전선 및 군기(軍器)를 검칙(檢飭)하고 수조도 주관했다.[39]

그렇지만 이 지역 수군 지휘 체계의 근본적인 틀이 변화했다고 보긴 어렵다. 보통 방어영이 설치되면 독진(獨鎭)이 되어 기존 지휘 체계에서 이탈하는 것이 원칙이었지만, 이 절목에서는 소강방어사가 계속 통어사의 절제를 받도록 규정했기 때문이다. 소강방어영의 설치 이후 이 지역 지휘 체계는, 통어사가 소강방어사를 지휘하면 소강방어사가 황해도 수군진을 관리하는 식으로 행사되었다.[40]

이후 황당선의 출현 빈도가 높아지자 소강진을 황해수영으로 승격시키자는 의견이 제기되었다. 숙종 36년(1710) 소강방어사였던 최진한(崔鎭漢)은 소강진을 수영으로 승격할 필요성을 언급했지만 받아들여지지 않았다. 이후 최진한은 숙종 44년(1718) 충청수사로서 소강진을 수영으로 승격시키자고 거듭 제안했고 결국 실현되었다. 황해수영은 옹진부에 있는 본영(本營)과 소강진에 있는 행영(行營)으로 구성되었다. 풍화시 6개월 동안에는 황해수사가 소강진에서 파수를 서고, 풍고시 6개월 동안에는 옹진부에서 수령의 임무를 수행했다. 황해수사가 옹진부 수령을 겸임한 것은 소강진의 재원이 수영을 유지할 만큼 충분하지 못했기 때문이었다. 황해수사가 옹진부에 있는 기간 동안에는 중군[虞侯]이 소

---

39) 『承政院日記』 327冊, 肅宗 14年 1月 23日;『承政院日記』 350冊, 肅宗 18年 11月 23日.

40) 『備邊司謄錄』 31冊, 肅宗 1年 9月 6日 「黃海道所江防禦使事目」.

강진에 가서 근무를 섰다.

황해수영의 설치는 이 지역 수군 방위 태세를 한 단계 도약시키는 기점이 되었다. 전술한 바와 같이 이 지역 수군은 경기 지역을 지원하는 역할을 담당해왔다. 하지만 수영이 설치되면서 황해수군은 충청·전라·경상도와 같이 수영을 중심으로 도 단위 방위 태세를 갖추게 되었고, 수사를 중심으로 독자적인 지휘 체계를 행사하게 되었다.[41]

황해수영의 설치와 더불어 소속 수군진의 증설도 이루어졌다. 숙종 26년(1700) 황해감사 이인병(李寅炳)은 황당선의 출몰이 빈번해지고 있으니 초도에 진을 설치하고 별장을 두자고 건의했다. 좌의정 이세백(李世白)은 초도가 북쪽의 허사진과 가까운 곳에 있으나 황당선의 왕래가 잦고 이 섬에 배를 대는 일도 많으므로 감시하고 구축하기 위해서는 별장을 두어야 한다고 주장했다. 이 건의로 인해 초도에 진이 설치되고 별장이 파견되었다. 하지만 사복시(司僕寺)는 이곳에 있던 자신의 목장을 이동시키지 못하겠다고 하면서 진 설치에 회의적인 반응을 보였다. 결국 초도는 황당선이 왕래하는 요로이고 허사진도 육상의 요해처에 해당하기 때문에 두 진이 모두 필요하다는 쪽으로 관료들의 의견이 모아졌다. 그에 따라 허사진은 그대로 유지되었고, 초도진은 숙종 28년(1702) 첨사진으로 승격했다.[42]

숙종 37년(1711) 황해감사 정시선(鄭是先)은 장산곶 이북 지역이 국방

---

41) 이선희, 「조선후기 황해도 水營의 운영」, 『한국문화』 38, 서울대학교규장각한국학연구원, 2006, 438~443쪽.

42) 강석화, 앞의 논문. 2006, 376쪽.

상 요충지임에도 두세 곳의 요망처만 있을 뿐 방어를 담당할 수군진이 없다는 문제점을 제기했다. 그는 이 문제를 해결하기 위해 조니포에 진을 설치하고 진의 지휘관인 별장의 급료는 관향곡으로 마련하자고 제안했다. 이 제안은 충분한 논의를 거쳐 숙종 39년(1713) 이 지역에 수군진을 설치하고 만호가 파견되는 것으로 결정되었다.[43] 그 밖에 숙종 30년(1704)과 숙종 31년(1705)에 용매진과 등산진을 만호진에서 첨사진으로 승격시키는 조치도 있었다.[44]

평안도의 수군 방위 태세도 정비되었다. 황당선이 출현하면서 제기된 문제 중 하나는 황당선이 대동강을 통해 내륙으로 진출할 가능성을 무시할 수 없다는 것이었다. 평안도에는 17세기 초반 선천에 방어영이 이미 설치된 바 있었다. 이후 숙종 8년(1682) 광량진을 방어영으로 승격시켜 대동강 하구를 방비하고자 했다. 하지만 광량진의 제반 여건은 거대 군영인 방어영을 유지하기에는 상당히 곤란한 측면이 있었던 것 같다. 이로 인해 숙종 12년(1686) 광량진의 소속 군현인 삼화를 현에서 부(府)로 승격시키고 청남방어사를 겸임하도록 했다.[45] 이후부터 삼화방어사는 노강진과 광량진을 관리했다. 이로 인해 청천강 이북은 선천방어영이 관리하고 청천강 이남은 삼화방어영이 관리하는 체계가 완성되었다.

요컨대, 이 시기 서해안 지역인 경기·황해도 수군진의 개편은 광범위

---

43) 『御營廳謄錄』 22冊, 辛卯年(肅宗 37, 1711) 3月 10日.

44) 『承政院日記』 416冊, 肅宗 30年 2月 20日; 『承政院日記』 424冊, 肅宗 31年 5月 11日.

45) 『肅宗實錄』 卷17, 12年 6月 13日 乙丑.

하게 진행되었다. 효종 연간 경기 지역 수군진은 강화도와 김포 사이의 해협인 염하를 따라 일렬로 배치되었으나, 현종~숙종 연간 육군진으로 바뀌거나 일부가 강화도 외곽으로 이동했다. 그로 인해 강화도 방위 태세는 육군이 강화도 내부를 담당하고, 수군이 강화도 외곽을 담당하는 형태로 재편되었다. 강화도 밑에 있는 영종진도 강조되었다. 황해도에서는 소강진이 수영으로 승격되고 진이 증설되면서 수군 방위 태세가 정비되었다. 이러한 일련의 조치는 당시 서해안에서 자주 출몰하던 황당선을 대비하기 위한 목적으로 취해진 것이었다.

2) 통제영의 규모 증가와 서남해안 수군진 증설

17세기 초·중엽 충청·전라·경상도 지역 방위 태세는 일본군의 대규모 침입을 대비하기 위해 형성되었다. 17세기 후반 황당선이 출몰하면서 경기·황해도 수군 방위 태세가 변화하자, 통제영 중심의 이 지역 수군 방위 태세도 직간접적인 영향을 받을 수밖에 없었다. 조선 정부는 소규모 적이 불시에 침입하는 것을 대비하기 위해 이 지역 방위 태세에 대한 여러 가지 대책을 마련했다.

17세기 후반 통제영에 관련된 논의는 주로 통제영의 자체 방위 태세 정비와 관련된 것이었다. 당시 통제영의 방비에서 거론되는 문제점 중 하나는 일본군이 동풍(東風)을 타고 통제영을 기습하면 통제영에 배치된 수군만으로 이를 방어하기가 어렵다는 것이었다. 이 문제에 대한 해법은 통제영 자체 방위 태세를 강화하는 것이었다. 그 과정에서 등장한 방안이 바로 성의 수축이었다.

인조 21년(1643) 우부승지 신민일(申敏一)은 "통제영이 수전(水戰)을 위한 전구(戰具)는 갖추었지만 수비하는 성곽이 없다. 그러므로 위급한 상황이 되면 수전에 불리할 것"이라고 하며 '수선육성책(水船陸城之策)'을 주장했으나 수용되지 못했다.[46] 이후 통제영의 자체 방어에 대한 논의가 본격화되는 숙종 4년(1678), 통제사 윤천뢰(尹天賚)가 다시 이 주장을 내놓았다. 산성은 왜관(倭館)의 수축 기간과 겹쳐 공정이 중단되는 등 곡절이 있었지만, 수축이 결정된 지 6년 만인 숙종 10년(1684)에 완공되었다.[47] 이 성은 동·서·남쪽에 문이 있었으며 암문(暗門)도 세 군데였다. 문은 모두 누각이 있었으며 홍예문 형식으로 지어졌다. 체성은 둘레가 2,346보(步)이고 높이가 15척이었으며, 여장은 674첩(堞), 높이가 3.5척(尺)이었다.[48]

산성이 완공되면서 산성 방비를 위한 여러 조치가 시행되었다. 산성을 수비할 지휘관과 장교의 충원이 급선무였다. 성의 설치 직후에는 거제현령이 수성장(守城將)을 겸임했지만,[49] 거제현령이 유사시에 거제현을 두고 통제영으로 이동해 방어할 경우 거제현의 방비가 소홀해질 위험이 있었다. 이에 통제영에서는 숙종 34년(1708) 성의 수비를 종합적으로 관리하기 위한 산성중군(山城中軍)을 별도로 임명했다. 산성중군은

---

46) 『謄錄類抄』卷14, 癸未年(仁祖 21, 1643) 6月 5日.

47) 김현구, 「조선후기 統制營의 公廨 구성과 변천」, 『역사와 경계』 83, 부산경남사학회, 2012, 124~148쪽.

48) 『統營啓錄』 고려대학교민족문화연구원(일본동양문고) VII-2-243, 康熙 17年(肅宗 4, 1678) 5月. "東南門皆以紅霓造作 暗門三處 隨其地形 直門造作 體城與女牆 今已畢役 而體城周面二千三百四十六步 高周尺十五尺 女牆六百七十四堞 高三尺五寸 東西南三門樓閣亦爲完役事."

49) 『統營志』 奎10876, 官職.

전함관(前銜官) 등 통제영 근처에 사는 유력자가 임명되는 것이 관례였다. 아울러 치총(雉摠)·기패관(旗牌官)·지구관(知彀官) 등 산성과 관련된 직책들도 생겨났다.

그에 따라 산성을 방어할 지휘 체계가 변화하고 병력도 늘었다. 친병(親兵)의 지휘 체계는 본래 파총 두 명이 1개 사(司)씩 통솔하는 형태였다. 1개 사는 네 개 초로 구성되어 있었으므로 초관은 여덟 명이었다. 숙종 14년(1688) 천총(千摠)이 새롭게 임명되면서, 천총 한 명 휘하에 2개 사가 편제되는 것으로 변화했다. 이어 숙종 34년(1708) 친병 2개 사가 가설되고 천총(千摠) 한 명과 파총(把摠) 두 명, 초관 여덟 명이 추가로 임명되었다. 그 결과 친병은 2부–4사–16초로 편제되었고, 이를 천총 두 명, 파총 네 명, 초관 열여섯 명이 지휘하는 체계가 형성되었다.[50] 그 밖에도 산성 수비를 전담할 성정군(城丁軍)·산성화포수(山城火砲手) 등의 병종이 만들어졌다.

성의 축조와 함께 통제영 본영(本營)에서 우후영(虞候營)을 분리하는 작업도 행해졌다. 일본군이 동풍을 타고 기습하면 거제도의 수군이 통제영을 구원하게 되어 있었다. 이 조치는 통제영과 거제도 수군이 연합작전을 펼쳐 일본군의 역습을 방어하고자 하는 의도에서 비롯된 것이었다. 하지만 17세기 후반에 접어들면서 이러한 방어책이 실효가 없다는 의견이 제기되었다.

당시 거제도에는 수군진 일곱 곳의 선창(船倉)과 수영 옛터에 있는 선창 한 곳 등, 총 선창 여덟 곳이 있었다. 이 중 수영의 옛터에 있는 선창

---

50) 『統營志』 奎10876, 官職.

한 곳과 수군진 세 곳의 선창 등 총 선창 네 곳만 서쪽을 향하고 있었으며, 나머지 네 곳은 동쪽으로 향하고 있었다. 숙종 10년(1684) 예조판서 윤지완(尹趾完)은 입구가 동쪽으로 나 있는 선창이 일본군의 침입을 방어하는 데 적합하지 않다고 주장했다. 만약 일본군이 동풍(東風)을 타고 침입한다면, 일본군은 이동하는 방향과 바람이 같아 유리한 반면 아군에게는 역풍이 불어 불리하다는 것이었다.

윤지완은 이를 해결하기 위해 우후영을 본영에서 분리해 다른 지역에 설치하고 통제영에 정박한 군선 중 일부를 배치했다가, 유사시 거제도 수군과 함께 통제영을 구원하는 방안을 제시했다. 이를 실현하기 위한 구체적인 방안으로 적의 침입 가능성이 큰 풍화시(3~8월)에 우후가 전선 3척을 인솔하여 한산도에 주둔하게 하자고 주장했다. 한산도가 통제영의 수구(水口)와 마주 보고 있어 통제영 방어에 요충지일 뿐 아니라, 인구가 많아 전선을 2~3척 정도 주둔할 수 있는 충분한 조건이 된다는 것이었다.

이에 지사 신여철(申汝哲)이 동의했고, 좌의정 민정중(閔鼎重)은 통제사에게 문의하여 시행하자고 했다.[51] 하지만 통제사 변국한(邊國翰)은 한산

---

51) 『承政院日記』302冊, 肅宗 10年 2月 13日. "禮曹判書尹趾完所啓 (…) 統營所處之地 形勢固好 而賊若覘知 則主將所在 乘風直擣 則向東船滄[倉] 勢難逆出迎敵 宜有救援之兵 而巨濟八鎭中 惟舊水營三鎭船滄[倉]向西 閑山島與巨濟對峙 爲統營之門戶 臣問本道地勢與統營解事軍官 則有船滄[倉]可合處 正與統營相對 島中所居民戶 可置三船 而如北兵使行營之規 統營戰船八隻內三隻 使虞候領率 移住本道 統營有急 則與舊水營三鎭 左右相援 實合制置之道 而係是變通創行之事 下詢大臣而處之 似當矣 知事申汝哲曰 此言 似好矣 閑山島 乃統營水口外案山 而無畓而有田 民人頗凋 若以二三船隻 等候備防 則爲好矣 左議政閔鼎重曰 令

도의 두억포(頭億浦)가 지형이 좁고 장동(障洞)은 맞바람이 심해 배를 감추기 어렵다며 반대했다.[52] 이후에도 한동안 논의가 지속된 것으로 보인다. 이 의견은 제시된 지 62년 뒤인 영조 22년(1746)에야 실현되었다. 이후 영조 30년(1754)에 우후영은 한산도에서 견내량으로 다시 이동했다.[53] 그로 인해 통제영은 본영, 산성, 우후영 등 세 부분으로 나누어 운영되었다.[54] 산성 수축과 우후영 설치 등 일련의 조치로 통제영의 규모는 크게 확대되었다.

규모를 유지할 만한 재원을 확보하기 위한 조치도 있었다. 전술한 바와 같이 17세기 초반 통제영의 주요 수입원은 둔전과 어염세였다. 이 중 통제영의 둔전은 17세기 중엽까지 확대일로에 있었다. 그 결과 호조판서가 통제영의 둔전 확대로 인한 호조의 수입 감축을 지적하는 지경에 이르렀다.[55] 이 문제를 해결하기 위해 조선 정부는 인조 23년(1645) 통제영·신문·청천 소속 둔전 중 주인이 있는 전답을 본래 주인에게 환원했다.[56] 그 결과 둔전이 감소되었고 통제영의 재정 손실이 있었을 것으로 보인다.

통제영은 둔전 감소로 인한 손실을 환곡의 모곡 수입으로 보충한 듯

虞侯分防閑山便否 詢問於時任統制使後裏處 何如 上曰 依爲之."
52) 『肅宗實錄』卷15, 10年 5月 22日 丁亥.
53) 『輿地圖書』下, 統營.
54) 『良役實摠』統營. 『輿地圖書』는 통제영을 本營과 虞侯營으로 나누어 기록했다. 이때 本營 부분에 山城 부분이 포함되었다.
55) 『仁祖實錄』卷21, 7年 9月 26日 丁未.
56) 『承政院日記』92冊, 仁祖 23年 10月 26日. "統營新文晴川等屯田中有主田畓 還給本主之意 元啓目中付標添入之意 敢啓 答曰知道."

하다. 통영곡은 17세기 중엽 16만 석 정도 되었는데, 후반에 이르러 33만 석 이상으로 늘어났다.[57] 아울러 환곡의 곡종(穀種)도 다양해졌다. 17세기 후반까지 통영곡이라고 할 수 있는 환곡은 회부곡·회외곡·별향곡 등 세 종류밖에 없었다. 이후 영조 6년(1730)에는 보향곡(補餉穀)이 설치되었고, 다음 해인 영조 7년(1731)에는 첩가미(帖價米)와 선가미(船價米)가 설치되었다. 영조 8년(1732)에는 진휼곡이 설치되었고, 영조 11년(1735)에는 전무미(錢貿米)와 군작미(軍作米) 등이 설치되었다.[58] 통영곡의 곡종이 다양해지면서 통영곡의 양도 늘고 그 역할도 다양해졌다.

이러한 통제영의 규모 증가 외에도 통제영 휘하 충청·전라·경상도 수군진의 설치 및 폐지, 그리고 이설 추이도 변화했다. 충청도에서는 수군진을 설치하자는 논의가 활발했다. 이 시기 충청도의 수군진 개편 논의 중 주목되는 것은 안흥진의 방어영 설치 논의이다. 안흥진은 전술한 바와 같이 강화도의 군량 비축을 목적으로 효종 연간에 개편되었다. 이후 숙종 1년(1675) 태안군수가 안흥방어사를 겸직하고 중군이 안흥성 방어를 전담하게 되면서 이 진은 태안의 관할에 놓이게 되었던 것 같다. 숙종 6년(1680) 태안군수가 안흥성에 매번 가서 업무를 수행하는 것보다 첨사가 상주하여 방어하는 것이 효율적이라는 호조판서 민유중(閔維重)의 건의에 따라, 안흥첨사를 다시 파견하여 안흥성에 주둔시키는 조치가 있었다.

---

57) 문용식, 「18세기 賑政과 還穀운영」, 『朝鮮後期 賑政과 還穀運營』, 경인문화사, 2001, 210쪽.

58) 『穀摠便攷』 卷3, 「慶尙道內各樣還穀摠數」.

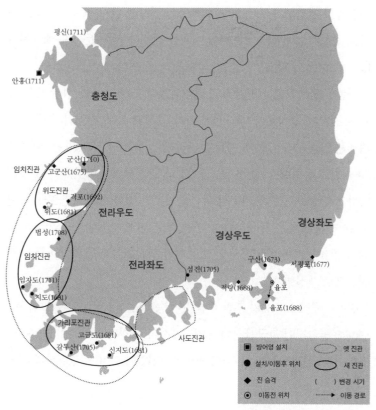

평신(1711)

안흥(1711)

충청도

군산(1740)
임치진관
고군산(1675)
위도진관
검포(1692)
위도(1681)
전라우도

법성(1708)
임치진관
임자도(1711)
지도(1681)

경상우도

경상좌도

구산(1673)
서평포(1677)

섬진(1705)

적량(1688)
율포

율포(1688)

전라좌도

가리포진관
고금도(1681)
갈두산(1705)
신지도(1681)

사도진관

■ 방어영 설치   ⌇ 옛 진관
● 설치/이동후 위치   ◯ 새 진관
◆ 진 승격   ( ) 변경 시기
◉ 이동전 위치   ┄▶ 이동 경로

〈그림 2-3〉 17세기 후반~18세기 초반 통제영 휘하 수군진의 변동 현황

    숙종 32년(1706) 태안에 방어영이 다시 설치되면서 안흥진은 태안 방
어영의 속영(屬營)이 되었다. 5년 후인 숙종 37년(1711) 사직 이광적(李光迪)
의 건의로 안흥첨사가 안흥성 방어를 담당하고 방어사를 겸하게 되었
다. 하지만 안흥방어사가 성을 방어하면서 수군을 통솔하기 어렵다는
의견이 제시되었고, 수사와 방어사 사이에 지휘 체계가 모호해지는 문

제점까지 지적되자, 숙종 38년(1712) 조선 정부는 다시 안흥방어사를 첨사로 강등하되 수성장(守城將)의 지위를 갖도록 하여 문제를 매듭지었다.[59]

숙종 30년(1704)에는 항금진도 설치되었다. 17세기 초반 서산 근처 있던 당진포와 파지포가 폐지됨에 따라 충청도 북부 지역의 수군 방위 태세는 약화되어 있었다. 이를 보완하기 위해 인접 지역인 항구미(杭寇尾)에 진을 설치했다. 항구미는 파지포나 당진포보다 바깥쪽에 있어 먼 바다로 진출하기 좋은 지리적 여건을 갖추고 있었다. 하지만 포구 주변에 돌이 많아 좋은 부두(埠頭)를 만들기 어렵다는 문제점도 있었다. 이에 숙종 37년(1711) 항금진은 인접 지역인 평신으로 이동하여 이름도 평신진으로 개칭했다.[60]

전라도에서도 17세기 후반 수군진이 승격되거나 설치되었다. 숙종 1년(1675) 별장진인 고군산진에 동첨절제사가 파견된 데 이어,[61] 숙종 7년(1681) 지도·신지도·고금도·위도진이 설치되었다.[62] 이 시기 일본과 정금

---

59) 서태원, 「朝鮮後期 忠淸道 安興鎭의 設置와 變遷」, 『역사와실학』 50, 역사실학회, 2013, 145~148쪽.

60) 서태원, 「朝鮮後期 忠淸道 平薪鎭 硏究」, 『중앙사론』 34, 중앙사학연구회, 2012, 228~235쪽.

61) 고군산의 설진과 운영에 대해서는 김경옥, 「朝鮮後期 古群山鎭의 설치와 운영」, 『지방사와 지방문화』 10-1, 역사문화학회, 2007 참조.

62) 『新補受敎集錄』 兵典 外官職; 『承政院日記』 284冊, 肅宗 7年 7月 27日; 『承政院日記』 281冊, 肅宗 7年 1月 3日; 『高宗實錄』 卷3, 3年 8月 10日. 청산도진은 숙종 7년(1687)에 설치되고 만호가 파견되었지만, 추후 기록이 없고 법전에도 기입되지 않은 것으로 볼 때 바로 폐지된 듯하다. 그래서 〈그림 2-3〉에도 표기하지 않았다. 이후 청산도는 신지도진의 관할에 있다가 고종 3년(1866) 진이 다시 설치되었다.

의 연합설 등으로 서남해안 방위 태세 정비의 필요성이 대두되었고, 그로 인해 진을 설치한 것이었다. 이후 격포진을 제외하고 이 지역에서 진의 설치 논의는 한동안 없었으나, 18세기 초반 다시 시작되었다.

숙종 30년(1704) 조선 정부는 해방어사(海防御使)를 파견하고 연해 지역의 상황을 조사하는 한편,[63] 수군진의 설치를 논의했다. 여러 장소가 물망에 올랐지만, 갈두산에 진을 설치하자는 의견이 통과되었다. 이에 숙종 31년(1705) 갈두산에 첨사진이 설치되고, 소안도(所安島)의 둔민(屯民)을 윤번군(輪番軍)으로 충원했다.[64] 하지만 경종 3년(1723) 전라감사 황이장(黃爾章)은 갈두산진이 길목에 위치해 있는 것이 아니고(非扼喉), 전선을 숨길 데가 없으며, 환곡의 운영에도 문제가 있으므로 혁파해야 한다고 주장했다.[65] 이 진은 영조 12년(1736) 전라감사 조현명(趙顯命)의 장계로 폐지되었으며, 소속 군선은 어란포진으로 이동했다. 영조 14년(1738) 전선 2척을 거느리고 있는 어란포진을 첨사진으로 승격시키자는 논의가 제기되자, 조선 정부는 어란포진을 승격시키는 대신 어란포진에 이

---

63) 조선 정부는 전라우도·충청우도·경기·황해도에 어사를 파견하여 해방을 살피도록 했다. 조선 정부는 어사에게 해방을 살피는 조건을 다섯 가지 제시했다. ① 해서에 황당선이 자주 출몰한다고 하니 이를 살펴보고 올 것, ② 적선이 왕래하는 길과 물길, 그리고 그 선박들의 모양과 服色 등을 물어보고 이를 살펴보고 올 것, ③ 여러 진의 지형과 城堡의 회손 상태, 군량 확보 상태, 변장의 탐욕 여부, 진포 군민의 피해 등을 살펴보고 올 것, ④ 앞으로의 방비책을 수령 및 변장과 살펴서 강구할 것, ⑤ 이정청에서 수군을 변통한 것에 대해 민정과 사세의 편리 여부를 자세히 살펴서 올 것 등이었다. 『備邊司謄錄』 57冊, 肅宗 32年 2月 9日.

64) 『承政院日記』 687冊, 英祖 5年 6月 21日.

65) 『景宗實錄』 卷13, 3年 7月 18日 乙未.

송했던 갈두산 전선을 나주로 다시 이송했다. 이로써 갈두산의 진 설치에 관한 논의는 일단락되었다.[66] 또한 숙종 37년(1711) 임자도에 첨사진이 설치되었다.[67]

이 지역에서는 국방상의 이유 외에 조운(漕運)의 관리를 위해 수군진이 승격되는 예도 있었다. 군산포와 법성포는 조창(漕倉)인 군산창과 법성창이 위치한 조운의 주요 기점이었기 때문에, 17세기 초반부터 이곳의 만호는 조운압령관(漕運押領官)이나 차사원(差使員)을 겸했다.[68] 17세기 후반 대동법의 시행으로 물류가 늘어나자, 숙종 34년(1708) 3월 강화유수 황흠(黃欽)은 조운을 원활하게 하기 위해 만호진이었던 군산과 법성포를 첨사진으로 승격시킬 것을 제안했다. 아울러 동년 12월 예조판서 이인엽(李寅燁)도 조운은 국가의 대사이므로 법성포에 첨사를 파견

---

66) 『新補受教輯錄』「兵典」外官職. "葛頭山【康熙乙酉新設僉使 乾隆丙辰革罷】"; 『備邊司謄錄』103冊, 英祖 14年 5月 7日. "羅州幅員甚大 曾置戰船二隻矣 葛頭山設鎮之後 移送一隻於葛頭鎮 而趙顯命爲湖南方伯時 狀論葛頭設鎮之弊 朝家許其革罷 戰船則移送於傍近於蘭鎮矣 日前本道水使報本司 自以爲於蘭鎮有戰船二隻 則萬戶當陞號爲僉使 蓋各鎮戰船 萬戶例有一隻 而僉使則例有二隻故也 (…) 以葛頭鎮戰船 本是羅州戰船之移來者 罷鎮之後 卽當還送羅州 待登對裹定爲辭矣 羅州戰船之本置二隻 意必有在 中間移來葛頭鎮 未知其可 而今旣罷鎮 則還送本州爲宜 以此分付何如 上曰 依爲之." 이 자료에서 강희 을유년은 숙종 31년(1705)이며 건륭 병진년은 영조 12년(1736)이다.

67) 「荏子島鎮誌與事例成冊」에 따르면 임자도진이 설치된 것은 숙종 11년(1685)이었다(『湖南鎮誌』卷1, 「荏子島鎮誌與事例成冊」). 하지만 『승정원일기』에 따르면 임자도진에 첨사가 파견된 것은 숙종 37년(1711)이었다(『承政院日記』462冊, 肅宗 37年 7月 26日). 본 연구에서는 1차 자료인 『승정원일기』를 준용하여 임자도진이 숙종 37년(1711)에 설치된 것으로 간주한다.

68) 『承政院日記』37冊, 仁祖 10年 6月 11日; 『承政院日記』168冊, 顯宗 2年 6月 7日.

하는 것이 좋겠다고 했다. 이에 법성포진은 첨사진으로 승격했다.[69] 군산진도 법성포진와 비슷한 논의를 거친 것으로 보이지만, 그 과정이 잘 드러나지는 않는다. 다만 법성포보다 2년 늦은 숙종 36년(1710)에 첨사진 승격이 이루어졌음을 알 수 있다.[70]

전라도 서해안에서 수군진의 증설 및 승격이 늘어나자, 이 지역 진관이 분화되는 현상도 나타났다. 전술한 바와 같이 전라도는 임치와 사도 등 두 개의 진관으로 구성되어 있었다. 이 중 전라우도에 있던 임치진관의 경우, 17세기 후반에 진이 계속 증설되어 기존 진관으로 진을 효율적으로 관리하기 어렵게 되자 전략적 중요 지역을 중심으로 진관을 새롭게 편제할 필요성이 생겨났다.[71]

숙종 9년(1683) 위도진관의 독립은 이 지역 진관 분화의 시작이었다. 위도진은 설치된 지 1년 만인 숙종 8년(1682)에 첨사진으로 승격했다.[72]

---

69) 『承政院日記』445冊, 肅宗 34年 12月 6日.

70) 『承政院日記』453冊, 肅宗 36年 5月 6日.

71) 진관 체제는 조선 후기에도 수군진을 관리하는 체계로 활용되고 있었던 것 같다. 광해군 2년(1610) 정언 吳煥의 장계를 살펴보면 "제포만호 朴震―은 직책을 돌아보지 않고 함부로 술을 마시고 난동을 부려서 9명을 해쳤습니다. 그런데도 가덕 첨사 李受訓은 主鎭의 장수로서 거느리고 있는 부하를 검칙하지 못했을 뿐 아니라, 오히려 행적을 은폐하고 끝내 대장에게 벌을 주자고 청하지 않았으니 정상이 매우 놀랍습니다. 파직하라 명령하소서"라고 했다(『光海君日記』(重草) 卷29, 2年 5月 6日 庚戌). 제포만호 박진일은 술을 마시고 난동을 부리는 등 법을 어기는 행동을 했는데, 조선 정부는 박진일뿐 아니라 관리 감독을 제대로 하지 못한 가덕 첨사까지 처벌하고자 했다. 가덕첨사가 처벌된 이유는 제포만호가 소속된 진관을 통솔하는 지휘관이었기 때문이라 짐작되며, 이를 통해 가덕첨사는 諸鎭을 관리 감독할 책임이 있었음을 알 수 있다.

72) 『肅宗實錄』卷12, 7年 8月 17日 丁酉; 『備邊司謄錄』36冊, 肅宗 8年 9月 5日.

조선 정부는 위도진의 전략적 중요성을 고려하여 당상관(堂上官)을 첨사로 파견하고자 했다. 하지만 위도진을 관할하는 거진인 임치진은 당하관(堂下官) 첨사가 파견되도록 되어 있어 위계 질서에 문제가 생겼다.[73] 조선 정부는 위도진를 거진으로 승격하고, 서해안에 있는 임치·고군산·목포·다경포·법성포·검모포·군산포·지도 등 진 여덟 곳을 귀속시켰다. 아울러 가리포를 거진으로 격상시켜 나머지 수군진인 고금도·남도포·금갑도·어란포·이진·신지도·마도·회령포를 귀속시켰다.[74] 그 결과 전라우도에서 임치진관은 없어지고 가리포·위도진관이 새롭게 형성되었다.

이후 숙종 17년(1691) 별장진이었던 격포진이 첨사진이 되었다가 숙종 18년(1692) 위도·검모포·고군산·군산포 등 진 네 곳을 관리하게 되었다. 그 결과 소속 진은 근처의 다른 진으로 이속할 수밖에 없었다. 다음 해인 숙종 19년(1693) 이진·어란포·금갑도진은 가리포가 관리하고 지도와 법성포를 비롯한 수군진 다섯 곳은 임치진이 관리하게 했다.[75] 그리하여 이 시기부터 전라우도의 수군 진관은 격포·임치·가리포 등 3개

---

73) 『承政院日記』 295冊, 肅宗 8年 11月 25日.

74) 『肅宗實錄』 卷14, 閏9年 6月 10日 庚戌. 회령포·마도는 전라좌수영과 전라우수영 관할 지역의 경계에 위치했다. 그에 따라 시기마다 관리하는 곳이 달랐다. 이 시기는 마도와 회령포를 우수영이 관리할 때다. 이후 회령포는 숙종 37년(1711) 순찰사 權尙游의 장계에 따라 다시 전라좌수영 소속으로 귀속되었다. 이병혁, 「전라도 장흥도호부 水軍 萬戶鎭 會寧浦 연구」, 『호남문화연구』 61, 전남대학교호남학연구원, 2017, 239쪽.

75) 『承政院日記』 345冊, 肅宗 17年 4月 23日; 『承政院日記』 350冊, 肅宗 18년 11월 23일; 『承政院日記』 353冊, 肅宗 19年 7月 13日.

진관으로 나누어 운영되었다. 하지만 숙종 22년(1696) 조선 정부는 격포진을 별장진으로 강등하는 한편,[76] 위도진을 거진으로 승격해서 격포가 관할하고 있던 수군진을 귀속시켰다.[77] 그 결과 전라우도는 위도·임치·가리포 등 3개 진관으로 나누어 운영되었다. 이때 마련된 3개 진관은 일부 조정을 거쳐 18세기 후반까지 유지되었다.[78] 결국 이 시기 충청·전라도에서는 수군진이 지속적으로 설치되고 진관도 분할되는 모습을 보였다.

충청·전라도에서 진의 개편이 활발한 가운데 경상도의 수군진 개편은 미진한 편이었다. 17세기 후반에서 18세기 중엽까지 설치나 이동, 그리고 승격이 이루어진 진은 서평·적량·율포·구산·섬진 등 다섯 곳밖에 발견되지 않는다.[79] 숙종 3년(1677) 권관진인 서평포가 만호진으로 승격되었다.[80] 숙종 14년(1688) 적량진도 만호진에서 첨사진으로 승격되고 감목관을 겸했다.[81] 율포진은 수영 옛터의 남쪽에 있다가 숙종 14년(1688)에 거제의 가라산 밑으로 옮겼다.[82] 구산은 현종 14년(1673) 별장진으로

---

76) 『承政院日記』365冊, 肅宗 22年 4月 27日.

77) 『續大典』卷4, 「兵典」 外官職.

78) 『續大典』卷4, 「兵典」 外官職.

79) 섬진은 행정 구역상 전라도에 있었지만 통제영 관할이었으므로 여기서는 경상도로 분류한다.

80) 『承政院日記』260冊, 肅宗 3年 5月 11日. "西平權管 陞爲萬戶 新造兵符 令禁軍齎持 下送于監營."

81) 『承政院日記』327冊, 肅宗 14年 2月 25日; 『大東地志』 「晉州牧」.

82) 『慶尙道邑誌』 奎666, 「巨濟府」.

복설된 이후 숙종 34년(1708) 첨사진으로 승격했다.[83] 섬진진은 본래 통제영의 도청(都廳)이 있는 곳이었는데, 숙종 31년(1705) 감사 민진원(閔鎭遠)과 순무사 권상유(權尙游), 그리고 통제사 오중주(吳重周)가 장계를 올려 별장을 설치했다.[84] 이 지역 수군진 숫자가 전체의 절반을 차지했다는 점을 고려해보면, 진의 개편 폭이 그리 크지도 않았으며 주목할 만한 개편이 있었던 것도 아니었다. 그에 따라 16세기에 형성된 부산·가덕·미조항 진관도 그대로 유지되었다.

그렇다면 이렇게 진의 개편의 폭이 작았던 이유는 무엇인가. 이 지역에는 조선 전기부터 17세기 중엽까지 지속적으로 수군진이 설치되었다. 그 결과 17세기 후반 이 지역은 진이 가장 밀집한 곳이 되었다. 이후 일본과 관계가 안정기로 접어들면서 특정 지역에 진을 집중시켜 운영할 필요성이 점차 줄어들었지만, 조야에는 아직도 일본의 침입을 우려하는 견해가 많았기 때문에 조선 정부는 이 지역의 진을 섣불리 감축할 수 없었다. 때문에 조선 정부는 17세기 중엽까지 증설된 진을 그대로 두면서 전력을 유지하는 방향으로 정책을 결정했던 것 같다.

요컨대, 본영과 우후영이 갈라지고 산성이 설치됨에 따라 통제영의 규모는 커지게 되었다. 아울러 소속 수군진은 주로 전라도 서해안 지역에서 활발한 개편이 이루어졌다. 수군진이 집중적으로 설치되고 진관이 나누어졌다. 이 개편에는 서해안 지역의 인구 증가라는 대내적인 상

---

83) 『承政院日記』 1064冊, 英祖 27年 1月 4日 ; 『嶺南鎭誌』 奎12183, 「開國五百三年十二月龜山鎭鎭誌事例成冊」.

84) 『光陽郡邑誌』 奎10774.

황과 황당선의 출몰이라는 대외적인 상황이 작용했다.

2. 귀선·방패선의 배치 확대와 군선 개발 논의

1) 전선 규모 증가와 규제 노력

조선 정부는 대외 정세의 변화에 따라 진을 재배치했다. 그와 발맞추어 진이나 군현에 배치된 군선의 크기나 종류도 변화했다. 군선의 크기 변화는 숙종 13년(1687) 영의정 김수항(金壽恒)의 보고를 통해 엿볼 수 있다. 그는 통제사 변국한(邊國翰)의 보고를 인용하여 전선의 크기 변화에 대해 언급했다.

전술한 바와 같이 광해군 8년(1616) 순검사 권반(權盼)이 군선의 규모를 정할 때 좌선[上船]의 저판(底板) 길이는 14파(把)(70척, 21.6m)였다. 그런데 숙종 13년(1637)에는 0.5파(2.5척, 0.8m)가 늘어 14.5파(72.5척, 22.3m)가 되었다. 다른 군선도 마찬가지였다. 차선(次船)은 10파(50척, 15.4m)에서 1~2파(5~10척, 1.5~3.1m)가 늘어 11~12파(55~60척, 16.9~18.5m)가 되었다. 지차선(之次船)은 9.5~10파(47.5~50척, 14.6~15.4m)에서 2~3.5파(10~17.5척, 3.1~5.4m)가 늘어 11.5~13파(57.5~65척, 17.7~20m)가 되었다. 저판이 군선의 크기를 가늠하는 기준이라는 점을 고려해보면, 18세기 초반 전선의 규모는 임진왜란 당시보다 커졌음을 알 수 있다. 또한 지차선의 규모가 급격하게 커져 차선과 별다른 차이가 없어졌다.[85]

---

85) 『備邊司謄錄』 41冊, 肅宗 13年 1月 1日. 당시 배의 규모는 보통 저판의 길이로 측

이렇게 전선의 규모가 커진 이유는 숙종 41년(1715) 병조판서 이광좌 (李光佐)의 말을 통해 짐작할 수 있다. 이광좌는 일본인이 해안에 많이 출몰하고 있는데, 이들이 작은 선박으로 조선까지 도달할 수 있는 이유 가 군선 제작 기술과 조정법이 뛰어나기 때문이라고 했다. 그러므로 그 는 일본군에 효율적으로 대응하기 위해 큰 선박으로 작은 선박을 들이 받는 전술을 이용하는 것이 좋다고 주장했다.[86] 배의 크기를 이용해 일 본군과의 전투에서 우위를 점해야 한다는 논지였다. 이러한 인식은 임 진왜란의 전투 결과를 근거 삼아 당시 널리 퍼져 있었다.

하지만 이 '대선주의(大船主義)'는 대외 정세의 변화를 반영한 것이 아 니었다. 당시 전선의 규모 증가에 따른 운용상의 어려움은 대략 두 가 지로 정리할 수 있다. 첫째, 적이 기습할 때 전선이 원활하게 움직이기 어렵다는 점이었다. 만약 적이 순풍(順風)을 타고 기습해오면, 아군은 자 연히 역풍을 맞으며 출동해야 했다. 그런데 규모가 커질수록 전선은 역 풍에 취약했다. 둘째, 조수의 영향으로 출동 가능 시간이 줄어든다는 점이었다. 전선이 출동하는 데 일정한 수심이 필요한 것은 주지의 사실 이다. 하지만 서해안과 같이 조석간만의 차가 심한 곳에서는 한 지점에 서도 수심의 변화가 크기 때문에 배들이 출동 가능 시간에 제약을 받

정했다. 저판은 배의 바닥판을 말하며 선박의 규모를 결정하는 데 주요한 역할을 했기 때문이다. 본 연구에서는 기존 연구 성과에 의거해서 1把=5尺, 1尺 30.8cm로 환산했다. 소수점 두 자리 이하는 반올림했다.

86) 『承政院日記』490冊, 肅宗 41年 10月 12日. "兵曹參判李光佐曰 (…) 忠武公李舜臣 時所用戰船 今無變制矣 蓋倭船則制作 極精緻 操船之法又如神 故能以少船駕海 濤 而我國則制作及操船 皆不能然 小船則無以與倭爭 徒以大船 衝擊小船 小船 皆被摩沈沒 故能以一當百 忠武公李舜臣之以少敵衆 出奇制勝 專在於此矣."

을 수밖에 없었다. 그 출동 가능 시간도 전선의 규모에 반비례하여 짧아진다는 점이 문제였다.[87]

조선 정부는 이 문제를 예방하기 위해 군선의 크기를 규제하고자 했다. 숙종 11년(1685) 무신 이지원(李枝遠)은 전선이 역풍을 만나면 배를 제어하기 어렵다고 지적하고, 전선의 파수(把數)를 줄여 왕래하고 회전[周旋]하는 데 가볍고 빠르게 하자고 제안했다. 이에 대해 영부사 김수흥(金壽興)은 통제사에게 이순신이 만든 선체 규격에 따라 그 치수를 정하도록 하자고 건의했다.[88] 이순신 당대의 전선은 17세기 후반의 전선보다 작았다. 김수흥은 이순신이 정한 수치를 강조함으로써 전선의 크기를 적당한 수준으로 줄이고자 한 것이다.

이러한 조선 정부의 명령은 이후에도 계속 이어졌다. 숙종 44년(1718)에도 조선 정부는 "길이가 15파(75척, 23.1m)에 이르고 뱃머리[船頭]의 넓이가 14척이 되는 전선과 병선은 유사시 운용하기가 어렵다. 그러므로 통제사나 수사가 탑승하는 전선의 본판은 12~13파(60~65척, 18.5~20m)를 넘지 못하게 하고 관포(官浦)의 전선은 9~10파(45~50척, 13.8~15.4m)를 넘지 못하도록, 기한이 차서 개조할 때 정식(定式)하라"고 지시했다.[89] 하지만 이

---

87) 『承政院日記』490冊, 肅宗 41年 10月 12日. "行判尹関鎭厚所啓 (…) 況海船滄 絶無好處 若非潮滿 無以移動 賊之來犯 未必在於潮滿之時 且賊船得順風而來 則在我爲逆風 勢難運用巨艦 其實則戰船 不爲兵船矣."

88) 『增補文獻備考』卷120, 兵考12 舟師.

89) 『統營啓錄』Ⅶ-2-243, 고려대학교민족문화연구원(일본동양문고소장본) 康熙 57年(肅宗 44, 1718) 9月. "營邑鎭戰兵船之長至十五把 船頭廣爲十四尺者 臨急運營必致難便 統帥水使船 本板無過十二三把 各官浦船 或十把 或九把式 待滿改造時更爲定式之意 令廟堂稟處."

규정이 얼마나 지켜졌는지는 알 수 없다.

2) 방패선·귀선의 확대와 선창의 개선

조선 정부는 군선의 크기 규제와 함께 군선의 배치 방식을 바꾸는 방안도 추진했다. 이러한 정책은 통어영의 관할인 황해도와 경기 지역에서 먼저 이루어졌다. 〈표 2-1〉은 17세기 후반 이 지역 수군진의 전선 배치 현황을 도표화한 것이다.

숙종 30년(1704) 당시 황해도에 전선은 방어영·허사·백령·등산·용매·오차진에 6척이 있었고, 방패선은 방어영과 백령진에 2척이 있었다.[90] 숙종 42년(1716) 조선 정부는 방어영·백령·오차·허사진의 전선 4척을 방패선 8척으로 교체했고,[91] 시기를 특정하기 어렵지만 등산과 용매진의 전선 2척도 방패선 4척으로 교체했다. 방어영이 수영으로 승격된 이후 전선 1척이 증설되었고, 백령진에 배치된 방패선 2척도 다시 전선 1척으로 복구되었다. 아울러 이 시기에 설치된 초도와 조니진에도 방패선이 1척씩 배정되었다. 그 결과 영조 22년(1746) 전선은 2척으로 줄어들고 방패선은 14척으로 크게 늘었다. 이러한 군선 배치 실태는 영조 47년(1771)까지 그대로 유지되었다.

17세기 초·중엽 경기 수군진에 배치된 군선의 전체적인 현황은 알수 없다. 다만 이 시기 배치된 전선 중 일부가 17세기 후반부터 18세기 중엽 사이에 방패선으로 교체되었다는 기록이 확인된다. 조선 정부

---

90) 『各營釐整廳謄錄』奎15062,「黃海道水軍變通節目」.
91) 『承政院日記』497冊, 肅宗 42年 8月 24日.

〈표 2-1〉 황해·경기 지역 수군진의 군선 배치 변화

(단위: 척)

지역	군선	크기	숙종30(1704) ⓐ	영조22(1746) ⓑ	영조47(1771) ⓒ	증감 ⓒ-ⓐ
황해	전선	대	6[13]	2[2]	2[2]	4 ▽
	방패선	중	2	14[26]	14[25]	12 ▲
	병선	중	7	9[9]	9[9]	2 ▲
	사후선	소	0	5[5]	5[5]	5 ▲
	협선	소	15	5[17]	7[19]	8 ▽
	거도선	소	2	20[21]	20[21]	18 ▲
	추포선	소	0	13[23]	15[18]	15 ▲
	소맹선	소	1	1[1]	1[1]	0
	급수선	소	0	0[6]	0[5]	0
	별소선	소	0	1[1]	1[1]	1 ▲
	소계		33	70[111]	76[106]	43 ▲
경기	전선	대	·	4	4	0
	귀선	대	·	1	1	0
	방패선	중	·	10	10	0
	병선	중	·	10	10	0
	사후선	소	·	16	17	1 ▲
	거도선	소	·	3	2	1 ▽
	급수선	소	·	9	10	1 ▲
	소계		·	53	54	1 ▲

* 저판의 길이가 50척 이상이면 대, 50~25척 사이면 중, 25척 이하면 소라고 임의로 구분했으며 읍전선은 제외했다.

* [ ] 안은 읍전선을 합친 숫자이다. 숙종 30년(1704)에는 읍전선의 숫자를 알 수 없다. 다만 전선의 13척은 추정치이다. 합계는 진에 배치된 군선만으로 도출했다.

* 출전:『各營釐整廳謄錄』奎15062,「黃海道水軍變通節目」;『續大典』卷4,「兵曹」諸道兵船;『攷事新書』卷9,「海防舟楫」.

는 현종 5년(1664) 덕포진과 정포진 소속 전선 2척을 방패선으로 교체했고,[92] 숙종 42년(1716) 주문진과 화량진 소속 전선 중 1척을 방패선으로 교체했다.[93] 아울러 숙종 34년(1708) 새로 설치된 덕적진에도 방패선이 배치된 것으로 보인다.[94] 그 결과 영조 22년(1746) 경기 지역에는 전선보다 방패선이 월등히 많아졌다. 그리고 이러한 경기 지역 군선 배치 현황은 영조 47년(1771)까지도 별다른 변화 없이 유지되었다.

〈표 2-1〉에는 수록되지 않았지만, 읍전선의 배치 실태도 변화했다. 당시 읍전선은 경기 지역에는 없고 황해도에만 있었다. 숙종 30년(1704) 반포된 「황해도수군변통절목」에는 읍전선의 정박처(碇泊處)를 조정하는 내용이 나온다. 여기에 따르면 읍전선이 배치된 지역으로 해주·안악·백천·옹진·강령·장연(長淵)·재령·풍천·봉산·은률·장연(長連)·신천 등 12개 읍이 거론되었다. 이 군현에는 군현 한 곳에 전선 1척이 배치되기도 했고, 병정선(并定船)이라 하여 두 개 혹은 세 개 군현에 전선 1척이 배치되는 사례도 있었다. 이 자료에 기록된 지역 외에 다른 지역에 군선이 배치되었을 가능성도 있지만, 그렇지 않다면 읍전선은 총 전선 7척이 있었음을 확인할 수 있다.[95] 이후 영조 22년(1746) 황해도 읍전선은 전선

---

92) 『承政院日記』182冊, 顯宗 5年 3月 3日.

93) 『承政院日記』497冊, 肅宗 42年 8月 24日.

94) 『承政院日記』443冊, 肅宗 34年 12月 27日;『續大典』卷4,「兵典」諸道兵船.

95) 『各營釐整廳謄錄』奎15062,「黃海道水軍變通節目」. "各邑戰船所泊處段 防禦使躬親摘奸擇定便好之地成冊上送爲白有在果 一依其所報 海州安岳延白戰船段 仍置舊所 而甕津康翎并定船段 甕津舊船倉 長淵載寧并定船段 置之吾叉浦舊鎭浦 豊川鳳山并定船 置之豊川許沙鎭前洋 殷栗長淵信川并定船 置之長連海岸事 永爲定式."

에서 방패선으로 모두 교체되었고, 이는 영조 47년(1771)까지 그대로 유지되었다.

이렇듯 17세기 후반 경기 지역부터 전선이 방패선으로 교체되기 시작해서 18세기 중엽에는 황해·경기 지역의 군선 배치 방식이 전선 중심에서 방패선 중심으로 변모하게 되었다. 그렇다면 방패선의 확대 원인은 무엇인가? 방패선은 전선보다 탑승 인원이 적기 때문에 출동에 필요한 인원을 모으는 시간이 짧고, 흘수(吃水)도 낮아 서해안과 같은 조석간만의 차가 심한 곳에서 출동이 가능한 시간이 전선보다 길었다. 방패선은 당시 기동성을 강조했던 조선의 전략에 부합하는 배였다.

이 지역에서 주목되는 것은 소규모 군선의 숫자가 늘어나고 선종이 다변화되었다는 점이다. 숙종 30년(1704)까지 황해도에서 보유한 소규모 군선은 협선(挾船)과 소맹선(小猛船)밖에 없었다. 협선은 수심이 낮고 폭이 좁은 수로에서 운영하기 위해 고안된 배인데, 황해도의 복잡한 해안선에 활용하기 적합했다.[96] 소맹선은 조선 전기의 주력 전투 선박이었다. 조선 후기 맹선보다 우수한 군선이 개발되고 보편화되었음에도 아직까지 남아 있는 이유는 알 수 없다. 이후 영조 22년(1746) 황해도 지역에는 거도선(舺舠船)·사후선(伺候船)·별소선(別小船)·추포선(追捕船) 등 다양한 종류의 소규모 군선이 새롭게 배치되었다. 이렇게 소규모 군선의 배치가 늘어나는 현상은 경기 지역에서도 마찬가지였을 것으로 생각된다. 하지만 자료의 미비로 인해 실태를 파악할 수 없다.

이 시기 황해도에 배치된 소규모 군선 중에서 주목되는 선박은 바로

---

96) 『承政院日記』 239冊, 顯宗 15年 4月 13日.

추포선이다. 추포선의 설치는 추포무사의 배치와 직접적인 관계가 있다. 18세기 초 이 지역에서 황당선을 쫓아내는 것은 연해 지역 주민까지 동원할 정도로 중대한 문제였다. 하지만 황해도 백성들은 생업에 종사하면서 황당선의 추격에 나서야 했기 때문에 그 부담을 감당하기 어려운 상태였다. 그런 가운데 영조 11년(1735) 초도에서 해적들이 첨사를 구타하는 사건이 일어났다. 이 사건으로 기존 방식에 한계가 있다는 인식이 확산되자, 영조 12년(1736) 조선 정부는 황당선 추적을 전문적으로 담당할 추포무사를 690명 규모로 설치했다. 이들은 백령도와 초도를 포함한 도서의 연해 지역 요해처 서른한 곳에 배치되어 업무를 수행했다.[97]

조선 정부는 추포무사를 태우고 출발할 배가 필요했는데, 이 배가 바로 추포선이었다. 이 배가 어느 시점부터 건조되었는지 알 수는 없으나, 조정 내부에서 여러 차례 논의가 있었음은 기록을 통해 확인된다. 영조 20년(1744) 황해수사 박문수(朴文秀)는 추포선의 숫자가 5척밖에 되지 않아 해주에서 은율까지 넓은 해안선을 감당하기 어렵다고 지적하며 추포선의 숫자를 늘리자고 주장했다.[98] 조선 정부는 이 의견을 수용해 추포선 10척을 추가로 건조했다.[99] 이후 추포선은 영조 22년(1746) 2척이 줄어 13척이 되었다.

그렇다면 이렇게 배치된 군선들은 어떻게 활용되었을까? 다음은 영

---

97) 강석화, 앞의 논문, 2006, 382~383쪽.
98) 『承政院日記』970冊, 英祖 20年 3月 28日.
99) 『承政院日記』971冊, 英祖 20年 4月 20日.

조 24년(1748) 황해수사 원중회(元重會)의 보고이다.

　　본진의 영전포(令箭浦) 요망장 김운태(金云太)가 와서 고하길 당일 오시(午時)에 황당선 6척이 협선(挾船) 1척을 이끌고 서해 대양에 출몰하여 본포의 대진항(代陳項)에 닻을 내리고 머물렀습니다. 이 소식을 듣고 첨사는 장교와 토병(土兵), 그리고 무사 등을 방선(防船)과 추포선(追捕船) 등에 나누어 태우고 깃발을 크게 펼치고 피리를 불고 포를 쏘아 시위하고 전진하여 쫓아버렸습니다. 그 배의 모습을 바라보니 세 척은 길이가 5~6파(把) 정도 되며 52~53명이 탑승했으며 나머지 세 척은 길이가 4~5파 정도 되며 48~49명이 탑승했던 것으로 보입니다. 돛은 앞이 짧고 뒤가 깁니다. 옷차림은 흑색이거나 백색이었으며 모두 두발을 깎은 부류였습니다. 당선 6척은 잠수하여 어채를 하려고 하다가 추포의 기미를 알고 일시에 닻을 올리고 돛을 펴서 동일 신시(申時)에 남쪽 바다 밖으로 빠져나갔습니다.[100]

　이 보고는 황당선의 출현과 그에 대한 조치를 자세히 설명하고 있다. 영조 24년(1748) 11월 6일 오시(오전 11시~오후 1시)에 황당선 6척이 협선

---

100)　『事變日記』卷11, 乾隆 13年(英祖 24, 1748) 7月 11日 戊辰. "本鎭令箭浦瞭望將金云太來告內 當日午時量 荒唐船六隻 各率挾船一隻 自西海大洋出來 本浦代陳項前洋碇留浮在是如爲去乙 聞極驚駭 僉使卽領將校土兵武士等 分乘於防船及追捕各船 多張旗幟 吹角放砲施威 前進追逐 而望見其船體 則三隻各長可五六把 人物各五十二三名 三隻各長可四五把 人物各四十八九名 帆竹皆前短後長 服色或黑或白 皆削頭髮之類 潛水漁採之計是如何 知其追捕之機 同唐船六隻 一時擧碇掛帆 同日申時量疾走於南海外洋是如."

1척을 이끌고 오차포 앞바다에 출몰했다. 황당선 6척 중 3척은 길이가 7.5~9m 정도였으며, 나머지 3척은 6~7.5m 정도였다. 황당선에 탑승한 승선 인원은 45~55명 정도였다. 요망장 김운태(金云太)가 이 사실을 보고하자 오차포첨사 임정윤(林廷潤)은 장교와 토병, 그리고 무사를 영솔하여 방패선과 추포선을 타고 추격했다. 오차포의 군선이 포를 쏘면서 위협하자 이 배들은 신시(오후 3~5시)쯤에 남쪽 바다로 빠져나갔다. 방패선과 추포선이 황당선 퇴치에 효과적으로 활용되었던 것이다.[101]

충청·전라·경상도 지역의 군선 배치 변화는 통어영 소속인 경기·황해 지역보다 늦은 시기에 이루어졌다. 경기·황해도에서 황당선 퇴치에 있어 전선의 적합성이 논란이 되자, 일본군을 방비하는 데도 전선의 유용성을 의심하는 의견이 제기되었다.

> 무릇 남적(南賊)은 해도의 가운데에 있어 수전(水戰)을 잘하는 사람들로 빠른 몽충선(艨衝船)으로 바다[滄波]에서 출몰하면 파도를 나는 것과 같습니다. 그러나 우리나라도 이미 군선[舟船]을 보유하고 있는데 어찌 빠른 것에 효과를 보지 못하겠습니까? (…) 우리나라의 전선은 크고 또 무거워 조수가 들어올 때가 아니면 움직이기 어려운데 적의 몽충선이 밤을 타고 건너와 갑자기 고성(孤城)에 전란을 일으키

---

101) 자료를 살펴보면 挾船이라는 명칭이 고유명사로 쓰일 때도 있지만, 작은 선박을 지칭하는 보통명사로 쓰일 때도 있다. 이 기록에 언급된 협선은 17세기 초반 황해도에서 戰船·防牌船과 함께 배치된 소규모 군선인 협선을 지칭하는 것이 아니라, 소규모 선박으로 수심이 낮고 폭이 좁은 지역을 자주 다니는 배로 이해하는 것이 타당하다.

면 안과 밖이 통하지 않아 하루아침에 함락됩니다. 비록 여러 진의 성원을 기다린다 하더라도 진의 수군이 모두 군현에 있어 모으는 데 시간이 걸릴 뿐 아니라 반드시 조수가 들어온 다음에야 배를 탈 수 있으니 구하고자 하더라도 그 힘이 미치지 못합니다.[102]

경종 2년(1722) 유학 정세갑(鄭世甲)과 이정기(李廷夔)는 지금의 군선 배치로는 일본군의 기습에 잘 대처하기 어렵다고 주장했다. 조선 정부도 이 점을 일부 인정하고 있었기 때문에, 충청·전라·경상도 군선을 개편하자는 의견에 힘이 실릴 수밖에 없었다. 이 지역 군선은 주로 전선·귀선·방패선·병선·사후선 등 다섯 종류로만 구성되어 있어 황해·경기 지역보다 복잡하지 않았다. 병선과 사후선의 숫자는 전선·귀선·방패선의 수에 의해 결정되므로, 본 연구에서는 주력 선박인 전선·귀선·방패선을 중심으로 살펴보자(표 2-2 참조).

숙종 37~42년(1711~1716) 사이 충청도에는 전선 13척, 귀선 1척, 방패선 13척이 배치되었다.[103] 하지만 숙종 42년(1716) 서천·한산·임천·평신 등 네 개 지역의 전선 4척이 방패선 8척으로 교체되어[104] 영조 22년(1746) 충

---

102) 『承政院日記』 452冊, 景宗 2年 7月 18日. "夫南賊者 處於海島之中 善於水戰者 蓋 以輕捷艨衝 出沒乎滄波, 有若飛渡者 然我國旣有舟船 則豈不效其輕捷乎 (…) 我國戰船 大而且重 如非潮漲 不能運動於船泊處 賊之艨衝 乘夜飛渡 猝變孤城 則內外不通 陷在朝夕 雖待列鎭之來援 而列鎭水軍 散在各邑 非惟招集曠日 必 待潮漲乘船 則雖欲救之 勢無及矣."

103) 「충청수사근무수첩(가칭)」 해양219, 국립해양박물관 소장.

104) 『承政院日記』 497冊, 肅宗 42年 8月 24日. "舒川韓山林川三郡 及平薪津船滄 皆 甚不好其戰船 可改作防牌船 其餘七隻 則曾已改作防牌船."

〈표 2-2〉 18세기 중엽 충청·전라·경상도의 군선 배치 변화

(단위: 척)

지역		선종	크기	영조22(1746) ⓐ	영조36(1760) ⓑ	영조47(1771) ⓒ	증감 ⓒ-ⓐ
충청		전선	대	9	5	5	4▽
		귀선	대	1	5	5	4▲
		방패선	중	21	21	21	0
		병선	중	20	20	19	1▽
		사후선	소	41	41	41	0
전라	우도	전선	대	29	·	28	1▽
		귀선	대	2	·	4	2▲
		방패선	중	11	·	10	1▽
		병선	중	31	·	31	0
		사후선	소	60	·	58	2▽
	좌도	전선	대	18	·	13	5▽
		귀선	대	1	·	6	5▲
		방패선	중	0	·	0	0
		병선	중	20	·	20	0
		사후선	소	41	·	41	0
경상	우도	전선	대	40	27	31	9▽
		귀선	대	6	15	11	5▲
		방패선	중	2	2	4	2▲
		병선	중	47	41	43	4▽
		사후선	소	103	92	95	8▽
	좌도	전선	대	15	11	15	0
		귀선	대	3	4	0	3▽
		방패선	중	0	1	0	0
		병선	중	19	17	16	3▽
		사후선	소	40	33	34	6▽
합계		전선	대	111	·	92	19▽
		귀선	대	13	·	26	13▲
		방패선	중	35	·	33	2▽
		병선	중	137	·	129	9▽
		사후선	소	285	·	269	16▽

* 읍전선은 포함, 해골선은 제외한 수치이다. 전투 선박은 바탕의 색깔을 진하게 처리했다.

* 출전: 『續大典』 卷4, 「兵曹」 諸道兵船; 『輿地圖書』 上·下, 忠淸水營·統營·慶尙左水營; 『攷事新書』 卷9, 「海防舟楫」.

청도는 총 전선 9척, 귀선 1척, 방패선 21척을 보유하게 되었다. 이후 홍주·태안·서산 등 3개 군현과 안흥진에서 전선 4척이 귀선으로 교체되자[105] 영조 36년(1760) 이 지역의 군선 숫자는 전선 5척, 귀선 5척, 방패선 21척이 되었다. 이후 영조 47년(1771)까지 별다른 변화 없이 지속되었다. 병선과 사후선 숫자는 전투 선박의 변경에도 불구하고 비슷한 수준을 유지했다. 다만 영조 47년(1771)에 해미에서 병선이 1척 줄었을 뿐이다.

전라우도에는 영조 22년(1746) 당시 전선 29척, 귀선 2척, 방패선 11척이 있었다. 이후 우수영과 지도의 전선 2척이 귀선으로 교체되는 한편 전선 1척이 가리포에 추가되었고, 마도의 방패선 1척이 삭감되었다. 그 결과 영조 47년(1771) 이 지역 군선은 전선 28척, 귀선 4척, 방패선 10척이 되었다. 병선과 사후선 숫자는 약간의 차이가 있다. 전라좌도에는 영조 22년(1746) 전선 18척과 귀선 1척이 있었다. 이후 방답·여도·회령포·장흥·순천의 전선 5척이 귀선으로 교체되면서 영조 47년(1771) 전선 13척과 귀선 6척이 되었다. 전투 선박의 수는 변화했지만 병선과 사후선의 숫자는 일정하게 유지되었다.

경상도 주력 군선의 숫자는 진의 설치나 폐지와 연계되어 복잡하게 변화했다. 영조 22년(1746) 경상우도에 배치된 군선은 전선 40척, 귀선 6척, 방패선 2척이었다. 이후 통제영·가덕·거제·진주 등 네 곳의 귀선 5척이 전선으로 교체되었지만, 균역법으로 전선 4척이 삭감되고 적량·천성·안골포·제포·옥포·지세포·가배량·평산포·사량·삼천포·구소비·사천·진해·웅천 등 열네 곳에서 전선 14척이 귀선으로 교체되면서 영

---

105) 『續大典』卷4,「兵典」諸道兵船; 『輿地圖書』上, 忠淸水營.

조 36년(1760)에는 전선 27척, 귀선 15척, 방패선 2척이 되었다. 이후 통제영의 전선 1척이 귀선으로 바뀌었지만, 적량·천성·구소비포·사천·진해의 귀선 5척이 다시 전선으로 교체되었고 섬진진에 방패선 2척이 배치되면서 영조 47년(1771) 전선 31척, 귀선 11척, 방패선 4척이 되었다. 이러한 변화에 따라 병선과 사후선은 각각 4척과 8척이 줄었다.

영조 22년(1746) 경상좌도에 배치된 군선은 전선 15척, 귀선 3척이었다. 이후 균역법 시행으로 인해 전선 3척이 줄어든 데 이어, 포이포의 전선이 귀선으로 교체되고, 좌수영에 방패선 1척이 설치되면서 영조 36년(1760) 전선 11척, 귀선 4척, 방패선 1척이 되었다. 이후 좌수영·부산진·다대포·포이포의 귀선이 전선으로 모두 교체되고 방패선 1척이 줄어들면서 영조 47년(1771) 경상좌도의 군선은 전선만 배치되는 상황이 되었다. 병선과 사후선은 3척과 6척이 각각 줄었다.

수군진이나 군현에서 군선을 변경할 때 구체적으로 어떤 논의가 있었는지 사례별로 알 수는 없다. 다만 17세기 후반부터 18세기 중엽까지 충청·전라·경상도의 군선 배치 변화를 살펴보면, 충청도에서는 귀선과 방패선의 배치가 확대되고 전라도와 경상도에서는 전선이 귀선으로 교체되는 추세였음이 분명해 보인다. 이 중 충청도의 방패선 확산은 전술한 바와 같이 서해안 방위 태세 개편의 일환으로 진행된 것이지만, 전라·경상도 등 남해안 지역에서 귀선이 확산된 데는 또 다른 이유가 있었다.

우선 지적할 수 있는 것은 지리적 조건의 차이다. 남해안은 조석간만의 차가 크지 않아 서해안보다 대형 군선을 활용하기에 적합했다. 숙종 37년(1711) "영남 지역의 전선은 조수(潮水)가 성(盛)하지 않은 까닭으로 전선의 상당수는 물에 떠 있어 바다에 나가는 것이 어렵지 않으나, 호남(湖南)의 서쪽 지역은 전선이 해변(海邊)에 세워져 있어서 15일이나 30일 등 만조(滿潮)가 아니면 바다로 출동하기 어렵다"라는 예조판서 이돈(李墪)의 말을 통해 이를 알 수 있다.[106] 이러한 자연 환경은 남해안에서 서해안보다 대형 군선 중심 운영 체계의 문제점이 부각되지 않은 원인이었다.

하지만 지리적 특성은 군선 배치 변화의 필요조건일지언정 충분조건은 아니었다. 그보다 중요한 원인은 이 지역의 전략적 위상 변화였다. 전술한 바와 같이 17세기 초·중엽 충청·전라·경상도에는 일본군의 침입을 방어할 목적으로 대형 군선인 전선이 광범위하게 배치되었다. 17세기 후반에 이르러 외교 관계의 안정으로 일본과의 전쟁 가능성은 줄었지만, 일본의 침입 가능성 자체가 없어진 것은 아니었다. 그러므로 조선 정부는 이 지역 방위 태세를 개편할 때 기존의 대일본(對日本) 방어에서 효과가 증명된 전선 중심 군선 운영 체계를 부정하기 어려웠을 것이다.

하지만 진이나 연해 군현에 배치한 군선 중에 전선의 비중이 지나치게 높으면 적의 기습에 대응하기 어렵다는 논자들의 지적은 타당한 것이었기 때문에, 이를 보완할 필요가 있었다. 그 과정에서 전선을 대체할 만한 군선으로 검토된 것이 바로 귀선(龜船)이었다. 숙종 2년(1676) 전

---

106) 『備邊司謄錄』73冊, 肅宗 37年 2月 15日. "又湖南右水營以西戰船 竊以爲運用不
      便也 嶺南 潮水不盛之故 戰船多浮於水中 出海不甚難 而湖南以西 戰船多閣於
      海邊陸地 非晦望則無以運出海中."

(前) 통제사 이지원(李枝遠)은 "통제영의 전선은 너무 커서 역풍(逆風)이 불면 나아갈 수 없지만, 귀선은 빨라 역풍이 불어도 나아갈 수 있으며 활과 돌을 방어할 수 있다"라고 했다.[107] 영조 24년(1748) 경상좌수사 이언섭(李彦燮)도 "수조할 때 영진(營鎭)의 전선이 모두 진(陣)을 치는데, 그 질둔(質鈍)한 상태를 살펴보면 누선[전선]이 귀선보다 둔하고 귀선의 빠르기는 누선에 앞선다"라면서 "귀선의 제도는 그 선체 모양이 누선보다 적지 않다"라고 지적했다.[108] 당시 귀선이 전선보다 규모가 커서 일본과의 전면전에서 밀리지 않으면서도 기동성까지 뛰어난 군선으로 평가받고 있었음을 알 수 있다.[109] 이러한 장점으로 귀선의 배치가 확대된 것으로 보인다.

선종을 귀선이나 방패선으로 바꾸는 것 외에 기동성을 확보하기 위한 조치 중 하나가 바로 군선의 보관소인 선창(船倉)의 개선이었다. 선창은 유사시 배를 쉽게 출발시키기 위해 바닷물이 내부로 들어오도록 설계하는 것이 보통이었다. 하지만 관리 부실로 선창에 토사(土沙)가 쌓여 문제가 되었다. 물론 토사 문제가 17세기 후반~18세기 중엽 사이에

---

107) 『承政院日記』250冊, 肅宗 2年 1月 24日. "李枝遠 進陳所懷 進對曰 小臣曾經統制使矣 統營戰船甚大 逆風則不能行 龜船則輕捷 故逆風而能行 又能禦矢石."

108) 「慶尙左水使李彦燮上疏文」해양445, 국립해양박물관. "臣於水操時 營與各鎭戰船之當其赴陣也 試看其疾鈍之狀 留意於進退之制 則樓船之鈍後於龜船 龜船之疾先於樓船者 大相天淵是白乎 (…) 龜船之制 體樣大小不下於樓船."

109) 17세기 초·중엽 귀선이 확대되지 못한 이유 중 하나는 사부를 운영하는 데 편의가 없다는 것이었다. 하지만 이 시기가 되면 귀선의 규모도 전선과 마찬가지로 커졌기 때문에 사부의 운영에 관련된 문제도 일부 해결된 것으로 보인다. 이 시기부터는 이러한 문제를 논의하고 있는 기록이 잘 발견되지 않는다.

만 논란이 되었다고 보기는 어렵다. 이 시기의 선창 개선이 다른 시기와 차이를 보이는 것은, 조선 정부가 선창의 토사 문제를 광범위하게 조사하고 이를 해결하고자 했다는 점이다. 숙종 41년(1715) 조선 정부는 수사에게 각 도(道)의 선창 상태를 조사하라는 명령을 내렸다. 그에 전라좌수사는 보성과 낙안의 선창 상태가 나쁘다고 보고했고, 충청수사는 서천·한산·임천·평신진의 선창 상태가 좋지 않다고 보고했다.[110] 조사를 통해 선창의 상태가 좋지 않다고 판명되면, 조선 정부는 선창을 이동하게 하거나 정박한 군선을 기존보다 작은 것으로 대체했다.

하지만 군선의 재배치나 선창의 이동이 어려울 때는 선창의 바닥을 파는 굴포(掘浦)를 할 수밖에 없었다. 나주의 사례를 통해 당시 선창의 토사 문제와 굴포의 실상을 살펴볼 수 있다. 이 시기 나주의 선창은 전선 2척을 보관할 수 있는 규모로 지어졌다. 그런데 모래의 퇴적으로 인해 나주의 선창 수심이 점차 얕아졌다. 영조 25년(1749) 전라우수사 신명상(申命相)은 나주의 전선이 한 달 중 나흘가량만 물에 떠 있을 수 있는 상태라고 고했다. 이는 유사시 전선의 신속한 출동을 저해하는 원인이 되었다. 즉 출동을 위해서는 선원이 물이 들어오는 곳까지 전선을 끌어야 하는 불필요한 과정이 발생했던 것이다.

이 문제를 해결하기 위해 조선 정부는 나주 선창을 굴포했다. 그 결과 전선이 1개월 중 15일 정도 물에 떠 있을 수 있을 만큼 상황이 개선되었다. 영의정 김재로(金在魯)는 이 조치도 미흡하며, 앞으로도 계속 선창을 굴포해야 한다고 주장했다. 이를 위해 그는 나주의 선창 부근에

---

110) 『增補文獻備考』卷120, 「兵考」.

있는 시랑(侍郞)·용문(用文)·수다(水多)·아계(芽界) 등 4개 면(面)의 민호(民戶) 974호를 선창에 소속시켜 굴포를 전담하도록 하는 것이 좋겠다고 제안했다.[111] 이 조치는 가을에야 실행되었다.

3) 군선의 개선·개발 논의와 해골선 개발

지금까지 살펴본 바와 같이 전선의 규모 증가는 기동성 악화라는 문제를 낳았다. 이를 해결하기 위해 조선 정부는 귀선과 방패선의 배치를 확대하는 한편, 선창을 이설 혹은 굴포하여 군선의 신속한 출동을 도모했다. 군선의 설계 및 활용 방식을 변경하거나 새로운 군선을 개발하자는 논의도 조야에서 활발하게 진행되었다. 이 논의를 주도한 것은 신경준(申景濬), 유집일(兪集一), 정상기(鄭尙驥) 등이었다.

가장 체계적인 개혁론을 내세운 이는 신경준이었다. 그는 당시 전선의 문제점을 세 가지로 정리했다 첫째, 일정한 규격 없이 건조되어 크기가 일정하지 않다는 점, 둘째, 비용을 감축하기 위해 장인을 무리하게 독촉하여 군선을 정밀하게 만들지 못한다는 점, 셋째, 규모가 크고 선수(船首) 부분이 지나치게 넓다는 점 등이었다. 그는 현재 쓰고 있는 전선이 빠르지 못할 뿐 아니라 견고하지도 않다고 주장했다.

---

111) 『承政院日記』1041冊, 英祖 25年 3月 20日. "在魯達曰 此全羅右水使申命相狀聞也 羅州竹浦戰船船滄 年年掘浦 今則比前稍勝 前則一月四日浮船 今則一月浮船 合爲十五日 雖勝於一月只浮四日之時 而朝夕待變戰器之半月不浮 亦爲寒心 自今以後 逐年疏掘 然後可無後慮 而本州幅圓廣闊 民戶浩多 年年一二面式 輪回使役 則事不着實 徒致騷擾 若以船滄附近侍郞用文水多芽界等四面人戶 合九百七十四戶 永屬船滄 除其烟役 專當掘浦之役 則實爲便宜 請令廟堂稟處矣."

세 가지 문제 중에서 그가 중점을 두고 고민한 것은 첫 번째와 세 번째였다. 그는 설계 방식을 변경하고 선체 크기에 대한 규정을 명확히 해서 이 문제를 해결하고자 했다. 이를 위해 두 가지 방안을 제안했다. 첫째, 배의 밑판인 저판의 크기와 모양의 변경이다. 그는 전선의 저판을 55~64척(16.9~19.7m), 귀선의 저판을 50척(15.4m) 정도로 규정하자고 했다. 이 제안은 군선의 크기를 규격화하고 기존보다 축소하자는 의미였다. 아울러 저판의 모양은 선수와 선미의 폭을 기존 전선보다 좁게 하고, 가운데 폭은 기존 전선과 비슷하게 만들자고 했다. 선박의 모양을 유선형으로 제작하여 운항할 때 물의 저항을 줄이고자 했던 것이다. 저판의 모양이 바뀌면 다른 부분의 모양도 변화해야 했다. 그는 비우[飛荷]나 삼판(杉板)의 규격과 설계 방안도 제시했다.

둘째, 귀선·병선·사후선의 배치 숫자 변경과 운영 방식의 변화이다. 그는 귀선을 수영별로 6척씩 배치하자고 했다. 이는 귀선의 숫자를 늘리고 중용해야 한다는 의미였다고 해석된다. 병선은 규모를 줄이는 대신 분작(分作)해서 운영해야 한다고 했다. 여기서 분작은 본래 큰 군선 1척을 건조할 선재를 가지고서 작은 군선 2척을 건조하는 것을 의미한다. 그가 병선의 분작을 강력히 주장한 이유는 위험부담을 줄이기 위해서였다. 즉 규모가 큰 병선에 군량을 싣고 운행하다가 침몰하면 군량의 공급이 중단되지만, 규모가 작은 병선 2척에 나눠 실으면 1척이 침몰한다 해도 1척은 살아남아 군량 공급이 중단되지 않는다는 논리이다. 아울러 그는 사후선의 규모를 키우고 승선 인원을 늘리며 무장을 해야 할 필요성을 제기하고, 기존 사후선의 역할은 사선(沙船)을 개발하여 수

행하게 하자고 했다.[112]

새로운 형태의 군선을 개발하자는 의견도 제시되었다. 당시 개발하고자 하는 군선은 윤선(輪船)과 비선(飛船)이었는데, 이 시기 주로 논의된 것은 윤선이었다.[113] 유집일은 그가 황해감사로 재임하던 숙종 27년(1701)경 윤선을 설계했다고 한다. 그가 제작한 배는 앞뒤에 바퀴가 있고 선수와 선미에 모두 치[舵]를 설치했다는 특징이 있었다. 이 배는 바퀴가 물에 닿으면서 속력을 냈기 때문에 빨랐고, 선수가 선미가 되기도 하고 반대로 선미가 선수가 되기도 했기 때문에 회전을 할 필요가 없었다. 또한 배의 방향과 조수의 방향이 다른 역조(逆潮) 때도 배를 선회하기 쉬웠다. 이 배는 실제 만들어진 것 같지만 곧 폐지된 것으로 보인다.[114]

하지만 논의가 여기에서 그친 것은 아니었다. 정상기는 동정호에서 수적(水賊) 양요(楊幺)의 배가 바퀴로 물을 부딪쳐 올리면서 나는 듯 운행했고, 옆에 당간(撞竿)을 설치해서 관선이 부딪히면 부서졌다는 『송사

---

112) 신경준의 개혁론에 대해서는 김재근, 「旅菴의 兵船論」, 『韓國船舶史硏究』, 서울대학교출판부, 1984, 136~178쪽 참조

113) 18세기 후반에는 飛船을 건조하자는 논의도 등장했다. 飛船은 본래 작고 빠른 배를 의미하는 보통명사이며 일본 배를 지칭하는 데 주로 쓰였다. 하지만 여기서 말하는 비선은 고유명사이다. 비선은 영조 36년(1760) 동지중추부사 李天球가 제안했다. 그가 제안한 배는 저판이 길이가 30척(9.2m)가량 되는 중형 선박으로 노가 10개 정도 달렸으며, 선박 후미에 대포를 달아 공격을 할 수 있도록 설계되었다. 이 배는 속력이 빠르고 수심이 낮은 곳에서도 운영할 수 있는 성능을 가지고 있었다. 『承政院日記』 1177冊, 英祖 36年 1月 22日.

114) 『增補文獻備考』 卷120, 兵考12 舟師.

(宋史)』의 내용을 읽고 윤선을 고안했다. 이 윤선은 양 옆에 십자형(十字形) 스크루를 설치하고, 바퀴 축(軸) 사이에 괴목(拐木)을 배치해 이를 밟아 동력을 얻는 배였다. 바퀴의 크기는 배의 크기에 맞추어 제작하도록 했으며, 바퀴가 움직일 때 물이 배 안으로 들어오지 못하도록 물받이를 설치하기도 했다.[115] 그가 주장한 윤선은 기동성이 뛰어난 배였다. 윤선 개발 논의는 18세기 후반 송규빈(宋奎斌) 등에 의해 계속 이어졌다.[116]

이러한 논의가 진행되는 가운데 실제 건조되어 배치까지 완료된 배가 있었다. 바로 영조 16년(1740) 전라좌수사 전운상(田雲祥)이 건조한 해골선(海鶻船)이다.[117] 그는 해골선 건조의 취지를 「해골선제략(海鶻船制略)」을 통해 다음과 같이 설명했다.

『무경절요(武經節要)』를 살펴보면 여러 수전용(水戰用) 기구가 기록

---

115) 조정기, 「農圃子 鄭尙驥의 國防論」, 『부산사학』 7, 부산사학회, 1983, 133~134쪽.
116) 宋奎斌은 그의 저서 『풍천유향』에서 거북선처럼 덮개를 씌우고 승선 인원이 50명 정도가 되도록 규모를 줄이는 형태로 군선을 개선해야 한다고 주장했다. 또한 선박의 앞뒤에 天字砲와 地字砲를 배치하고 양 옆에 佛狼機를 3문씩 설치하여 공격력을 강화해야 한다고 했다. 그리고 두 개의 輪을 선박의 양옆에 달고 여기에 기아(機牙)라고 하는 페달을 설치해 사람이 발로 밟아 움직이게 하면 기동성이 향상될 것이라고 했다. 또한 배 방향을 결정하는 舵를 앞과 뒤에 모두 설치하도록 주장했다. 타는 본래 船頭에 설치해서 배의 방향을 결정하는 장비인데, 송규빈은 타를 뒤에도 설치하면 배를 선회하지 않고도 바로 후진할 수 있다고 했다. 그 밖에도 닻줄을 麻 대신에 가벼운 두발(頭髮)로 만들자고 제안하기도 했다. 백기인, 「변방방어론」, 『朝鮮後期 國防論 硏究』, 혜안, 2004, 92~94쪽.
117) 해골선의 건조에 대해서는 김용국, 「田雲祥과 海鶻船」, 『학술원논문집』 13, 대한민국학술원, 1974 참조.

되어 있습니다. (…) 또한 그 행용(行用)의 편리 여부를 논해보면 그중 해골선의 제도와 양식이 묘리(妙理)가 있습니다. 해골선의 주해에는 "해골(海鶻)이라는 것은 배의 모양이 머리는 낮고 꼬리는 높으며 앞은 크고 작은 것이 송골매 모양이기 때문에 그렇게 부르는 것"이라고 기록되어 있습니다. 또한 "배의 양쪽 가장자리에 부판을 만드니 송골매의 날개와 같아 배를 도와 바람과 파도가 세차고 넘쳐도 기울어질 염려가 없다"고 합니다. (…) 우리나라의 전선은 3층 판옥으로 4면에 순창(楯窓)을 설치했으며, 몸체가 크고 행동이 둔하여 항상 조련할 때 조금만 바람을 만나도 운용하기가 어렵습니다. (…) 해골선은 바람을 두려워할 것이 없고, 매우 가볍고 빠르며, 안에서 밖을 내다볼 수 있지만 밖에서 안을 보지 못하기 때문에 노군(櫓軍)과 사포수가 모두 몸을 숨기고 노를 저으며 활과 포를 쏠 수 있어 적의 화살이나 돌이 능가하지 못합니다.[118]

이 군선은 모양이 송골매와 유사해서 해골선이라고 이름 붙여졌다. 해골선은 선수가 낮고 선미가 높은 유선형으로 설계되어 바람의 저항을 상쇄하여 기동성을 최대한 발휘할 수 있었다. 또한 이 군선에는 배

---

118) 「海鶻船制略」전씨재실소장본. "考見武經節要 則多載水戰之具 (…) 且論其行用之便否 而其中海鶻船制樣 頗有妙理 其註解曰 海鶻者 船形頭低尾高 前大後小如鶻之形 舷上左右置浮板 形如鶻翼翅 助其船 雖風濤怒漲 而無傾仄之慮 (…) 以我國戰船言之 三層板屋 四面楯窓 大而質鈍 常時操鍊之際 小式遇風 輒難運用 (…) 至於海鶻船 則旣不畏風 又甚輕疾 而內能窺外 外不能窺內 能櫓軍射砲手 隱身而搖櫓射放 敵之失石 亦莫能加焉."

양옆에 날개[浮板]를 설치해서 파도가 높아도 쉽게 전복되지 않았다. 아울러 지붕을 설치해 밖에서 내부를 볼 수 없도록 해서 승조원의 생존율을 높이고 공격이 원활하게 했다. 이 해골선은 저판[本板]의 길이가 7파 5척(37.5척, 11.55m)이며 탑승 인원은 56명 정도였다. 군선 중에 중형 규모에 속했다.

요컨대, 17세기 후반 수군진과 연해 군현에 배치된 주력 전투 선박은 전선이었다. 이 시기 전선은 점차 대형화되는 추세였다. 하지만 크기의 증가는 기동성이 요구되던 당시 대외 상황에 적합하지 않았다. 조선 정부는 군선의 크기를 줄이도록 계속 요구하는 한편, 귀선과 방패선의 배치를 확대했다. 그 결과 조선 수군의 군선 구성이 이전과 많이 달라졌다. 아울러 군선의 기동성 확보를 위해 전면적으로 선창을 정비하는 한편, 군선 개발 논의도 등장했다. 전라도에는 새로운 군선인 해골선이 배치되기도 했다.

제2장

역가 감필(減疋)과 군액 조정

1. 수군변통절목(水軍變通節目)의 반포와 역가 감필

1) 양역 문제의 심화와 수군변통절목의 반포

(1) 경안부 수군의 과중한 부담과 해결 방안 논의

조선은 17세기 후반부터 서해안에 수군진을 설치하는 한편 수군진과 군현에 있던 군선을 교체하여 서해안 방위에 힘을 쏟았다. 이와 발맞추어 수군 역제도 정비할 필요가 있었다. 17세기 초·중엽 수군은 전술한 바와 같이 충원 방식에 따라 경안부 수군, 역가로 고립되어 업무를 대행하는 급대군, 외안부 수군 등 세 종류로 구분되었다. 이 중 조선정부가 먼저 논의한 것은 경안부 수군과 급대군에 관련된 문제였다.

당시 조선 정부는 병종별로 서로 다른 역가를 일정 수준에서 균일하게 통일하고자 했다. 이와 관련된 논의는 여러 양역에서 동시다발적으로 행해졌다.[119] 여러 논의 중에서 수군역에 대한 논의는 다른 양역에

비해 활발했다. 그 이유는 경안부 수군역의 부담이 다른 직역보다 상당히 컸기 때문이다. 다른 직역의 역가는 보통 2필이었는데 경안부 수군의 역가는 3필이었다. 게다가 경안부 수군은 3필 중 2필만 포로 내고, 나머지 1필은 현물인 콩[豆太]·꿀[淸蜜]·참깨[眞荏]·들깨[水荏]·마죽미(馬粥米)·각종 과일[各色實果]·철물(鐵物) 등 현물로 대납(代納)했다. 역가의 일부를 현물로 대납하게 한 이유는 진에서 필요한 현물을 원활하게 조달하기 위해서였다. 하지만 현물 대납에 따른 추가 비용은 오롯이 경안부 수군의 몫이었다. 수군진에서는 현물의 가격을 고려하지 않고 물품을 부과했기 때문에, 역가보다 현물 값이 비싼 사례가 많았다. 또한 경안부 수군은 역가를 내는 과정에서 복마(卜馬)를 빌려서 운반했기 때문에, 그에 따른 추가 비용도 부담해야 했다. 게다가 상납을 받는 향리들이 각종

다. 임진왜란 이후부터 훈련도감 등 오군영이 정비되고 속오군이 설치되는 등 새로운 군사 제도가 형성되었음에도 조선 전기의 군사 제도는 완전히 사라지지 않고 유지되었다. 新軍制와 舊軍制가 존속하는 가운데 군문들은 군현에 군액을 부과할 때 일정한 원칙을 지키지 않았다. 그에 따라 疊役이 늘어날 뿐 아니라 군액 자체가 실제 백성의 숫자보다 많은 상황이 계속 발생했다. 둘째, 역가의 不均이다. 당시 역가는 1필에서 3.5필 사이로 편차가 상당히 컸다. 이렇게 역가가 균등하지 않으면 인력의 분배가 잘 이루어질 수 없다. 특히 유력자들이 고가의 직역에 충원되지 않으려 했기 때문에, 신분과 경제적 지위가 낮은 계층이 고가의 역을 지는 현상이 발생했다. 이들은 과도한 역가를 감당하지 못해 직역에서 이탈할 가능성이 높은 존재들이었다. 그에 따라 지속적인 代定이 필요했고, 이는 향촌사회에서 각종 문제의 원인이 되었다. 그러므로 양역 충원 방식과 역가의 불균 문제는 국가 인력 동원의 근간이 되는 役制를 흔드는 원인이 되었다. 조선 정부는 역가를 하향 균일화하여 이 문제를 해결하고자 했다. 양역의 균일화 문제에 대해서는 정연식, 「17·18세기 良役均一化政策의 推移」, 『한국사론』 13, 서울대학교국사학과, 1985 참조.

핑계를 대면서 퇴자[點退]를 놓아 수군들이 이중부담을 지기도 했다.[120]

경안부 수군은 그 밖에도 많은 잡역을 부담했다. 읍전선의 개삭 및 개조나 수조 시행에 따른 비용은 대동저치미로 마련했지만, 진 소속 군선은 이 경비를 진 자체에서 조달해야 했다. 지휘관들은 역가를 이미 낸 수군을 수조나 각종 군선역(軍船役)에 동원하여 비용을 절약하고자 했다. 물론 수군이 역가를 내면 역을 대신한 것이기 때문에 각종 역에 동원되지 않는 것이 원칙이었다. 하지만 수군 지휘관은 인력이나 재정 부족을 내세우며 이를 무시했다. 수군은 피역(避役)이나 도산(逃散)을 통해 자신의 역에서 벗어나고자 했다.

높은 역가, 현물납, 각종 잡역 부과 등은 수군 역제 운영을 어렵게 하는 요인이 되었다. 이 문제의 해결을 위해 여러 방안이 마련되었다. 조선 정부는 지휘관이 경안부 수군을 임의로 침탈하지 못하게 하거나, 다른 관청에서 강제로 동원하지 못하도록 규정했다.[121] 또한 경안부 수군의 현물납을 금지하고 이를 미(米)로 대체하기도 했다. 하지만 이 방안이 수군의 부담을 덜어줄 근본적인 해결책은 아니었다. 결국 역가 감축이 가장 효과적인 방법이라는 인식으로 귀결될 수밖에 없었다.

경안부 수군은 주로 평안·황해·경기·충청·전라·경상 등 여섯 개 도

---

120) 『承政院日記』166冊, 顯宗 2年 2月 25日. "軍卒之中 水軍之役 最爲偏苦 何者 蓋 以任閫帥者 專爲憑公營私之計 故水軍之身役價布 例捧三疋 而二疋則先爲徵 捧 一疋則姑停不捧 稱以雜物貿易之債 使渠貿納 豆太淸蜜眞水荏馬粥米各色 實果及軍器所造鐵物等 不計本價之多少 而抑勒倍徵 (…) 而運納營門之際 地遠 物重 不能一駄盡載 傾財雇馬 艱難輸致 及其捧上之時 加以色吏 操縱百端 點退 往復 罔有紀極 春秋水操 裹糧遠赴 動經時月 一番之役 所費幾何."

121) 『各營釐整廳謄錄』 奎15062, 「兩南水軍變通節目」.

에 존재했다. 이 중 황해도와 평안도의 수군 역가가 먼저 줄어든 것으로 추정된다. 황해도는 숙종 1년(1675) 수군 두 명분의 역가가 지휘관의 급료였는데, 그 액수가 4필이라고 한 것으로 보아 이때 이전부터 경안부 수군에게 역가 2필을 걷고 있었음을 알 수 있다.[122] 평안도 경안부 수군의 역가는 『관서양역실총(關西良役實摠)』에서 모두 1필이라고 했음을 고려해보면, 이 시기 이전에 이미 감필 조치가 있었음을 추정할 수 있다.[123] 이 두 지역에서 경안부 수군의 역가가 먼저 삭감된 이유는, 수군이 많지 않다는 특수성에서 기인한 결과라 생각된다.

경기·충청·전라·경상도 경안부 수군의 역가는 현종 6년(1665)에 병보제(竝保制)의 시행과 함께 줄어들기 시작했다.[124] 병보제는 수군 두 명이 병말보(竝末保)에게 1필씩 걷어 본래 몫인 2필과 합쳐 총 3필을 진에 내도록 하는 방식이었다. 병말보는 전술한 바와 같이 호수를 보조하는 업무를 했기 때문에, 병력으로 충원되지 않는 것이 원칙이었다. 그러나 경상도나 전라도의 수군진에서 병말보에게 역가를 걷거나 격군으로 충원하는 등 이들을 충원하려는 시도가 없었던 것은 아니었다.[125] 조선 정부는 병보제의 시행을 통해 진에서 병말보에게 역가를 걷는 관행

---

122) 『備邊司謄錄』 31冊, 肅宗 1年 9月 6日 「所江防禦使事目」.

123) 『良役實摠』 「關西良役實摠」.

124) 병보제는 수군에서만 시행된 것은 아니었다. 훈련도감의 砲保에 시행된 幷保制에 대해서는 김종수, 「訓鍊都監의 給料制·給保制 운영과 軍需」, 『朝鮮後期 中央軍制研究―訓鍊都監의 設立과 社會 變動』, 혜안, 2003, 171쪽 참조.

125) 『承政院日記』 41冊, 仁祖 11年 10月 19日. "聞嶺南新定末保 有逐名收布之事 極以爲怪"; 『承政院日記』 87冊, 仁祖 22年 2月 4日. "今者水使李景顏狀啓內 以雇立價出處 及風和時添格無出處 爲言矣 空末保 依近例仍定格軍事 旣已蒙允."

〈그림 2-4〉 병보제 시행 전후 경안부 수군의 역가 납부 방식 변화

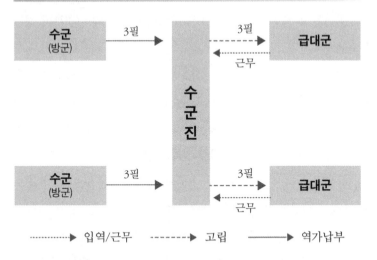

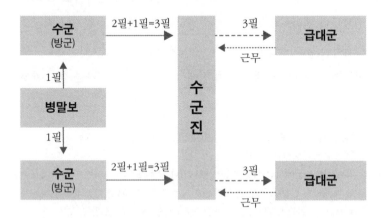

을 공식화하고, 이들의 역가를 보인의 부담을 완화하는 데 사용하고자 했다. 이 병보제가 경안부 수군 전체를 대상으로 시행되었는지는 알 수 없다. 18세기 후반의 사례를 고려해보면, 사부를 제외한 방군에서만 시행한 것으로 추정된다.

병보제를 제대로 시행하려면 호수가 병말보를 충분히 확보할 수 있어야 했다.[126] 하지만 호수 중 상당수가 병말보를 확보하지 못해 혜택을 보지 못했다. 이는 병말보를 확보한 호수와 그렇지 못한 호수 사이에 역의 불균형을 일으키는 원인이 되었다. 이 문제에 대해 조선 정부는 별다른 해결 방안을 내놓지 못했다. 결국 병보제는 당시 제기된 역가 문제를 해결하는 데 이바지했지만, 병말보의 확충을 호수에게 일임했다는 점에서 부분적인 개선 방안이었다고 평가할 수 있다.

그 결과 병보제를 시행했다 하더라도 경안부 수군의 충원은 여전히 쉽지 않았다. 이는 영종진의 사례를 통해 확인해볼 수 있다. 숙종 16년 (1690) 조선 정부는 영종진을 방어영으로 승격시키고, 기존 경안부 수군 337명에 추가로 337명을 배정키로 했다. 674명의 인원을 채우기 위해서는 기존 수군 중 잡탈로 누락된 인원 62명과 추가된 수군 337명 등 총 402명을 경기를 비롯한 각 도의 군현에서 모집해야 했다. 하지만 경기 감사 권규보(權珪報)는 "본진에 획급한 가평 수군 40명과 연천 수군 40명 등 총 80명은 이미 유망(流亡)한 상태에 있고, 나머지 지역에서 확충한 여정(餘丁)도 같은 폐단이 있다"라고 보고했다. 이에 대해 병조판서 민종도(閔宗道)는 다른 도의 상황도 마찬가지라고 하면서, 만약 이들 여정

---

126) 정연식, 앞의 논문, 1985, 179쪽.

을 금보(禁保)나 금군보직(禁軍卜直)으로 확충했다면 도산하는 폐단이 이렇게까지 심하지 않았을 것이라고 지적했다.[127]

영종진의 예에서 보는 바와 같이, 병보제가 시행되었다 하더라도 경안부 수군역의 과중함을 부분적으로 개선하는 데 그쳤다. 당연히 병력 운영의 난맥상도 해결되지 못했다. 이로 인해 숙종 7년(1681) 전라도에 설치된 고금도·지도·신지도진과 숙종 37년(1711) 설치된 임자도진 등 네 곳에는 경안부 수군을 배정하지 못하는 상황까지 이르렀다.[128] 당시 경안부 수군의 부족이 진의 설치에 지장을 주는 정도까지 이르자, 조선 정부는 숙종 29년(1703) 양역이정청(良役釐整廳)을 설치하고 양역 문제를 논의하는 과정에서 수군 역가와 관련한 논의를 했다.[129]

여기서 논의된 방안 가운데 경안부 수군의 역가를 낮추어 도고(逃故)나 잡탈 등으로 발생하는 불필요한 손실을 막아 병력 동원과 역가 수

---

127) 『承政院日記』 345冊, 肅宗 17年 4月 11日. "閔宗道曰 永宗鎭未設防禦使之前 水軍元數三百三十名 而防禦使設立之後 三百二十七名 又爲添給矣 元軍中雜頉六十五名之代 及新軍三百三十七名 合四百二名 上年皆以冒屬餘丁劃給 而水軍之役 比他倍苦 冒屬之類 亦多貧殘 故聞充定水軍之奇 鳥驚魚駭 相繼逃散 得見京畿監司權珪報備局文狀 則本鎭劃給加平水軍四十名 漣川水軍四十餘名 逃散殆盡云 而此外他道劃給餘丁逃散之弊 無不同然 存者無幾 有同虛簿 此輩若以餘丁仍存 或充定禁保 或定禁軍卜直 而不以水軍劃送 則逃散之弊 似不至此."

128) 조선 정부는 경안부 수군이 지급되지 않는 수군진의 운영비를 마련하기 위해 둔전의 설치를 허락하거나 대동저치미를 지급하는 등 여러 대책을 마련했다. 『湖南廳事例』 奎15232, 「儲置會減」.

129) 鄭萬祚, 「肅宗朝 良役變通論의 展開와 良役對策」, 『국사관논총』 17, 국사편찬위원회, 1990, 150쪽; 이근호, 「숙종대 중앙 군영의 변화와 수도방위체제의 성립」, 『조선후기의 수도방위체제』, 서울학연구소, 1998, 43쪽.

취를 원활하게 하자는 감필론(減疋論)이 많은 지지를 받았다. 역가 감필의 주요 주장자는 양역이정청의 당상이었던 영의정 신완(申琓), 우의정 김구(金構) 등이었다. 이 중 김구의 논의를 살펴보자.

군병의 신역 중에 4~5필을 걷는 것도 있고 1필을 걷는 것도 있어 역의 불균함이 이보다 심한 것이 없습니다. 수군에 이르러서는 더욱이 칠반천역(七盤賤役)일 뿐 아니라 매년 포 3필을 냅니다. (…) 폐단이 이와 같은데 어찌 육군과 차이가 있겠습니까? 편중된 고통이 여기에 이르렀으니, 육군의 예에 의하여 1필을 감하는 것이 좋겠습니다. (…) 수군의 포(布)는 진하군(鎭下軍)을 고립[給代]하는 데 지급합니다. 진하군은 그 처자를 데리고 와서 그 진 아래 사는데, 1년 이내에 그 역이 또한 많지 않아 비록 1필 반을 지급한다 하더라도 부족하다고 여기지 않을 것입니다. 그런 까닭에 대립(代立)한 자도 고통스럽다고 여기지 않아 그 반(半) 정도가 다른 용도로 쓰이는 것입니다. 지금 비록 1필을 줄인다 해도 결단코 고립[給代]하는 데 부족하지 않을 것이니 어찌 반드시 그 감해진 금액을 확충해야만 시행할 수 있겠습니까?[130]

---

130) 『承政院日記』414冊, 肅宗 29年 9月 25日. "軍兵身役中 有四五疋徵捧者 有一疋 徵捧者 役之不均 莫此爲甚 而至於水軍 尤是七般賤役也 每歲納布三疋 (…) 其 弊如是 何異於陸軍 而偏苦至此 一依陸軍之例 減一疋 而似爲得宜矣 (…) 而 偏苦至此 一依陸軍之例 減其一疋 而似爲得宜矣 (…) 水軍之布 只是給代於鎭 下軍 下軍則率其妻子 居生爲底 一年之內 又役不多 雖送一疋半 未爲不足 故代 立者 不以爲苦 而其半則歸於他用 今雖減一疋 決無不足於給代之理 何必充給 其所減之數 而乃可行矣."

김구는 수군이 육군과 같은 양역(良役)임에도 역가가 비싸서 부담이 과중하다고 지적하고, 수군 역가를 삭감하여 육군과 통일하자고 제안했다. 역가를 삭감한다면 급대군의 급료 부족 문제가 제기될 수 있었다. 김구는 급대군이 1년 동안 지는 역이 많지 않아 포 1.5필만 지급한다 해도 그 급료가 부족하지 않을 것이라고 했다.

조선 정부는 이 의견을 수용해 숙종 30년(1704) 1월 경기·충청·전라·경상도에 있는 경안부 수군의 역가를 3필에서 2필로 삭감했다.[131) 양역이정청은 역가 삭감에 따른 대책을 마련하고 병력 동원 방식을 개선하기 위해 숙종 30년(1704) 「양남수군변통절목」과 「황해도수군변통절목」을 반포했다.[132) 두 절목의 시행 범위는 명칭에서도 알 수 있듯이 전라·경상·황해도였다.

두 절목의 분석에 앞서 다른 지역 상황을 살펴볼 필요가 있다. 충청도는 이미 현종 13년(1672)에 상정례(詳定例)를 반포하고 수군 역제를 변통했기 때문에, 이 시기에는 역제를 다시 변통할 필요가 없었던 것으로

---

131) 『備邊司謄錄』 53冊, 肅宗 29年 9月 28日; 『承政院日記』 416冊, 肅宗 30年 1月 5日.
132) 당시 양역이정청의 성과는 ① 이전까지 군문마다 달랐던 부대 편제를 통일하여 用兵의 효용성을 높이고 三軍門 도성 수비 체제를 갖춤, ② 군제 개편 과정에서 군액을 裁減하고 얻은 良丁 36,793명을 군현에서 발생한 逃故에 代定함으로써 도고 충정에 따르는 애로와 白骨·兒弱徵布의 폐단을 완화, ③ 군포의 질을 6승 40척으로 통일하여 군포 징수의 폐단을 방지, ④ 1필에서 3필에 이르는 각종 收布量을 2필로 균일화, ⑤ 교생에 대한 고강을 강화하여 避役者를 색출하되 포 2 필씩 징수하고 감영에서 관리해 백골징포를 견감하는 데 보충하도록 한 점 등이었다(정만조, 「肅宗朝 良役變通論의 展開와 良役對策」, 『국사관논총』 17, 국사편찬위원회, 1990, 150쪽). 결국 이 개혁안의 초점은 부대 편제 통일, 역가 균일화, 避役者 색출 강화 등이었다. 그 와중에 수군은 중요한 문제로 부각되었다.

생각된다.[133] 경기 지역에는 「양남수군변통절목」과 비슷한 내용의 절목이 반포되었을 것으로 판단되지만, 자료로 남아 있지 않다. 함경도에는 수군이 없었던 것으로 생각되고, 평안도는 그 변통 현황을 알 수 없다. 이제 두 절목을 분석해 수군 역제의 변화상을 살펴보자.

(2) 역가 감필과 진별 경안부 수군의 역가 총액 확정

〈표 2-3〉은 「양남수군변통절목」과 「황해도수군변통절목」의 방군·사부·첨격사부의 숫자를 도표화한 것이다. 「양남수군변통절목」은 수군진을 통제영, 수영, 부산진, 2전선 첨사진, 1전선 첨사진, 만호·권관진, 별장진으로 등급화하고, 대표적인 수군진 한 곳의 이름과 거기에 포함된 진의 숫자를 기록했다.[134] 이러한 등급은 지휘관의 품계와 군선 보유 숫

---

133) 「양남수군변통절목」이 충청도의 상정례를 골간으로 작성되었다는 점을 고려해보면, 이 상정례는 「양남수군변통절목」의 내용과 큰 차이가 없었을 가능성이 크다.

134) 등급별 수군진은 구체적인 명단이 없어 추정할 수밖에 없다. 「양남수군변통절목」의 경상도 2전선 첨사진 조에는 "左·右道 2전선 첨사진 두 곳이 모두 같으며 가덕에는 防軍을 다른 진보다 30명을 더 준다"라고 했다. 그리고 1전선 첨사진 조항에는 "좌·우도 1전선 첨사진 세 곳이 같으며 미조항은 다른 진보다 방군 30명을 더 준다"라고 기록되었다. 이 조항을 근거로 당시 이 두 등급에 들어가 있는 첨사진을 찾을 수 있다. 당시 경상도에서 부산진을 제외한 첨사진은 가덕·미조항·적량(이상 우도), 다대포·서생포(이상 좌도) 등 수군진 다섯 곳이었다. 이 중 자료에 이름이 표기된 가덕·미조항·다대포·서생포 등을 논외로 하면 적량만 남는다. 이러한 검증 결과 경상도에서 2전선 첨사진은 다대포·가덕, 1전선 첨사진은 미조항·적량·서생포 등 수군진 세 곳이었음을 추정할 수 있다. 만호·권관진 조에는 "좌·우도 만호 열아홉 곳과 권관 네 곳, 그리고 龜山別將 한 곳이 모두 같다"라고 기록되었다. 그런데 필자가 조사해본 바에 따르면, 당시 만호진

자를 고려하여 설정한 것이었다. 진을 등급별로 구분해서 수록한 것은 진의 규모를 일정한 기준에 따라 평준화하려는 의도였을 것으로 추정할 수 있다.

각 등급은 여러 진을 포함하고 있지만, 통제영이나 부산진같이 진 한 곳이 별도의 등급으로 설정된 사례도 있었다. 통제영은 여타 수군진과 비교가 되지 않을 정도로 큰 규모였음은 전술한 바와 같다. 부산진은 근처에 왜관이 있어서 그 첨사가 외교 문제에 관여하기 때문에, 일반 첨사진보다 고위직 첨사가 파견되는 것이 상례였다.[135] 때문에 통제영

은 열아홉 곳이었으며 권관진은 다섯 곳이었다. 이를 나열해보면, 만호진은 천성포·안골포·제포·옥포·조라포·지세포·가배량·영등포·평산포·당포·사량(이상 우도)과 개운포·두모포·서생포·서평포·포이포·축산포·칠포·감포(이상 좌도) 등 열아홉 곳이며, 권관진은 소비포·상주포·곡포·율포·삼천포 등 다섯 곳인 것 같다. 권관진 다섯 곳 중 한 곳은 이때 잠시 폐지되었던 것으로 판단되는데, 어떤 진인지 알 수 없다. 소모별장진은 신문이 기록되고 진 여섯 곳이 같다고 했는데, 신문·남촌·구소비포·청천·장목포·풍덕포 등인 것 같다. 전라도의 2전선 첨사진은 방답진이 대표진으로 기록되어 있고 첨사진 세 곳이 같다고 했는데, 사도·가리포가 여기에 포함된 것으로 보인다. 1전선 첨사진은 임치가 대표진으로 기록되어 있고 위도·고금도·고군산이 포함된 것으로 보인다. 만호진은 여도가 대표진으로 기록되어 있고 수군진 열여섯 곳이 같다고 했다. 이를 추적하면 법성포·군산포·검모포·금갑도·남도포·다경포·목포·신지도·어란포·이진·지도·마도·회령포(이상 우도)와 녹도·발포·여도(이상 좌도) 등으로 추정된다. 별장진은 고돌산이 대표진으로 기록되어 있고 진 두 곳이 포함되었다고 하는데, 고돌산과 격포진이었던 것으로 보인다.

135) 왜관 운영과 관련된 부산첨사의 역할은 첫째, 조선인과 일본인의 왜관 출입 및 통제, 둘째, 일본 선박의 출입 및 감독, 셋째, 왜관의 도차사원으로서 왜관에 필요한 물품 공급 주도 등이었다. 양흥숙, 「조선후기 東萊 지역과 지역민의 동향—倭館 교류를 중심으로」, 부산대학교 박사학위논문, 2009, 53~58쪽.

진	전선	방군			사부						총계
					사부			첨격사부			
		입방	불입방	소계	입방	불입방	소계	입방	불입방	소계	
경상도 통영	8	5,310명 [10,620필]	590명 [1,180필]	5,900명 [11,800필]	784명 [1,568필]	784명 [1,568필]	1,568명 [3,136필]	84명 [168필]	84명 [168필]	168명 [336필]	7,636명 [15,272필]
수영	4	2,880명 [5,760필]	320명 [640필]	3,200명 [6,400필]	424명 [848필]	424명 [848필]	848명 [1,696필]	48명 [96필]	48명 [96필]	96명 [192필]	4,144명 [8,288필]
부산	2	1,476명 [2,952필]	164명 [328필]	1,640명 [3,280필]	212명 [424필]	212명 [424필]	424명 [848필]	24명 [48필]	24명 [48필]	48명 [96필]	2,112명 [4,224필]
첨사(2)	2	1,440명 [2,880필]	160명 [320필]	1,600명 [3,200필]	212명 [424필]	212명 [424필]	424명 [848필]	12명 [24필]	12명 [24필]	24명 [48필]	2,072명 [4,144필]
첨사(1)	1	720명 [1,440필]	80명 [160필]	800명 [1,600필]	106명 [212필]	106명 [212필]	212명 [424필]	12명 [24필]	12명 [24필]	24명 [48필]	1,036명 [2,072필]
만호 권관	1	720명 [1,440필]	80명 [160필]	800명 [1,600필]	106명 [212필]	106명 [212필]	212명 [424필]	12명 [14필]	12명 [14필]	24명 [48필]	1,036명 [2,072필]
별장	1	288명 [576필]	32명 [64필]	320명 [640필]	42명 [84필]	42명 [84필]	84명 [168필]	70명 [140필]	70명 [140필]	140명 [280필]	544명 [1,088필]
전라도 수영	4	2,880명 [5,760필]	320명 [640필]	3,200명 [6,400필]	330명 [660필]	·	·	·	·	·	3,530명 [7,060필]
첨사(2)	2	1,440명 [2,880필]	160명 [320필]	1,600명 [3,200필]	180명 [360필]	·	·	·	·	·	1,780명 [3,560필]
첨사(1)	1	720명 [1,440필]	80명 [160필]	800명 [1,600필]	90명 [180필]	·	·	·	·	·	890명 [1,780필]
만호 권관	1	720명 [1,440필]	80명 [160필]	800명 [1,600필]	90명 [180필]	·	·	·	·	·	890명 [1,780필]
별장	1	540명 [1,080필]	60명 [120필]	600명 [1,200필]	90명 [180필]	·	·	·	·	·	690명 [1,380필]
황해도 방영	전1 방1	·	·	1,370명 [2,740필]	·	·	·	·	·	·	1,370명 [2,740필]
백령	전1 방1	·	·	875명 [1,750필]	·	·	·	·	·	·	875명 [1,750필]
허사	전1	·	·	604명 [1,208필]	·	·	·	·	·	·	604명 [1,208필]
오차 용매	전1	·	·	574명 [1,148필]	·	·	·	·	·	·	574명 [1,148필]
등산	전1	·	·	574명 [1,148필]	·	·	·	·	·	·	574명 [1,148필]

* 가덕진과 미조항진은 거진이어서 방군 30명이 추가 배정되었다. 황해도 수군진의 군선은 모두 기록되었지만 지면상의 이유로 전선과 방패선만 표기했다. 전선은 '전', 방패선은 '방'으로 표시했다.

* 출전:『各營釐整廳謄錄』奎15062,「兩南水軍變通節目」,「黃海道水軍變通節目」.

과 부산진은 수영과 2전선 첨사진 등급에 포함시키기 어려워 별도의 등급으로 설정해놓았을 것이다.

진의 등급 옆에는 진별로 보유한 군선의 숫자가 기록되었다. 통제영은 전선 8척, 수영은 4척, 첨사진은 2척 혹은 1척, 만호·권관·별장진은 1척이었다. 첨사진은 군선 보유 숫자에 따라 2전선 첨사진과 1전선 첨사진으로 구분되었다. 여기 기록된 전선 숫자는 판옥선[戰船]의 숫자를 의미한다고 생각할 수 있지만, 반드시 그런 것은 아니었다. 통제영은 전술한 바와 같이 전선 5척, 귀선 1척, 방패선 2척을 보유하고 있었는데, 이 절목에는 8전선이라 되어 있다. 경상좌수영도 이 시기 전선 3척, 귀선 1척을 보유하고 있었는데,[136] 전선 4척으로 기록되었다. 그러므로 이 자료의 전선 숫자는 일종의 선단 개념으로 이해하는 것이 타당하다. 즉 귀선이나 방패선 등 전투 선박에 보조 선박이 편성되는 선단도 전선 숫자로 간주한 것이었다. 첨사 이하 수군진의 전선 수도 이들 진에 배치된 선단 숫자라고 생각된다.

군선 숫자 옆에는 이 군선에 배치된 병종과 군액을 기록했다. 전라·경상도의 경안부 수군은 방군(防軍)·사부(射夫)·첨격사부(添格射夫) 등으로 구성되어 있었다. 방군(防軍)과 사부(射夫)는 전술한 바와 같이 17세기 초·중엽 중앙에서 지급한 경안부 수군이었다. 첨격사부는 17세기 초반 방군과 사부의 분급 이후 추가된 경안부 수군으로 보이지만, 그 분급 시기나 본래의 역할을 파악할 수 없다.[137] 또한 「양남수군변통절목」에

---

136) 『輿地圖書』下, 慶尙左水營.
137) 첨격사부의 용도는 알 수 없다. 필자는 첨격사부에 '添格'이라는 말이 붙는 것으

는 위에서 언급했던 병말보가 기록되지 않았다는 점도 눈에 띈다. 이는 역가를 2필로 줄이면서 병말보를 비변사에 귀속시킨 상황을 반영한 것이었다.[138]

경안부 수군의 숫자는 보유한 군선 수와 위치한 지역을 고려해 결정했다. 통제영은 전선 8척으로 가장 많은 군선을 보유하고 있었기 때문에 가장 많은 경안부 수군을 보유했다. 통제영의 경안부 수군은 방군 5,900명, 사부 1,568명, 첨격사부 168명 등 총 7,636명이었다. 경상도의 1 전선을 보유한 첨사·만호·권관진은 방군 800명, 사부 212명, 첨격사부 24명 등 총 1,036명을 보유했다. 이에 비해 전라도의 같은 등급 수군진은 방군 800명과 사부 90명 등 총 890명만 보유했다.

소모별장진은 만호·권관진과 같이 전선 1척을 운영하고 있었지만, 경안부 수군은 방군 320명, 사부 84명, 첨격사부 140명 등 544명만 보유했다. 첨사·만호·권관진보다 소모별장진의 군액이 적은 이유는, 이 진이 보통 수군진과 다른 형태로 운영되었기 때문이라 추정된다. 즉 별장진이 백성을 모집하고 둔전을 개간한 후 그 반대급부로 이들을 군역에 동원하는 형태로 운영되어 수군을 초기에 많이 배정하지 않았을 가능성이 있다. 이 자료에는 수록되지 않았지만, 별장진에 방군 외에 역가를 수취할 수 있는 모군(募軍)이 별도로 배정된 것도 그 때문이라 생각

로 보아 격군과 연관되지 않을까 추정하고 있다. 일반적으로 군선에서 사부와 격군은 활동 공간이 분리되어 있었다. 그런데 첨격사부는 그 이름대로 격군이 있는 층에서 격군에 '添'되어 공격을 담당하지 않았을까 생각한다. 하지만 이후 이들도 역가를 내는 존재로 변화했다.

138) 『承政院日記』 445冊, 肅宗 34年 10月 20日.

된다.[139]

이 자료에 기록된 방군·사부·첨격사부의 숫자는 1년 동안 수군진에 역가를 내는 인원의 총수이다. 방군의 총 인원은 입방 여부에 따라 입방군과 불입방군으로 구분되었다. 이들의 비중은 각각 9/10과 1/10이었다. 사부와 첨격사부는 모든 지역에서 입방군과 불입방군으로 구분되었던 것은 아니다. 전라도에서 사부와 첨격사부는 입방군만 있었지만, 경상도에는 입방군과 불입방군 등 두 종류가 있었다. 이들 사부와 첨격사부의 입방군과 불입방군 비율은 1/2이었다. 이는 17세기에 만들어진 수군 번차인 10번제와 선후운 6번제가 반영된 것이었다.

하지만 여기서 의문이 하나 생긴다. 전술한 바와 같이 역가 납부 허용 이전 입방군은 입역을 하고 불입방군은 입역을 면제받는 대신 역가를 냈기 때문에, 두 병종 간에 역할 구분이 있었다. 하지만 역가 납부가 공인되면서 입방군도 불입방군과 같이 역가를 냈으므로 이 시기에는 입방군과 불입방군의 구분이 사실상 의미가 없었다. 그런데 어찌 된 일

---

139) 17세기 초·중엽 소모별장진에서는 募軍과 屯軍이 둔전을 경작했다. 이들은 경작에 대한 혜택으로 復戶를 받았다. 그러나 둔군에 대한 수탈이 문제가 되자 조선 정부는 인조 23년(1645) 新文과 晴川 소속 둔전 중 일부를 본래 주인에게 환급했고(『承政院日記』 92冊, 仁祖 23年 10月 26日), 현종 3년(1662) 소모별장진의 둔전을 모두 혁파했다(『承政院日記』 173冊, 顯宗 3年 3月 26日). 하지만 통제영에서는 재정 보존을 위해 모군을 戶給屯田의 형태로 존속시키는 편법을 이용했다. 통제영의 편법은 숙종 12년(1686)부터 논란이 되었다. 이에 조선 정부는 모군을 혁파하고 이들을 능로군으로 충원하는 방안을 결정했다(『承政院日記』 314冊, 肅宗 12年 4月 1日). 모군의 모집 실태는 18세기 후반이 되어야 알 수 있다. 영조 36년(1760) 『여지도서』의 기록에 따르면 신문·청천·구소비·남촌은 240명, 장목포는 400명 정도가 있었다고 한다. 『輿地圖書』 下, 統營.

인지 「양남수군변통절목」은 수군을 입방군과 불입방군으로 명확히 구분하고 역가 총액을 별도로 산출했다.

그 이유는 무엇인가. 결론부터 말하면 이는 역가의 귀속처(歸屬處)를 구분하기 위해서였다. 입방군은 수군진에 역가를 냈지만, 불입방군은 자신이 거주하는 군현에 냈다.[140] 그 결과 입방군이 낸 역가는 진의 수입이 되고, 불입방군이 낸 역가는 군현의 수입이 되어 감사가 관리했다. 「양남수군변통절목」에서 방군·사부·첨격사부의 입방 여부를 구분하여 기록한 이유는, 역가의 귀속처를 구분하여 수군진의 역가 수입을 명확히 파악하기 위함이었다.

절목에 수록된 숫자를 바탕으로 번차를 적용하면, 진별로 매달 역가를 납부하는 인원수도 도출할 수 있다.[141] 방군은 인원수에 차이는 있으나 풍화시와 풍고시의 관계없이 역가를 납부했다. 경상도 수군진에 매달 역가를 납부하는 방군은 통제영이 풍화시 590명·풍고시 295명, 좌수영이 풍화시 320명·풍고시 160명, 부산진이 풍화시 164명·풍고시 82명, 2전선 첨사진이 풍화시 160명·풍고시 80명, 1전선 첨사진·만호·권관진이 풍화시 80명·풍고시 40명, 소모별장진은 풍화시 32명·풍고시 16명 등이었다. 전라도 수군진에 매달 역가를 납부하는 방군 수는 등급별로 경상도와 대부분 일치한다. 다만 전라도의 소모별장진만 풍화시 54명·풍고시 27명으로 경상도와 차이가 있었다.

---

140) 『承政院日記』 164冊, 顯宗 1年 10月 11日.

141) 풍화시(3~8월)에 매달 입역하는 방군 숫자는 총 방군 숫자를 10으로 나누면 도출된다. 그에 비해 풍고시에 매달 입역하는 방군 수는 총 방군 숫자를 20으로 나누면 구할 수 있다.

사부와 첨격사부는 풍화시에만 역가를 냈다. 경상도에서 풍화시에 매달 역가를 내는 인원은 통제영이 사부 132명·첨격사부 14명, 좌수영이 사부 96명·첨격사부 8명, 부산진이 사부 36명·첨격사부 4명, 2전선 첨사진이 사부 36명·첨격사부 2명, 1전선 첨사진이 사부 18명·첨격사부 2명, 만호진·권관진이 사부 18명·첨격사부 1명, 소모별장진이 사부 7명·첨격사부 1명이었다. 전라도에는 첨격사부가 배정되지 않았기 때문에 사부만 역가를 냈다. 풍화시에 매달 역가를 내는 사부 숫자는 수영이 55명, 2전선 첨사진이 30명, 1전선 첨사진·만호·권관·소모별장진이 15명이었다.[142)]

「황해도수군변통절목」에도 수군진과 방군의 숫자가 기록되었다. 하지만 「황해도수군변통절목」은 「양남수군변통절목」과 두 가지 측면에서 차이가 있었다. 첫째, 수군진을 기재하는 방식이다. 「양남수군변통절목」은 전선 숫자와 지휘관의 지위를 기준으로 수군진의 등급을 설정

---

142) 사부와 첨격사부의 매달 입역 인원수는 진의 군액을 6으로 나누면 도출된다. 하지만 경상도 사부 숫자를 6으로 나누면 필자가 제시한 수치와 일치하지 않는다. 이는 경상도에서 3~7월까지 매달 포를 내는 사부의 숫자보다 8월에 입역하는 숫자가 적었기 때문이다. 예를 들면 1전선 첨사진에서 3~7월에 포를 내고 돌아가는 사부는 18명이었다. 하지만 마지막 달인 8월에는 16명이 포를 내고 돌아갔다. 그러므로 106명의 숫자를 도출하기 위해서는 18×5+16으로 계산해야 한다. 이 방식은 다른 수군진에도 마찬가지로 적용된다. 이렇게 8월만 사부의 숫자가 적게 규정된 이유는 병력 부족 때문이라고 한다(『承政院日記』 1843冊, 純祖 1年 11月 10日). 전선 1척당 사부 입역 방식을 살펴보면 아래 표와 같다.

番次	風高		風和						風高				합계
	1	2	3	4	5	6	7	8	9	10	11	12	
先運	·	·	18	18	18	18	18	16	·	·	·	·	106
後運	·	·	18	18	18	18	18	16	·	·	·	·	106

하고 여기에 맞추어 전선 수와 군액을 확정했는데, 「황해도수군변통절목」은 수군진을 일일이 기록하고 군선의 숫자 및 군액, 그리고 역가를 부기했다. 당시 황해도 수군진 중 경안부 수군을 지급받는 곳이 여섯 곳밖에 없어 이러한 기재 방식을 택한 것으로 생각된다.[143]

둘째, 병종과 군액이다. 「황해도수군변통절목」은 방군과 사부, 혹은 입방군과 불입방군 등을 구분하지 않고 총액만 기록했다. 그러므로 번차를 파악할 수 없고, 매달 역가를 내는 인원도 도출하기 어렵다. 아울러 군액과 역가 총액이 전라·경상도보다 적다. 가장 높은 지위의 지휘관이 파견되는 소강방어영은 방군 1,387명을 보유했고,[144] 소속 진인 백령·허사·오차·용매·등산진은 방군 500~900명 정도밖에 보유하지 않았다. 「황해도수군변통절목」이 이와 같이 기술된 까닭은, 17세기 후반에 마련된 경안부 수군의 지급 방식이 별다른 수정을 거치지 않고 이 시기까지 이어졌기 때문이다.

(3) 급대군 숫자 감축과 역가의 지출 규정 정비

이러한 차이점에도 불구하고 두 절목은 공통으로 경안부 수군의 정원을 확정하고 이를 바탕으로 역가 수입을 규정했다. 경안부 수군에게 걷는 역가 수입 총액을 산출한 다음, 이 총액을 바탕으로 지출 항목을

---

143) 숙종 28년(1700) 이 지역에 초도진이 설치되었지만 이 절목에는 수록되지 않았다.

144) 백령진은 육지에서 멀리 떨어진 섬 백령도에 위치했기 때문에 유사시에 다른 수군진의 도움을 받기 어려웠다. 이런 상황을 고려하여 방군을 더 많이 배치했던 것으로 추정된다.

규정했다. 〈표 2-4〉는 이를 도표화한 것이다.

경안부 수군의 역가 수입은 군액 부분의 하단에 수록되었다. 두 절목에서 경안부 수군 역가 총액은 수군 숫자에 역가인 2필을 곱하여 산출했다. 역가가 3필에서 2필로 줄어든 상황을 반영한 것이었다. 이 두 절목은 역가 수입을 바탕으로 지출 항목과 액수를 규정했다. 지출 항목 중 가장 비중이 큰 것은 급대군의 고립 비용이었다. 두 절목은 1년간 고립하는 급대군 총원과 매달 고립하는 급대군 수, 그리고 여기에 드는 고립가를 진 등급별로 규정했다. 통제영 및 수영조에서는 본영과 우후영을 구분하고 급대군의 총원과 고립가를 기록했다. 하지만 〈표 2-4〉는 본영과 우후영의 급대군 총원과 고립가를 합산하여 표시했다. 전라·경상도의 수군진에서 매달 고립하는 급대군의 숫자는 풍화시와 풍고시가 달랐다.

통제영에서 풍화시 급대군은 275명이었는데, 풍고시 급대군은 245명이었다. 전자보다 후자가 대략 30명 정도 적다. 이런 차이는 경상도와 전라도의 다른 수군진도 마찬가지였다. 그에 비해 황해도 수군진에서 매달 고립하는 급대군의 수는 풍화시와 풍고시를 막론하고 일정했다. 급대군의 고립가는 2필이었다. 수군 역가(役價)가 1필 줄어들면서 급대군의 고립가도 1필 줄인 것이다. 매달 고립하는 급대군 수에 2필을 곱하면 총 고립가가 산출되었다.

전술한 바와 같이 급대군은 효종 6년(1655) 역가 납부가 인정된 이후 사부와 격군의 역할을 대신했다. 그러므로 급대군은 일반적으로 1개월 동안 입역하는 경안부 수군의 숫자에 맞추어서 고립하는 것이 원칙이었을 것이다. 그런데 이 절목에서는 경안부 수군 수보다 훨씬 적은 인

〈표 2-4〉 진별 급대군 수와 고립가 총액

선종		총액ⓐ [역가]	매달 고립(給代) 인원[역가]			차액(ⓐ-ⓑ) [역가]
			풍화(3~8월)	풍고(9~2월)	총액ⓑ	
경상도	통영	7,636명 [15,272필]	275명 [550필]	245명 [490필]	3,120명 [6,240필]	4,516명 [9,032필]
	수영	4,144명 [8,288필]	140명 [280필]	125명 [250필]	1,590명 [3,180필]	2,554명 [5,108필]
	부산	2,112명 [4,224필]	65명 [130필]	60명 [120필]	750명 [1,500필]	1,362명 [2,724필]
	첨사(2)	2,072명 [4,144필]	50명 [100필]	40명 [80필]	540명 [1,080필]	1,532명 [3,064필]
	첨사(1)	1,036명 [2,072필]	43명 [86필]	32명 [64필]	450명 [900필]	586명 [1,172필]
	만호·권관	1,036명 [2,072필]	40명 [80필]	30명 [60필]	420명 [840필]	616명 [1,232필]
	별장	544명 [1,088필]	15명 [30필]	10명 [20필]	150명 [300필]	394명 [788필]
전라도	수영	3,530명 [7,060필]	140명 [240필]	125명 [210필]	1,590명 [3,180필]	1,940명 [3,880필]
	첨사(2)	1,780명 [3,560필]	50명 [100필]	40명 [80필]	540명 [1,080필]	1,240명 [2,480필]
	첨사(1)	890명 [1,780필]	43명 [86필]	32명 [64필]	450명 [900필]	440명 [880필]
	만호·권관	890명 [1,780필]	40명 [80필]	30명 [60필]	420명 [840필]	470명 [940필]
	별장	690명 [1,380필]	25명 [50필]	20명 [40필]	270명 [540필]	420명 [840필]
황해도	방영	1,370명 [2,740필]	78명 [156필]	78명 [156필]	936명 [1,872필]	434명 [868필]
	백령	875명 [1,750필]	40명 [80필]	40명 [80필]	480명 [960필]	395명 [790필]
	허사	604명 [1,208필]	29명 [58필]	29명 [58필]	348명 [696필]	256명 [512필]
	오차··용매	574명 [1,148필]	29명 [58필]	29명 [58필]	348명 [696필]	226명 [452필]
	등산	574명 [1,148필]	19명 [38필]	19명 [38필]	228명 [456필]	346명 [692필]

* 출전: 『各營釐整廳膽錄』奎15062, 「兩南水軍變通節目」; 「黃海道水軍變通節目」.

원이 고립된다는 점을 발견할 수 있다.

예컨대, 경상도 2전선 첨사진의 급대군 숫자는 총 540명이었는데 경안부 수군 수는 2,072명이었다. 두 인원 수 사이에 1,532명 정도 차이가 있는 것이다. 그러므로 이들이 격군·사부·포수의 역할을 대신했다고 보기도 어렵다. 또한 급대군이 군선의 승선 인원이 되려면 군선의 증가에 비례하여 그 숫자도 같이 늘어나야 하는데 절목에서는 그런 점이 발견되지도 않는다. 경상도 2전선 첨사진은 1전선 첨사진보다 전선 1척이 더 배치되어 있었지만, 1년간 급대군의 총원은 90명 정도만 증가했을 뿐이다.

이 두 절목에서는 수군진의 행정 업무를 고려하여 급대군의 숫자를 상정하고 있는 정황이 발견된다. 예를 들어, 경상도 부산진은 일본과의 외교 문제에 관여하기 때문에 2전선 첨사진보다 급대군이 많이 배치되었다.[145] 황해도의 등산진은 그 만호가 감목관을 겸임했기 때문에 비슷한 규모인 오차진과 용매진보다 급대군 10명을 더 줄였다.[146] 이렇듯 두 절목에서는 진별로 부여한 행정 업무를 고려해 급대군의 숫자를 일부 조정했다. 결국, 이 두 절목의 골자 중 하나는 진별로 급대군의 숫자를 축소하여 규정하고, 그 역할도 병력에서 사환이나 행정 인원으로 바꾸는 것이었다.

이렇게 급대군 숫자를 축소하면 고립 비용이 줄어 차액이 남을 수밖

---

145) 『各營釐整廳謄錄』奎15062,「兩南水軍變通節目」.

146) 『各營釐整廳謄錄』奎15062,「黃海道水軍變通節目」. "新兼監牧官 故給代中使喚 十名 比他鎭減數."

에 없었다. 그 차익을 살펴보면 통제영이 9,032필로 가장 많았고 용매·오차진은 452필로 가장 적었다. 이 두 절목에서는 이 비용을 수군진에서 다양한 용도로 활용할 수 있도록 규정했다. 〈표 2-5〉를 살펴보자.

이 두 절목에서는 경안부 수군의 역가 총액에서 급대군 고립 비용을 제외한 나머지 차익을 지휘관의 급료[朔布], 육물 비용[陸物價], 수조할 때 군량미[水操糧米] 등으로 사용했다. 지휘관의 급료는 17세기 초·중엽 명확한 규정이 없어서 문제가 된 항목이었다. 유형원은 "지금 병사·수사를 비롯한 모든 지휘관은 모두 급료가 없고 군사에게서 생계를 취하니, 군사를 방출하고 그 대가로 포를 받는 폐해가 더욱 늘어나고 있다"라고 지적했다.[147] 현종 5년(1664) 행부호군 안선(安銑)도 "양계(兩界)의 변장(邊將)·변수(邊帥)는 각 그 지방관이 예에 따라 급료를 주기 때문에 방군수포(放軍收布)하는 규례가 없다"라고 전제한 후 "삼남(三南)의 변장·변수는 급료를 지급하는 규정이 없는 까닭으로 그 사세가 부득이 방군수포하여 조석지공(朝夕之供)으로 삼았다"고 했다.[148] 두 언급을 통해 수군 지휘관의 급료에 대한 지출 규정이 없으니 방군수포의 관행이 확산되고 지휘관이 수군을 수탈하는 경우도 있었음을 알 수 있다. 이런 문제를 없애기 위해 「양남수군변통절목」에서는 매달 통제사 120필, 수사 60필, 첨사 15필, 만호·별장·권관 10필, 통우후 30필, 수영우후 30필씩 지급하

147) 『磻溪隨錄』卷21, 「兵制」.

148) 『承政院日記』186冊, 顯宗 5年 11月 8日. "若兩界邊將邊帥 則各其地方官 例爲給料 而無放軍徵布之規 獨於三南 則邊將邊帥 旣無給料之規 故勢不得已放軍徵布 以爲朝夕之供 不特關防之道有所虛僞 其間亦豈無濫觴之弊乎."

(단위: 필)

지역	진 등급	역가차액 ⓐ	지출				여목			
			육물가	삭포	수조양미	합계ⓑ	원여목	불입방사포	수조양미	차액(ⓐ-ⓑ)
경상도	통영	9,032	724.8	1,800	·	2,524.8	3,591.2	2,916	·	6,507.2
	수영	5,108	460.2	900	·	1,360.2	2,163.8	1,584	·	3,747.8
	부산	2,724	215.4	360	·	575.4	1,348.6	800	·	2,148.6
	첨사(2)	3,064	215.4	180	·	395.4	1,876.6	792	·	2,668.6
	첨사(1)	1,172	107.7	180	·	287.7	488.3	396	·	884.3
	만호권관	1,232	107.7	120	·	227.7	608.3	396	·	1,004.3
	별장	788	107.7	120	·	227.7	272.3	288	·	560.3
전라도	수영	3,880	451.9	900	·	1,351.9	1,888.1	640	·	2,528.1
	첨사(2)	2,480	215.4	180	·	395.4	1,764.6	320	·	2,084.6
	첨사(1)	880	107.7	180	·	287.7	432.3	160	·	592.3
	만호권관	940	107.7	120	·	227.7	552.3	160	·	712.3
	별장	840	107.7	120	·	227.7	492.3	120	·	612.3
황해도	방영	868	116	·	90	206	572	·	90	662
	백령	790	132	·	88.5	220.5	481	·	88.5	569.5
	허사	512	94	·	124	218	170	·	124	294
	오차용매	452	94	·	62	156	234	·	62	296
	등산	692	94	·	62	156	472	·	62	534

*출전: 『各營釐整廳謄錄』奎15062, 「兩南水軍變通節目」; 「黃海道水軍變通節目」.

도록 급료 규정을 둔 것이었다.[149]

　그런데 「황해도수군변통절목」은 「양남수군변통절목」과 달리 지휘관

---

149)　『各營釐整廳謄錄』奎15062, 「兩南水軍變通節目」.

의 급료가 지출 규정에서 빠져 있다. 이는 이전에 황해도 관련 절목에서 황해도 수군 지휘관의 급료가 정해진 것과 관계가 있는 것 같다. 숙종 1년(1675) 「황해도소강방어사사목(黃海道所江防禦使事目)」에 따르면, 지휘관의 급료 4필은 수군 역가로 지급하는 것에서 진의 재정에서 바로 덜어 쓰는 것[會減]으로 규정이 바뀌었다. 또한 소강방어사의 급료는 만포첨사의 예에 따라 관향미에서 지급하도록 되어 있었다.[150] 이 사목에서 보듯이, 황해도에서는 수군 지휘관의 급료 규정이 이미 내부적으로 정리되어 있었고, 그로 인해 「황해도수군변통절목」에서 변장의 급료를 별도로 규정할 필요가 없었던 것 같다.

대신 「황해도수군변통절목」에는 이 시기 관련 규정이 마련되지 않아 문제가 되었던 수조할 때 군량미[水操糧米]가 수록되었다.[151] 본래 수조는 1년에 두 차례 행해지는 것이 원칙이었지만, 숙종 연간에는 이렇게 자주 열리지 않았다. 이에 절목에서도 수조를 1년에 한 번 시행한다고 가정하고 그 비용을 결정했던 것으로 보인다. 수조가 두 번 시행되면 원여목에서 지출하도록 규정되었다.[152] 〈표 2-5〉에서 지출(支出)과 여목 조항에 수조할 때 군량미[水操糧米]가 모두 기록된 것은 이 때문이다.

---

150) 『備邊司謄錄』31冊, 肅宗 1年 9月 6日 「黃海道所江防禦使事目」. "邊將料米 劃給二名水軍之價布 已極薄略 而如有因年凶減布之擧 則尤無糊口之資 誠爲可矜 是白置 今後乙良 水軍價布四疋 直爲會減爲白乎矣 防禦使設置 亦以僉使例題給四疋之木 誠極埋沒 防禦使料米及奴馬料 一依滿浦僉使例 以管餉米太 題給會減事分付爲白齊."

151) 水軍糧米는 군선의 승선 인원 숫자에 1인당 급료 0.5필을 곱하여 책정했다. 『各營釐整廳謄錄』奎15062, 「黃海道水軍變通節目」.

152) 『各營釐整廳謄錄』奎15062, 「黃海道水軍變通節目」.

이렇게 경안부 수군의 역가에서 지휘관의 급료와 수조 비용 등을 지출하고 나면, 나머지 비용은 육물을 사는 데 이용했다. 육물은 육물(陸物), 육물(六物), 집물(什物) 등으로도 칭했다. 육물은 기록별로 차이가 있지만, 초둔(草芚)·석(席)·생갈(生葛)·생마(生麻)·유오(柳芺)·표자(瓢子) 등을 지칭한다. 이것들은 군선을 건조하거나 유지할 때 필요한 물품이거나 그 물품을 만드는 원료였다. 초둔은 전선을 덮는 거적을 만드는 데 들어가는 재료이다. 풍석·진석·백석 등 석류(席類)는 돛을 만드는 데 쓰는 돗자리였다. 생갈과 생마는 닻줄이나 밧줄의 원료였다. 표자는 수군들에게 물을 공급하는 급수통을 만드는 데 쓰는 재료였다.[153] 유오는 어떤 용도였는지 알 수 없다. 다만 물건을 담아두는 용도로 사용한 것이 아닌가 추정된다.

17세기 초·중엽 진 소속 군선에 필요한 육물은 진에서 직접 채취하거나 수군에게 그 값을 징수하고,[154] 읍전선의 육물은 해당 군현에서 자체적으로 조달했다. 대동법이 실행되자 읍전선의 육물은 대동저치미로 마련하게 되었지만, 진 소속 군선의 육물은 수군이나 진 아래 사는 백성에게 징수하는 규정이 그대로 유지되었다. 따라서 진과 군현 사이의 형평성 문제가 제기될 소지가 있었다. 두 절목에서는 육물 값을 수군 역가로 지출하는 규정을 두어 이 문제를 해결하고자 한 것이다. 두

---

153) 『嶺南鎭誌』「永登鎭鎭事例節目」.

154) 『承政院日記』25冊, 仁祖 7年 3月 19日. "但水軍則番價之外 有例納風席草芚熟麻 生葛等 所謂六物者 不能自備 納其價本 乃是常規 而水使柳琳 勤幹辦事 修理戰 備 敎訓鍊習 號稱難得 而六物之價 督捧高重 此外正鎭黑角及他軍器所用之物 分定督納 以此水軍多有怨苦之言爲白齊."

절목에는 군선별로 들어가는 육물의 수량과 그 가격이 적혀 있다.[155] 육물의 가격은 충청도 수군의 상정례(詳定例)에 입각해 책정했다고 한 다.[156]

지금까지 살펴본 바와 같이 두 절목은 경안부 수군이 낸 역가를 급대 군의 고립 비용을 비롯한 진의 각종 지출에 활용하도록 규정하고 있다. 이들 비용을 제하고 나면 다시 잉여 비용이 생겨난다. 두 절목은 이를 여목(餘木)이라는 명목으로 수록했다. 전라도와 경상도 수군진의 여목 은 크게 원여목(元餘木)과 불입방사포(不立防射布)로 다시 구분된다.[157] 이

---

155) 육물의 양(가격)은 군선별로 차이가 있다. 전라·경상도 소속 전선 1척에 소요되 는 육물의 양과 전체 가격은 草芚 80番(40필), 眞席 30立(4필 10척), 生麻 100斤 (3필), 生葛 80同(20필), 柳莫 4部(17척 5촌), 襦舡食 1斤(22척 5촌, 5근가), 瓢子 10 介(17척 5촌)이다. 兵船은 草芚 20番(10필), 草席 20立(1필 23척), 生葛 40同(10필), 柳莫 2部(9척), 襦舡食 2斤(9척), 瓢子 5介(9척)이다. 伺候船은 草芚 4番(2필), 草 席 10立(29척), 生葛 20同(5필), 柳莫 1部(4척 5촌), 襦舡食 1斤(4척 5촌), 瓢子 2介 (3척 6촌)이다. 정탐선은 사후선과 그 물품 및 액수가 같다. 龜船은 草芚 15番(25 필), 眞席 20立(2필 30척), 生麻 50斤(1필 17척 5촌), 生葛 50同(12필 17척 5촌), 柳 莫 3部(13척 5촌), 襦舡食 3斤(13척 5촌), 瓢子 7介(12척 6촌)이다(『各營釐整廳謄膳 錄』奎15062, 「兩南水軍變通節目」). 이에 비해 황해도 소속 전선 1척에 소용되 는 물품의 양은 草芚 50番(25필), 眞席 100立(14필 半, 間年), 生麻 370斤(11필 間 三年), 生葛 60同(15필), 襦舡食 80斤(8필), 山麻 20斤(3필), 瓢子 28介(1필), 柳莫 6 部(0.5필?)였다. 防牌船은 草芚 15番(7필 半), 草席 16幅(8필 半), 生葛 16同(4필), 山麻 15斤(2필)이다. 兵船은 草芚 10番(5필), 草席 14幅(8필), 生葛 20同(3필)이다. 『各營釐整廳謄膳錄』奎15062, 「黃海道水軍變通節目」.

156) 『各營釐整廳謄膳錄』奎15062, 「兩南水軍變通節目」. "折價 依辛亥年 忠淸道水軍詳 定式例 施行."

157) 경상도에서는 불입방사포라고 수록한 데 비해 전라도에서는 불입방군포라고 기록되어 있다. 이는 전라도에는 불입방사부의 역가가 없었기 때문이다. 본 연 구에서는 불입방사포라고 통일하여 쓴다.

중 불입방사포는 전술한 바와 같이 입방하지 않은 방군·사부·첨격사부가 낸 역가로, 감영의 수입이 되기 때문에 수군진의 수입이 되는 것은 원여목이었다.

원여목 지출 방식은 전라·경상도와 황해도가 비슷했다. 이를 유형별로 정리하면 세 가지로 구분할 수 있다. 첫째, 수군진에서 쓰는 잡다한 인건비이다. 목재를 운반하는 재목 예하군(材木曳下軍)이나 목수[耳匠] 등의 급료, 각 포의 수토군(搜討軍) 급료, 전선과 귀선에 승선하는 선직(船直)·무상(舞上)·타수(舵手)·요수(繚手)·정수(碇手)의 급료 등이 있다.[158] 둘째, 수군진에서 지출하는 각종 잡비나 물품 마련 비용이다. 사복시 분양마(司僕寺分養馬)의 고실(故失)을 보상하는 비용이나 말을 기를 때 필요한 죽태(粥太) 값, 수군 지휘관이 공무로 왕래할 때 쇄마(刷馬) 값, 삼승풍범(三升風帆)·기치(旗幟)·유둔(油芚)·화전(火箭)·종이·유황(硫黃)의 값, 군기(軍器)의 수리 비용, 사명일(四名日)에 올리는 제사에 소요되는 태(駄) 값, 호궤(犒饋)에 쓰는 소 값, 포수나 사수의 상격(賞格) 등이 있다. 셋째, 중앙관청에서 수군진에 부과하는 물품의 값이다. 호조에서 부과하는 가시나무

---

158) 船直은 배를 관리하는 보직이다. 이들은 방수하여 배를 관리하는 임무를 담당했기 때문에 배가 정박하는 船倉에 배치되어 있었던 것으로 보인다. 舞上[無上]의 역할은 학자마다 의견이 갈린다. 김재근은 돛대를 조작하는 요원이라고 정의했으며(김재근, 「龜船」, 『한국의 배』, 서울대학교출판부, 1994, 229쪽), 정진술은 닻물래를 조작하는 보직이라고 했다(정진술, 「조선후기 거북선의 구조—이충무공전서의 龜船圖說을 중심으로」, 『해양문화연구』 4, 이순신해양문화연구소, 2010, 111쪽). 하지만 구체적인 역할은 명확하게 밝혀지지 않았다. 타수·요수·정수의 역할은 1부 136번 각주에서 설명하였으므로 따로 설명하지 않는다. 이들이 선박 운영에 중요한 역할을 담당해서 급료가 여기에 규정된 것으로 보인다.

[加時木]나 진상하는 대나무 활[竹箭] 값, 기로소나 중추부의 약재·부채[節扇]·세찬 값, 칙사가 올 때 월도(月刀) 및 초도(鞘刀) 값, 사신의 구청(求請)에 필요한 비용 등이 대표적이다.[159] 두 절목에서는 원여목에서 지급하는 각종 비용의 액수와 수량까지 규정하지는 않았다. 비용 책정 자체가 어렵거나 비용 책정을 수군진에 일임했기 때문이라고 생각된다. 이들 비용을 지출하고 남는 역가는 수군진에 두고서 위급할 때 사용하도록 하는 한편, 그 금액을 비변사에 보고하게 되어 있었다.[160]

결국 이 절목에서 규정한 주요 내용 중 하나는 격군·사부·포수를 대신했던 급대군의 역할을 사환이나 행정 업무로 바꾸고 인원을 줄여, 여기서 절약한 비용을 진의 지출로 활용한다는 것이었다.[161] 조선 정부에서 이렇게 조치한 이유는 두 가지로 추측된다. 첫째, 당시 진에서 상례적으로 이루어지던 관행(慣行)을 일부 인정해준 것이다. 17세기 수군의 역가 납부 허용 이후 진은 수군 숫자에 맞추어 급대군을 고립해야 했지만, 실제로 그렇게 하지 않았다. 진에서는 수군에게 포를 거둬서 군선을 지킬 정도의 소수 인원만 고립하고, 여기서 남은 차익을 수군진의 지출에 활용하는 관행이 공공연히 행해졌다.[162] 조선 정부는 진의 이러한 관행을 인정해줌으로써 역가 삭감에 따른 반발을 무마한 것으로 생

---

159) 『各營釐整廳謄錄』奎15062,「兩南水軍變通節目」;「黃海道水軍變通節目」.

160) 『各營釐整廳謄錄』奎15062,「兩南水軍變通節目」.

161) 『各營釐整廳謄錄』奎15062,「兩南水軍變通節目」.

162) 『各營釐整廳謄錄』奎15062,「兩南水軍變通節目」,"設置戰船之初 必令元軍 輪番入防 而枚軍收布 禁法至嚴是白去乙 今則元軍 全不入防 盡捧番布 雇入若干守船之人 而餘布盡歸於諸船需用 其於詰戎之方 誠極寒心 故今有此釐革變通之擧是白齊."

각된다.

둘째, 급대군이 병력으로서 가진 한계점을 개선하기 위해서였다. 사실 급대군은 토졸(土卒)로 수군진 자체에서 고립해왔기 때문에 신원이 확실하지 않은 부류였다. 그러므로 전쟁이 일어나면 도망갈 위험성이 높아 병력으로 적합하지 않다는 의견이 이미 여러 차례 제기된 상황이었다. 조익(趙翼)은 「논주사여인서(論舟師與人書)」에서 "훈련에 이르러서는 해변에 있는 사람으로 고립하여 배를 조종하게 할 수는 있지만, 전란에 이르러서는 어찌 능히 고립할 수 있겠는가"라고 반문하고, 이를 바탕으로 "일상적으로 훈련할 때는 그나마 볼 만하지만, 전란에 이르러서는 믿을 수 없다"라고 지적했다.[163] 숙종 32년(1706) 공주한량 윤필은(尹必殷)도 급대군에 대해 "모두 뿌리를 내려 정착하고 있지 않아서 아침에 모였다가 저녁에 도산하는(朝聚暮散) 부류"라고 평가하면서 "평시에는 주로 대포(代布)로 연명하여 살다가 난이 일어나면 틀림없이 도산할 것이기 때문에 전시에는 도움이 되지 않는다"라고 평했다.[164] 조선 정부는 당시 제기되던 의견을 수용해 급대군의 성격을 바꾼 것이라 보인다.

(4) 군선 승선 인원의 진하거민 충원 확대 및 현실화

이 두 절목은 경안부 수군을 납포군으로 확정하고 급대군의 숫자를 줄이고 사환이나 행정 인원 등으로 전용하도록 했기 때문에, 격군·사

---

163) 『浦渚集』卷16,「論舟師與人書」. "且水軍充定之人 率多在陸地 遠者在數日程之
外 以是常時各鎭立番者 皆陸地之人 至於水操 則雇海邊之人 使之操舟 若至臨
亂 何能雇人 故常時習戰 雖若可觀 至於有變 皆無足恃."
164) 『承政院日記』431冊, 肅宗 32年 8月 16日.

부·포수 등의 병력을 충당할 수 있는 새로운 방식을 마련할 수밖에 없었다. 두 절목은 이에 관한 내용도 담고 있다.

一. 수군이 산군(山郡)에 산재해 있는 까닭으로 급할 때 모일 수 있는 형세가 아니며, 혹 모인다 하더라도 물에 익숙하여 군선을 제어할 수 있는 사람이 아닌 까닭으로 진 아래 사는 백성[鎭下居民] 중에 양천(良賤)이나 역(役)의 유무를 막론하고 근실한 자를 속오군(束伍軍)의 예에 의하여 포수(砲手)·노군(櫓軍)을 모두 충정하여 근처에서 편성하고 군안을 만들도록 했다(「황해도수군변통절목」).[165]

一. 전선에 승선하는 군졸은 이미 진 아래 사는 백성[鎭下居民]으로서 양천(良賤)과 역의 유무(有無)를 막론하고 단속(團束)하여 군안을 만들도록 했기 때문에 평소에 늘 대령시키지 않더라도 급할 때 한번 호령하면 배에 오를 수 있으며(一乎而登船), 예전처럼 고립[給代]할 필요가 없다. (…)

一. 노군(櫓軍)은 반드시 진 아래의 물에 익숙한 사람을 충원한다. 그 거주민[人物]의 수가 적어 필요한 인원수를 채울 수 없으면 진 근처 5~10리 내외에서 찾을 수 있도록 한다(「양남수군변통절목」).[166]

---

165) 『各營釐整廳謄錄』奎15062,「黃海道水軍變通節目」"水軍散在山郡 決無臨急聚會之勢 或聚會皆非習水制船之人 故各其鎭下居民中 勿論良賤有無役 擇其勤實者 依束伍例 砲手櫓軍 永爲充定 附近作隊成置軍案."

166) 『各營釐整廳謄錄』奎15062,「兩南水軍變通節目」"一 船容入軍卒 旣以鎭下居民 勿論良賤有無役 竝爲團束成案 則常時雖不待令 臨急可得一呼而登船 不必如

이처럼 두 절목은 산군에 사는 수군이 병력으로 동원되기 어렵다는 점을 설명하고, 그 대안으로 이른바 '진 아래 사는 백성', 즉 '진하거민(鎭下居民)'을 동원하자고 했다. 진하거민도 토졸(土卒)의 한 부류이긴 하지만, 기존 방식처럼 수군진 차원에서 생계 기반이 없는 자(無根着者)를 자의적으로 고립[給代]하는 것이 아니라 조정 차원에서 토졸 가운데 병력으로 활용할 수 있는 자들을 선발했고 그들에게 여러 혜택을 주었다는 점에서 이전과는 차이가 있었다.

이들은 평시에 생업에 종사하다가 유사시에 호출이 있으면 바로 배에 탈 수 있는 '일호이등선(一呼而登船)' 상태를 유지해야 했다. 이에 격군의 확보 범위를 진으로부터 5리 이내로 규정하는 한편, 이들이 먼 지역으로 출타할 때는 반드시 지휘관에게 허가를 받도록 했다. 아울러 절목에서는 이들을 충정한 후 양인·천인과 관계없이 '속오군(束伍軍)'의 예에 따라 군안을 작성하고 관리하겠다고 규정했다. 이 절목의 반포 이후부터 격군, 사부 포수 등의 대정(代定)은 진 자체에서 이루어진 것으로 보인다.

이들을 병력으로 동원하는 만큼 혜택도 주어야 했다. 이 절목에서는 이들 진하거민이 생계를 유지할 수 있도록 여러 방안을 마련했다. 고기를 잡을 곳을 마련해주고, 이들이 보유한 어선을 중앙관청이나 감영·병영·수영이 함부로 침탈할 수 없도록 명문화했다. 또한 진하거민이 보유한 어선의 크기를 대·중·소로 구분해 기록하고, 대형을 제외한 중

前給代 (…) 一 櫓軍必以鎭下習水人充定 而人物數少 如難准數 則自鎭下附近
處 限五里或十里之內 搜得充定 以便臨急聚待爲白齊."

형과 소형 어선에는 어세(漁稅)를 감해주는 규정도 마련했다. 아울러 해당 진에서 진 근처의 농사지을 만한 곳을 감영에 보고하면, 감영에서는 역군(役軍)을 지급해 둑을 쌓아 농토를 만들고 이 농토를 진하거민들에게 경작하게 하는 규정도 있었다.

가뭄이 올 때 진하거민을 구제하는 방안도 마련되었다. 흉년이 되면 진이 비축한 곡물도 부족해지기 때문에, 군현에 있는 대동저치미를 진에 지급해서 이들을 구제하게 했다. 또한 절목에서는 진하거민이 군선에 승선할 때는 승선일(乘船日)부터 하선일(下船日)까지 일자를 계산하여 급료를 지급하는 규정을 두었다. 급료를 지급할 비용이 부족하면 수군진에서는 환자[還上]의 모곡(耗穀)으로라도 이를 지급해야 했다. 아울러 지휘관이 진하거민을 수조·점열 외의 다른 부역에 동원하는 것을 금지하는 규정도 두었다.[167] 이 조치는 진하거민에게 생계를 마련해주어 유리도산(遊離逃散)을 방지하는 동시에 이들이 멀리 이동하는 폐단을 줄이는 데 초점이 맞추어져 있었다.

조선 정부가 진하거민을 군선 승선 인원으로 적극 활용하려 했던 배경은 두 가지로 정리할 수 있다. 첫째, 대외 정세의 변화이다. 18세기 접어들면서 황당선을 쫓아내는 것이 조선 수군의 주요 문제로 등장했음은 전술한 바와 같다. 17세기 초반부터 남해안에 꾸준히 출현하고 있었던 일본 배들도 여전히 경계해야 했다. 이를 대비하기 위해서는 군선 승선 인원을 최대한 빨리 동원해 제시간에 군선을 출발시켜 적의 출현에 신속히 대처하는 것이 중요했다. 진하거민을 군선 승선 인원으로 적

---

167) 『各營釐整廳謄錄』 奎15062, 「兩南水軍變通節目」.

극 활용하자는 절목의 취지는, 진과 먼 곳에서 군선 승선 인원을 동원할 때 생기는 시간적 지체를 방지해서 황당선이나 일본군의 기습을 대비하는 데 적합했다.

둘째, 도서(島嶼)나 연해 지역의 인구 증가라는 사회·경제적 상황 변화이다. 15세기에는 왜구의 잦은 침략으로 인해 도서나 연해 지역에 거주하는 인구가 그리 많지 않았다. 하지만 백성들이 17~18세기 경작지를 찾거나 역(役)을 회피할 목적으로 도서나 연해 지역으로 들어오면서 이곳의 인구가 급격히 증가했다.[168] 진들이 주로 연해나 섬에 있었다는 점을 고려해보면, 이러한 현상은 진 근처에 사는 백성의 증가로 귀결될 수밖에 없었다. 조선 정부는 이렇게 증가한 인구를 병력 자원으로 활용할 필요가 있었다.

조선 정부는 병력 동원 체제의 개편을 바탕으로 군선 승선 인원도 개정했다. 〈표 2-6〉은 이를 도표화한 것이다. 이 절목에 배에 탑승하는 모든 보직이 기록된 것은 아니었다. 선장(船將), 기패관(旗牌官), 감관(監官), 도훈도(都訓導), 지구관(知穀官) 등 군선을 지휘하는 지휘부 장교들은 누락된 것으로 추정된다. 하지만 이들 외에 '병력'이라 지칭할 수 있는 군선의 보직과 인원수는 거의 빠지지 않고 기록되었던 것 같다.[169] 그러므

---

168) 김경옥, 「도서이주민의 유입과 증가」, 앞의 책, 2004, 67~84쪽.

169) 그렇게 추정하는 이유는 다음과 같다. 이 자료보다 후대에 만들어진 『여지도서』 통영조에는 船將을 비롯한 장교들이 맡는 보직들이 기록되어 있다. 이 자료와 비슷한 시기에 발간된 가칭 「충청수사근무수첩」도 마찬가지였다. 그런데 이 「양남수군변통절목」에는 장교들이 담당하는 보직에 대한 기록이 없다. 따라서 이 보직들이 이 시기에 실제로 없었던 것이 아니라 발간 목적으로 인해 이 자료에서 이들을 기록하지 않았다고 보는 것이 합리적이다. 장교층 외에 다른 보직

〈표 2-6〉 수군변통절목의 군선 1척당 승선 인원

(단위: 명)

지역	선종		선직	무상	타수 [타공]	요수	정수	포도장	사부	화포장	포수	격군 [노군]	합계
전라·경상	전선	통영 상선	2	2	2	2	2	2	22	14	26	120	194
		통영 부선	2	2	2	2	2	2	20	12	24	110	178
		수사상선	2	2	2	2	2	2	20	12	26	110	180
		방어사상선	2	2	2	2	2	2	20	12	24	110	178
		부산상선	2	2	2	2	2	2	20	12	24	110	178
		일반 전선	2	2	2	2	2	2	18	10	24	100	164
	귀선	통영귀선	2	2	2	2	2	2	14	8	24	100	158
		일반귀선	2	2	2	2	2	2	14	8	24	90	148
	정탐선[방패선]		1	1	1	1	1	·	10	·	16	48	79
	병선		·	·	1	·	·	·	·	·	2	14	17
	사후선		·	·	1	·	·	·	·	·	1	4	6
황해	전선	소강진전선	·	·	·	·	·	·	·	·	24	80	104
		전선	·	·	·	·	·	·	·	·	20	80	100
	방패선		·	·	·	·	·	·	·	·	5	24	29
	병선		·	·	·	·	·	·	·	·	3	15	18
	소맹선		·	·	·	·	·	·	·	·	2	8	10
	거도선		·	·	·	·	·	·	·	·	1	4	5
	협선		·	·	·	·	·	·	·	·	·	3	3

* 출전: 『各營釐整廳謄錄』 奎15062, 「兩南水軍變通節目」; 「黃海道水軍變通節目」.

로 이 자료를 통해 군선별 승선 인원의 변화 실태를 살펴보는 데는 큰 문제가 없을 것으로 생각된다.

들의 명색과 인원수는 인접 시기 자료들과 비교해 크게 차이가 나지 않는다. 그러므로 장교를 제외한 다른 군선 승선 인원은 거의 빠지지 않고 기록되었다고 생각하는 것이 타당하다.

절목에 규정된 군선의 승선 인원을 살펴보면, 그 숫자가 이전 시기보다 증가했다는 점이 눈에 띈다. 전선 1척당 격군 80명을 배치한다는 것을 기준으로 수군이 분배되었기 때문에 수군진에서는 격군의 부족분을 자체적으로 모집했다는 것은 전술한 바와 같다. 이러한 현상은 군선의 규모가 증가하면서 더욱 심해졌을 것이고, 기동성이 강조되는 당시 대외 정세에 제대로 대응하지 못하는 요인 중 하나로 거론되었을 것이다.

이 문제를 인지하고 있었던 조선 정부는 절목의 반포를 통해 전라·경상도의 전선 1척당 탑승하는 노군의 정원을 20명 정도 증가시켜, 전선의 기동성을 개선하고자 했던 것 같다. 그에 따라 전선 정원은 164명을 기준으로 승선 지휘관의 직급과 군선의 크기를 고려해 가감했다. 가장 큰 군선이자 최고 지휘관인 통제사가 탑승하는 통제영 상선은 정원이 198명이었고, 수사·방어사·부산첨사 등 고위 지휘관이 탑승하는 군선의 정원은 178명이었다. 이러한 원칙은 귀선 및 방패선에도 그대로 적용되었다.

황해도의 군선 관련 규정을 전라·경상도와 비교해보면 세 가지 차이가 있다. 첫째, 황해도의 선종이 전라·경상도보다 다양하다는 점이다. 전술한 바와 같이 17세기 후반부터 황해도에서는 다양한 선종의 군선이 활용되고 있었다. 둘째, 기록된 병종이 다르다는 점이다. 전라·경상도 군선의 승선 인원은 장교를 제외한 전원이 기록되었는데, 황해도 군선은 포수와 격군[노군] 등 두 병종만 기록되었다. 아마도 황해도에서는 포수와 노군만 진하거민으로 충원했기 때문이라고 추정된다.

셋째, 같은 보직임에도 승선 인원수에 차이를 보인다는 점이다. 황해도 전선의 격군 숫자는 전라·경상도의 일반 전선보다 20명 정도 적다. 통제영의 상선과 비교한다면 40명까지 차이가 난다. 황해도 방패선의 격군도 전라·경상도보다 24명 정도 적었다. 이렇게 같은 배 같은 보직임에도 승선 인원의 숫자가 다른 것은 지역별로 군선의 크기가 다르기 때문이었다. 황해도 전선의 크기는 전라·경상도보다 작은 것이 일반적이었다. 황해도는 수세(水勢)가 좋지 못하고 모래와 암초가 많을 뿐 아니라 선재(船材)도 부족하기 때문이었다.[170]

이렇듯 조선 정부는 두 절목을 반포하여 육군과 역가를 균일하게 하여 균세의 이념을 천명하고, 병력 동원 방식을 바꾸어 대외 정세의 변화에 효율적으로 대처하고자 했다. 또한 방군·사부·첨격사부 등 경안부 수군의 숫자를 수군진의 등급에 따라 통일시키고 역가의 지출 항목을 명확히 규정함으로써, 지휘관의 자의적인 재정 운영을 금단하고자 했다. 이 절목의 반포는 18세기 이후 수군 병력 동원 방식의 큰 틀을 사실상 완성했다는 점에서 의의가 크다. 이 절목에서 형성된 수군 역제는 일부 변형을 거쳐 19세기 중엽까지 그대로 유지되었다.[171]

---

170) 『增補文獻備考』 卷120, 兵考12 舟師. "備局啓 以黃海道水勢險惡 暗沙隱嶼 處處防碍 戰船體制 一與三南之高大 則非徒材力之有所不逮 應急之時 亦難運用 其勢不得不稍減其制 以便戰用."

171) 19세기 초반 「兩南水軍變通節目」은 한차례 개정되었다. 경상감사 金履永은 순조 1년(1801) 경상도에 한정하여 「兩南水軍變通節目」의 개정을 제안했다. 그 배경은 두 가지였다. 첫째, 순조 1년(1801) 1월에 있던 공노비 혁파이다. 공노비 혁파로 인해 기존 노비 출신 수군에 대한 변통이 필요했다. 조선 정부는 영조 35년(1759)부터 노비이면서 防軍의 직역을 지는 자를 모두 양인으로 바꾸고자 했다(도주경, 「18세기 奴婢 比摠制의 시행과 내시노비 혁파론의 대두」, 고려대학

2) 수군변통절목의 보완과 병보제(並保制) 확대

「황해도수군변통절목」과 「양남수군변통절목」의 반포는 수군 역제의 일대 변동을 가져왔다. 하지만 개혁의 규모가 컸던 만큼 논란도 많았다. 특히 「양남수군변통절목」과 관련된 논란은 상당히 오랫동안 지속되었다. 「양남수군변통절목」이 「황해도수군변통절목」에서 다루지 않았던 경안부 수군의 역가 감축에 관한 여러 규정을 담고 있기 때문이었다. 「양남수군변통절목」이 반포되자 통제사 이창조(李昌肇), 이정청당상 유집일(兪集一)을 비롯한 수군 지휘관이나 각 도 감사들은 감필을 반대했다.[172] 논란이 커지자 조선 정부는 숙종 32년(1706) 해방어사(海防御使)

교 석사학위논문, 2017, 46쪽). 공노비가 혁파되자 수군 역제를 개편할 필요가 대두되었고, 이는 「양남수군변통절목」의 개정으로 귀결되었다. 둘째, 당시 수군 역제 운영에서 나타나는 군안 개정 문제나 도고·잠탈 등의 문제를 해결할 필요성이 있었다. 그의 개정 방안은 크게 일곱 가지였는데, 그중 핵심적인 세 가지는 ① 소모별장진 다섯 곳에 防軍을 추가로 지급하고, ② 진별로 射夫의 숫자를 늘리며, ③ 添格射夫의 인원을 조정한다는 것이었다(『承政院日記』 1843冊, 純祖 1年 11月 10日). 김이영의 개정안은 수군변통절목 규정의 골격은 그대로 두되 경상도에 한정하여 군액을 약간 변경하자는 것이었다. 이로 인해 병종별로 수군 숫자가 늘어났다. 이를 살펴보면 다음과 같다.

진 등급	방군			사부			첨격사부			합계		
	숙종42 (1716)	순조1 (1801)	증감	숙종42 (1716)	순조1 (1801)	증감	숙종42 (1716)	순조1 (1801)	증감	숙종42 (1716)	순조1 (1801)	증감
통제영	5,900	5,900	0	1,568	1,580	12▲	168	240	72▲	7,636	7,720	84▲
좌수영	3,200	3,200	0	848	864	16▲	96	144	48▲	4,144	4,208	64▲
부산	1,640	1,640	0	424	432	8▲	48	72	24▲	2,112	2,144	32▲
첨사(2)	1,600	1,600	0	424	432	8▲	48	72	24▲	2,072	2,104	32▲
첨사(1)	800	800	0	212	216	4▲	24	36	12▲	1,036	1,052	16▲
만호·권관	800	800	0	212	216	4▲	24	36	12▲	1,036	1,052	16▲
별장	320	486	166▲	84	216	132▲	140	36	104▽	544	738	194▲

*출전: 『各營釐整釐賾謄錄』 奎15062, 「兩南水軍變通節目」 『承政院日記』 1843冊, 純祖 1年 11月 10日.

172) 『備邊司謄錄』 56冊, 肅宗 31年 6月 12日.

를 파견하고 감필 이후 수군진의 상황을 확인한 후 대책을 논의하자고 결정했다.

숙종 34년(1708) 해방어사가 복귀하자 조선 정부는 감필에 따른 문제를 해결하기 위해 여러 논의를 진행했다. 당시 관료들이 제시한 문제점은 세 가지로 요약할 수 있다. 첫째, 감필이 되었음에도 이전보다 부담이 늘어난 수군이 생겼다는 점이다. 전술했다시피 경안부 수군 중 일부는 병보제를 통해 역가 2필을 이미 내고 있었다. 이들의 상황은 절목 반포 이후에도 변화하지 않았다. 문제는 조선 정부가 감필에 따른 부대조치로 수군이 내는 포목의 승수(升數)를 높였다는 것이었다. 감필 이전에 수군은 5승 35척의 포를 내고 있었는데,[173] 절목 반포 이후 승수(升數)를 높여 육군과 같은 6승 40척의 포를 내기 시작했다. 이 조치는 육군과역 부담을 같게 하고자 취해진 것이었지만, 이미 2필을 내고 있던 수군의 처지에서 보면 부담이 늘어난 셈이었다.

둘째, 감필로 인해 진의 재정 손실이 상당했다는 점이다. 「양남수군변통절목」 반포 이전부터 경안부 수군의 역가는 진의 재원으로 이용되었기 때문에, 감필이 되면 진의 재정 부족으로 귀결되는 것이 당연했다. 숙종 34년(1708) 지사 이인엽(李寅燁)이 수군진에서 전선의 개삭 및 개조 비용을 마련할 방법이 없다고 하면서 추가적인 대책 마련을 촉구한 것도 그런 맥락에서 이해가 가능하다.[174] 셋째, 급대군의 피해이다. 수군

---

173) 『閔文忠公奏議』「論水軍節目變通疏」. "今此水軍一款 若令一依舊例 則舊例水軍布卽五升布三十尺也 國中應役之民 皆出六升四十尺之木 而水軍獨減其升尺 此其不均一也."

174) 『承政院日記』 445冊, 肅宗 34年 10月 20日. "水營及各鎭戰船新造改槊之價 則例

역가가 2필로 확정됨에 따라 급대군의 고립가도 2필로 줄었다. 이는 급대군의 생계를 곤란하게 만드는 원인이 되었다.

조선 정부는 감필 조치를 유지하기 위해 이들의 반발을 무마하고자 했다. 먼저 포(布)의 승수를 이전과 같은 5승 35척으로 회복시키고, 병보제도 복구했다.[175] 이때 복구된 병보제는 기존의 병보제와 병보 모집 방식에서 차이가 있었다. 기존에는 호수가 병말보를 확보하고 조선 정부는 이에 관여하지 않았는데, 이번에는 조선 정부가 병말보 확보에 적극적으로 나선 것이다. 조선 정부는 병보제가 시행되었다고 가정하고 숙종 42년(1716) 2차 「양남수군변통절목」을 반포했다. 이 절목에서는 경안부 수군의 역가와 고립가 등을 3필로 상향 조정했지만, 나머지 내용은 숙종 30년(1704)의 「양남수군변통절목」을 그대로 따랐다.

병보제 시행의 관건은 전술한 바와 같이 병말보를 충분히 확보할 수 있느냐의 여부였다. 하지만 지역별로 사정이 달랐다. 충청도에서는 수사가 병말보를 일시에 확충하려다 논란이 되었고,[176] 전라도에서는 확보한 병말보가 1,000명 정도밖에 되지 않아 턱없이 부족했다.[177] 경기 지역에서 규정된 수만큼 병말보를 확충한 곳은 남양 등 세 개 지역밖에

　　爲取用於收布 而減布以後 無着手處 此所以有軍民竝怨 營鎭俱困之患 而海防
　　疏虞 實有莫可收拾之慮."

175)　『備邊司謄錄』59冊, 肅宗 34年 10月 23日;『承政院日記』445冊, 肅宗 34年 11月 25
　　日.

176)　『承政院日記』490冊, 肅宗 41年 10月 12日. "至於湖西 竝末保全無存者 水使方今
　　嚴督 使之一時盡充 閑丁至貴 許多水軍竝末保 何由充定 勢將盡徵三疋於戶首
　　其弊無極矣."

177)　『承政院日記』445冊, 肅宗 34年 11月 25日.

〈표 2-7〉 병보제 이후 경상도 진별 경안부 수군 숫자의 변화

(단위: 명)

	방군ⓐ	사부		소계ⓓ	병보ⓔ	총계
		사부ⓑ	첨격사부ⓒ	(ⓐ+ⓑ+ⓒ)		ⓓ+ⓔ
통제영	5,900	1,568	168	7,636	2,950	10,586
수영	3,200	848	96	4,144	1,600	5,744
부산	1,640	424	48	2,112	820	2,932
첨사(2)	1,600	212	24	1,836	800	2,636
첨사(1)	800	212	24	1,036	400	1,436
만호·권관	800	212	24	1,036	400	1,436
별장	320	84	140	544	160	704

*출전: 『各營釐整廳謄錄』 奎15062, 「兩南水軍變通節目」; 『輿地圖書』 下, 統營.

없었다.[178] 경상도만 병말보를 충분히 확보할 수 있었다.[179] 이렇게 되자 병말보를 충분히 확보한 지역은 병보제를 시행하고, 그렇지 못한 지역은 역가를 강제적으로 삭감한다는 방침이 마련되었다. 이 방침으로 인해 실제로 병보제가 시행된 곳은 경상도뿐이었다.

병말보는 방군 숫자의 1/2이 정원이었다. 그로 인해 경상도의 경안부 수군 숫자는 크게 늘었다. 병보제를 시행하지 못한 전라도에서는 영조 4년(1728) 수군 역가가 2필로 확정되었다.[180] 그 부대 조치로 전라도 수군 진의 급대군 고립가(雇立價)가 다시 3필에서 2필로 줄었다. 고립가 감축으로 인해 급대군의 불만이 늘어나자, 조선 정부는 흉년에도 고립가를

---

178) 『肅宗實錄』 卷57, 42年 6月 1日 己丑.

179) 『備邊司謄錄』 59冊, 肅宗 34年 11月 29日.

180) 정연식, 앞의 논문, 1985, 161쪽.

감축하지 않겠다는 약속으로 그들의 불만을 무마하고자 했다.[181] 이미
확보한 병말보의 포를 재포(災布)라는 명목으로 별도 저장했다가 흉년
에 고립가로 지급하겠다는 방안이었다. 그렇다 하더라도 감필에 따른
재정 손실은 어쩔 수 없었다.[182] 이는 진에서 감당해야 했다.

한편 역가 감필과 균일화 조치가 효과를 보기 어려운 지역도 있었다.
경기 지역이 대표적이었다. 조선 정부는 경기 지역에서도 전라·경상도
처럼 역가를 감필하고 급대군 숫자를 줄였으며, 군선 승선 인원을 진하
거민으로 충원하는 정책을 펼쳤다. 또한 이 지역은 병보제를 시행하지
못한 탓에 숙종 42년(1716) 수군 역가를 2필로 줄이는 조치도 있었다. 경
기 수군의 역가를 다른 지역과 동일하게 하기 위함이었다.

하지만 이런 노력에도 불구하고 이 지역 경안부 수군의 역 부담은 다
른 지역보다 커서 논란이 되었다. 그 논란은 경기 지역의 특수한 사정
에서 비롯되었다. 이 지역 수군진은 전술한 바와 같이 숙종 연간에 빈
번하게 이동해서, 진하거민의 숫자가 다른 지역 수군진에 비해 적었다.
그로 인해 경기 지역 수군진에서는 수조할 때 진하거민만으로 군선 승

---

181) 『承政院日記』740冊, 英祖 8年 2月 21日.
182) 영조 4년(1728) 전라도의 수군 역가 감필 조치는 1차와 2차 「兩南水軍變通節目」
　　중 1차 절목을 준수하겠다는 것이었다. 그러므로 수군 역가 감필에 따른 손실
　　은 2차 절목의 수군 역가 총액에서 1차 절목의 역가 총액을 제하면 알 수 있다.
　　하지만 실제로는 2차 절목의 원여목 수에서 1차 절목의 원여목 수를 제하면 재
　　정 손실액을 알 수 있다. 2전선 첨사진의 원여목 수는 1차 절목이 423필, 2차 절
　　목이 792필이었다. 1전선첨사·만호·권관진의 원여목 수는 1차 절목이 550필, 2
　　차 절목이 942필이었다. 그러므로 영조 4년(1728) 조치 이후 2전선 첨사진에서
　　는 369필의 손실을 봤으며, 1전선첨사·만호·권관진에서는 390필의 손실을 봤다.

선 인원을 충원할 수 없었고, 일부를 역가를 낸 수군으로 충원했다.[183] 다른 지역의 수군은 역가만 내는데 경기 수군은 역가도 내고 수조에 관한 역까지 졌기 때문에, 이 조치로 인해 역의 형평성 문제가 불거졌다. 우의정 송인명(宋寅明)은 다음과 같이 제안했다.

> 수군은 대개 최고로 힘든 역이나, 경기 수군은 더욱 지탱하지 못하는 단서가 있습니다. 대개 삼남(三南) 수군은 역가를 낸 이후에 훈련에 나가지 않지만, 경기 수군은 2필을 내고 또 수조에 나가니 그 비용이 많고 역이 고통스러워 실로 잔인하니 지금 마땅히 변통해야 합니다. 수조를 정지할 때는 2필을, 수조를 하러 갈 때는 1필을 내도록 하고, 그에 따른 손실은 먼저 조사하여 이정(釐正)한 후에 병조에서 강화도로 지급하는 포목 중 선두포(船頭浦)에 보(洑)를 설치함에 따라 삭감된 비용을 참작하여 조금 더한 후 이송하는 것이 아무래도 추이지도(推移之道)인 것 같습니다.[184]

송인명은 수조를 할 때 역가를 감하고 거기서 발생한 손실을 병조의 포목으로 보충하자고 제안했다. 이 조치는 곧 수용된 것으로 생각된다.

---

183) 『承政院日記』 741冊, 英祖 8年 4月 10日.

184) 『備邊司謄錄』 102冊, 英祖 13年 9月 26日. "水軍大抵最苦之役 而京畿水軍 尤有難支之端 蓋三南水軍 納身布後 不爲赴操 而京畿水軍 則已納二疋身役 每當水操 又皆往赴 故其費甚多 爲役偏苦 實爲殘忍 今宜變通 停操時則依例納二疋 而赴操時 特減一疋 減疋之代 爲先行查釐正後 兵曹江華各鎭下送木中 宣頭設洑後 所減之數 參酌稍加移送 亦恐爲推移之道矣."

그렇다 해도 경기 수군의 역 부담 문제가 완전히 해결된 것은 아니었다. 이 지역 수군이 수조할 때 쓰는 경비가 13~15냥 정도로 역가 감축분보다 훨씬 많았기 때문이다. 이 문제의 해결책을 제시한 사람은 경기감사 김유(金濡)였다. 그는 수조할 때 수군 500명을 소집하여 그중 300명만 훈련에 참여시키고 나머지 200명은 역가를 받고 해산시키기 때문에, 수군의 부담만 늘어나고 역의 운영이 비효율적이라고 지적했다. 그 대책으로 진하거민을 조사하여 병력을 늘리는 한편, 수조가 시행될 때 전체 병력의 1/2인 250명만 소집한다면 수군이 훈련에 참여하는 횟수가 2년에 1번이 되어 그 부담이 줄어들 것이라고 건의했다.[185] 이 방안은 곧 시행되었다.

진하거민을 늘리기 위한 정책도 시행되었다. 수군진 부근은 일반적으로 경작지가 적기 때문에 백성들은 어업 활동을 통해 생계를 유지할 수밖에 없었다. 그런데 강화도 일대는 어업 활동이 원칙적으로 금지되어 있었다. 만일 어로를 하다가 적발되면 어공(御供) 명목으로 강화부가 생산물을 몰수했다. 조선 정부는 백성들이 수군진 근처에 정착하려면 생계 수단의 마련이 중요하다고 판단해 어로 금지를 해제했다.[186]

결국 수군 역제는 수군변통절목의 반포로 크게 변모했다. 이후 역가 감축에 따른 여러 문제가 대두되면서 이 절목의 내용을 수정하자는 논의가 진행되었다. 조선 정부는 경안부 수군이 내는 포의 승수를 원래대로 환원하는 한편, 병보제를 다시 시행하고자 했다. 하지만 병말보의

---

185) 『承政院日記』 878冊, 英祖 14年 9月 25日.
186) 『承政院日記』 892冊, 英祖 15年 6月 9日.

급격한 확보는 각 지역에서 여러 문제의 원인이 되었다. 이에 병말보를 충분히 확보한 지역인 경상도에서만 병보제가 시행될 수 있었다. 이는 경상도의 경안부 수군 숫자가 많이 늘어나는 계기가 되었다. 아울러 경기 지역에서도 역의 부담을 균일화하려는 노력이 진행되기도 했다.

2. 『양역실총(良役實摠)』의 발간과 군액 조정

수군변통절목의 반포는 수군 역제에 대한 일대 개혁이었다. 이 조치로 경안부 수군과 급대군 관련 규정이 상당수 정비되었다. 하지만 진 자체에서 충원한 장교나 외안부 수군에 대한 조치는 행해지지 못했다. 조선 정부는 수군변통절목을 반포하고 제반 조치를 어느 정도 완료한 후, 진에서 임명한 장교나 외안부 수군에 관한 사정(査正)을 실행하기 시작했다.

조선 정부에서 이들을 사정하고자 한 이유는 크게 두 가지로 정리할 수 있다. 첫째, 진 자체에서 충원한 장교나 외안부 수군을 국가 차원에서 파악하고 통제하기 위해서이다. 17세기부터 지방 군문이나 군현은 재원 마련과 필요 인원의 확보를 위해 병력의 모집을 중앙의 허락을 받아 자체적으로 해왔다. 하지만 18세기 초반부터 중앙집권적 재정 운영 원칙이 강조되면서, 지방 군문 및 지방관이 자체적으로 보유하고 있는 군액을 파악하는 조치가 취해졌다.[187] 이런 정책적 흐름에서 수군

---

187) 손병규, 「『양역실총』의 군역·재정사적 의미」, 『통계로 보는 조선후기 국가경제』,

도 예외가 될 수 없었다. 또한 수군변통절목의 반포 이후 진하거민을 포수·사부·격군 등의 병력으로 본격적으로 활용하게 되자, 조선 정부는 진에서 조달하는 인원을 파악하고 통제할 필요성을 느꼈을 것이다. 이에 여러 지방 군문이나 군현의 군액을 파악하는 가운데 수군진을 그 대상에 포함시킨 것으로 생각된다.

둘째, 배정된 군액이 군현의 호구 수보다 많은 '군다민소(軍多民少)' 상황을 해소하기 위해서이다. 영조 1년(1725) 부사 조언신(趙彦臣)은 당시 경상도 밀양부 양역 문제의 여러 원인을 설명했다. 그 원인 중 하나는 감영·병영·통제영·수영·역 등 지방관청에서 부과하는 군액이 지나치게 많다는 것이었다. 감영에서 각종 명목으로 밀양부에 부과하는 군액이 수천 명 정도였으며, 통제영·병영·수영에서 부과하는 군액도 최소한 4~500명 정도는 되었다고 한다.[188] 게다가 각종 지방 군문이나 역참에서 부과하는 역들은 헐역(歇役)이 많아 경제적으로 우월한 자들이 충원되려 했기 때문에 중앙의 양역을 지는 사람은 정작 적다는 점도 문제였다.

이렇듯 진 자체에서 충원한 장교나 외안부 수군은 당시 양역 문제의 중요한 부분을 차지했다. 조선 정부의 사정 노력은 『양역총수』, 『양역실총』(a), 『양역실총』(b) 등 양역 관련 성책을 작성할 때 수군이 주요 항목으로 들어가는 것으로 귀결되었다. 이 시기 사정 관련 규정은 1~2차 「양역사정범례(良役査正凡例)」에 수록되었다. 이 범례를 근간으로 양역

성균관대학교출판부, 2013, 286~292쪽.

188) 『承政院日記』 604冊, 英祖 1年 11月 2日.

사정이 진행된 상황은 각종 「양역사정별단」에 기록되었다.[189] 우선 『양역총수』에 기록된 「제도영진소속양역사정별단(諸道營鎭所屬良役査正別單)」의 내용을 본격적으로 분석해보자(표 2-8 참조).

「제도영진소속양역사정별단」에는 황해수영·공청수영(충청수영)·전라좌수영·전라우수영·경상좌수영·통제영 등에서 사정한 병종들이 기재되었다. 이때 수군에 대한 사정은 통제영과 수영 등 영 이상 관청을 대상으로 했다. 통어영이 누락되었는데, 그 이유는 알 수 없다.

수영조는 보통 본영조와 우후영조 등 두 부분으로 구분해 기록했다. 이는 수영이 보통 본영과 우후영으로 나누어 운영된 것을 반영한 것이다. 그런데 황해수영조는 수영·행영·본영·중영 등 네 개 조항으로 나누

---

189) 『양역총수』는 국왕의 「傳教」, 1차 「良役査正凡例」, 「京軍門該司所屬良役査正別單」, 「諸道營鎭所屬良役査正別單」, 「京案付良役都數」, 「外案付良役都數」로 구성되었다. 이 중 1차 「양역사정범례」는 양역 사정의 원칙 및 준칙을 기록한 것이다. 「양역사정별단」은 각 군문의 양역 사정 병종과 현황을 기록한 책이다. 「경안부양역도수」와 「외안부양역도수」는 양역 사정 결과 형성된 군액을 기록한 것이다. 『양역실총』은 이름이 같은 두 권의 책이 존재한다. 『양역실총』(a)는 충청좌도·황해도·강원도·전라좌우도·경상좌우도의 군현별 군액과 각 도별 병종과 군액 총수를 기록한 「양역도수」 등을 수록했다. 경기와 충청우도의 「양역도수」는 누락되었다. 『양역실총』(b)는 「教書」와 「傳教」, 그리고 2차 「良役査正凡例」, 「京軍門該司所屬良役査正別單」과 「忠清道營鎭所屬良役査正別單」으로 구성되었다. 「경군문해사소속양역사정별단」과 「충청도영진소속양역사정별단」은 중앙군문과 충청도의 양역 사정 병종과 현황을 기록한 것이다. 『양역총수』는 영조 19년(1743)에 발간되었으며, 『양역실총』(a)는 발간 연도를 알 수 없다. 다만 『양역실총』(a)는 『양역총수』 단계에서 행해진 각종 사정 작업을 바탕으로 발간된 것이기 때문에 『양역총수』가 간행된 직후 발간된 것으로 추정된다. 『양역실총』(b)는 영조 24년(1748) 이후에 발간된 자료이다. 손병규, 「『양역실총』의 군역·재정사적 의미」, 앞의 책, 2013, 275~278쪽.

〈표 2-8〉 「제도영진소속양역사정별단」의 군액 사정 현황

(단위: 명)

소속 1	소속 2	병종	사정 전	사정 후	차액
황해수영	수영	별초군관	262	260	-2
		포도군관	120	120	0
		대변군관	126	126	0
		수포군관	80	80	0
		진휼군관	68	68	0
	행영	기패관	128	100	-28
	본영	별무사	300	300	0
		별무사보직	30	30	0
		별무사마정	66	60	-6
		근수군관	136	100	-36
		토포군관	67	67	0
		진휼군관	29	29	0
		기패관	90	50	-40
		군뢰	30	30	0
		군뢰보	30	30	0
		취수	30	30	0
		취수보	30	30	0
		기수	30	30	0
		기수보	30	30	0
		전문생	22	12	-10
	중영	군관	102	100	-2
		기패관	51	30	-21
		추포별무사	690	690	0
		추포사격	49	49	0
		아병	219	200	-19
	합계		2,815	2,651	-164
공청수영	본영	대변군관	150	150	0
		기패관	55	55	0
		교사	10	10	0
		취수·나장	135	100	-35
		신선	90	90	0
		신선보	180	180	0
	우후	대변군관	20	20	0
	합계		640	605	-35
전라좌수영	본영	대변군관	150	150	0
		기패관	52	35	-17

전라좌수영	본영	수용군	908	908	0
		군뢰	118	100	-18
		취타수	109	100	-9
		기수	117	100	-17
		군수군	155	155	0
		장하군	34	30	-4
		각색장인	160	160	0
		각청보솔	17	0	-17
	우후	군관	33	20	-13
		기패관	12	12	0
		장하군	15	15	0
		군뢰	30	30	0
		기수	31	20	-11
	합계		1,941	1,835	-106
전라우수영	본영	대변군관	121	150	29
		기패관	15	15	0
		수용군	600	600	0
		기수	72	70	-2
		군뢰	90	70	-20
		취수	77	70	-7
		각청보군	263	263	0
		각색장인·각청사후	54	54	0
	우후	군관	21	20	-1
		군뢰	43	30	-13
		기수	31	30	-1
	합계		1,387	1,372	-15
경상좌수영	본영	대변군관	150	150	0
		기패관	54	50	-4
		도훈도	6	6	0
		군뢰	22	20	-2
		유황·염초군	348	300	-48
		각색장인	177	170	-7
	우후	군관	24	20	-4
		기패관	28	4	-24
		염초·유황군	34	0	-34
		군기하전	23	0	-23
	합계		866	720	-146
통제영	본영	대변군관	137	137	0
		기패관	36	36	0
		교사	97	97	0

통제영	본영	사부	244	244	0
		포수	436	436	0
		능노군	1,001	1,001	0
		취고수	134	134	0
		순령수	72	72	0
		군뢰	126	126	0
		대기수	52	52	0
		가왜장	17	17	0
		전선분수고직	56	56	0
	산성	기패관	55	55	0
		화포교사	73	73	0
		표하졸	63	63	0
		기수	107	107	0
		취고수	76	76	0
		군뢰	30	30	0
		화병	41	41	0
		친병	2,047	2,047	0
		수첩별아병	443	443	0
		성정군	444	444	0
		가왜군	92	92	0
		유황군	600	600	0
		모군	2,022	2,022	0
		각색장인	381	381	0
	우후	군관	15	15	0
		기패관	18	18	0
		무사	13	13	0
		사부	32	32	0
		화포교사	20	20	0
		포수	75	75	0
		기계분수직	6	6	0
		군뢰	39	39	0
		취고수	39	39	0
		능노군	203	203	0
		각창모군장인 등	183	183	0
합계			9,525	9,525	0
총계			17,174	16,708	-466

* 출전:『良役實摠』「諸道營鎭所屬良役査正別單」.

었다. 이는 황해수사가 다른 충청·전라·경상도의 수사와 달리 옹진부사를 겸임하고 있었던 상황을 반영한 것으로 추정된다. 여기서 수영은 황해수영을 의미하고, 행영은 수사가 풍화시에 6개월 동안 주둔하는 소강진이며,[190] 본영은 옹진부이고 중영은 황해수사 휘하의 중군이 주둔하는 영으로 추측된다. 통제영은 본영·우후영·산성조로 구분하고 각 소속 군병을 기록했다. 전술한 바와 같이 숙종 4년(1678) 산성이 축성되면서 이를 방어하는 병종이 신설되었기 때문에, 이 자료에서 산성을 별도로 구별한 것이었다.

이 별단에는 수군진에서 보유한 모든 병종이 포함된 것은 아니었다. "각 도(道)의 수군 중 관청 소속 주사군(舟師軍)으로 포를 받아 대립(代立)하는 자는 해당 관청의 친병(親兵)과 관계되어 사목(事目)에 따라 본소(本所)에서 사는 백성으로 충정하도록 했으며, 수군이 이미 수록되어 있으니 대립하는 주사를 첩록(疊錄)하는 것은 타당하지 않다"라는 범례의 규정으로 볼 때, 급대군도 대부분 제외된 것으로 보인다.[191] 또한 이 자료에 기록된 병종의 숫자가 수영별로 큰 격차를 보인다는 것도 이를 증명한다. 수영이 보유한 전체 병종 중에서 황해수영은 25개, 공청수영은 8개, 전라좌수영은 15개, 전라우수영은 12개, 경상좌수영은 12개, 통제영은 37개 등 약 109개 병종만 사정 대상이 되었다. 이렇게 수영별로 병력이 크게 달랐던 이유는, 수영이 본래 보유한 병종 숫자의 차이에서

---

190) 『承政院日記』 1655冊, 正祖 13年 4月 23日.

191) 『良役摠數』 「良役査正凡例」. "各道水軍 各衙門所屬舟師軍受布代立者 係是該衙門親兵 依事目 令本所居民充定 而水軍旣已載錄 則代立之舟師 不當疊錄." 여기서 사목은 兩南水軍變通節目으로 추정된다.

비롯되었다기보다는 수영 중 일부 병종만 추렸기 때문이라 보는 것이 타당하다.

수영이 보유한 병종 가운데 군관·기패관·각색 장인·기수·취수·군뢰·수용군 등은 사정 대상에 공통으로 선정되었다. 이는 양역 사정을 할 때 대상 병종에 대해 중앙 차원에서 일정한 지침을 내렸음을 추정케 한다. 하지만 지역별로 특수성을 반영하는 병종이 포함되지 않은 것은 아니다. 황해수영조에는 수포군관·진휼군관 등과 같이 역가 납부를 목적으로 생겨난 군관들이 상당수 발견된다. 또한 황당선의 추포를 위해 설치한 병종인 (추포)별무사나 추포사격이 수록된 것도 눈에 띈다. 통제영도 마찬가지다. 우선 통제사의 친위병인 친병이나 수조를 할 때 대항군 역할을 한 가왜장(假倭將) 등 다른 수영에 없는 병력이 눈에 띈다. 통제영은 다른 수영보다 고위 관리가 파견되었고 합조(合操)를 주관했기 때문에 이와 같은 병종을 보유하고 있었음을 알 수 있다. 이들 병종은 황해수영과 통제영의 재정이나 위상 등을 설명해준다.

이렇게 볼 때 조선 정부는 수군진의 보편성과 특수성을 반영하여 사정 대상 병종을 선정했음을 추정해볼 수 있다. 당시 외안부 수군에 대한 사정 방식은 크게 세 가지였다. 첫째, 군액의 삭감이다. 이 방식은 다시 두 가지로 나뉜다. 먼저 이전에 정해진 군액 규정을 근거로 현재 증가된 군액을 삭감하는 것이다. 수영에 대한 군액 사정은 여러 차례에 걸쳐서 점진적으로 시행했다. 사정을 할 때마다 병종의 정원 변경 여부가 결정되었다. 만약 병종의 정원이 유지되는 것으로 결정되었다면, 이전 군액 규정을 근거로 현재 군액의 초과분을 삭감했다.

다음으로 '영수태감(零數汰減)'이다. 이 방식은 마지막 자리 숫자 중 4

이하의 숫자를 모두 없애 군액을 줄이는 방법이었다. 예컨대, 황해수영의 별초군관·포도군관·대변군관 조에는 "현존하는 자는 그 숫자를 정액하고 영수(零數)는 태감(汰減)할 것"이라고 기록되었다.[192] 영수태감을 적용하면 162명이었던 별초군관은 160명으로 줄었고, 120명인 포도군관과 126명이었던 대변군관은 액수가 그대로 유지되었다. 조선 정부는 이런 사정 방식을 통해 병종별로 군액을 조금씩 덜어내 다른 직역의 궐액을 채우는 데 활용했다.[193]

둘째, 군현의 백성이 졌던 역을 진 아래 거주하는 백성에게 부과하는 것이다. 이 조치는 통제영에서만 한정적으로 시행되었다. 이 조치가 통제영에서만 시행된 이유는 "본영(本營)은 본래 수군 통제아문인데, 군문 소속은 그 액수를 정하는 것이 불가하다. 그러나 원문(轅門) 내에 민호(民戶)가 극히 조밀하여 이 숫자보다 배가 되는 숫자라도 결코 충정하지 못할 이유가 없다. 영조 13년(丁巳年, 1737)에 결정한 바와 같이 각 읍에 산재해 있는 자는 영원히 태감(太減)할 것"이라고 별단에 기록되어 있다.[194]

별단에서 양역을 사정하는 이유를 설명하지 않는 것이 일반적임에도 여기에 이렇게 덧붙여 적은 까닭은, 이 사정 방식이 특수한 사례에

---

192) 『良役實摠』「良役查正別單」. "竝以見存者定額 而零數竝汰減爲白齊."

193) 『良役實摠』「良役查正凡例」. "京外雜名色元額中 零數【自四名以下】依筵中定奪減削."

194) 『良役摠數』「良役查正別單」. "本營以水軍統制衙門 軍門所屬 姑不可酌定其額 而轅門內民戶 極其稠緊 則雖倍蓰於此數 決無難充之理 依丁巳定奪 散在各邑者 竝爲太減爲白齊."

속하기 때문일 것이다. 전술한 바와 같이 격군이나 사부 등 군선 승선 인원을 진하거민으로 충원하는 정책은 이미 수군변통절목의 반포와 함께 시행한 바 있었다. 하지만 통제영은 정책의 진행 과정이 다른 수영보다 늦어졌던 것으로 추정된다. 그에 따라 조선 정부는 양역 사정을 통해 이 원칙을 다시 강조하고자 했다. 통제영조에서만 사부·포수·능로군 등 「양남수군변통절목」에 규정된 군선 승선 인원이 다시 수록된 것도 그 때문이었다.

셋째, 군영별로 군액을 일정 수준으로 통일하는 것이다. 전라우수영의 대변군관 조목을 살펴보면, 대변군관의 군액은 121명에서 150명으로 29명이 증가했다. 사정 작업은 보통 군액을 삭감하는 것인데, 여기서는 군액이 증가한 것이다. 〈표 2-8〉을 살펴보면 통제영과 옹진부사를 겸임하는 황해수영을 제외한 충청수영·전라좌수영·경상좌수영의 군관 수는 150명으로 고정되었는데, 전라우수영의 대변군관 수는 다른 수영보다 29명 정도 적었음을 알 수 있다. 이 조치는 전라우수영의 군액을 29명 증가시켜 비슷한 규모의 다른 수영과 대변군관의 숫자를 통일시킨 것이었다. 이 조치를 통해 양역 사정에는 군액 삭감의 목적뿐만 아니라 수영별로 군액을 비슷하게 통일시키려는 의도도 있었음을 알 수 있다.

「양역사정별단」에 실린 병종을 수영별로 살펴보면, 황해수영 2,815명, 공청수영 640명, 전라좌수영 1,941명 전라우수영 1,387명, 경상좌수영 866명, 통제영 9,525명 등 총 17,174명이었다. 세 가지 방식을 적용해서 감축된 인원을 살펴보면, 황해수영 164명, 공청수영 35명, 전라좌수영 106명, 전라우수영 15명, 경상좌수영 146명, 통제영 0명 등 총 466명이었다. 그 결과 확정된 군액은 16,708명이었다. 전체 수록된 군액 중 약 27% 가 줄었다. 군액 삭감의 폭은 그리 크지 않았다.

이처럼 수군에 대한 사정은 각 수영의 군액을 조정하거나 군역자의 거주지를 수군진 근처로 옮기는 데 초점이 있었다. 하지만 당시의 양역 사정은 미진한 점이 있었던 것 같다. 이후 조선 정부는 2차 「양역사정 범례」를 반포하고 양역 사정을 지속하고자 했다. 이 범례는 1차 「양역 사정범례」보다 많은 규정을 수록했다. 이는 양역 사정을 한 후 미진한 규정을 보완하거나 새로운 규정을 창안한 것이다. 이러한 범례를 적용 하여 새롭게 양역을 사정한 현황은 「충청도영진소속양역사정별단(忠淸 道營鎭所屬良役査正別單)」에 수록되었다. 다른 도에 대한 별단도 작성되었 겠지만 지금으로서는 발견되지 않아, 충청도 사례를 통해 전체적인 사 정 방향을 판단해볼 수밖에 없다. 〈표 2-9〉는 「충청도영진소속양역사 정별단」의 내용을 도표화한 것이다.

이 자료에서 수군 관련 부분은 충청수영조와 안흥진조이다. 이 자료 에는 1차 양역 사정 대상에 포함된 병종도 기록되어 있었다. 그런데 동 일한 병종임에도 두 별단 간에 차이가 있는 사례가 발견된다. 「제도영 진소속양역사정별단」에서 취수·나장은 각각 50명씩 100명으로 인원이 정해졌는데, 여기에는 128명이라 기록되어 있다. 신선과 신선보도 각각 90명과 180명 등 270명이었는데, 여기에는 230명과 460명 등 690명으로 기록되어 있다. 「제도영진소속양역사정별단」이 반포되고 나서 「충청 도영진소속양역사정별단」이 반포될 때까지 규정된 군액에 일부 변경 이 있었음을 짐작케 하는 부분이다.

사정 대상으로 선정된 병종은 충청수영 31개, 안흥 10개 등 총 41개였

〈표 2-9〉「충청도영진소속양역사정별단」에 기록된 군액 사정 현황

(단위: 명)

영진		병종	사정		차액
			이전	이후	
수영	본영	대변군관	150	150	0
		기패관	55	55	0
		교사	15	15	0
		취수·나장	128	128	0
		신선	230	230	0
		신선보	460	460	0
		군뢰	31	30	-1
		대변군관수솔	5	20	+15
		기패관수솔	20	20	0
		취수·나장보군	76	76	0
		군뢰보군	78	30	-48
		기수보군	24	20	-4
		능노군보군	26	26	0
		세악·쟁수보군	10	10	0
		통장	45	45	0
		대변군관보군	26	26	0
		기패관보군	19	19	0
		도훈도청보군	5	5	0
		교사보군	2	2	0
		보군고보군	98	98	0
		해현고보군	44	44	0
		이방청보군	6	6	0
		병방청보군	17	17	0
		형방청보군	10	10	0
		군기청보군	5	5	0
		병선색보군	6	6	0
		통인보군	4	4	0
	우후	대변군관	20	20	0

	수성장초관	16	16	0
	기패관	98	98	0
	교사도훈도	20	20	0
	수첩군관	71	71	0
안흥	성속군관	29	29	0
	기병	400	400	0
	별신선	240	240	0
	주사신선호	40	40	0
	주사신선보	80	80	0
	별군관	42	0	-42
합계		2,651	2,571	-80

* 「충청도영진소속양역사정별단」에는 「제도영진소속양역사정별단」의 내용이 그대로 수록되었다. 회색으로 표시된 부분이 「제도영진소속양역사정별단」에 수록된 부분이다.
* 출전: 『良役實摠』「忠清道營鎭所屬良役査正別單」.

다. 이 중 충청수영 조에 기재된 8개 병종은 이전 별단에서 거론된 바 있기 때문에 이 별단에서 새롭게 거론된 병종은 33개였다. 사정 대상으로 거론된 인원은 총 2,651명이었다. 이 별단의 반포로 80명이 삭감되어 2,571명이 되었다. 전체 인원에서 약 3% 정도 삭감되었으니 그리 많은 수가 줄어든 것은 아니었다.

「제도영진소속양역사정별단」과 「충청도영진소속양역사정별단」은 두 가지 측면에서 차이를 보인다. 첫째, 사정 대상이 확대되었다는 점이다. 「제도영진소속양역사정별단」에서는 수영 이상 수군진만 사정 대상으로 했지만, 「충청도영진소속양역사정별단」에서는 안흥진을 사정 대상에 포함시켰다. 안흥진이 포함된 이유는 "안흥진이 비록 첨사진이기는 하나 수성장을 겸임하고 있어 사체(事體)가 다른 진과는 달라 읍안

(邑案)에서 마땅히 거론해야" 했기 때문이었다.[195]

둘째, 대상 병종의 차이이다. 두 양역사정별단에 기록된 충청수영 소속 사정 대상 병종을 비교해보면 이전과 많은 차이가 있다. 2차 「양역사정별단」에 추가된 충청수영의 군액을 분석해보면, 충청수영조에는 '보군'·'수솔' 등의 명칭이 많이 등장한다. 이들은 직역자를 보조하는 직책으로 판단된다. 예컨대 기패관수솔은 기패관에 딸린 하인으로 판단된다. 보군도 어휘 뜻으로 '보조하는 군사'라는 뜻을 가진 것으로 보아 수솔과 비슷한 존재였을 것이다. 『양역실총』에서 군뢰보군의 숫자는 군뢰의 숫자를 기준으로 결정한다고 기록되었는데,[196] 이 조치는 군뢰보군이 군뢰 한 명마다 몇 명씩 배치되어 있어서 가능한 조치였다.[197]

요컨대, 경안부 수군의 군액 조정과 정액(定額)은 수군변통절목의 반포를 통해 행해졌다. 하지만 이 절목에서는 진 자체에서 충원한 장교나 외안부 수군에 대한 것을 다루지 않았다. 이들에 대한 사정 작업은 『양역총수』, 『양역실총』의 발간 등 일련의 과정을 통해 진행되었다. 이들 병종에 대한 사정 원칙은 군액 삭감, 군역자의 거주지 조정, 군액의 통일성 재고 등 세 가지였다. 사정 작업은 본래 수영 단위에서 행해지다가 점차 소속 진으로 확대되었다.

---

195) 『良役實摠』 「良役査正別單」.

196) 『良役實摠』 「良役査正別單」.

197) 이 자료에는 補軍庫·解縣庫·吏房廳·兵房廳·刑房廳·軍器廳·兵船色·通引 등 창고나 소속 관청에 복무하는 補軍들이 기록되었다. 하지만 이들에 대해서는 "良役實摠에 의해 거론하는 것은 마땅치 않다. 凡例에 의거해 吏屬條는 본도의 私募成冊에 들어가도록 할 것"이라고 기록되었다.

제3장

훈련의 지속과 영조(營操)의 증가

1. 수조의 규모 축소와 영조의 증가

17세기 후반 조선 정부는 황당선의 출현을 방비하기 위해 계속해서 서해안에 수군진을 설치했다. 아울러 수군 역가가 다른 직역보다 비싸다는 의견이 제기되자, 경기·충청·전라·경상도에서 역가가 삭감되었고 군액이 조정되었으며, 진하거민들을 충원해 군선 승선 인원으로 삼는 등 각종 개혁도 단행되었다. 이와 함께 수조의 형태도 변모해갔다.

먼저 지적할 것은 합조(合操)에 참여하는 인원이 이전과 차이를 보인다는 것이다. 전술했듯이 통제영의 합조는 충청·전라·경상도 수군이 모여 실시하는 연합 훈련이었다. 하지만 이 시기가 되면 "춘조(春操)는 양남 수군(兩南水軍)이 통제영에서 함께 실행하고 추조(秋操)는 수영별로 실행하는 것이 이미 정식"이라는 영조 12년(1736) 통제사 김집(金潗)의 언급처럼, 충청도 수군은 더 이상 통제영에 가서 합조를 하지 않고,[198] 대

---

198) 『承政院日記』 816冊, 英祖 12年 1月 15日. "此乃統制使金潗狀啓也 以爲春操 則

신 봄과 가을에 자체적인 영조(營操)만 시행했다. 언제부터 이런 조치가 있었는지 알 수는 없지만, 합조의 규모가 이전 시기보다 줄었음을 알 수 있다.

수조의 시행 추이도 이전과는 다른 모습을 보였다. 수조의 시행 추이와 방식에 대해서는 이미 연구된 바 있지만,[199] 이 장에서는 『승정원일기』를 바탕으로 숙종 연간부터 영조 연간까지 수조의 시행 추이를 살펴보고 그 의미를 부각하고자 한다. 광해군~현종대까지 통계를 다루지 않는 이유는 이 시기 수조에 대한 기록이 간헐적으로만 수록되어 통계로서 의미가 없다고 판단했기 때문이다.

먼저 이 작업을 수행하는 데 『승정원일기』가 가지는 한계에 대해 언급할 필요가 있다. 『승정원일기』는 수조 시행을 단언하기 어려운 모호한 언급이 많아 개인적인 판단으로 수조 시행 여부를 추정하는 때도 있다. 이때 자의성이 개입되어 사료를 이용하는 사람에 따라 통계가 일부 달라질 수 있다. 그러므로 『승정원일기』의 자료 통계는 수조의 대략적인 추이를 파악하는 데만 유효하다.

또한 통제영과 수영에서 해마다 조정에 수조의 시행 여부를 보고했을 것으로 생각되지만, 자료에서 파악할 수 있는 건수는 제한적이다. 그러므로 수조의 시행 빈도를 살피기에 앞서 우선 『승정원일기』에서 수조에 대한 보고가 얼마나 충실하게 이루어졌는지 파악해야 한다. 이

兩南舟師 合設于統營 秋操則各其水營設行 已有定式."

199) 이민웅, 「17·8세기 水操 運營의 一例 考察—慶尙左水營 水操笏記를 중심으로」, 『군사』 38, 국방부전사편찬위원회, 1999, 57~69쪽.

〈표 2-10〉 숙종~영조 연간 수조 시행 현황

(단위: 건)

왕대	재위	춘조				추조 ⓒ		합계(%) (ⓐ+ⓑ+ⓒ)			1년당 수조 횟수	파악율
		통제영ⓐ		통어영ⓑ								
		실행	정지	실행	정지	실행	정지	실행	정지	총계		
숙종	46	8 [6]	13	0	2	12	9	20 (45%)	24 (55%)	44 (100%)	0.43	32%
경종	3	0	2	0	1	1	2	1 (17%)	5 (83%)	6 (100%)	0.33	67%
영조	52	5 [1]	28	6 [3]	28	13	21	24 (24%)	77 (76%)	101 (100%)	0.46	65%

* [ ] 표시는 전체 춘조 횟수 중에 합조 형식으로 열린 훈련의 숫자를 의미한다.
* 출전: 『承政院日記』 시기별 수조 기록.

를 위해 본 연구에서는 매년 수조 관련 보고가 정규적으로 올라온다고 가정해 산정한 횟수를 100%로 하여 수조의 보고 비중을 확인했다. 이를 '파악율'이라고 하겠다.

　본 연구에서는 통제영 춘조, 통어영 춘조, 영별 추조를 각각 1회로 환산했다. 수조를 이렇게 구분한 이유는 『승정원일기』의 통제사·통어사·수사의 보고 형식을 반영한 것이다. 보통 춘조는 통제사와 통어사가 보고하는 것이 원칙이었기 때문에 이를 각각 1회로 간주할 수밖에 없다. 아울러 추조는 연대기를 통해 영조(營操) 시행 여부를 개별적으로 파악하기 어려워서 추조 자체를 1회로 간주했다. 수조를 부분적으로 시행하는 때도 1회로 처리했다. 아울러 수조를 했다고 명시한 기록은 발견되지 않으나 수조에 따른 포상이나 이동 과정에서 침몰[敗船]에 관한 기사가 발견되었을 때도 그해에 수조를 한 것으로 간주했다(표 2-10 참조).

　수조 관련 기록은 크게 수조를 실행했다는 내용과 정지했다는 내용으로 분류할 수 있다. 본 연구에서는 이를 '실행'과 '정지'로 표기했다. 전체 수조 관련 기록 101건 중 실행 기록은 숙종 20회, 경종 1회, 영조 24회 정도였다. 수조에 대한 파악율은 숙종대에 32%였는데 영조대에는 65%로 올랐다. 수조에 대한 보고가 후대로 내려갈수록 보다 정규적으로 기록되어 있음을 알 수 있다. 전체 기록 중 훈련 실행 기록의 비중은 숙종 45%, 경종 17%, 영조 24% 정도였다. 『승정원일기』의 기록 중에 숙종이 수조를 허락한 비율은 절반에 육박했는데, 영조(英祖)가 수조를 허락한 비율은 1/4 정도에 그쳤다.

이런 기록을 바탕으로 환산해본 결과, 1년당 평균 수조 횟수는 숙종 0.43회, 경종 0.33회, 영조 0.46회 정도였다. 경종대 1년당 수조 횟수는 보고의 미비와 짧은 재위 기간으로 인해 통계로서 의미가 없지만, 숙종과 영조 시기의 1년당 수조 횟수는 실상을 일부 반영했다고 판단해도 좋을 것이다. 자료로 파악되지 않는 수조 횟수까지 고려해보면, 숙종과 영조 연간 수조가 춘·추조를 막론하고 2년당 한 번 정도는 열렸음을 짐작할 수 있다.[200] 숙종과 영조 연간 1년당 수조의 시행 빈도는 비슷하지만, 영조 연간이 숙종보다 기록이 충실했다는 점을 고려해보면 숙종 연간에 수조가 더 빈번히 이루어졌다고 추정할 수 있다.

통제영 춘조도 합조 형식보다는 영조(營操) 형식으로 열릴 때가 많았다. 숙종대에는 통제영 춘조가 8번 열렸는데, 그중 6번은 합조였다. 반면 영조(英祖)대에는 통제영 춘조가 5번 정도 열렸는데 그중 합조는 1번

---

200) 기존 연구에서는 수조가 4년 반에 1번 정도 열린 것으로 파악했다(이민웅, 앞의 논문, 1999, 63쪽). 필자는 기존 연구보다 수조가 더 빈번히 열렸다고 생각한다.

뿐이고 나머지 4번은 영조였다. 이 시기에 주요한 훈련 방식이 합조에서 영조로 변화하고 있었음을 알 수 있다. 그렇다면 그 이유는 무엇인가? 다음은 영조 25년(1749) 통제사 장태소(張泰紹)의 보고이다.

합조(合操)가 50년 동안 행해지지 않아 비록 근심스럽다고 말할 수 있으나 합조는 전적으로 일본을 방비하기 위해 하는 것입니다. 호서는 중국과 바다를 마주보고 있고 황당선이 출입하는 곳이라 결단코 영을 비우고 훈련하러 갈 수 없으며, 호남에서 훈련에 나가기도 어렵습니다. 해마다 영별로 열리는 훈련[各操]에 대해 말할 것 같으면 매년 한 번 훈련에 나가는데도 많은 군인이 죽고 중대한 병기를 잃어버리는 일이 계속 이어져 실로 어려운데, 하물며 천 리 해로를 이동하는 합조는 어떻겠습니까! 올해는 진실로 각도에서 거행하는 것이 어떻겠습니까? 주상(主上)이 말하길, 그러면 언제쯤 합조를 하는 것이 타당한가? 박문수(朴文秀)가 말하길, 호서는 가장 멀어 진실로 조련에 나가기 어려우며, 호남도 멀기 때문에 시행하기 어렵습니다. 이경하(李景夏)가 말하길, 저는 일찍이 호남 연해에서 수십 명이 배의 침몰[敗船]로 인해 일시에 죽는 것을 목격했습니다. 대개 큰 바다를 왕래할 때는 침몰하는 우환이 자주 있어 삼도(三道)의 합조는 일의 사세가 진실로 어렵습니다. 주상(主上)이 말하길, 그 전달한 바가 이와 같으나 왕이 된 자는 어찌 군무를 특별하게 여기지 않겠는가! 본도에서 하도록 하는 것이 좋겠다.[201]

---

201) 『承政院日記』 1039冊, 英祖 25年 1月 25日. "合操之五十年不行 雖曰可憫 蓋此合

통제사 장태소는 합조를 하지 않는 원인을 두 가지로 설명했다. 첫째, 대외 정세의 변화였다. 전술한 바와 같이 황당선은 출몰 시기와 정체를 확정할 수 없는 형태의 적이기 때문에 상시적인 대비 태세가 중요했다. 그런 상황에서 합조가 시행되면 지휘관을 비롯하여 상당수의 수군이 일정 기간 영진(營鎭)을 비워야 했는데, 그동안 서해안은 무방비 상태에 놓일 수밖에 없었다. 그러므로 합조를 시행하기 어렵다는 것이었다.

둘째, 각종 해난 사고였다. 충청·전라도 수군이 훈련 장소까지 이동하는 동안 사고를 당하는 일이 많았다. 해난 사고로 인명 손실이 발생하면 조선 정부는 보통 관련 지휘관을 처벌하고 사망한 수군의 가족에게 휼전(恤典)을 베풀었다. 그 과정에서 관련 지휘관이 처벌이 두려워 사건을 은폐하다가 적발되어 논란이 되기도 했다.[202] 또한 유실된 군선과 군기를 다시 마련하는 과정에서 생겨나는 관청별 이해관계나 재정 손실도 문제였다.[203] 국왕 영조(英祖)는 이러한 문제를 고려해 통제영 춘

操 專爲備倭 而湖西則與中國隔海 荒唐船出沒之地 決不可空營遠赴 湖南之赴操 亦難矣 雖以各操言之 每年一次赴操 率多敗船 許多軍人重大軍器渰死沈失之患相續 實爲重難 況千里海路之合操乎 今年亦姑令各道擧行 何如 上曰 然則何時當合操耶 文秀曰 湖西最遠 固難赴去 湖南亦遠 此則決不可爲之 景夏曰 臣曾於湖南沿海 目見數十水軍敗船 一時沒死 蓋大海往來之際 自多敗船之患 三道合操 事勢誠難矣 上曰 所達如是 王者豈特爲軍務 今則各令本道爲之 可也."

202) 『承政院日記』194冊, 顯宗 7年 4月 20日.

203) 숙종 32년(1706) 10월 충청수사 金百祿의 覆啓에 따르면, 마량·한산·임천의 전선 3척이 수조를 끝내고 돌아오다가 폭풍우를 만나 침몰했다고 한다. 한산에서는 인명과 군기의 漂失이 거의 없었고, 임천에서는 인명 손실은 없지만 군기 중에 漂失된 것이 많았으며 소속 사후선 1척의 행방이 묘연했다. 마량진에서는 토병 1명이 죽고 군기가 거의 모두 표실되었다. 이렇게 되자 이들 물품을 인근 지역

조를 영조(營操) 형식으로 시행할 것을 결정한 것으로 보인다.[204]

2. 영조의 지휘 체계와 절차

그렇다면 영조는 어떤 방식으로 진행되었는가? 영조는 훈련의 규모
가 다를 뿐 합조와 같은 모의 전투 훈련이었다. 그러므로 영조가 열릴
때도 수사를 주장(主將)으로 하여 지휘 체계를 구성했다. 훈련할 때 수
사는 영장(營將)이 되었고, 만호·첨사 등 수군 지휘관과 수령은 파총(把
摠)이나 초관(哨官)으로 편제되었다. 숙종 34년(1708) 순무사 한원진(韓元
震)은 "본도(충청도)의 전선으로 말하면 전(前)·후(後)·중(中)의 3개 사로 구
성되었는데, 홍주·서산·안흥·소근·마량 등 다섯 곳에는 방패선 1척이

에서 가져와 그 숫자를 채웠는데, 임천과 마량에서 표실된 군기 중에 黑角弓·
片箭·筒兒·鐵甲冑·火藥 등의 물품은 海美 舊兵營에 보관된 것으로 가져왔으며
佛狼機·鑄子砲·鐵子砲·一百字銃·別黃字銃·地字銃 등 106개 총포는 채우기가
어렵다고 했다. 또한 군량 및 각종 물품은 군현별로 民結에서 거둔 세금이나 대
동저치미, 그리고 兵船糧을 조작한 還耗를 이용해 마련하는데, 각 진은 수군 역
가 외에 비축한 곡식이 없어서 그럴 수 없다고 했다. 이에 각종 총포류는 각 읍
진에서 그 값을 마련해서 경군문에 납부하면, 경군문에서 이를 마련하여 지급
하는 방식으로 해결했다(『禁衛營謄錄』 17冊, 丙戌年(肅宗 32, 1706) 10月 4日). 이
자료를 통해 해난 사고를 당했을 때 손실된 물품은 인근 지역에서 가져와 보충
했고, 그에 따라 여러 문제가 발생했음을 알 수 있다.

204) 두 가지 원인 중 후자는 첨방이나 수조 때마다 늘 거론되던 것이어서 이 시기에
만 제기된 원인이라고 보기는 어렵다. 그에 비해 전자는 대외 정세의 변화에 따
라 이 시기부터 제기된 원인이었다. 그러므로 수조가 영조 형식으로 열리게 된
결정적인 원인을 꼽으라면 전자라고 생각한다.

있어 전사(前司)가 된다"라고 했다.[205] 이를 통해 충청도의 수군 지휘 체계가 숙종 34년(1708)까지 세 개의 사로 구성되어 있었고, 각 사 휘하에는 전선이나 방패선 등 군선이 배정되어 있었음을 알 수 있다.

18세기 중엽 영조(營操)를 할 때 수군 지휘 체계는 전라우수영의 『우후영전진도첩(右水營戰陣圖帖)』(이하 『전진도첩』)을 통해 더욱 구체적으로 파악할 수 있다.[206]

---

205) 『南塘集』 卷2, 「戰船變通議」. "以本道戰船言之 則有前後中三司 而洪州瑞山安興 所斤馬梁五處 各有防船一隻 合爲前司."

206) 『우수영전진도첩』은 정조 4년(1780) 고군산을 비롯한 일대 지역이 산북수조를 독자적으로 시행하면서 지휘 체계를 다시 정비하자 그에 따른 변경 사항을 기록한 자료이다. 앞면에는 『이순신장군전진도』라고 표기되었는데, 이는 후에 배접하면서 써넣은 것이다. 그러므로 본 연구에서는 기존의 관행대로 『우수영전진도첩』이라 지칭한다. 이 자료에는 정조 4년(1780) 이전과 이후의 지휘 체계가 모두 수록되었다(장원주, 「17세기 朝鮮의 海防體制와 水操運用」, 중앙대학교 석사학위논문, 2012, 41쪽 〈표 1〉). 이 중 '정조 4년(1780) 이전 수군의 지휘 체계' 내용을 통해 정조 4년(1780) 이전의 지휘 체계가 언제 형성되었는지 추론할 수 있다. 이 지휘 체계 안에는 숙종 37년(1711)에 설치된 임자도진이 보인다. 또한 숙종 31년(1705)에 설치되어 영조 10년(1734)에 폐지된 갈두산진은 보이지 않는다. 그러므로 이 지휘 체계가 형성된 시기는 임자도진이 존속하고 있고 갈두산진은 폐지된 시기인 영조 10~정조 4년(1734~1780) 사이였을 것이다. 여기서 시기를 좀 더 좁히기 위해 군선의 배치 실태를 살펴볼 필요가 있다. 이 자료에는 '가리포 귀선[加龜]'과 '수영 귀선[營龜]'이라는 표현이 있다. 이 도첩에서 가리포 귀선과 수영 귀선이 별도로 표기된 이유는 다른 군현이나 수군진에는 모두 전선이 배치되었고, 가리포와 수영에만 귀선이 배치되었기 때문에 이를 식별하기 위해서였다. 그러므로 이 지휘 체계가 형성된 시기는 가리포와 수영이 각각 귀선 1척을 보유하고 있을 때였다. 영조 22년(1746) 『續大典』에 기록된 전라우도 군선을 살펴보면, 전라우도에는 대부분 전선이 배치된 가운데 전라우수영과 가리포에만 귀선이 1척씩 배치된 것을 확인해볼 수 있다(『續大典』 卷4, 「兵典」 諸

이 도첩에 따르면 18세기 중엽 전라우수영은 수사를 중심으로 5개 사로 편성되었다. 파총은 첨절제사와 동첨절제사 일부가 담당했다. 중사·좌사·우사 파총인 임치·가리포·위도첨사는 모두 거진의 지휘관인 종3품 첨절제사였다. 그에 비해 전사·후사 파총인 고군산과 고금도첨사는 종4품 동첨절제사였다. 이는 위의 지휘 체계를 구성할 때 품계가 높은 첨절제사에게 파총을 먼저 담당하게 하고, 파총이 될 인원이 부족할 때 동첨절제사를 파총으로 임명했기 때문이라고 추정한다. 파총 한 명은 네다섯 개 초를 거느렸다. 초관은 동첨절제사·만호 등의 지휘관과 목사·군수·현감 등 읍전선의 지휘관이 담당했다. 읍전선의 지휘관으로는 수령이 참여해야 했지만, 실제로는 수령의 업무를 대신한 대장(代將)이 참여했다.

전라우수영의 영조(營操)는 전선 29척, 귀선 2척, 병선 31척, 사후선 60척 등 122척이 참여하는 훈련이었다.[207] 각 사는 전선 6척, 병선 6척, 사

道兵船). 수군진의 설치나 폐지, 승격, 군선의 증가로 인해 수조할 때 지휘 체계의 편성이 변한다고 한다면, 이 지휘 체계가 만들어진 시기는 영조 22년(1746)보다 이전일 가능성이 크다. 즉 이 지휘 체계는 영조 10~22년(1734~1746) 사이의 어느 시점에 형성되어 정조 4년(1780)까지 활용되었다는 것이다. 그러므로 본 연구에서는 『전진도첩』에 기록된 정조 4년(1780) 이전의 지휘 체계를 18세기 중엽 수군 지휘 체계라고 간주하겠다. 『右水營戰陣圖帖』(전라남도문화재자료 163호).

207) 이 지역에서 전선이나 귀선 1척에 병선 1척과 사후선 2척이 붙는 방식으로 선단이 구성되는 것이 원칙이었다는 점을 고려해보면, 이 지역의 사후선 숫자는 60척이 아닌 62척이 되어야 한다. 하지만 『속대전』에는 60척으로 기록되었으므로 본 연구에서도 이를 준용하겠다. 전선 2척을 보유한 나주는 사후선도 4척을 보유해야 했지만, 실제로는 2척만 보유했다. 『續大典』 卷4, 「兵典」 諸道兵船.

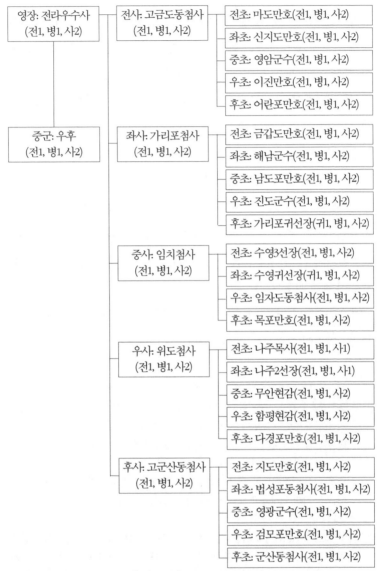

〈그림 2-5〉 18세기 중엽 영조에서 전라우수영 수군의 지휘 체계

* 첨사: 첨절제사, 동첨사: 동첨절제사, 전: 전선, 병: 병선, 사: 사후선.
* 출전: 장원주, 「17세기 朝鮮의 海防體制와 水操運用」, 중앙대학교 석사학위논문, 2012, 41
쪽 <표 1>을 편집하여 재인용.

후선 12척 등 24척으로 편성되는 것이 일반적이었다. 하지만 상황에 따라 전선 5척, 귀선 1척, 병선 6척, 사후선 12척으로 편성되거나, 전선 5척, 병선 5척, 사후선 12척 등으로 구성되는 경우도 있었다. 군선 수를 고려하여 각 사에 배정된 초(哨) 수를 유연하게 조정한 것으로 생각된다. 매초는 전선 1척이나 귀선 1척 등 전투 선박에 병선 1척과 사후선 2척 등이 편성되었다.

군선 수로만 보면 영조는 합조보다는 작지만 상당한 규모의 훈련이었다. 하지만 영조를 시행할 때 참가하는 병력 규모는 『전진도첩』을 통해서는 알 수 없다. 다만 인접 시기의 자료인 「양남수군변통절목」에 기록된 군선의 승선 정원, 즉 전선 164명, 귀선 148명, 병선 17명, 사후선 5명을 가지고 참여 군선의 숫자를 곱해보면 이를 추정할 수 있다(표 2-6 참조). 수조할 때 이들 정원이 모두 참석했다고 가정하면, 영조에 참여하는 군선의 승선 인원만 5,879명 정도이다. 전라우수영의 영조(營操)는 5,500명~6,000명 정도가 참여하는 규모의 훈련이었음을 알 수 있다.

18세기 중엽 영조는 합조와 같은 순서인 기회-사조-정조-호궤 순으로 진행되었다. 정조(正操)는 18세기 중엽에도 『병학지남』의 절차를 준수하여 행해졌다.[208] 『병학지남』의 수조 절차는 총 25단계였다. 이를 간략하게 살펴보면 다음과 같다.

01 수조는 조련을 알리는 패를 다는 것으로 시작했다(懸操牌). 02 다음으로 통제사나 수사가 아침에 적선을 정탐하기 위해 초선(哨船)을 보냈

---

208) 이는 경상좌수영도 마찬가지였다. 『萊營摠錄』의 수조 절차 분석은 이민웅, 앞의
      논문, 1999 참조

다(發哨船). 03 초선을 보낼 때 휘하 장수들은 첨자진(尖字陣)을 형성하고 기다렸다(列쁄). 첨자진은 앞은 뾰족하게 하고 뒤는 넓게 만드는 ∧자 형태로 배를 정렬하는 것이다. 대형의 모습이 첨(尖)자 모양과 비슷하여 이렇게 이름 붙여졌다. 이 대형은 물을 헤치고 다니기에 편리하고 지휘관이 함대를 통제하기 쉬운 특성이 있어서 군선이 선단을 이루어 이동할 때 주로 활용되었다.[209] 첨자진을 결진(結陣)하라는 명령이 떨어지면 사와 초는 미리 부여받은 위치에서 기다렸다. 04 이후 통제사나 수사가 좌선(座船)에 탑승하면 판옥에서 휘하 장수들이 예의를 취했다(升船廳).

사열이 끝이 나면 명령 하달이 시작되었다. 05 수사(통제사)는 관기(官旗)들을 불러 모았다(招官旗). 여기서 관기는 수군 지휘관을 비롯하여 군선에 승선한 장교들을 의미하는 것으로 생각된다. 06 이렇게 관기들이 모이면 명령 하달이 이루어졌다(官哨發放). 명령 하달 내용은 "관기는 들으라. 귀로는 징소리와 북소리를 듣고 눈으로는 깃발을 보며, 배를 몰기를 말같이 하여 적을 보면 앞으로 다투어 달려가며, 한 배를 탄 병사와 의지를 불태워 독자적으로 분부하라. 만일 적선을 놓아주어 도망하게 하면 군법으로 엄히 다스리고 용서하지 않겠다"라는 것이었다. 07 다음으로 타수(舵手)·요수(繚手)·정수(碇手)·대장(隊長) 등 군선을 운영하는 인원에 대한 명령 하달이 계속되었다(舵繚碇隊長發放). 08 명령 하달이 끝나면 관기는 각자 배로 돌아가서(官旗下地方), 09 군선의 승선 인원 모

---

209)　장학근은 수군이 기동할 때 첨자진을 쓰는 이유를 네 가지로 지적했다. ① 항해 중 지휘 통신이 쉬운 점, ② 공수 전환이 쉬운 점, ③ 사격이 정확하다는 점, ④ 군선 증강이 유리하다는 점 등이다. 장학근, 「조선후기 水操와 선단편제」, 『朝鮮時代海洋防衛史』, 창미사, 1988, 248~249쪽.

두에게 명령을 하달했다(一體發放). 이 절차를 거치면 명령의 숙지가 끝났다.

⑩ 이 절차가 끝나면 깃발을 올리고 훈련장으로 이동해 훈련을 시작했다(升旗起操). 훈련의 방법은 적이 멀리 있을 때, 30리 가까이 있을 때, 가까이 근접했을 때 등 상황에 따라 달랐다. ⑪ 우선 적이 멀리 있을 때는 적선(賊船)을 보고 일자진(一字陣)을 형성하고 화기를 발포했다(看賊船 先用火器). 이 진법은 군선들이 일자로 늘어서는 대형으로, 포를 쏘거나 돌격을 준비하기에 적합한 진법이었다. 이때 이용하는 화기는 불랑기, 조총, 화전 등이었다. ⑫ 적이 30보 이내로 근접하면, 분통(噴筒)을 발사하며 표창과 독화살을 쏘았다(次用軍火器). ⑬ 적이 아군 배에 가까이 근접하면, 화통과 화전(火箭) 등을 이용해 공격하고 배의 후미에 있는 자들은 이두표(犁頭鏢)를 던졌다(對船攻打). ⑭ 배가 가까이 붙으면 적의 배를 부순다(力戰碎舟). 이때 아군은 큰 배를 이용해 적의 작은 배를 향해 이침(犁沈)하는 모습을 취했다.[210]

⑮ 이렇게 훈련이 끝나면 배를 정돈하고 배를 돌렸다(整艍回船). 일정 지점에 이르러서 ⑯ 방영진(方營陣)을 형성하고 기다렸다(下方營). 방영은 방진(方陣)이라 불리기도 했으며, 수사가 타는 좌선[上船]을 중심으로 전선들이 사각형 모양으로 둘러싸고 있는 형태였다. 방영진은 그 형태를 보아 방어나 휴식을 취할 할 때 주로 쓰는 진법이었다. 방영진을 펼치

---

210) 큰 배를 작은 배에 충돌시켜 침몰시키는 형세가 마치 소를 몰아 밭을 갈아서 밭의 흙이 보습에 닿지 않고 넘어가는 것 같다고 하여 犁沈이라고 했다. 성백효 역주, 『국역병학지남』, 군사편찬연구소, 201쪽.

〈그림 2-6〉 『우수영 전진도첩』의 하방영도(下方營圖) 완도 충무사 소장

고 나서 ⑰ 수사는 초급선을 보내서(發樵汲), ⑱ 보급품을 공급받았다(收樵汲). 초급선으로는 아무래도 병선이나 사후선 등 보조 선박이 이용되었을 가능성이 크다. ⑲ 초급선이 출동한 사이에 방영에서는 공과(功過)를 살펴 포상과 잘못을 지적하는 행사를 하도록 규정되었다(査功罪). 여기까지가 주간 훈련의 끝이다.

이후에는 야간 훈련을 진행했다. ⑳ 깃발을 내리고 등을 올리고(落旗懸燈), ㉑ 야간 정찰에 나갔다(發放夜瞭). 아울러 ㉒ 야간 기동 중에 지나가는 수상한 배를 만났을 때(遇船過), ㉓ 검은 풀 더미 등을 만났을 때(遇黑塊), 그리고 ㉔ 적선을 만났을 때도(遇賊船) 다양한 방식으로 대처했다. ㉕ 이것으로 본 훈련인 정조(正操)가 끝나고 항구로 복귀했다(散操歸港).

본 훈련인 정조가 끝나면 하루를 쉬고 시사(試射)가 시작되었다. 시사는 훈련에 참여한 장병들에게 무예를 권장할 목적으로 보는 활쏘기 시험이었다. 당시 시험 과목은 유협전, 편전 등 다양했다. 시험을 본 후 주장(主將)은 점수를 매기고 포상했다. 특히 몰기자(沒技者)나 1등에게는 무과(武科)에 직부전시(直赴殿試)하는 기회가 주어졌다.[211] 그렇다고 포상만 행해진 것은 아니었다. 주장은 군현과 수군진의 거말자(居末者) 수를 계산해서, 그 수가 가장 많은 곳의 감색(監色)을 처벌했다.[212] 이렇게 시사와 포상이 끝나면 호궤(犒饋)를 시작했다. 호궤는 훈련에 지친 군인을 위로하기 위해 음식을 대접하는 행사였다. 이때의 호궤는 하루종일 진행된 것으로 보인다. 호궤를 끝으로 수조의 모든 과정이 끝이 났다. 수령과

---

211) 『三道水軍統制使節目』김현구 소장,「營門古事記略」.
212) 『統營日記』B90.19, 甲午年(肅宗 40, 1714) 8月 23日.

변장은 각자 자신의 근무지로 돌아갔다.

3. 방어영의 수조 실시

이 시기에는 통제영·통어영·수영 외에도 수조를 주관할 수 있는 단위들이 생겨났다. 방어영에서도 정규적인 훈련이 시작되었다는 점이 주목된다. 다음 자료를 살펴보자.

본진(本鎭)은 이미 방어사로 올려 독진(獨鎭)으로 설치하여 수사의 관하에 들지 않았으니 수조로 왕래하는 것은 거론할 필요도 없다. 전최(殿最)는 본도 순찰사에게 주관하게 하며, 소속 방패선·사후선 등도 본진에서 관리하여 완급(緩急)에 대비하게 한다(영종방어영).[213]

본부 전선은 비록 적선의 초정(初程)에 정박해 있지만, 옛날부터 수조에 관한 규정이 없습니다. 그러므로 이른바 수군이라고 하는 사람들은 어린아이부터 노인까지 훈련하는 일이 한 번도 없어 전선이 무슨 물건인지조차 알지 못합니다. 이러한 군병이 장차 전쟁이 일어나면 실효가 있겠습니까? 저의 뜻은 방영(防營) 소속 수령과 변장 등은

---

213) 『備邊司謄錄』 44冊, 肅宗 16年 10月 12日 「永宗鎭應行節目」. "本鎭 旣陞防禦使 設爲獨鎭 則不爲水使之管下 水操往來 非所可論 殿最則使本道巡察使主管 本鎭所屬防牌伺候等船 自本鎭句管 以備緩急爲白齊."

매년 봄과 가을로 수군 및 지토선(地土船)을 각각 이끌고 전선의 정박처에 와서 삼남 수영의 예에 따라 군병을 훈련하는 것이 좋겠습니다 (선천방어영).[214]

평안도 수군방어사는 삼화부사인데 수조가 이전에 행해진 일이 없습니다. 연전(年前)에 비로소 결정하여 수조를 시행하도록 했습니다(삼화방어영).[215]

첫 번째 자료는 숙종 16년(1690) 「영종진응행절목(永宗鎭應行節目)」의 내용을 발췌한 것이다. 영종진은 방어영으로 승격되면서 통어영의 관할을 받지 않았다는 점은 전술한 바와 같다. 이에 수조도 통어사가 아닌 영종방어사가 주관했다. 두 번째 자료는 영조 3년(1727) 무신부호군 남익화(南益華)가 선천방어영에서 수조를 시행하자며 올린 장계이다. 그는 선천방어영의 설치 이후에도 수조에 관련된 규정이 정비되지 못해 전력이 약해질 수 있다고 지적했다. 세 번째 자료는 영조 13년(1737) 좌의정 김재로(金在魯)가 삼화방어영에서 수조를 정지하자는 내용이다. 이 자료를 통해 수조의 시행이 얼마 전에 결정되었음을 알 수 있다.

---

214) 『承政院日記』632冊, 英祖 3年 2月 9日. "本府戰船 雖置於賊船初程 而自古元無水操之規 所謂水軍 自幼及老 終無一番操鍊之事 不知戰船爲何等物 如此軍兵 將何以責效於日後臨亂之時乎 臣意則防營所屬守令邊將 每年春秋各率水軍及地土船 來赴於戰船所在處 一依三南水營例 操鍊軍兵 恐合事宜矣."
215) 『承政院日記』854冊, 英祖 13年 8月 5日. "在魯曰 平安道水軍防禦使 卽三和府使也 而水操曾無設行之事矣 年前始有定奪 使之行操."

이 세 자료를 통해 방어영은 17세기 후반이나 18세기 중엽부터 대부분 독자적인 훈련을 시행했음을 알 수 있다. 연대기를 통해 방어영의 훈련 방식을 구체적으로 확인할 수는 없었지만, 삼남 수군의 예에 따라 훈련했다고 언급된 것을 고려해볼 때 봄과 가을에 『병학지남』의 절차에 따라 시행되었으리라 생각된다. 수조에는 방어영 자체 병력과 속진(屬鎭)의 군선이 참여했다.

요컨대, 17세기 후반~18세기 후반까지 수조의 시행 추이는 다양하게 변화했다. 합조는 영조 연간에는 거의 시행되지 않고, 추조와 같이 각 영 앞바다에서 훈련하는 형태로 변화했다. 이는 당시 해난 사고의 위협과 황당선 출몰에 따른 대비 차원에서 이루어진 것이었다. 영조(營操)는 지역별로 실시하는 모의 전투 훈련이었다. 이에 지휘관과 수령들은 지휘 체계에 편제되어 훈련에 참여했다. 18세기 중엽 전투 지휘 체계를 알 수 있는 전라우수영에서는 전라우수사를 중심으로 5사-24초로 구성되어 있었다. 이들 훈련의 절차는 『병학지남』에 입각해 행해졌다. 아울러 17세기 후반부터 도입된 방어영에서도 훈련이 시작되었다.

제3부

18세기 중엽~19세기 중엽
대외 정세의 긴장 완화와 수군 방위 태세 이완

제1장

수군진의 철폐와 전선 전용(轉用) 논의

1. 경상도 수군진의 철폐와 통어영의 강화도 이속 논의

1) 균역법의 시행과 경상도 수군진의 혁파

17세기 후반~18세기 중엽까지 조선의 대외 정세는 청이나 일본과의 관계가 안정된 가운데 황당선이 출몰하는 상황이었다. 18세기 중엽부터 19세기 중엽까지는 이전 시기와 비슷한 가운데, 이양선이라는 배가 새롭게 등장했다. 이 배는 충청도의 마량진과 고대도(古代島)를 비롯하여 전라도 홍양(고흥)과 고군산 등 여러 지역에서 출몰했다. 이양선은 소규모로 출현하여 빠르게 사라진다는 점에서 황당선과 비슷한 측면이 있었지만, 후대에 있을 제국주의의 침략을 고려해보면 새로운 위협이 서서히 등장하고 있음을 알리는 신호였다.

그러나 조선 정부는 군사 제도를 전면적으로 개편할 만큼 위기감을 느끼지는 못했던 것 같다. 또한 이덕무(李德懋), 유득공(柳得恭), 정약용(丁若鏞) 등 당대 지식인들도 서양의 무기와 화력에 관심을 가지기는 했으나 서양에 대한 방비를 당장 실행할 급무로 생각하지는 않았다. 정약용은 아란타(네덜란드)가 동양의 국가와 거리가 멀어서 어떻게 할 수 없으므로 그들을 해구(海寇) 정도로 생각하고 만약의 사태에 대비하면 될 것이라고 지적했다.[1]

그로 인해 이 시기 군사력 정비는 왕권 수호와 관계가 있는 중앙 군문을 중심으로 이루어졌다. 정조 19년(1795) 수어청이 총융청에 흡수되면서 총융청 중심의 수도권 외곽 방위 태세가 정립되었다. 이후 총융청은 헌종 12년(1846) 총위영(摠衛營)으로 이름이 바뀌었다가 3년 만인 동왕 15년(1849) 복구되기도 했다. 또한 장용영이 장용위를 모태로 하여 정조 17년(1793)에 설치되었다가 정조 사후 폐지되기도 했다.[2] 그 외에도 각종 친위 군영의 개편이 있었다. 그에 비해 지방군의 대부분을 차지했던 속오군은 허설화(虛設化)되는 경향이 강해졌을 뿐 아니라[3] 외적 방어보다 오히려 치안 유지 담당으로 성격이 변화하고 있었다.[4] 중앙군이 왕

---

1) 조선의 지식인들은 서양 세력의 중국 침탈을 목격하고 그 침략성이 조선으로 향하고 있다는 것을 확인하자 좀 더 적극적인 海防策을 마련하려고 했다. 이는 인접국인 청의 해방책에 대한 관심으로 이어졌다. 당대 지식인들은 『經世文編』, 『海國圖志』 등 중국 서적을 적극적으로 수용하여 조선의 해방 문제에 접근하고자 했다. 18세기 후반부터 19세기 중엽까지 해방에 대한 인식에 대해서는 노대환, 「1840~1860년대 東道 대응론」, 『동도서기론 형성 과정 연구』, 일지사, 2005, 167~180쪽 참조.
2) 장용영에 대한 연구 흐름은 박범, 「正祖代 壯勇營의 軍制와 財政 運營」, 고려대학교 박사학위논문, 2017 참조.
3) 속오군의 허설화에 대해서는 김우철, 「朝鮮後期 地方軍制의 虛設化」, 『朝鮮後期 地方軍制史』, 경인문화사, 2001 참조.
4) 속오군의 성격 변화에 대해서는 서태원, 『朝鮮後期 地方軍制硏究―營將制를 중심으로』, 혜안, 1999 참조.

도	진명	직위	연도	위치	변동현황	복설연도
경상	감포	만호	영조27(1751)	경주	폐지	·
	칠포	만호	영조27(1751)	흥해	폐지	·
	영등포	만호	영조27(1751)	거제	폐지/복설	영조 32(1756)
	상주포	권관	영조27(1751)	남해	폐지	·
	곡포	권관	영조27(1751)	남해	폐지	·
	풍덕포	별장	영조27(1751)	웅천	폐지	·
	축산포	만호	영조27(1751)	영해	폐지	
	소비포	권관	영조32(1756)	고성	폐지	
	다대포	동첨→첨	미상	동래	승격	
전라	고군산	동첨→첨	정조4(1780)	군산	승격	
	위도	첨→동첨	정조4(1780)	부안	격하	
충청	안흥진	첨사	정조3(1779)	태안	폐지/복설	정조 14(1790)
경기	통어영	통어사	정조3(1779)	교동	폐지/복설	정조 13(1789)

* 동첨: 동첨절제사, 첨: 첨절제사.
* 출전:『承政院日記』 1064冊, 英祖 27년 1月 4日;『備邊司謄錄』 122冊, 英祖 27年 2月 11日
「兩南鎭堡變通節目」;「均役廳事目」(原) 奎1124, 減革;『大典通編』卷4,「兵典」外官職.

권을 보위하고 지방군이 외적을 방비하는 것이 전근대 군대의 특성이라는 점을 고려해보면, 대외 침입에 대한 조선의 방위 태세는 이전보다 이완되는 모습을 보였다고 할 수 있다.

이런 상황은 수군도 마찬가지였다. 18세기 초반까지만 해도 수군진과 관련된 논의는 대부분 설치에 관련된 것이었는데, 18세기 중엽부터는 대부분 폐지에 관한 것이었다. 〈표 3-1〉은 18세기 중엽~19세기 초반까지 수군진의 변동 현황이다.

전라도에서는 18세기 중엽부터 19세기 초반까지 수군진의 설치나 폐지, 이동이 별로 없었다. 다만 정조 4년(1780) 동첨절제사진인 고군산이 첨절제사진으로 승격되고, 그 섬의 민호(民戶) 600호가 귀속되는 조치가 눈에 띤다.[5] 이는 해난 사고로 인해 고군산 첨사가 수조를 담당하게 됨에 따라 시행된 조치였다.[6] 위도진이 첨절제사진에서 동첨절제사진으로 격하된 것도 이때로 추정된다. 그로 인해 진관도 개편되었다. 17세기 후반 형성된 전라우도의 가리포·위도·임치진관이 이 조치로 인해 가리포·임치·고군산진관으로 바뀌었다 이에 임치진관에는 임자도·남도포·다경포·목포·지도 등 다섯 곳이 속했고, 가리포진관에는 고금도·금갑도·신지도·어란포·이진·마도 등 여섯 곳이 속했으며, 고군산진관에는 위도·법성포·군산포·검모포 등 네 곳이 속하게 되었다.[7]

18세기 후반 진 혁파 논의는 주로 경상도 수군진을 대상으로 했다. 호조판서 박문수(朴文秀)는 영조 26년(1750) 7월 이 지역에 진보(鎭堡)가 3리 혹은 5리마다 있다고 할 정도로 밀집되었기 때문에 민폐(民弊)가 될 뿐 아니라 용병(冗兵)을 양산하고 국가의 재원이 고갈되어 수군진 일부를 혁파해야 한다고 주장했다.[8] 경상감사 민백상(閔百祥)도 "동래에는 다대포·개운포·두모포·서평포·부산진 등 수군진 다섯 곳이 있고 웅천에는 가덕·천성·안골·청천·신문·제포진 등 수군진 여섯 곳이 있으며 거제에는 장목포·조라포·옥포·지세포·율포·소비포·가배량진 등 수군

5) 『正祖實錄』 卷12, 5年 11月 19日 丁卯.

6) 『正祖實錄』 卷10, 4年 12月 25日 己巳.

7) 『大典通編』 卷4, 「兵典」 外官職.

8) 『承政院日記』 1058冊, 英祖 26年 7月 2日. "以爲東萊之多大開雲豆毛西平釜山五鎭 熊川之加德天城安骨晴川新門薺浦六鎭 巨濟之長木助羅玉浦知世栗浦所非浦加背梁七鎭 則俱處於一小邑之內 實有稠疊不緊之歎." 박문수는 소비포가 거제에 있다고 했는데, 다른 여러 자료에는 고성에 있다고 기록되어 있다.

진 일곱 곳이 있는데, 수군진이 작은 읍에 조밀하게 첩설(疊設)되어 근심이 있다"라고 주장했다.[9]

이런 상태에서 균역법이 시행되고 역가가 줄어들자, 이를 보충할 급대에 관한 논의가 시작되었다. 영조 27년(1751) 1월 민백상은 급대 재원을 마련하는 방안의 한 가지로 경상도 수군진의 혁파를 주장했다. 이를 위해 민백상은 경상도 수군진의 전략적 중요도를 논하는 긴 보고서를 조정에 올렸다. 이 보고서는 진의 전략적 위치와 폐지 이유를 구체적으로 수록하고 있다. 민백상은 고성의 사량진과 진주의 적량진은 외딴 섬에 있고, 고성의 구소비포진은 우수영의 옛터에 설치되어 있으며, 남해의 미조항진과 평산포진은 먼 바다 쪽으로 나와 있어서 적의 침입을 경보하는 데 중요할 뿐 아니라 전라도 좌·우수영과 성원이 되기 때문에, 이 수군진 다섯 곳을 혁파할 수 없다고 전제했다.

그 밖에 나머지 수군진에 대해서는 혁파 여부를 따져봐야 한다고 했다. 그는 경상좌수영 소속 감포·축산포·칠포·포이포진이 임진왜란 이후에 부산진 앞으로 이동한 이유는 수영을 돕기 위한 것일 뿐이지 이설된 곳이 요해처이기 때문은 아니라고 주장했다. 그러므로 진을 혁파하고자 한다면 이 네 진을 주로 대상으로 해야 한다고 했다. 하지만 이 네 진이 한꺼번에 혁파되면 수영이 피폐해지고 전력이 약해지는 문제가 생기기 때문에, 포구에 위치하여 그나마 전략적 요충지인 포이포를 그대로 두고 성(城)의 좌우에 있는 감포·축산포·칠포 등 진 세 곳을 혁파하는 것이 좋겠다고 했다.

---

9) 『承政院日記』 1064冊, 英祖 27年 1月 4日.

또한 그는 경상우도 칠원의 구산과 웅천의 풍덕포가 내해에 위치해 큰 바다와 거리가 멀어 피란소(避亂所)는 될 수 있어도 적을 방어하는 곳으로는 적합하지 않다고 했다. 남해의 상주포는 금산(錦山) 아래에 있어 전투와 수비가 불리하며, 적의 침입을 알리는 것이 목적이라면 봉수만 있어도 충분할 것이라고 했다. 곡포는 선창(船倉)의 상태가 좋지 않고, 이 진이 있는 섬에 다른 수군진이 많다고 했다. 거제의 영등포와 고성의 남촌·삼천·당포는 통제영의 근처 내양(內洋)에 있어서 외양을 방어하기에 적합하지 않다고 했다. 이러한 논증을 바탕으로 민백상은 경상우수영 소속 구산·풍덕포·상주포·곡포·영등포·남촌·삼천·당포 등 여덟 곳을 혁파할 수 있다고 주장했다.[10]

민백상이 거론한 혁파 대상 진은 좌수영 소속 세 곳, 우수영 소속 여덟 곳 등 총 열한 곳이었다. 그의 제안에 대해 통제사 정찬술(鄭纘述)은 구산이 창원으로 들어오는 길목에 있고 남촌·삼천·당포가 바다로 나가는 입구(海口)를 지키고 있어서 이 네 곳의 혁파가 어렵다고 했다. 민백상은 정찬술의 의견을 참조하여 좌수영 소속 축산포·감포·칠포와 우수영 소속인 풍덕포·상주포·곡포·영등포 등 총 진 일곱 곳을 혁파 대상으로 확정했다. 그런데 구산진의 혁파 여부를 두고서는 갈등이 있었다. 민백상은 구산을 혁파하는 대신 그곳에 배치된 전선을 칠원으로 귀속시키자는 중재안을 냈다. 이에 대해 좌의정 김약로(金若魯)는 구산진의 혁파에 반대하는 의견이 많다고 전제한 뒤 수군진 일곱 곳만 혁파

---

10) 『承政院日記』 1064冊, 英祖 27年 1月 4日.

하는 것이 좋겠다고 했다.[11] 그 결과 구산진을 제외한 수군진 일곱 곳이 혁파되었고, 이 진에 있던 군기·군량·전선 등은 진이 소재한 군현이나 인근 진영(鎭營) 중 군기가 부족한 곳에 분배되었다.[12]

이곳에 있던 경안부 수군들을 어영청과 금위영의 보인으로 삼고 그 역가는 급대 재원에 충당했다. 하지만 이 조치를 실현하는 데는 한 가지 걸림돌이 있었다. 어영청과 금위영의 보인(保人)은 주로 양인으로 구성되었는데 수군은 양천(良賤)이 섞여 있는 상태였기 때문에, 이들을 어영청과 금위영의 보인으로 바로 전환하기 어렵다는 것이었다. 조선 정부는 경상도의 전체 군안을 개정하고 인원을 재배치하여 이 문제를 해결했다.[13] 이렇게 수군에서 편입된 어영청과 금위영 보인을 파방보(罷防保)라고 지칭했다. 이들 파방보는 본래 1인당 미 6두씩 냈다가, 영조 29년(1753) 미보(米保)를 목보(木保)로 바꾸는 조치로 인해 포 1필을 내는 것으로 변모했다.[14] 이들이 낸 역가는 금위영과 어영청의 감필에 따른 손

---

11) 『承政院日記』 1064冊, 英祖 27年 1月 17日. "若魯曰 頃者慶尙監司閔百祥上疏中 請罷八處鎭堡 而龜山鎭 則諸議多以爲不可罷 此則仍置 其餘七處鎭堡 則依疏請 竝令革罷."

12) 『備邊司謄錄』 123冊, 英祖 27年 2月 11日 「兩南鎭堡變通節目」.

13) 『嶺南狀啓謄錄』 壬申年(英祖 28, 1752) 2月 29日.

14) 영조 29년(1753)의 조치를 이해하기 위해서는 당시 어영청이나 금위영의 保米 납부 방식을 살펴볼 필요가 있다. 어영청이나 금위영의 주력 병종인 鄕軍의 正軍에게는 보인을 세 명 배정하는 것이 원칙이었다. 그중 한 명은 資保라고 불리며 호수인 정군에게 직접 역가를 냈고, 나머지 두 명은 관납보라고 불리며 각 관에 역가를 냈다. 이 관납보가 낸 역가는 해당 군현이 받아서 다시 어영청과 금위영으로 상납했다(이태진, 「17세기 朋黨政治와 中央軍制」, 『朝鮮後期의 政治와 軍營制 變遷』, 한국연구원, 1985, 167쪽). 어영청에 상납한 역가는 장교나 병력의 급료

실을 보상하는 데 사용되었다.[15]

진 일곱 곳이 혁파되면서 무관의 근무처도 줄어들 수밖에 없었다. 당시 무과 급제자는 급격하게 늘어났지만 그들에게 제수할 관직은 부족한 상황이었다. 이런 상황에서 진의 혁파는 무관 자리를 줄이는 것이었기 때문에 불만의 원인이 되었다. 더욱이 이 진 일곱 곳은 모두 구근과(久勤窠)로 설정되어 있어서[16] 그 불만이 증폭될 가능성이 컸다. 조선 정부는 무관 자리를 늘리지는 않았지만, 전라도 위도·법성포·가리포·군산진 등 첨사와 산산·포항·흑산도 등 별장을 구근과로 설정하여 무관들의 불만을 완화하고자 했다.[17]

같은 해인 영조 27년(1751) 다대포는 적의 침입 경로에 있다는 이유로 변지이력(邊地履歷)으로 설정되었다. 이후 이 진은 동첨절제사에서 첨절

로 지급했다. 관납보가 내는 물종은 米와 木[布]으로 나뉘는데 미를 내는 관납보를 米保, 목을 내는 관납보를 木保라고 지칭했다. 연읍에 거주하는 관납보는 주로 미보였고, 산군에 거주하는 관납보는 대부분 목보였다. 미보의 역가는 주로 배로 운반했고, 목보의 역가는 육지로 수송했다. 이 중 미보의 역가는 운반할 때 船運價, 즉 운반비를 별도로 냈을 뿐 아니라 운반 과정에서 선박이 침몰하여 손실이 발행한 사례도 발견된다. 균역법 시행 이후 어영청과 금위영의 보인이 내는 역가가 1/2로 삭감되자 조선 정부는 이를 만회하기 위해 미보를 목보로 바꾸는 작업을 시행했다. 그 과정에서 파방보의 역가 명색도 미에서 목으로 변화했다. 『萬機要覽』軍政 3,「御營廳」;「禁衛營」.

15) 「均役廳事目」(原) 奎1124, 減革.

16) 久勤은 久任法을 말하며 임기에 구애받지 않고 한 관직에 오랫동안 있도록 하는 제도였다. 구근은 병조의 가장 큰 선정 중 하나로 평가받았다. 『肅宗實錄』卷49, 36년 9월 11日 壬寅.

17) 『備邊司謄錄』123冊, 英祖 27年 2月 11日「兩南鎭堡變通節目」.

제사로 승격되어 동래의 감목감을 겸임하게 되었다.[18] 또한 영조 32년 (1756) 통제사 이경철(李景喆)은 영등포가 길목[咽喉]에 있으므로 복설해야 한다고 주장했고, 율포·가배량·소비포 중에 진 한 곳을 영등포 자리로 이설하자는 사안이 결정되었다. 이 수군진 세 곳 중에 어느 진이 좋은 지에 대해 국왕이 질문하자 김상로(金尙魯)와 신만(申晩)이 소비포가 좋다고 추천했고 그대로 결정되었다.[19] 이로 인해 소비포진이 영등포로 이전하면서 영등포진으로 이름을 개칭했고, 이곳에 있던 권관도 만호로 승격했다.

2) 충청수영의 행영 설치와 통어영의 강화도 이속 논의

균역법 시행에 따른 수군진의 개편은 임진왜란 이후 행해졌던 수군 진의 치폐에 관한 조치 중 가장 규모가 큰 조치 중 하나였다. 그 결과 경상도의 수군진 밀집 현상이 다소 완화되었다. 이후 진의 개편 논의는 한동안 진행되지 않다가 정조 연간에 다시 시작되었다. 이 논의는 크게 안흥진의 행영 설치와 통어영의 강화도 이속에 관한 것으로 구분된다.

먼저 정조 3년(1779) 영의정 김상철(金尙喆)은 홍충수영(충청수영)의 위치가 해구(海口) 안으로 치우쳐 있어서 조수(潮水)가 성하지 않으면 배를 움직일 수 없다고 지적했다. 그는 이 문제를 해결하기 위해 안흥진을 폐

---

18) 『嶺南鎭誌』奎12183, 「開國五百三年十一月日慶尙道多大鎭事例冊」.

19) 『承政院日記』1138冊, 英祖 32年 11月 16日. "向來革罷中 永登鎭 處在咽喉之地 不可不置鎭處也 栗浦加背梁所非浦三鎭中 一鎭移設於永登事 竝令廟堂 稟處矣 (…) 申晩曰 兩鎭之同在一城內者 誠無意義 永登鎭之革罷 果爲可惜 則依帥臣所 請 移設所非浦於永登舊基 仍陞萬戶 似好矣 上曰 依爲之."

지하는 대신 이곳에 행영을 설치하고 수사가 풍화시(3~8월) 6개월 동안 이곳에서 근무를 서게 하자고 주장했다.[20] 이 주장은 훈련대장 구선복 (具善復)과 수어사 서명응(徐命膺)이 동의를 표하자 통과되었고, 안흥진에 수영의 행영이 들어서게 되었다.

홍충수사 유진열(柳鎭說)은 이를 구체적으로 실행하기 위한 「행영절목」을 작성하여 비변사에 올렸다. 이 절목에는 안흥진에 군선이 배치되어 있기 때문에 수영의 군선을 안흥진에 배치하지 않을 것, 사선(私船)에 대해 일일이 찰칙(察飭)할 것, 조운선은 모두 수영으로 들어오니 원산도에서 조운선 점검을 혁파할 것, 안흥의 수성장을 수사가 겸임하게 할 것, 수미 400석 중에 200석은 수영에 두고 나머지 200석은 태안으로 보낼 것 등의 내용이 수록되어 있다.[21] 하지만 이 조치는 시행된 지 얼마 되지 않아 여러 반발에 직면했다. 따라서 정조 14년(1790) 전 충청감사 권엄(權儼)의 장계로 홍충수영의 행영은 폐지되고 안흥진은 복구되었다.[22]

조선 정부에서 충청수영의 행영 설치 문제보다 더 중요하게 다루어진 것은 바로 통어영의 강화도 이속에 대한 논의였다. 이 논의의 요지는 통어영을 강화도에 이속하여 경기수사가 겸임하던 통어사를 강화유수가 겸임하게 하고, 경기수사는 방어사로 바꾸어 강화유수에 복속시키자는 것이었다.

---

20) 『日省錄』正祖 3年 3月 9日.
21) 『日省錄』正祖 3年 6月 1日.
22) 『備邊司謄錄』176冊, 正祖 14年 2月 22日.

이런 의견이 나오게 된 배경은 세 가지 정도로 간추릴 수 있다. 첫째, 경기 지역 군영의 할거(割據)와 통어영과 영종진 사이의 지휘권 문제이다. 통어사와 영종방어사는 종 2품으로 품계가 같지만, 직제로 볼 때 통어사가 영종방어사를 절제해야 했다. 하지만 영종방어사는 어영청 천총도 겸임했기 때문에 어영청의 입김도 상당해서 통어사가 함부로 절제하기 어려운 측면이 있었다. 그 결과 강화도 방비에서 통어사와 영종방어사 사이에 유기적 협조가 잘 이루어지지 않는 문제가 발생했다.

이 문제를 해결하기 위한 시도나 논의는 18세기 초반부터 있었다. 숙종 34년(1708) 조선 정부는 강화유수가 통어사와 영종방어사를 절제하도록 하여 지휘권의 일원화를 꾀하는 한편, 통어사에게 철곶·정포·용매·연백을 귀속시켜 강화도 북쪽 지역을 담당하게 하고, 영종방어사에게 덕포·화량·연흥·덕적진을 관할하게 하여 강화도 남쪽 지역을 담당하게 하는 조치를 시행했다.[23] 이후 대부도진도 영종방어영에 소속되면서,[24] 강화도 북쪽은 통어영이 담당하고 남쪽은 영종방어영이 전담하는 체계가 만들어졌다. 하지만 이 조치는 시행된 지 얼마 되지 않아 철회된 것으로 생각된다. 이후 영조 39년(1763) 어영대장 김한구(金漢耉)도 강화유수를 중심으로 교동과 영종을 좌·우방어사로 삼는 방식으로 이 지역 지휘 체계를 개편해야 한다고 주장했다.[25] 하지만 이 주장은 바로 시행되지 못했다.

---

23) 『承政院日記』445冊, 肅宗 34年 12月 6日.

24) 『承政院日記』449冊, 肅宗 35年 6月 2日.

25) 이민웅, 「18세기 江華島 守備體制의 强化」, 『한국사론』 34, 서울대학교국사학과, 1995, 56쪽.

이후 새로 즉위한 정조는 이전부터 제기된 이 주장에 대해 깊이 공감하고 있었다. 정조 2년(1778) 그는 고(故) 판서 이식(李植)의 말을 인용하여 지금 경기 지역의 군사 지휘 체계가 크게 총융사·수원방어사·강화유수·통어사 등으로 나누어져 있으므로 지휘권이 중첩되는 문제가 발생할 수 있다고 했다. 정조는 이 문제를 해결하기 위해 경기 지역에 할거한 군영을 통합해야 한다고 지적했다.[26]

둘째, 재정 문제이다. 다음은 강화도 번고심찰어사(反庫審察御史) 심염조(沈念祖)가 서계한 별단을 논의하는 과정에서 내린 정조의 하교이다.

내 생각에 쓸모없는 병사를 도태하여 군제를 강하게 하고 쓸모없는 지출을 줄여 경상비용에 보충하는 것이 옳다. (…) 내가 즉위[嗣服]한 초기부터 이런 일들을 가지고 경연 중에 말을 해온 지 여러 차례였고, 연신(筵臣)들도 우활하다고 여기지 않는 사람이 많았다. 아! 당면한 지금에 군사들은 피폐하고 재정은 고갈된 것이 가장 고질적인 폐단인데, 진실로 그 근원을 찾아보면 '용(冗)'이란 글자 하나를 벗어나지 않는다.[27]

정조는 군제 개혁의 필요성을 백성의 궁핍과 재정의 부족에서 찾았

---

26) 『承政院日記』1424冊, 正祖 2年 閏6月 24日.

27) 『正祖實錄』卷5, 2年 閏6月 13日 辛未. "予則曰 汰冗兵以壯軍制 減冗食以補經用 是也 (…) 自予嗣服之初 以此等事 爲說於筵中屢矣 筵臣 亦多不以爲迂闊也 噫 目今兵疲財匱 最是痼弊 苟求其源 無出於冗之一字.";이민웅, 앞의 논문, 1995, 58쪽.

다. 그리고 이 군제 개혁의 일환으로 제시된 것이 강화유수의 통어사 겸임이었다. 사직 윤면동(尹冕東)도 정조의 입장에 발맞추어 "심도(강화도)와 교동의 영(營)을 합치는 방도는 쓸모없는 군사와 놀고 있는 자들을 도태시켜 복심(腹心)이 되고 근본(根本)이 되게 하자는 계책에서 나온 것"이라고 지적했다.[28]

셋째, 강화도에 수군을 보유해야 한다는 전략적 판단 때문이다. 정조 1년(1777) 강화유수 김종수(金鍾秀)는 "강화도에 전선이 1척도 없다는 점"을 강화도 방비의 문제점으로 지적했다.[29] 이에 대해 정조는 "도적이 호남과 호서의 물길을 따라와서 바람을 향해 돛을 올리고 바다를 뒤덮은 채 몰려온다면, 교동은 한쪽 모퉁이에 치우쳐 있어서 탐지할 수 없고 강화부는 비록 발견한다 하더라도 대기하고 있는 배가 없는 데다 집결해놓은 군사도 없으니 무슨 방법으로 적을 막겠는가"라고 지적하면서 강화도의 수군 배치에 찬성했다.[30]

결국 정조는 이전부터 지적되어온 강화도 수군 방위 태세의 문제점과 재정 문제를 해결할 목적으로 통어영의 강화도 이속을 추진한 것이었다. 하지만 반대 의견도 많았다. 그 근거는 두 가지였다.

첫째, 강화유수가 과연 수군을 통솔할 필요성이 있는지에 대해 의문을 제기하는 견해다. 영의정 김상철(金尙喆)은 북방의 적이 침입했을 때 강화도로 들어갈 수 있지만 남쪽의 수적(水賊)이 침입하면 강화도로 들

---

28) 『正祖實錄』卷6, 2年 7月 20日 丁未.
29) 『日省錄』正祖 1年 6月 18日.
30) 『日省錄』正祖 2年 閏6月 13日.

어갈 수 없다는 점을 근거로 강화유수가 수군을 통솔할 필요가 없다고 주장했다. 또한 강화도 자체가 군선을 운영하는 데 적합하지 않기 때문에 수군을 운영하기 어렵다는 주장도 제기되었다. 이 주장은 현종 연간에 언급된 적이 있었는데 이때 다시 제기된 것이었다. 둘째, 황당선의 방비에 있어 통어영의 강화도 이속이 적합하지 않다는 견해다. 영의정 김상철은 지금 통어영이 비록 피폐해 있지만 성곽이 있고 수군이 있기 때문에 황당선 방비에 도움이 된다고 주장했다.[31]

이러한 반대에도 불구하고 정조의 강경한 태도는 변하지 않았다. 정조 3년(1779) 2월에는 순심사 구선복(具善復)에게 강화도의 상황을 다시 살펴보도록 했다. 구선복은 강화도가 해방에서 차지하는 위상에 대해 설명하고 통어영을 강화도로 옮기는 것에 찬동했다.[32] 그 결과 정조 3년(1779) 3월 통어영을 강화도로 이속하고, 강화유수의 통어사 겸임을 결정했다. 강화유수의 정식 관직명도 강화유수겸진무사(江華留守兼鎭撫使)에서 강화유수겸진무사삼도수군통어사(江華留守兼鎭撫使三道水軍統禦使)로 바뀌었다.[33]

강화유수 홍락순(洪樂純)이 강화도로 내려가 합설에 따른 제반 조치를 실행했다. 우선 영종방어영이 독진으로 행사하고 있던 명령권을 없애고 강화유수의 절제를 받도록 했다.[34] 또한 통어중군을 진무중군이

---

31) 『承政院日記』 1423冊, 正祖 2年 閏6月 13日.
32) 이민웅, 앞의 논문, 1995, 61쪽.
33) 『承政院日記』 1392冊, 正祖 卽位年 12月 25日; 『承政院日記』 1450冊, 正祖 3年 10月 8日.
34) 『承政院日記』 1439冊, 正祖 3年 4月 11日. "永宗初屬統禦營聽節制 數十年前 不知

겸임하도록 하고 교동에는 방어영을 설치했다. 이 개편으로 진무영은 기존 군제 외에 부평·연안·풍덕·통진 등 네 영장과 교동과 영종 등 두 해방장을 거느린 대형 군문으로 다시 태어났다.[35] 하지만 경기 지역 수군은 독자적인 작전권을 잃고 육군 지휘관인 강화유수의 통제를 받는 것으로 그 위상이 낮아졌다.

또한 기존 통어영이 보유하고 있던 전력도 분산되었다. 당시 통어영이 보유한 군선은 전선 2척, 귀선 1척, 방선 1척, 병선 4척, 사후선 8척 등 총 16척이었다. 그중 전선 1척, 병선 1척, 사후선 1척 등 군선 3척이 강화도로 이동했다. 나머지 선박은 교동에 그대로 두고 방어사가 관리하도록 했다. 강화도로 이전한 군선은 전략적 요충지인 강화도 송정에 선창을 건립하고 배치할 계획이었다. 경안부 수군도 나누어 배치했다. 당시 통어영에는 수군이 1,661명 정도 있었는데, 이 중 776명은 교동에 두고 나머지 885명은 강화도로 이속한 것이다. 그리고 선박 운영에 필요한 행정 인원이나 승선 인원도 모두 강화도 내부에서 충원하게 했다.[36]

강화유수가 통어사를 겸임하고 수군 중 일부가 강화도로 이동했음에도 조야에서 이 조치에 반대하는 주장은 여전했다. 이들이 통어영의 교동 복구를 주장한 이유는 크게 두 가지였다. 첫째, 교동의 백성이 입

何故 別爲獨鎭 自主號令 今當統禦之移設 喬桐永宗俱處輔車之地 均有猗角之勢 若使永宗 不屬於統禦 則是沁都無右臂也 求之事理 萬萬不是 自今爲始 罷其獨鎭之權 而復屬統禦 爲宜."

35) 『承政院日記』1596冊, 正祖 10年 2月 29日. "本府鎭撫營屬邑富平延安豊德通津四營將 及統禦營屬鎭喬桐永宗左右海防將."

36) 『承政院日記』1439冊, 正祖 3年 4月 11日.

는 피해 때문이었다. 경기감사 이형규(李亨逵)는 통어영이 방어영으로 격하된 이후 교동의 교졸 천여 명이 강화도로 부방하는데 1인당 식량이 4~5냥 정도가 되어 교동 백성의 부담이 늘어났다고 지적했다.[37] 둘째, 강화도에서 수군의 운영 문제 때문이었다. 우의정 채제공(蔡濟恭)은 강화도로 이동한 전선은 육지에 메어 있어서 상현과 하현 등 썰물 때가 되면 무용지물이라고 지적했다.[38]

통어영의 강화도 이속은 반대 의견의 지속적인 제기와 설치 이후 생겨난 문제점 등으로 정조 13년(1789) 철회되었다.[39] 그 결과 통어영은 다시 교동으로 복귀했다. 하지만 강화유수가 교동과 영종도를 절제하자는 주장은 이후에도 계속 이어졌다. 고종 3년(1866) 병인양요 직후 강화도 강화 방안 중 하나로 강화유수가 경기 수군의 통제권을 가지게 되었고, 교동과 영종은 좌·우해방영으로 강화유수의 휘하에 편제되었다.[40] 정조 당시 진행된 논의가 고종 때 비로소 실현된 것이었다.

요컨대, 18세기 중엽부터 19세기 초반까지 진의 설치나 폐지를 살펴보면 이전과는 사뭇 다른 추이를 보여준다. 우선 18세기 초반까지는 진을 설치하자는 논의가 주류를 이루었는데 18세기 중엽부터는 진을 폐

---

37) 『正祖實錄』卷12, 5年 12月 9日 丁丑.
38) 『正祖實錄』卷27, 13年 5月 26日 壬午.
39) 이민웅은 교동으로 통어영을 복귀시키는 조치에 대해 강화도 수비 체제의 약화라기보다는 합리적인 수비 체제로의 재정비라는 의미가 있다고 지적했다. 이민웅, 앞의 논문, 1995, 64쪽.
40) 병인양요 이후 군비 강화에 대해서는 연갑수, 「서양인의 침입에 대비한 군비증강」, 『대원군집권기 부국강병책 연구』, 서울대학교출판부, 2001; 배항섭, 『19世紀 朝鮮의 軍事制度 研究』, 국학자료원, 2002 참조.

지하자는 논의가 더 빈번해졌다. 당시 진의 폐지 논의는 크게 세 가지 방향에서 이루어졌다. 균역법 시행 당시 급대 재원의 마련 차원에서 진의 폐지를 논의하거나, 안흥진을 폐지하고 수영의 행영을 세우자거나, 아니면 경기 지역 방위 태세 개편 차원에서 통어영을 강화도로 이속하자는 논의가 그것이다. 이러한 논의는 군사 비용 축소와 수도권 군문 난립에 따른 폐해 극복을 목적으로 행해졌다. 이후 진에 대한 개편 논의는 철종 연간까지 거의 없다가 병인양요 이후 다시 재개되었다.

2. 조전선(漕戰船) 변통 논의의 전개

1) 조전선 변통 논의의 원인

18세기 후반에 접어들면서 경상도에 밀집된 수군진 숫자가 감축되었다. 진의 개편 논의와 발맞추어 군선 관련 논의도 이전과 다른 모습을 보였다. 19세기 초반 조선 수군이 보유한 군선의 숫자는 여전히 많았다. 순조 17년(1817)에 발간된 『선안(船案)』을 통해 19세기 초반 주요 군선의 배치 현황을 살펴보자(표 3-2 참조).

19세기 초반 조선 수군이 보유한 주요 전투 선박은 195척 정도였다. 그중 전선이 53.3%, 방패선 37.4%, 귀선 9.2% 등으로 전선의 비중이 높았다. 도별 전선의 비중을 살펴보면, 전선과 귀선은 경상도와 전라도에 주로 배치되었고, 방패선은 충청·경기·황해·평안도에 주로 배치되었다. 전선을 주력 전투 선박으로 하되 귀선과 방패선을 혼용하는 군선 배치 방식이 17세기 후반부터 18세기 중엽 사이에 형성되었음은 전술

(단위: 척, %)

지역		전선(%)	귀선(%)	방패선(%)	합계(%)
남해	경상좌도	15(100)	0(0)	0(0)	15(100)
	경상우도	35(83.3)	5(11.9)	2(4.8)	42(100)
	전라좌도	19(100)	0(0)	0(0)	19(100)
서해	전라우도	24(57.1)	7(16.7)	11(26.2)	42(100)
	충청도	5(16.1)	5(16.1)	21(67.7)	31(100)
	경기	4(25.0)	1(6.2)	11(68.8)	16(100)
	황해도	2(7.4)	0(0)	25(92.6)	27(100)
	평안도	0(0)	0(0)	3(100)	3(100)
합계		104(53.3)	18(9.2)	73(37.4)	195(100)

* 별선 2척과 해골선 1척은 제외했다.
* 출전:『船案』; 김재근, 「朝鮮末期 軍船」, 앞의 책, 1984에서 재인용.

한 바와 같다. 이 방식이 19세기 초반에도 그대로 유지되고 있었다.

이렇게 많은 군선을 보유하고 있었지만, 18세기 후반부터는 수조의 정지 등으로 인해 군선의 활용도가 급격히 줄어드는 추세였다. 군선을 건조만 해놓고 활용하지 않는 것은 여러 문제의 원인이 되었기 때문에 새로운 활용 방안을 모색할 필요가 있었다. 그 방안 중 하나로 제시된 것이 군선을 조운선으로 활용하자는 조전선(漕戰船) 변통 논의였다.

물론 군선을 조운선으로 활용한 사례가 없는 것은 아니었다. 임진왜란 이전 조선 전기 주력 선박이었던 맹선(猛船)은 조운을 할 수 있었던 배였다.[41] 임진왜란 이후에도 군선 중 일부는 조운에 활용되었다. 병선

---

41) 이재룡, 「朝鮮 前期의 水軍—軍役關係를 中心으로」, 『한국사연구』 5, 한국사연구회, 1970, 126쪽. 수군이 조운하는 기록은 여러 군데에서 발견된다. "다만 나라의

은 본래 전선에 군량을 보급하는 복물선(卜物船)으로 설계되었기 때문에 18세기 초반부터 조운(漕運)에 빈번하게 동원되었다.[42] 하지만 전투용으로 설계된 전선을 조운선으로 활용한 사례는 없었다. 조전선 변통 논의는 지금까지 조운선으로 이용된 바 없는 전선을 조운선으로 활용하자는 것이었다.

군선의 활용도 부족 외에 조전선 변통 논의가 진행된 원인은 두 가지가 더 있었다. 첫째, 소나무 부족이다. 조선 정부는 군선을 원활하게 건조할 목적으로 건국 초부터 봉산(封山)과 송전(松田)을 설치하고 소나무 채취를 제한해왔다. 하지만 17세기 후반부터 연해의 거주민이 증가하고 화전(火田)의 경작 등으로 송전이 손상되는 일이 늘어났다.[43] 송전의 손상은 소나무의 공급을 감소시키는 직접적인 원인이 되었다.

이 문제를 해결하기 위해 조선 정부는 숙종 10년(1684) 「송금사목(松禁

근본으로 반드시 구제해야 하는 것이 두 가지가 있는데, 이것이 바로 조군과 수군이다. 조군은 군산창과 법성창 등 두 곳에서 조운을 하는데, 이전에는 수군의 兵船이 添運을 했다. 그러나 명종 10년(1510) 을묘왜변 이후에 수군이 방어에 전념하면서 조군은 漕運船을 加設했다"는 미암집의 기록을 통해서도 이를 짐작할 수 있다. 『眉巖集』 卷16, 「經筵日記」. "但邦本不可不救者有二事 漕軍水軍 是也 漕軍段 羣山法聖二倉漕運 在前以水軍兵船添運 自乙卯倭變以後 水軍則專委防禦 漕軍則加設漕船."

42) 『承政院日記』 521冊, 肅宗 46年 2月 5日.

43) 조선 후기 소나무 문제와 임업에 대해서는 황미숙, 「조선후기 木材需要의 증대와 國用材木의 조달」, 『전농사론』 2, 서울시립대학교 국사학과, 1996; 이욱, 「18세기 서울의 木材商과 木材供給」, 『鄕土서울』 56, 서울특별시사편찬위원회, 1996; 김선경, 「17~18세기 山林川澤 절수에 관한 정책의 추이와 성격」, 『조선시대사학보』 15, 조선시대사학회, 2000; 김선경, 「17~18세기 양반층의 山林川澤 사점과 운영」, 『역사연구』 7, 역사학연구소, 2000 참조.

事目)」과 「황해도연해금송절목(黃海道沿海禁松節目)」을, 숙종 17년(1691) 「변산금송절목(邊山禁松節目)」을 반포하고 소나무 관리 규정을 정비했다.[44] 하지만 이 조치 이후에도 송전의 손상은 줄지 않았다. 그로 인해 정조 12년(1788)에는 「제도송금사목(諸道松禁事目)」을 다시 반포하여 소나무 관리를 이전보다 더 체계화했다.[45] 이들 「송금사목」에서는 전선·병선·사후선 등 군선을 건조할 때와 일본에 지급할 범죽(帆竹)을 마련할 때만 봉산의 목재를 이용할 수 있도록 규정했다. 이 조치는 소나무를 다른 목적으로 사용하는 것을 금지하여 군선 건조에 필요한 목재의 공급을 원활하게 하기 위한 것이었다.

　군선의 개삭 및 개조 기간을 늘리거나 쇠못[鐵釘]을 도입해 개삭을 없애는 것도 소나무 소비를 억제하는 한 방안이었다. 17세기 초반 조선 정부에서 정한 개삭 및 개조 기간은 3년과 5년이었다. 하지만 숙종 4년 (1678) 경상도의 개삭 및 개조 기간이 3년과 7년으로 규정되면서 개조 기간이 2년 더 늘었다. 이후에도 개삭 및 개조 기간은 계속 길어졌다. 또한 경상도와 전라도에서는 쇠못이 도입되면서 개삭을 할 수 없게 되었다. 이렇게 군선 관리 규정이 변화했던 이유 중 하나는, 전선 1척에 1년당 투입되는 소나무의 양을 줄이기 위함이었다.[46] 하지만 여러 노력에

44) 『備邊司謄錄』 38冊, 肅宗 10年 2月 30日 「松禁事目」; 『備邊司謄錄』 38冊, 肅宗 10年 11月 26日 「黃海道沿海禁松節目」; 『備邊司謄錄』 45冊, 肅宗 17年 8月 24日 「邊山禁松節目」.
45) 「諸道松禁事目」 奎957.
46) 송기중, 「17~18세기 수군 軍船의 배치 변화와 개선방안」, 『동방학지』 169, 연세대학교 국학연구원, 2015, 145~151쪽.

도 불구하고 18세기 후반까지 소나무 문제는 해결되지 못했다.

둘째, 경상도의 세곡 운송 시스템의 변화이다. 경상도에서 세곡 운송은 임진왜란 이후 복구되었는데, 운반하는 쌀의 양은 이전보다 많이 줄었다고 한다. 이는 경상도의 농토가 황폐해져 이전보다 전결 수가 줄었을 뿐 아니라, 경상도 세곡 중 일부가 일본에 대한 외교 비용으로 사용되었기 때문이었다. 숙종 4년(1678) 대동법 시행으로 전세 외에 대동세도 중앙으로 상납하게 되자, 중앙으로 향하는 물류량은 급격히 늘어났다. 이렇게 많은 양의 곡식을 사고 없이 중앙으로 운반하는 것은 조선 정부의 입장에서도 쉽지 않은 일이었다.

경상도의 세곡 운송은 본래 경강상인이 담당했다. 18세기 해난 사고가 여러 번 발생하자 조선 정부는 직접 지토선(地土船)을 도입하여 세곡 운송을 일부 담당하고자 했다. 하지만 지토선의 관리가 부실하고 조운선의 숫자가 부족해지자, 다시 경강상인의 세곡 운송을 확대했다. 경강상인의 세곡 운송 확대는 과적에 따른 화수(和水), 투식(偸食), 고패(故敗) 등의 문제가 늘어나는 원인이 되었다.[47] 이에 영조 36년(1760)과 영조 41년(1765)에 두 차례에 걸쳐 창원·진주·밀양에 마산창·가산창·삼랑창 등 삼조창을 설치하고 관영조운제(官營漕運制)를 다시 도입했다. 그러므로 이곳의 조운선은 관에서 직접 마련해야 했다.[48]

---

47) 和水는 세곡 임운 과정에서 세곡의 양을 불려 그 차액을 빼돌리는 것이며, 偸食은 운송하는 곡식을 일부러 횡령하여 상납하지 않는 것이고, 故敗는 고의로 선박을 침몰시켜 이익을 보는 방법을 말한다. 고동환, 「京江商人의 성장과 資本蓄積」, 『朝鮮後期 서울商業發達史硏究』, 지식산업사, 1998, 390쪽.

48) 일반적으로 조선시대 조운업은 官營漕運制에서 私船任運制로 변화했다는 것이

결국, 정조는 군선의 활용도 저하에 따른 수군 전투력 약화, 소나무 부족, 경상도 조운 문제를 해결하기 위해 경상도를 중심으로 조전선 변통 논의를 진행하고자 했던 것이다. 조전선 논의가 처음 제기된 것은 정조 5년(1781)이었다. 전(前) 직제학 정민시(鄭民始)는 조운 관련 여러 문제를 근거로 전선·방패선·병선을 조운선으로 운용하자고 주장했다. 이때 정조는 병선으로 조운하는 것은 좋지만 전선과 방패선으로 조운하는 것은 어렵다고 했다.[49] 정조가 이렇게 말한 이유는, 병선은 복물선이기 때문에 바로 조운으로 활용할 수 있지만, 전선이나 방패선으로 조운을 하려면 여러 복잡한 논의가 필요했기 때문이라 추정한다.

이후 한동안 논의가 중단되었다. 수면 아래로 가라앉은 조전선 논의는 정조 20년(1796) 12월 전선의 조운선 활용을 검토하라는 국왕의 지시로 인해 다시 시작되었다.[50] 이러한 국왕의 입장이 전달되자 조선 정부는 전선을 조운선으로 전용(轉用)할 수 있는지에 대한 구체적인 검토를 진행했다. 조선 정부는 실무 관료인 삼조창의 차사원에게 가능 여부를 물어보았다. 여기에 대해 우조창 도차사원(都差使員)인 진주목사 남인로(南寅老)를 제외하고 좌조창(左漕倉) 도차사원인 창원부사 조택진(趙宅鎭)과 후조창 도차사원인 밀양부사 윤속(尹曘)이 반대 의견을 표했다.

정설이었다(최완기, 『朝鮮後期船運業史硏究』, 일조각, 1997). 하지만 최근 경상도에서 영조 연간 관영조운제가 부활했다는 연구가 제출되었다. 문광균, 「17~18세기 경상도 세곡 운송 체계의 변화와 三漕倉의 설치」, 『대동문화연구』 86, 성균관대학교대동문화연구원, 2014, 273~282쪽.

49) 『日省錄』 正朝 5年 9月 14日.

50) 『承政院日記』 1771冊, 正祖 20年 12月 27日.

조택진은 "전선과 조운선은 높낮이가 같지 않습니다. 조운을 할 때 삼판을 붙였다가 돌아온 후 철거하고 변란을 대비하는 장비로 만든다면 비록 두 가지를 하는 데 문제가 되지 않겠지만, 삼판을 추가했다가 다시 철거할 때 구멍에 상처[孔瘡之痕]가 생기지 않으리라는 보장이 없습니다. 가목과 가목 사이에 동삼(同杉)을 붙이고 싣는 곡식의 양을 생각해서 판 1~2개를 더 붙인다면 파도를 막을 수 있습니다. 또한 비우·범죽(帆竹)·치목(鴟木) 중에서 조운에 적합하지 않은 것은 때에 따라 만들어 쓸 수 있습니다. 그러나 조운과 입방(入防)이 모두 풍화시(3~8월)이며 아침저녁으로 변란을 대비해야 하는 때에 있으니 실로 둘 다 편리한 방도는 아닙니다"라고 했다.[51] 당시 조운선은 3월 25일 이전에 조창을 출발하여 5월 15일 내에 서울에 도착해야 했지만,[52] 실제로는 정해진 기한보다 더 늦게 도착할 때가 많았다. 그러므로 서울에 있던 조운선이 경상도로 다시 돌아오면 적의 침입 가능성이 큰 시기인 풍화시가 끝났던 것이다. 조택진은 조운선 설계는 가능할 것으로 보았지만, 적이 침입할 가능성이 높을 때 군선들이 조운으로 이탈하여 일본에 대한 방위태세가 약해질 것을 염려했다.

윤속의 비판은 더 신랄하다. 그는 "전선이 비록 조운선보다 크나 상장(上裝)을 제거하면 적재 가능한 곡물의 수량이 조운선보다 적어서 새롭게 건조하는 전선의 모양을 조운선과 같게 한 이후에만 통용이 가능합니다. 그러나 전선은 선수와 선미의 폭이 넓으나[上廣下闊] 조운선은

---

51) 『慶尙道戰漕船通用條例冊子』奎16766.
52) 『續大典』卷2,「戶典」漕轉.

가운데 폭이 넓은 데 비해 선수와 선미의 폭이 좁고[中飽端尖], 격군의 숫자도 차이가 있으며 운행하는 바다도 외양(外洋)과 내양(內洋)으로 다르니 이를 억지로 같게 만들 수 없습니다"라고 지적했다.[53] 즉 전선과 조선의 모양을 완전히 같게 만들 수 없기 때문에 전선과 조운선의 통용이 불가능하다는 뜻이었다.

당시 관료들은 전선으로 조운을 하면 방위 태세가 약화될뿐더러 조운선과 전선 두 선박의 기능을 모두 충족시키지 못할 가능성이 크다고 염려했다. 하지만 관료들의 반발에 대해 정조의 입장은 단호했다.

전선·병선·방패선 등을 조운으로 전용하면, 그곳(경상도―인용자)이 지역적으로 적과 마주하고 있는 곳이고 그때가 풍화시(風和時)여서 변방 수비가 소홀해지지 않을까 염려할 수밖에 없는데, 그것은 그렇지 않은 점도 있다. 연해의 군현[閫邑]과 진보(鎭堡)에는 각종 수구(水具)가 선창에 매달려 있고 항만에 붙어 있으나 초하루나 보름 같은

---

53) 『慶尙道戰漕船通用條例冊子』, 奎16766. 윤속이 말한 바와 같이 전선은 먼 바다로 나갈 수 없었다. 그 이유는 제주도에서 전선이 폐지된 이유를 살펴보면 추측이 가능하다. 현종 5년(1664) 제주시제어사 尹深은 "제주도는 內洋과 달라 풍랑이 매우 센데 누선은 위가 무거워서 좌우로 흔들려 마음대로 운행할 수가 없습니다. 그러므로 항상 포구 안에 있는데 감히 한 번도 바다 가운데로 나가지 못하니 급할 때 쓰지 못할 것이 명백합니다"라고 보고했다(『顯宗改修實錄』卷12, 5年 11月 10日 丁酉). 이 보고를 통해 누선은 위쪽이 무거워서 쉽게 전복되기 때문에 파도가 센 먼 바다에 나가지 못했음을 알 수 있다. 군선이 外洋으로 나갈 수 없다는 것은 법전에도 규정되었다. 이 규정을 어긴 자는 縱放軍人出百里外空歇軍役律에 의해 장 백 대를 맞도록 되어 있었으며, 출항했다가 군선을 漂失하면 사형에 처해졌다. 『續大典』卷4, 「兵典」兵船.

만조(滿朝)가 아니면 써먹을 길이 없다. 적들이 만약 초하루와 보름에
온다면 그때는 변란을 대비하는 것이 가능하겠지만, 그렇지 않으면
제아무리 날쌘 배 천여 척이 있다고 해도 뭍에서 배를 끌고 다닐 수
는 없을 것 아닌가! 그뿐 아니라 수군으로 편성되어 있는 자들이 평
생 닻[碇]이나 치[柁]가 무슨 물건인지 알지 못하고, 그들을 동원하는
데만도 1개월이 걸리며, 일단 소집이 되었다 해도 전혀 운용법[坐作]
을 모른다고 한다면, 저런 배로 무엇을 하겠는가! 그러나 전선을 조
운선으로 이용하고 조군을 수군으로 삼으면, 사람들은 배를 다루는
데 익숙해지고 배는 바다에 익숙해져 그야말로 전쟁에서 승리하는
데 좋은 방책 중 하나가 될 것이다.[54]

정조는 군선을 조운선으로 이용하면 풍화시(3~8월)에 방위 태세가 이
완될 것이라는 관료들의 우려를 일축했다. 그는 전선의 조운선 이용이
오히려 전력 강화에 도움이 될 것이라고 주장했다.

2) 군선의 구조 검토와 조전선의 설계

관료들의 반대에도 불구하고 국왕의 강력한 의지로 인해 조전선 변

---

54) 『弘齋全書』卷13,「翼靖公奏薰軍旅類叙」."漕轉用戰兵防船 則地是臨敵 時又風和
邊政疎虞 不可不顧 而此有不然者 沿海閭邑鎭堡 各項水具 長繫船艙 黏膠於汉
港之中 而非朔望潮盛之候 則無以運用 若使敵人 必於朔望而來 或可以應變 而
否則雖有龍驤千舳 顧何以陸地行舟 且况水軍之編伍者 一生不識碇柁之爲何物
微發之際 動費旬朔 召聚之後 專昧坐作 則將焉用彼船爲哉 以戰船爲漕船 以漕
卒爲水軍 人則慣於馭船 船則慣於駕海 實爲制勝之良策."

통이 추진되었다. 정조 21년(1797) 12월 경상감사 이형원(李亨元)은 조전
선 변통에 대해 각도 수령들의 논의를 정리하여 『경상도전조선통용조
례책자(慶尙道戰漕船通用條例冊子)』(이하 『조례책자』)와 『각선도본(各船圖本)』을
작성해 비변사에 바쳤다.[55] 『조례책자』에는 비변사가 경상도에 내린 관
문(關文)과 삼조창 차사원의 첩정(牒呈), 그리고 조전선을 만들 때 필요한
각종 규정 등이 수록되어 있다. 『각선도본』은 『조례책자』에서 논의된

---

55) 『각선도본』은 김재근이 처음 소개했다. 그는 논문에서 이 자료가 조선 후기 군선
의 여러 모습을 밝혀주는 진귀한 자료라고 언급하고 이를 바탕으로 군선의 모습
을 추정해냈다. 그리고 이 자료의 작성 연대를 1800년 전후로 추정했다(김재근,
「各船圖本」, 『續韓國船舶史硏究』, 서울대학교출판부, 1994, 213쪽). 이원식은 조전
선이 큰 짐을 나르기 위해 개조된 것이라고 보았다(이원식, 「조선시대의 배」, 『한
국의 배』, 대원사, 2003, 38쪽). 필자는 여러 증거를 통해 이 자료의 작성 연대를 밝
힐 수 있었다. 이 글에서도 알 수 있듯이, 정조 연간의 조전선 변통 논의는 대략
정조 20년(1796)에 시작되어 정조 24년(1800)에 일시 정지되었다. 그러므로 『각선
도본』의 작성 연대는 이 시기를 넘을 수 없다. 그 가운데 이 자료가 만들어졌을
가능성이 가장 높은 해는 정조 21년(1797)이다. 조전선의 설계와 운영의 실행 지
침인 『조례책자』가 정조 21년(1797) 12월에 작성되었기 때문이다. 『조례책자』에
"이 여섯 개 그림을 그려 성책하고 한 개 본은 별도로 도본에 상세히 기록하여
열람에 대비할 것"이라고 기록되었음을 고려해보면 『각선도본』은 『조례책자』와
비슷한 시기에 만들어져서 같이 비변사에 보고된 것으로 보인다(『慶尙道戰漕船
通用條例冊子』 奎16766. "戰船之衣粧樓者 戰船之因舊撤粧者 戰船之加杉變制以
便漕用者 漕船及北漕船之制樣 兵船之體小妨用者 各各圖畵成貼 一本區別 詳錄
於圖本 以備 考覽是乎乙齊"). 그런데 원본에서는 '備'와 '考覽' 사이가 띄어져 있
다. 다른 이유가 없다면, 한 칸을 띄운 것은 考覽을 할 사람이 고귀한 신분이라는
의미일 것이다. 그러므로 이 도본은 왕이 볼 용도로 제작되었을 가능성이 높다.
『각선도본』과 『조례책자』를 만든 책임자도 파악할 수 있다. 『조례책자』 말미에는
"觀察使兼巡察使李"라고 기록되어 있다. 정조 21년(1797) 12월에 경상감사로 재
임한 사람이 바로 李亨元이었다. 『承政院日記』 1784冊, 正祖 21年 12月 17日.

<그림 3-1⟩ 상장(上裝)과 노를 제거한 전선 규장각한국학연구원 소장

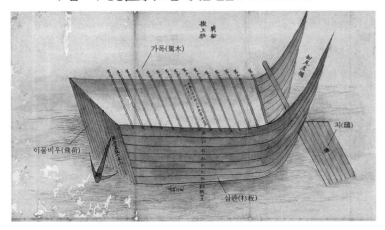

내용을 바탕으로 설계한 군선의 도면을 담고 있다. 전선(戰船), 상장(上裝)
과 노를 제거한 전선, 규모를 축소한 병선(兵船), 함경도와 경상도 사이
를 정규적으로 오갔던 조운선인 북조선(北漕船),[56] 일반 조운선(漕運船) 등

---

56) 조선 정부는 다른 지역의 진휼을 위해 경상도의 곡식을 종종 활용하곤 했다. 특
히 함경도는 본래 농토가 척박하여 곡식이 많이 나지 않는 지역이었다. 그에 따
라 17세기 후반부터 함경도민을 진휼하기 위해 경상도의 곡식을 운반하려는 시
도가 있었다. 영조 8년(1732) 경상감사 趙顯命의 장계로 浦項倉이 설치되고 영조
39년(1763) 좌의정 洪鳳漢의 건의에 제민창까지 설치되면서 경상도의 진휼곡 운
송 체계가 정비되었다. 제민창과 포항창의 조운선은 다른 조운선과 달리 北漕船
이라고 했다. 보통 조운선은 서해나 남해를 항해하는데, 북조선은 동해를 항해해
야 했다. 그에 따라 설계 방식이 다를 수밖에 없었다. 북조선은 조운선보다 규모
부터 작았다. 조운선의 저판 길이는 57척인데 북조선의 저판 길이는 27.5척밖에
되지 않았다. 북조선은 18세기 전반 포항창에 14척, 제민창에 12척이 있었다. 북
조선에 대해서는 문광균, 「朝鮮後期 慶尙道 財政運營 연구」, 충남대학교 박사학
위논문, 2015, 224~235쪽.

〈그림 3-2〉 조운선(漕運船) 규장각한국학연구원 소장

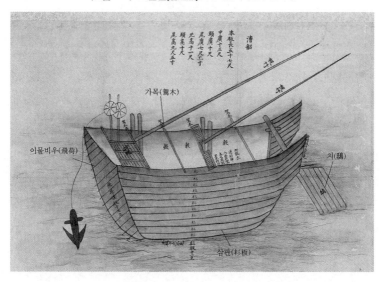

〈그림 3-3〉 조전선(漕轉船) 규장각한국학연구원 소장

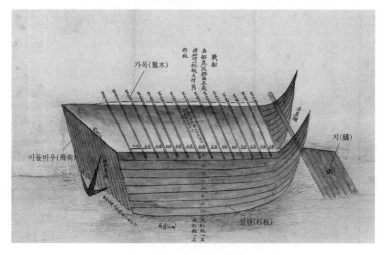

총 여섯 개의 도면이 수록되어 있다. 이들 중에서 전선을 조운선으로 개조하는 데 필요한 도면은 전선, 상장과 노를 제거한 전선, 일반 조운선, 조전선 등 네 가지이다. 전선의 모습은 앞에서 이미 제시했으므로 나머지 세 군선의 도면만 제시하고자 한다(그림 3-1, 2, 3 참조).

당시 조전선의 설계 방식을 이해하기 위해서는 전선과 조운선의 차이점을 살펴봐야 한다. 당시 논쟁을 살펴보면, 전선과 조운선의 구조는 크게 일곱 가지 차이가 있었음을 알 수 있다. 첫째, 저판[本板]의 길이와 모양이다. 배의 밑판인 저판의 길이는 전선이 65척(20.0m)으로 57척(17.6m)인 조운선보다 8척(2.5m) 정도 길었다. 전선의 저판 앞쪽 폭은 12척 5촌(3.9m)인데 조운선은 10척(3.1m)밖에 되지 않았다. 전선의 뒤폭은 7척 5촌(2.3m)으로 같았다. 저판의 길이와 폭으로 볼 때 전선은 조운선보다 규모가 크고 전선의 선수 부분은 조운선보다 넓었다.

둘째, 이물비우의 모양 및 크기이다.[57] 비우는 배의 정면(正面)인 이물비우와 배의 뒷면인 고물비우로 구분된다. 위 도면에서는 이물비우의 모습만 확인할 수 있다. 비우의 모양은 저판의 모습과 직접적으로 연관되어 있다. 이 그림을 통해 전선의 이물비우는 비슷한 길이의 나무를 세로로 연결해서 만들어진 반면, 조운선의 이물비우는 길이가 각각 다른 나무를 대각선으로 붙이는 방식으로 만들어졌음을 알 수 있다.

셋째, 가목(駕木)과 가룡목(駕龍木)의 숫자이다. 가목은 배의 하단부에 가로로 배치한 나무를 말한다. 가룡목은 가목 밑에 설치되는 것이 원칙

---

57) 이물은 배의 앞부분을 의미한다. 비우는 한자로 非雨, 飛荷, 比牙 등으로 표기한다. 김재근, 「壬辰倭亂中 朝·日·明의 軍船」, 앞의 책, 1994, 96쪽.

<표 3-3> 『각선도본』에 기록된 군선별 재원

부분			상장·노 제거 전선(戰船)	조운선(漕運船)	조전선(漕轉船)
저판 [本板]	길이		65척(20m)	57척(17.6m)	·
	폭	선수[頭廣]	12척 5촌(3.9m)	10척(3.1m)	·
		중간[中廣]	15척(4.6m)	13척(4.0m)	·
		선미[後廣]	7척 5촌(2.3m)	7척 5촌(2.3m)	·
삼판			7립	11립	삼판 8립, 동삼 1립
가목			15개	3개	15개
노			0	0	0

* 1파=5척, 1척=30.8cm, 소수점 두 자리 이하는 반올림했다. 군선의 크기는 各邑鎭戰船을 기준으로 했다. 상장과 노를 제거한 전선의 크기는 그림에서 확인할 수 없다. 그 수치는 그림 3-3에 수록되어 있는 것을 인용했다.
* 출전: 『各船圖本』 奎15752

이었지만 도면을 통해 확인되지는 않는다. 위 도면에 "가목 아래 삼판 마다 가룡목이 끼워져 있는데 가목 밑에 있어서 밖에서는 보이지 않는 다(駕龍木逐杉挿入而在駕木之底故不見於外)"라고 기록되어 있듯이, 가룡목은 밖에서 보이지 않기 때문에 그려지지 않았던 것이다.[58] 전선에는 가목 15개가 있는데 조운선에는 4개 정도밖에 없었다. 가룡목도 가목 수에 입각해 배치된 것으로 보인다. 또한 <그림 3-2>의 조운선 도면에서 가 목과 가목 사이에 곡(穀)이라고 쓰여 있는 것을 보아 이곳이 조운선의 곡식 적재 장소였음을 알 수 있다.

넷째, 삼판(杉板)의 숫자이다. 배의 하단부 외벽을 구성하는 삼판의 숫

---

58) 김재근, 「壬辰倭亂中 朝·日·明의 軍船」, 『續韓國船舶史研究』, 서울대학교출판부, 1994, 96~97쪽.

자는 전선이 7립(立), 조운선이 11립이었다. 같은 높이의 삼판을 쓴다고
가정한다면 조운선의 하단부 외벽이 전선보다 높았을 것이다. 다섯째,
노(櫓)의 숫자이다. 본래 전선에는 양 옆에 9개씩 총 18개의 노가 장착되
어 있었다(그림 1-3 참조). 그런데 〈그림 3-1〉에서는 그것이 확인되지 않는
다. 이는 이 도면 자체가 상장이 분리된 상태를 그린 것이기 때문에 상
장에 장착된 노를 그리지 않은 탓이다. 그에 비해 〈그림 3-2〉를 보면 알
수 있듯이 조운선에는 노가 설치되지 않았다. 여섯째, 치[舵]의 길이이
다. 전선의 치가 조운선보다 길었다. 일곱째, 돛[帆]의 길이이다. 전선은
조운선보다 돛[帆]이 짧았다.

전선과 조운선이 여러 측면에서 차이가 나는 것은 배의 용도와 관계
가 깊었다. 전선은 전투 공간의 확보를 위해 넓은 갑판이 필요했다. 그
에 따라 저판의 앞부분을 넓게 설계했고, 이물비우도 컸다.[59] 또한 전선
은 전투 지휘를 위해 상부 구조물이 필요했고, 급작스런 충격을 견딜
수 있도록 내구성이 좋아야 했다. 이에 가목과 가룡목을 많이 배치해
측면에서 가해지는 힘을 견디고 상부 구조물의 무게를 지탱하게 했다.
아울러 전투를 할 때는 불가피하게 역조(逆潮)를 하거나 갑자기 속력을
올려야 할 때가 많다. 전선에는 노를 많이 장착해서 그런 상황에 대비
하도록 했다.

그에 비해 조운선은 많은 곡식을 싣고 장거리를 운항하는 배였다. 곡
식 저장 공간을 확보하기 위해 삼판을 많이 설치해 배의 외벽을 높였

---

59) 『慶尙道戰漕船通用條例冊子』奎16766. "戰船則排立軍卒 務從平濶 故廣其本而
低其杉 飛荷亦隨其過大."

고, 곡식 저장에 방해가 되는 가룡목과 가목의 숫자는 될 수 있으면 줄였다. 또한 많은 인원이 탑승하거나 전투 공간을 확보할 필요가 없었고 먼 바다의 높은 파도에서도 운행해야 했기 때문에 앞부분을 좁게 설계했다.[60] 조운선은 인력보다 풍력에서 동력을 얻었기 때문에 돛을 크게 만들고 노를 배치하지 않았다. 치의 길이도 운항하는 바다의 조건에 따라 결정되었다.

이처럼 두 선박은 비슷한 것 같으면서도 여러 부분에서 달랐다. 조선 정부는 두 배의 장단점을 고려하여 조전선을 설계했다.[61] 전선을 조전선으로 변경하기 위해서는 먼저 전선 상단부에 있는 상장과 노를 제거해야 했다(그림 3-1 참조). 다음으로 이물비우와 저판의 크기를 바꾸었다. 〈그림 3-1〉에서 확인할 수 있듯이 전선에서 이물비우를 구성하는 나무는 15립이었는데 조전선의 이물비우를 구성하는 나무는 16립이었다. 나무 1립을 더 대어 크기를 키운 것이다.[62] 저판은 이 도면에서 확인할

---

60) 『慶尙道戰漕船通用條例冊子』奎16766. "漕船則爲其儲積穀物 務從深廣 故殺其本而隆其杉 飛荷亦隨以尖銳 果能溯拔於積浪."

61) 조전선의 설계와 함께 兵船의 모양을 변경하자는 논의도 같이 진행되었다. 병선은 전술한 바와 같이 전선에 편제되어 있는 卜物船이었다. 조선 정부는 병선의 모양이 조운선과 비슷해서 적재 용량이 200석 정도밖에 되지 않기 때문에, 북조선(北漕船) 모양으로 선체의 형태를 바꾸어 500석을 실을 수 있도록 하고자 했다. 『조례책자』는 이렇게 모양을 바꾸면 병선의 규모를 축소하는 것보다 더 좋을 것이라고 설명하고 있다. 방패선은 경상도에서 운영하지 않는 까닭에 거론하지 않는다고 했다. 『慶尙道戰漕船通用條例冊子』奎16766.

62) 전선 그림에는 "飛荷直板十五立"이라고 기록되어, 전선의 이물비우가 나무 15개를 연결해 만들어진 것임을 알 수 있다. 조전선 그림에 "飛荷付一"이라고 된 것을 볼 때, 조전선의 이물비우는 기존 15립에 1립을 더해 16립, 즉 나무 16개를 연

수 없지만 이물비우의 크기를 볼 때 그 폭이 넓어졌음을 짐작할 수 있다.

또한 치[舵]도 바꾸었다. 〈그림 3-1〉과 〈3-2〉, 〈3-3〉을 살펴보면 조전선과 조운선의 치는 나무 6개를 붙여서 만들었는데, 전선은 7개를 붙여 만들었다. 아마도 조전선을 만들 때 기존 전선에 있는 치를 떼어내고 조운선의 치를 달았던 것으로 생각된다. 이를 바탕으로 삼판의 숫자도 늘려 배의 외벽을 높였다. 상장과 노를 제거한 전선에 삼판 1립을 더 높여 붙였고, 그 위에 동삼을 더 부착할 수 있도록 했다(그림 3-3 참조). 이렇게 설계하면 조전선 하단부의 내부 공간은 전선보다 커진다. 조선 정부는 기존 전선의 하단부로는 곡물을 저장할 공간이 부족하다고 판단하여 설계를 변경해 곡식의 적재 장소를 확충한 것이었다.[63]

이러한 설계 변경에도 불구하고 〈그림 3-3〉에서 볼 수 있듯이 조전선의 전체적인 모습은 전선의 모양을 그대로 계승했다. 상장의 장착에 핵심적인 역할을 하는 가목과 가룡목은 곡식의 적재에 방해가 되는데도 그대로 유지했다. 조전선이 조운을 끝내면 상장을 붙여 다시 전선으로 활용하기 위해서였다. 그러므로 조전선은 조운선과 전선의 특징을 모두 가진 배였다고 할 수 있다.[64]

조전선 건조에 관한 규정도 마련되었다. 당시 모양을 변경할 전선은

결해 만들어졌을 것이다. 그런데 그림에서 이물비우를 구성하는 나무의 숫자를 세어보면 전선과 조전선은 나무 14개와 15개가 연결되어 있다.

63) 『慶尙道戰漕船通用條例冊子』奎16766. "旣爲通用戰船 則杉板之制 難倣漕船之 樣 而比前稍高然後 可以載穀."

64) 『慶尙道戰漕船通用條例冊子』奎16766.

총 44척이었다. 그 가운데 통제영에 주둔한 세 전선(일전선, 중군선, 부선)은 당시 방위 태세를 고려해서 변경 대상에서 제외했다.[65] 조운의 기간이 풍화시(3~8월)와 겹치는 상황에서 모든 전선이 조운을 위해 다른 지역으로 가버리면 이 지역 방위 태세가 약화될 것이 뻔했기 때문에, 전략적으로 중요한 지역의 전선은 조전선으로 바꾸지 않았다.

조선 정부는 개조 기간을 다 채운 전선부터 조전선으로 변경하도록 했다. 또한 조전선의 건조를 기존과 같이 군현과 진이 전담하게 하면, 비록 조전선의 선체가 견고하게 제작되었다 하더라도 조운을 하는 사공이나 격군이 선체에 관련된 문제를 제기할 가능성도 염려했다. 이를 방지하기 위해 수령이나 수군 지휘관은 도차사원으로부터 도사공(都沙工) 한 명을 지원받아 새롭게 건조된 조전선의 상태를 점검받게 했다.[66]

조전선을 건조할 때 전제는 쇠못[鐵釘]을 사용하면 안 된다는 점이었다. 군선 건조에 쇠못을 사용하면 나중에 군선을 분해하거나 조립하지 못해 조운선에서 전선으로 바꾸거나 다시 전선에서 조운선으로 바꾸는 것이 불가능했기 때문이다. 『조례책자』는 반드시 나무못[木釘]을 활용해 조전선을 건조하도록 규정했다. 아울러 기존에 들어가던 쇠못 값으로는 개삭(改槊) 비용, 나무못 값, 삼판을 바꾸는 데 필요한 비용 등을 충당하게 했다.

조전선을 운영할 병력에 관한 규정도 제정되었다. 조전선 1척이 조운을 할 때 운영 인원은 대장(代將) 1명, 감색[監官] 1명, 사공 1명, 격군 15

65) 『慶尙道戰漕船通用條例冊子』 奎16766.
66) 『慶尙道戰漕船通用條例冊子』 奎16766.

명으로 18명 정도였던 것 같다. 격군 15명은 수군[櫓軍] 5명과 조졸(漕卒) 10명으로 구성되었다. 사공은 조졸 중 능력이 우수한 자가 임명되었다. 수군 5명을 통솔하는 자가 대장이고 사공과 조졸을 통솔하는 자가 감색이었다. 또한 대장은 선척을 검속(檢束)하는 업무를 담당했고, 감색은 곡식 관리 업무를 맡았다. 대장이 세 번 연속으로 조운을 하여 무사히 곡식을 상납하면 섬진별장(蟾津別將)에 임명하는 혜택도 주었다.[67]

이렇게 조전선의 설계도를 비롯하여 각종 규정들까지 마련한 뒤 정조 22년(1798) 1월 통제사 윤득규(尹得逵)는 전선 44척을 경상도의 삼조창(三漕倉)에 배치하는 절목을 마련했다. 삼조창은 당시 경강선 중심의 세곡 운송 체계의 문제점을 개선하기 위해 18세기 중엽 경상도에 설치된 조창(漕倉)인 마산창[左漕倉], 가산창[右漕倉], 삼랑창[後漕倉]을 말한다.[68] 이 절목에 따르면 통제영·고성·사천·곤양·미조항·삼천포·당포·사량·구소비포·적량에 있는 전선 19척은 삼랑창에, 남해·하동·평산포에 있는 전선 3척은 속창인 남해의 노량창에 소속했다. 또한 진해·창원·가배량·율포·지세포·옥포·조라포·장목포·남촌·구산에 있는 전선 10척은 마산창에, 거제·영등포의 전선 3척은 마산창의 속창인 견내량창에 소속했다. 웅천·가덕·천성·안골·신문·청천·제포에 있는 전선 8척은 삼랑창에, 김해 소속 전선 1척은 삼랑창 속창인 김해의 해창(海倉)에 소속

---

67) 『慶尙道戰漕船通用條例冊子』奎16766. "格軍段衝波溯流冒危涉險 櫓軍不如漕卒 是如乎 戰船每一隻行漕時 沙工一名格軍十五名爲定 而櫓軍爲隷習 然後可期慣 熟 以漕卒十名櫓軍五名定送 沙工則以漕船沙工永定爲乎矣 如是櫓卒之生疏者 無出多年 庶期不讓於漕卒矣."

68) 문광균, 앞의 논문, 2015, 185쪽.

했다. 이들 전선에 부속된 군선도 전선의 소속 조창에 같이 소속했다.[69] 조선 정부는 이 작업을 통해 해당 조창의 물품을 조전선에 싣고 중앙으로 상납할 계획이었다.

그러나 이렇게 조전선의 설계 및 조창별 배치 규정까지 마련했음에도, 이 논의는 결국 실현되지 못한 채 곧 중단되었다. 논의를 적극적으로 추진한 정조(正祖)가 승하(昇遐)했기 때문이다. 전술한 바와 같이 이 논의의 주창자는 정조였으며, 논의를 주도한 사람도 정조였다. 조전선 운영에 대한 반발이 남아 있는 상태에서 정조의 승하는 논의의 추진 동력을 상실하게 하는 원인이 되었을 것이다. 이후 순조가 집권하고 정조의 여러 업적에 대한 재검토가 이루어지면서 조전선 변통 논의도 수면 아래로 가라앉은 것으로 보인다.

3) 추후 논의와 조전선의 건조

하지만 이 논의가 여기서 끝난 것은 아니었다. 순조 15년(1815) 전라우수사 이민수(李民秀)의 언급을 살펴보자.

당초 전선을 설치한 것은 반드시 외구(外寇)가 있었던 다음일 것입니다. 그때에는 적이 눈앞에 있는 것처럼 아침저녁으로 대비하였습니다. 그러므로 법제가 엄중해 정해진 위치[信地]에 대어놓고 몇 발자국의 거리조차 이동하지 못하게 했습니다. 이 법은 세월이 오래되어 규례가 되어서 나라가 태평한 시대에 이르렀다 하더라도 고쳐지지

---

69) 『正祖實錄』 卷48, 22年 1月 21日 丙戌.

않았습니다. 대체로 나라를 다스리는 계책은 실무를 귀하게 여기고
헛된 꾸밈에 있지 아니한데, 하물며 군비에서는 어떠하겠습니까! 제
가 생각건대 저의 수영부터 백성이 공사의 여러 선박처럼 전선과 병
선을 사용하여 조운(漕運)하며 행상(行商)하도록 해야 합니다.[70]

임진왜란 이후 조선 정부는 방비 강화 목적으로 전선을 일정한 장소
[信地]에 두고 움직일 수 없도록 했다. 이민수는 대외 정세가 안정된 지
금 이런 방안을 유지하는 것은 불필요하며, 전선과 병선을 조운이나 상
행위에 적극적으로 활용해야 한다고 주장했다. 이민수의 장계를 인용
한 정약용(丁若鏞)도 전선을 조운선으로 이용하는 데 찬성했다. 그는 "임
금의 유지가 이와 같았으나 조정의 신하가 성심으로 이를 받들지 않고,
병조의 신하도 근거 없는 말로 가로막기에만 힘써 오늘날까지 시행되
지 않으니 탄식함을 이길 수 없다"고 하며, "천하만국에 모두 수전(水戰)
이 있는데, 큰 배를 건조해 전선이라 부르면서 진흙과 모래에 놓아두고
오랜 세월 동안 움직이지 않게 하는 이런 짓은 고금의 책에서 진실로
보지 못했다"라고 지적했다.[71]

한편, 황해도에서 조전선 변통을 실행하자는 주장도 제기되었다. 순
조 34년(1834) 황해도 암행어사 홍희석(洪羲錫)은 "연해 지역에 있는 방패

---

70) 『經世遺表』「戰船使用議」. "當初戰船之設 必在外寇之後 當此之時 朝夕待變 如
在目前 故嚴其法制 泊於信地 令不敢寸步移動 歲久成規 雖至升平之世 而此法
不改 大凡爲國之計 貴在務實 不在虛文 況於武備乎 臣謂自臣營始 自今戰船兵
船 許民使用 使之輪漕 使之行商 一如公私諸船."
71) 『經世遺表』「均役事目追議」.

선과 협선을 경상도 조전선 변통 논의의 예에 따라 세곡을 싣거나 혹은 고기잡이나 소금 채취에 활용하여 (…) 여기서 나오는 세전(稅錢)을 개삭 및 개조 비용에 보태 쓰자"라고 주장했다.[72]

전선의 조운 활용에 찬성하는 의견이 계속 제기되자 조선 정부도 이 문제를 다시 논의할 수밖에 없었다. 헌종 6년(1840) 국왕은 충청·전라·경상도의 감사 및 수사에게 전선을 조운선으로 이용하는 것에 대한 의견을 제시하라 명령했다. 그에 대해 헌종 7년(1841) 5월 영의정 조인영(趙寅永)은 대부분이 '불편하다'고 했다고 보고했다. 그는 "조운선으로 적당한데 전선으로는 적당하지 않은지, 아니면 전선으로는 편리한데 조운선으로는 불편한지 확정해서 말할 수가 없기 때문에", "몇 대의 선척을 만들어서 시험 삼아 곡식을 운송하게 하고 군사를 훈련하고 나서야, 그것이 괜찮은지 아닌지를 파악할 수 있다"라고 말했다.

조선 정부는 부지런하고 재간 있는 사람을 차출해 조전선을 만들도록 전라감사에게 지시했다.[73] 헌종 8년(1842) 1월 전라감사 이돈영(李敦榮)은 함평현감 유숙(柳俶)의 첩정을 인용해 건조한 조전선 3척을 순천의 해창(海倉)에 정박시켰다가 봄이 되면 삼창(三倉)에 나누어 배치해 조운을 시험해보겠다고 보고했다. 아울러 이러한 선역(船役)이 일반적인 군기 수리와 다르므로 참여 인원에 대해 포상해야 한다고 제안했다.[74] 그

72) 『承政院日記』 2299冊, 純祖 34年 2月 3日. "沿海邑所在防船挾船 依嶺南戰漕船通行之例 或載稅穀 或通漁鹽 (…) 以其稅錢 補用於改造改槊事也."
73) 『備邊司謄錄』 229冊, 憲宗 7年 5月 29日.
74) 『承政院日記』 2398冊, 憲宗 8年 1月 6日.

결과 건조를 주도한 함평현감 유숙은 통정대부에 가자(加資)되었다.[75]
하지만 이때도 전선을 조운에 실제로 쓰지는 못했던 것으로 보인다.

이후 조전선 변통 논의는 한동안 행해지지 않았다. 조전선 변통 논의
가 다시 등장한 것은 고종 3년(1866)이었다.

> 김병학(金炳學)이 탑전에 나가 말하길, 전선을 조운선으로 이용하
> 자는 논의는 실로 병농일치의 뜻(兵農相寓之義)에서 나온 것으로 단순
> 히 송정(松政)의 폐단을 없애기 위해서 그런 것만은 아닙니다. 지금
> 보니 전선은 해안에 버려진 것처럼 항구에 정박해 있고, 애초에 훈련
> 하지 않아 끝내 썩게 되니 그 일의 허술함이 막심합니다. 진실로 편
> 한 여부를 참작하여 노가 없고 상장(上裝)이 있으면 전선이 되게 하
> 고, 노가 있고 상장이 없으면 조선(漕船)이 되도록 해야 합니다. 개조
> (改造)를 할 때 선체의 모양을 약간 다르게 하면, 배의 속력 차이나 격
> 군의 많고 적은 것은 점차 저절로 헤아려져 국방을 대비할 수 있고
> (綱繆之備), 곡식의 대규모 운반에도 쓰일 수 있으니(綱運之用) 둘 다 모
> 두 마땅한 바를 얻을 수 있습니다. (…) 주상(主上)이 말하길, 그 말한
> 바가 심히 좋다. 전선과 조운선을 통용하자는 논의는 이때의 위기를
> 대비하는 만전지책(萬全之策)이니 이것으로 정식하는 것이 좋겠다.[76]

---

75) 『承政院日記』 2398冊, 憲宗 8年 1月 21日.

76) 『備邊司謄錄』 128冊, 高宗 3年 8月 5日. "炳學進前奏曰 戰漕船通用之論 寔出兵農
相寓之義 而不但爲松政捄弊而然矣 見今各沿戰船 拋泊港口 初不鍊習 終歸朽傷
事之疎虞 莫此爲甚 苟使之參酌便否 接次換用 無楫而有上裝 則爲戰船 有楫而
無上裝 則爲漕船 隨其改造 稍變制樣 則船制鈍捷之不侔 格卒多寡之懸殊 自可

이 시기는 병인양요가 발발하여 수군 방위 태세가 큰 변화를 맞이한 시점이었다. 이런 상황 속에서 좌의정 김병학은 조전선 변통 논의를 다시 거론했다. 그는 이 논의가 병농일치(兵農一致)의 뜻에서 나온 것으로 송정(松政)의 문제점을 해결하기 위한 것만은 아니라고 주장했다. 아울러 각 연해의 전선이 항구에 버려져서 썩어가니, 이를 방지하기 위해서라도 전선을 조운선으로 이용할 필요가 있다고 했다.[77]

이를 고종이 허락하면서 조운선으로 통용할 수 있는 전선이 만들어졌다. 그 결과 그해 12월 28일 공충도(충청도) 군선 6척을 개조할 때, 그중 전선 2척은 상장(上裝)을 갖추되 조운선 모양으로 개조했다.[78] 이로 인해 다음 해인 고종 4년(1867) 태안 방어영의 전선 4척을 조운선 모양으로 개조했고, 그 노고를 기려 감동군관 정환위(鄭煥瑋), 토교(土校) 안광록(安光祿) 등 여섯 명, 그리고 변수(邊首) 두 명을 포상했다.[79] 또한 고종 15년(1878)에는 전선을 조선으로 이용할 수 있도록 전선의 선체를 고치자는 전라좌도 암행어사 심동신(沈東臣)의 건의가 있었고, 고종은 곧 윤허했다.[80]

이렇듯 조전선 변통 논의는 정조 사후에도 몇 차례에 걸쳐 시도되었다. 그 과정에서 조전선이 실제로 만들어지기도 했다. 그렇지만 이때

漸次入量 而綢繆之備 綱運之用 亦可以兩得其宜 (…) 上曰 所陳甚好 戰漕船通用 此時萬全之策 以此定式 可也."

77) 『備邊司謄錄』251冊, 高宗 3年 8月 5日.
78) 『備邊司謄錄』251冊, 高宗 3年 12月 28日. "啓曰 卽見公忠前水使任商準所報 則本營戰龜防兵等船六隻 一倂改造 而戰船二隻 具上裝 以漕船樣 通用造成矣."
79) 『承政院日記』2714冊, 高宗 4年 5月 13日.
80) 『高宗實錄』卷15, 15年 7月 19日 丁卯.

만들어진 조전선이 조운에 활용되었는지는 명확하지 않다. 조전선이 만들어졌다는 기록은 있지만 활용되었다는 기록은 없는 것이다. 그러므로 조전선 변통 논의는 제한적인 성과만 냈다고 평가할 수 있다. 이후 군선 관련 논의는 양무호 등 근대 군함 도입의 문제로 넘어가게 되었다.[81]

요컨대, 18세기 후반부터 당시 송정 문제와 맞물려 전선을 조운선으로 이용하자는 조전선 변통 논의가 진행되었다. 전선과 조운선의 모양, 그리고 조전선의 설계에 대한 부분까지 다양한 세부 논의가 있었다. 그러나 이 시기 조전선 변통 논의는 국방력 약화, 기술적 문제, 그리고 추진 주체인 정조의 승하로 인해 시행되지 못했다. 이후 전선 활용 문제가 제기되면서 고종 3년(1866)에야 비로소 충청도부터 조전선이 건조되기 시작했다. 하지만 이때 만들어진 조전선이 실제로 이용되었는지는 알 수 없다. 다만 이런 논의가 한동안 진행된 것 자체가 이 시기 수군 방위 태세가 이완되는 분위기를 보여준다고 할 수 있다.

---

81) 근대 군함 도입 논의에 대해서는 김재승, 앞의 책, 2000 참조.

제2장

균역법의 시행과 역가 재감필(再減疋)

1. 급대(給代) 부족과 수군진의 재정 손실

1) 역가 재감필과 급대의 책정

(1) 역가 감필과 수군진의 손실

18세기 중엽~19세기 중엽 수군 역제에서도 여러 가지 변화가 엿보인다. 전술한 바와 같이 숙종 30년(1704) 수군에 대한 개혁 조치 이후 경안부 수군의 역가가 3필에서 2필로 줄었으며, 병력 동원 방식도 진하거민을 적극 활용하는 것으로 변화했다. 『양역총수』와 『양역실총』의 발간과 더불어 수군진 자체에서 동원한 장교나 외안부 수군에 대한 정액(定額) 및 사정(査正)도 시행되었다.

이러한 개혁 방침의 완결점은 바로 균역법이었다.[82] 균역법은 역가를

---

82) 균역법의 시행 세칙을 담고 있는 「균역청사목」은 모두 세 종류이다. 먼저 균역법 시행 초기 영조 28년(1752) 6월 29일에 공포된 「균역청사목」(奎1124)이 남아 있다. 이 사목을 原事目, 本事目, 壬申事目이라고 한다. 다음으로 균역청의 선혜청 移付 직후인 영조 29년(1753)에 작성된 「癸酉追事目」이 있다. 「계유추사목」이 무

2필에서 1필로 감축·통일함으로써 군역 운영을 원활하게 하고 백성의 역 부담을 줄여준다는 목적으로 시행된 개혁이었다. 이 개혁은 호포(戶布)·구포(口布)·결포(結布) 등 다기하게 제기되었던 양역 변통 논의의 종결점이었을 뿐 아니라, 급대(給代)·감혁(減革)·이획(移劃) 등 다양한 행정·군사상의 조치를 수반했기 때문에 군사 재정을 정비하는 계기가 되었다.[83]

수군진은 균역법의 영향을 가장 많이 받는 관청 중 하나였다. 수군진의 재정에 직접 타격을 준 것은 경안부 수군의 역가를 2필에서 1필로 줄이는 감필(減疋)이었다. 감필에 따른 역가 손실을 추정하기 위해서는 경안부 수군 숫자 파악이 선행되어야 한다.[84] 균역법 관련 자료 중에 경

엇인지 알기 어려우나 『禁衛營謄錄』에 실린 「癸酉十月均役廳移付宣惠廳節目」이 아닌가 싶다. 「균역청사목」(奎17253)은 「균역청사목」(奎1124)의 반포 이후 시행 과정에서 이루어진 여러 제도적 보완을 반영하여 다시 정리한 것이다. 「균역청사목」(奎17253)은 기존 연구에서 대략 영조 32~33년(1756~1757) 사이에 발간된 것으로 파악되었다(송양섭, 「균역법 시행과 균역청의 재정운영—급대 재원의 확보와 운영을 중심으로」, 『영조의 국가정책과 정치이념』, 한국학중앙연구원출판부, 2012, 113쪽; 최주희, 「조선후기 宣惠廳의 운영과 中央財政構造의 변화—재정 구조의 합설과 지출 구조의 변화를 중심으로」, 고려대학교 박사학위논문논문, 2014, 205쪽). 이 연구에서는 「均役廳事目」(奎1124)을 「균역청사목」(原)이라고 하며, 「균역청사목」(奎17253)을 「균역청사목」(追)라고 지칭한다. 「癸酉十月均役廳移付宣惠廳節目」은 논지의 전개에 따라 부분적으로만 언급한다.

83) 균역법에 대한 주요 연구는 다음과 같다. 차문섭, 「壬亂 以後의 良役과 均役法의 成立」上·下, 『史學硏究』 10·11, 1961; 김옥근, 「朝鮮時代 軍役과 均役法」, 『조선왕조재정사연구』 II, 일조각, 1987; 정연식, 「조선후기 '役摠'의 운영과 良役 變通」, 서울대학교 박사학위논문, 1993; 송양섭, 앞의 논문, 2012.

84) 「均役廳事目」(原) 奎1124, 給代.

안부 수군 수를 알 수 있는 자료는 『균청조획』이다. 여기에 따르면 균역법 시행 당시 경안부 수군 숫자는 경기 3,236명, 황해도 6,493명, 충청도 7,049명, 전라도 30,602명, 경상도 58,089명, 강원도 400명 등 총 105,869명 정도였다.[85)]

하지만 이 수치에 균역법 시행 전후 역가를 곱하여 수군진의 손실을 도출하기는 어렵다. 이유는 크게 두 가지다. 첫째, 자료별로 경기 수군 숫자가 다르다. 황해도와 충청도의 수군 숫자는 「균역청사목」(原)과 『균청조획』의 수치가 같으므로 논할 필요가 없지만, 경기 지역의 수군 숫자는 자료별로 다르다는 점이 문제이다. 『균청조획』의 경기 수군 숫자는 3,236명이지만, 「균역청사목」(原)에는 4,261명으로 기록되어 있어 「균역청사목」(原)의 숫자가 1,025명이 많다. 「균역청사목」(原)에는 경기 수군 숫자 안에 황해도의 경기 수군 숫자가 1,028명 정도 포함되어 있다고 기록되어 있음을 고려해보면, 『균청조획』의 경기 수군 숫자는 황해도의 경기 수군 숫자를 제외하고 기록했을 가능성이 크다. 이때까지만 해도 조선 정부는 황해도에 거주하는 경기 수군의 숫자를 인정하고 있었으므로 「균역청사목」(原)의 수치를 준용해서 손실액을 구할 것이다.

---

85) 『均廳條劃』, 미국 버클리대학교 동아시아도서관 소장. 「均役廳事目」(原)에도 수군 숫자가 기록되어 있다. 이를 살펴보면 경상도 수군 47,795명(통제영 수군 8,998명 포함), 전라도 수군 25,680명, 충청도 수군 7,049명, 황해도 수군 6,493명, 강원도 수군 400명, 경기 수군 4,621명 등 91,678명이었다. 「균역청사목」(원)에 제시된 이 숫자는 전체 수군 수가 아니라 급대 대상이 되는 수군 숫자라고 판단하는 것이 합리적이다. 실제 수군 숫자와 일치하는 지역도 있고 그렇지 않은 지역도 있다. 그러므로 불입방군이 포함된 『均廳條劃』에 기록된 수군 숫자가 더 실제에 가깝다고 볼 수 있다.

둘째, 경기·충청·황해·강원 등 네 개 도에서는 경안부 수군 숫자를 보정하고 균역법 시행 전후 역가를 곱해 수군진의 수입 변화를 산출해도 상관 없다. 하지만 입방군(立防軍)과 불입방군(不立防軍)의 구분이 있는 전라·경상도에서 불입방군의 역가는 수군진의 수입이 아니므로 입방군 숫자를 기준으로 수군진의 수입을 산출해야 한다. 그러므로 전라·경상도는 「양남수군변통절목」의 군액 분급 기준을 바탕으로 도출한 입방군 숫자인 전라도 25,680명과 경상도 48,802명을 기준으로 균역법 시행 전후 수군진 수입 변화를 산출할 수밖에 없다.[86) 이 군액을 바탕으로 균역법 시행 전후의 역가를 곱하면 균역법 시행 전후 도별 수

---

86) 전라도와 경상도의 立防軍을 구하는 방식은 다음과 같다. 지금까지 본 연구에서는 「兩南水軍變通節目」에서 수군이 방군, 사부, 첨격사부로 구분되며, 이들이 다시 입방군과 불입방군으로 구분된다는 사실을 살펴보았다. 경상도와 전라도의 입방군 산출 방식은 서로 다르다. 경상도에서는 방군과 병보 중 입방군의 비중이 90%이며, 사부와 첨격사부 중 입방군의 비중이 50%였다. 그러므로 (방군+병보)×9/10+(사부+첨격사부)×1/2이라는 산술식을 적용하면 입방군의 총 인원 수를 산출할 수 있다. 통제영은 방군 5,900명, 병보 2,950명, 사부 1,568명, 첨격사부 168명 등이 지급되었으므로 이 산술식을 적용해보면 입방군 총수가 8,833명이 된다. 이를 경상도의 다른 수군진에 대입해도 마찬가지다. 1전선 첨사진·만호·권관진에는 방군 800명, 병보 400명, 사부 212명, 첨격사부 24명이 지급되었기 때문에 입방군 총수는 1,198명이 된다. 별장진은 방군 320명, 병보 160명, 사부 84명, 첨격사부 140명이 지급되었으므로 입방군 총수는 544명이 된다. 그에 비해 전라도에서는 병보제가 시행되지 않았고, 사부에는 불입방군이 없었다. 그러므로 방군 중에 입방군이 차지하는 비중은 전체 90%였지만, 사부는 군액 자체가 입방군이 된다. 그러므로 (방군×9/10)+사부라는 산술식을 통해 입방군의 총수를 도출해낼 수 있다. 전라좌·우수영은 방군 3,200명, 사부 330명이 지급되었기 때문에 이 산술식을 적용해보면 입방군 총수는 3,210명이 된다. 만호·권관진에는 방군 800명, 사부 90명이 지급되었으므로 입방군의 총수는 810명이 된다.

〈표 3-4〉 균역법 전후 도별 수군진의 역가 수입 총량과 손실액

지역	균역 이전			균역 이후			손실액
	필가	절가	환산가ⓐ	필가	절가	환산가ⓑ	ⓐ-ⓑ
경기	8,522필	2	17,044냥	4,261필	2	8,522냥	8,522냥
	(4.6%)	1.65	14,061.3냥	(4.6%)			5,539.3냥
황해	12,986필	2	25,972냥	6,493필	2	12,986냥	12,986냥
	(7.0%)	1.65	21,426.9냥	(7.0%)			8,440.9냥
충청	14,098필	2	28,196냥	7,049필	2	14,098냥	14,098냥
	(7.6%)	1.65	23,261.7냥	(7.6%)			9,163.7냥
전라	51,360필	2	102,720냥	25,680필	2	51,360냥	51,360냥
	(27.7%)	1.65	84,744냥	(27.7%)			33,384냥
경상	97,604필	2	195,208냥	48,802필	2	97,604냥	97,604냥
	(52.7%)	1.65	161,046.6냥	(52.7%)			63,442.6냥
강원	800필	2	1,600냥	400필	2	800냥	800냥
	(0.4%)	1.65	1,320냥	(0.4%)			520냥
합계	185,370필	2	370,740냥	92,685필	2	185,370냥	185,370냥
	(100%)	1.65	305,860.5냥	(100%)			120,490.5냥

* 절가: 1필=1.65냥, 1필=2냥.
* 균역법 당시 혁파된 수군진 일곱 곳의 수군 수는 합산하지 않았다. 경안부 수군의 역가 수입만 기술한 것이다.
* 출전: 「均役廳事目」(原) 奎1124, 給代; 『輿地圖書』 下, 統營, 忠清水營, 江原監營, 喬桐.

군진의 역가 변화를 살펴볼 수 있다. 〈표 3-4〉는 이런 방식으로 살펴본 균역법 시행 이전과 이후 도별 수군진 역가 수입 총량과 손실액이다.

17세기 후반까지 수군 역가의 명색은 포(布)였다. 그런데 균역법 시행 이후 수군 역가도 전납(錢納)이 관행처럼 굳어졌다. 이는 당시 군역세(軍役稅)의 금납화 경향과 관련 있는 것이었다.[87] 이러한 흐름에 발맞추어

---

87) 軍役稅의 金納化에 대해서는 방기중, 「조선후기 軍役稅에 있어서 金納租稅의 전개」, 『동방학지』 50, 연세대학교국학연구원, 1986 참조.

이 장에서부터는 수군 역가를 동전으로 환산하되 필가를 덧붙이는 방식을 사용하도록 한다. 이를 위해서는 먼저 수군 역가와 전의 환산식인 절가(折價)를 따져볼 필요가 있다. 필자는 선행 논문에서 수군 역가의 절가식을 포 1필=전 2냥으로 산정했다.[88] 하지만 최근 자료를 살펴보는 도중 수군 절가를 알 수 있는 자료를 찾아냈다.

홍계희(洪啓禧)에 따르면 경상도 영진(營鎭)의 방군포(防軍布)는 당초 7승 40척 포를 거두었으며 이를 절가하면 전 2냥이었는데, 수년 전부터 5승 33척(35척) 포를 거두었으며 이를 전으로 환산하면 1.65냥이었다고 한다. 그는 균역법 시행 이후 포목의 승척(升尺)과 절가식이 다를 수 없다는 근거를 들어 포 1필을 6승 40척으로 통일하고 절가를 2냥으로 해야 한다고 주장했다. 그리고 이 의견은 통과되었다.[89] 이 말을 따른다면 수군 역가는 1필당 1.65냥으로 절가했다가 균역법 시행 이후 2냥으로 절가하는 것이 타당하다. 하지만 이 증언은 경상도에 한정된 것이기 때문에 다른 지역에도 적용할 수 있을지 의문이 있다. 그러므로 본 연구에서는 선행 연구처럼 포 1필=전 2냥으로 수군 역가를 절가하는 것을 유지하되, 균역법 이전은 포 1필=1.65냥, 균역법 이후는 포 1필=2냥으로

---

88) 송기중, 「균역법 실시와 수군 급대의 운영」, 『역사학보』 218, 역사학회, 2013.

89) 『承政院日記』 1066冊, 英祖 27年 3月 12日. "啓禧曰 嶺南各營鎭所納防布 當初 七八升四十尺 錢二兩式 收捧矣 十數年前木一疋五升三十三尺 錢則一兩六錢五 分 改定式捧上云 京外軍布八[六]升四十尺 錢二兩收捧 載在續典 而況且良布減 疋之後 木布升尺及折錢規式 不可異同 依他道例 木則八[六]升四十尺一疋代 錢 二兩式 定式捧上之意 分付何如 上曰依爲之." 이 자료에서 수군포의 승수인 5승 33척은 5승 35척의 오기로 보인다. 그러므로 본문에서는 5승 33척이라고 쓰되 괄호에 35척이라고 표기했다.

절가한 것을 병기하도록 하겠다.

균역법 시행 이전 도별 수군진의 역가 수입 총량은 370,740냥(1.65냥으로 절가했을 때 305,860.5냥) 정도였다. 이 중 경상도 수군진의 역가 수입 비중은 전체 52.7% 정도로, 절반 이상을 차지한다. 이 지역 수군 역가 비중이 큰 이유는, 이 지역에 진이 밀집되어 있을 뿐 아니라 병보제의 시행에 따라 진 한 곳당 배정된 수군이 다른 지역보다 많았기 때문이다. 균역법의 시행으로 수군 역가가 2필에서 1필로 줄어들자 수군진의 재정 손실은 총 185,375냥(120,490.5냥) 정도로 추산되었다. 역가 수입이 줄어들면서 수군진의 수입이 크게 감축된 것이다. 특히 역가 수입이 많았던 경상도의 피해가 심각했다.[90]

수군진은 감필뿐 아니라 감혁(減革)에 따른 손실도 입었다. 감혁은 진의 혁파와 군액 삭감을 통해 비용을 절약하여 급대에 활용하는 것을 의미한다. 당시 감혁은 중앙과 지방관청에서 모두 행해졌다. 수군 감혁은 전체 감혁 중 두 번째 큰 비중을 차지했다.[91]

수군 감혁은 진 혁파에 따른 감혁과 군액 감축으로 인한 감혁 등 두

---

90) 경상도의 통제영은 17,666냥, 수영 9,854냥, 2전선 첨사진 4,792냥, 1전선첨사·만호진 2,396냥 권관진 1,088냥 정도의 손해를 보았다. 전라도는 군액이 적기 때문에 피해도 적었다. 수영 7,700냥, 2전선 첨사진 3,360냥, 1전선첨사·만호진 1,680냥, 별장진 1,580냥 정도의 피해를 보았다. 방군이 배정되지 않은 수군진은 역가 손실이 없었다. 다른 지역 수군진은 진별로 배정된 수군액을 파악하기 어려워 그 피해액을 정확히 알 수 없다.

91) 전체 감혁은 93,970냥(100%)이었는데, 이 중 중앙아문의 감혁은 61,922냥(65.9%) 정도이며, 지방아문의 감혁은 32,048냥(34.1%) 정도였다. 「均役廳事目」(原) 奎1124, 減革.

진	항목	인원 삭감	감혁액
통제영	차비군병말보	50명	100냥(0.5%)
	수첩별아병	241명	482냥(2.2%)
	성정군	440명	880냥(4.1%)
	각창모군	571명	1,142냥(5.3%)
	소계	1,302명	2,604냥(11.7%)
경상좌수영	파임말보병보	80명	160냥(0.7%)
	차비군병보	17.5명	35냥(0.2%)
	부산진파임말보	10.5명	21냥(0.1%)
	소계	108명	216냥(1.0%)
전라우수영	모군포인	60명	120냥(0.6%)
	지침군	67명	134냥(0.6%)
	소계	127명	254냥(1.2%)
수군진	감포, 칠포, 축산포, 영등포, 상주포, 곡포, 풍덕포	9,269명	18,538냥(85.8%)
합계		10,806명	21,612냥(100%)

* 각창모군은 당곶모군 54명, 섬진모군 4명, 삼도모군 487명, 포량창모군 9명, 삼량창모군 10명, 지창모군 5명, 군창모군 2명 등이다.
* 출전: 「均役廳事目」(原) 奎1124, 減革.

가지로 구분할 수 있다. 전자는 18,538냥 정도이며 전체 감혁의 85.8% 정도를 차지한다. 전술한 바와 같이 균역법 시행에 따른 급대 재원 마련을 위해 진의 혁파가 논의된 것은 영조 26년(1750)이었다. 이에 진 일곱 곳이 혁파되었고, 이 진에서 보유한 경안부 수군 9,269명은 4,635명과 4,634명씩 나누어 금위영과 어영청의 보인으로 이속되었다. 후자는 3,074냥으로 전체 14.2%를 차지한다. 통제영·경상좌수영·전라우수영 등

진 자체에서 충원한 외안부 수군이 주요 감혁 대상이었다.[92]

이러한 감필·감혁 외에 어염세의 균역청 귀속도 수군진 재정 손실의 원인이었다. 균역법 당시 어염세 손실을 파악하기 위해서는 먼저 수군진의 어염세 수세액을 살펴봐야 한다. 균역법의 시행 과정에서 조선 정부는 각 도에 균세사를 파견하여 수영에서 얻는 어염세 수입을 파악했다. 여러 진의 어염세 수입을 조사했겠지만, 통제영의 어염세 수입을 추정하는 기록만 발견된다. 균세사의 보고에 따르면, 균역법 이전 통제영의 어염세 수입은 풍흉에 따라 40,000냥에서 7,000냥 사이였다고 한다.[93] 또한 정조 3년(1779) 통제사 이경무(李敬懋)는 균역법 이전 통제영의 어염세 수입이 40,000~50,000냥을 넘었다고 했다.[94] 이 두 언급을 종합해 보면 통제영의 어염세 수입은 적어도 7,000냥, 많아도 50,000냥을 넘지 않았다고 할 수 있다.

낙인세(烙印稅)의 폐지도 손실의 원인이었다. 낙인세는 통제영 앞바다

---

92) 진 자체에서 충원한 수군이 감혁 대상에 선정된 이유는 이들의 군액 변화와 관계가 있다. 이 병종은 18세기 초반부터 계속 늘어나는 추세였다. 조선 정부는 『양역총수』와 『양역실총』을 발간하고 지속적인 사정 작업을 통해 이들의 인원수 확대를 막고자 했지만, 증가 추세는 꺾이지 않았던 것 같다. 이 상황을 잘 알고 있었던 조선 정부는 균역법 시행 당시 급대 재원이 부족하자 이들을 査括하여 수군진의 궐액을 확충하는 데 이용한 것이다. 하지만 이들이 균역법 시행 이후 모두 삭감된 것은 아니었다. 통제영의 城丁軍은 『輿地圖書』에 기록이 보이는 것으로 보아 이후 복구되었음을 알 수 있다.

93) 『承政院日記』 1067冊, 英祖 27年 4月 19日. "況漁鹽之利 本無定數 不可預量 臣嘗 閱統營事 幸而得利 或多至四萬餘兩 不幸而失利 僅不過七八千兩云".

94) 『承政院日記』 1438冊, 正祖 3年 3月 18日. "漁箭之曾屬統營時 則一年稅入 殆過 四五萬兩矣 一屬均廳之後 自然減縮 而今至四千餘兩矣".

를 지나가는 선박을 검열하고 세금을 걷는 통행세이다. 세금을 징수하는 과정에서 낙인을 찍었기 때문에 낙인세라 지칭했다. 통제영에서는 배의 통행 목적과 규모에 따라 낙인세를 수취했다. 상행위[貿販]를 목적으로 이동하는 선박은 큰 배 15필, 작은 배 8~9필 정도를 수취했으며, 어업을 목적으로 이동하는 선박은 1필을 수취했다.[95] 낙인세가 통제영 수입원 중 높은 비중을 차지했던 것만은 분명하지만, 그 수취한 양은 알 수 없다. 이후 낯선 배의 출현 빈도가 증가하자 선박의 검열[點船]이 복구되었지만,[96] 수취는 여전히 금지되었다. 이를 통해 수군진은 감필·감혁·어염세·낙인세 등의 항목에서 손실을 보았음을 알 수 있다.

(2) 급대의 책정 방식과 종류

균역법의 시행으로 수군진의 재정이 위축되자 조선 정부는 급대 방안을 마련하기 위한 논의를 시작했다. 수군 급대에 관한 논의가 시작되는 것은 급대 재원으로 분정(分定)이 거론되기 시작한 시점부터이다. 분정은 각 도의 감·병영과 각 읍에 일정 기준에 따라 전목(錢木)을 할당하고, 이를 수취해서 급대 재원을 마련하는 방안이었다. 여기서 얻은 수입 중 일부를 수군 한 명당 미 4두를 기준으로 수군진에 지급하도록 규정되어 있었다.[97] 하지만 수령들이 이 명목 자체가 불법적일뿐더러 존재하지도 않는다며 집단으로 반발하자, 이 방안은 시행되지 못했다.[98]

---

95) 『承政院日記』86冊, 仁祖 21年 10月 10日.
96) 『備邊司謄錄』157冊, 英祖 51年 3月 30日.
97) 『承政院日記』1058冊, 英祖 26年 7月 23日.
98) 『承政院日記』1064冊, 英祖 27年 1月 4日.

이후 토지세의 일종인 결전(結錢)을 부과하고 여기서 일부를 떼어 수군 급대에 활용하자는 새로운 방안이 등장했다.[99] 이 방안이 확정되면서 수군의 급대 방안도 그 윤곽을 드러냈다.

수군 급대는 감필 급대, 어염세 급대, 주전(鑄錢) 등 크게 세 가지 범주로 구분할 수 있다. 이 중 가장 양이 많고 광범위한 영향을 미친 것은 감필 급대였다. 전체 감필 급대 총량 중에서 수군 감필 급대는 20.1% 정도의 비중을 차지했다. 관청별로 지급된 감필 급대 중에 수군 급대는 전체 급대 중에서 두 번째 비중을 차지할 정도로 많았다.[100] 감필 급대의 도별 총액은 〈표 3-6〉과 같다.

감필 급대는 경안부 수군 한 명당 1냥을 지급한다는 기준으로 책정했다. 도별로 배분된 수군의 감필 급대를 비교해보면 경상도에 배분된 양이 47,795냥(52.1%)으로 가장 많으며, 강원도가 400냥(0.4%)으로 가장 적다. 수군 감필 급대는 이후 한 차례 변화했다. 그 결과 경기 지역 1,028냥, 황해도 317냥, 강원도 400냥 등 총 감필 급대 1,745냥이 줄어들었다. 그리고 삭감 현황은 「균역청사목」(追)에 수록했다.

특정 지역에서 수군의 감필 급대가 줄어든 것은 급대 산출의 기준이

---

99) 『承政院日記』1070冊, 英祖 27年 6月 2日.

100) 송양섭은 미 1석 당 3.7냥으로 절가했다. 이 점을 감안하더라도 수군 감필 급대가 전체 급대에서 차지하는 비중은 크게 달라지지 않았던 것으로 보인다. 때문에 그대로 인용한다. 전체 감필 급대의 총량은 444,672.3냥이었다. 수군 감필 급대는 병조 126,618.4냥(28.3%)보다 적었으나 훈련도감 78,593.4냥(17.6%), 어영청 36,771.6냥(8.2%), 금위영 39,074.3냥(8.7%), 용호영 11,331.6냥(2.53%), 총융청 200냥(0.04%), 각사궁방 40,270.0냥(9%), 各道營邑鎭 21,879.9냥(4.9%) 등 다른 관청들보다는 많았다. 송양섭, 앞의 논문, 2012, 122쪽.

<표 3-6> 감필 급대의 도별 총액과 그 비중

지역	「균역청사목」(原) 영조 28년(1752)	「균역청사목」(追) 영조32~33년(1756~1757)	증감(▲▽)
경기	4,261냥(4.6%)	3,233냥(3.6%)	1,028냥 ▽
충청	7,049냥(7.7%)	7,049냥(7.8%)	0
황해	6,493냥(7.1%)	6,176냥(6.9%)	317냥 ▽
전라	25,680냥(28.0%)	25,680냥(28.6%)	0
경상	47,795냥(52.1%)	47,795냥(53.1%)	0
강원	400냥(0.4%)	·	400냥 ▽
합계	91,678냥(100%)	89,933냥(100%)	1,745냥 ▽

* 출전: 「均役廳事目」(原) 奎1124, 給代; 「均役廳事目」(追) 奎17253, 給代.

되는 경안부 수군 숫자가 줄었기 때문이다. 전술한 바와 같이 경기 지역 경안부 수군 중에는 황해도에 거주하는 사례가 있었다. 조선 정부는 이들에 대한 처리를 두고 논의를 진행했다. 그 결과 황해도의 경기 지역 수군을 황해 수군 속에 포함시켰다. 그럼에도 황해 수군의 숫자는 크게 줄었는데, 이를 통해 황해 수군에 대한 재산정이 있었음을 짐작할 수 있다. 또한 강원도에는 수군진과 군선이 배치되지 않았지만 경안부 수군은 있었다. 조선 정부는 이 점을 문제 삼아 강원도의 경안부 수군을 삭감했다.[101] 황해도의 경안부 수군 숫자도 일부 삭감되었는데, 그 이유는 알 수 없다. 이렇게 경안부 수군이 줄어들면서 감필 급대도 자연히 삭감될 수밖에 없었다.

---

101) 『禁衛營謄錄』卷57, 「癸酉十月均役廳移付宣惠廳節目」 "各道水軍一兩給代事定式 而至於關東越鎭 元無戰兵船 又無候望防間之事是白遣 鎭屬所率 其若不多已 自監營以減省 色中所餘者 推移充給是白如乎 此鎭給代一款置之爲白齊."

어염세 급대는 경상좌수영·영종진·통제영 등 세 수군진에 한정해 지급했다. 조선 정부는 경상좌수영에 진상 물품의 조달한다는 명목으로 어전(漁箭) 1처와 방렴(防簾) 1고(庫)의 수세권을 지급했고, 영종진에 침장염가(沈醬鹽價)를 지급했다.[102] 그 외에 충청수영이나 전라좌·우수영은 어염세 수입이 있었으나, 「균역청사목」에 기록이 없는 것을 보면 급대를 지급하지는 않은 것 같다.[103] 기록에는 확인되지 않지만 다른 수군진도 어염세 수입이 있었을 가능성이 크다. 그러므로 조선 정부는 수군진에 어염세 손실에 따른 급대를 대부분 지급하지 않았음을 알 수 있다.

어염세 급대를 가장 많이 받은 관청은 통제영이었다.[104] 통제영의 어염세 급대는 경상우도 연해[右沿]의 어·방렴(漁防簾) 7처 급대와 어염세 이속에 따른 10,000냥 급대 등 두 가지였다. 전자는 진상 물품인 청대구(淸大口) 조달을 위해 경상우도 연해의 어전(漁箭) 네 곳과 방렴(防簾) 세 곳의 수세권을 통제영에게 지급해준 것이었다.[105] 후자는 통제영의 어

---

102) 「均役廳事目」(原) 奎1124.

103) 충청수영은 연읍에서 어염을 생산해 이를 매매해 곡식을 얻었다(蘇斗山, 『月州集』, 「謂罷忠淸水營鹽貿販甲折米厚紙價等事啓」). 전라좌·우수영도 어염의 늑매가 심하다는 논의가 있는 것으로 볼 때 어염을 수취해 곡식을 획득했음을 알 수 있다(『承政院日記』 250冊, 肅宗 2年 1月 16日). 하지만 충청수영·전라좌수영·전라우수영은 어염세 손실에 따른 급대를 받지 못했다.

104) 통제영의 어염세 급대는 다른 관청과 비교하여 이례적으로 많았다. 당시 다른 관청에 지급된 어염세 급대는 耆老所 500냥, 宗簿寺 250냥, 成均館 2,000냥, 四學 500냥, 毓祥宮 500냥, 司饔院 1,650냥, 工曹 200냥 등이었다. 송양섭, 앞의 논문, 2012, 137쪽.

105) 防簾은 조수간만의 차를 이용하여 물고기를 가두어 잡는 어로 방식을 말한다. 방렴은 구성하는 재료에 따라 석방렴·죽방렴 등으로 불린다.

염세 손실을 보상하기 위해 균역청에서 지급한 것이었다. 통제영의 어염세 급대는 어·방렴 7처의 수입이 3,000~7,000냥 정도였다는 점을 고려해보면[106] 13,000~17,000냥 정도였다고 추정된다.

두 급대 중에 어염세 10,000냥 급대는 지급 초기부터 논란이 있었다. 박문수는 "어·방렴 7처가 이미 수입이 많은데, 이미 어·방렴을 지급한 상태에서 10,000냥을 또 지급한다면 어찌 우활하지 않겠는가"라며 10,000냥 급대를 반대했다. 또한 통제영에만 10,000냥 급대를 지급하면서 다른 수영에 지급하지 않는 것은 형평성에 맞지 않는다고 지적했다.[107] 이러한 반발에 부딪혀 어염세 10,000냥 급대는 영조 29년(1753) 폐지되었다.

하지만 영조 39년(1763) 통제사 정여직(鄭汝禝)은 통제영 재정 부족을 하소연하며 10,000냥 급대를 다시 지급해달라고 요청했다. 조정 내부의 거듭된 논의 끝에 통영곡(회외곡) 2,000석을 균역청에 상납하는 대가로 다시 10,000냥을 지급하는 방안이 결정되었다.[108] 하지만 이 조치는 급대라고 하기 어려운 측면이 있다. 미 1석당 전 5냥이라는 환산식을 적용하면 미 2,000석은 10,000냥이 된다. 그러므로 이 조치는 통영곡 중 일부를 취용해서 균역청의 부족한 미를 보충하고, 그 대가로 10,000냥을 지급해준 것이라 볼 수 있다.

---

106) 『承政院日記』 1091冊, 英祖 29年 2月 22日. "臣於是 切有所訝惑者 右沿漁鹽 盡屬統營時 統營一年所捧 或爲六七千兩 此則罕有者 每年所捧 大略不過五六千兩 若大失漁利 則只爲數三千兩矣".

107) 『備邊司謄錄』 125冊, 英祖 29年 2月 26日.

108) 『備邊司謄錄』 149冊, 英祖 39年 9月 28日.

영조 45년(1769) 통제사 이국현(李國賢)이 통제영의 재정 부족을 다시 하소연하자 통영곡 2,000석을 상납하는 규정을 폐지하고 10,000냥은 계속 지급했다.[109] 그 결과 어염세 10,000냥 급대가 복구되었다. 비록 어염세 급대가 복구되었다 하더라도 통제영은 10,000냥을 모두 지출하지 않았다. 10,000냥을 둘로 나누어 5,000냥은 비축하고 나머지 5,000냥만 지출했다. 하지만 영조 52년(1776) 통제영의 재정 문제가 제기되면서 비축분 5,000냥도 통제영에서 활용하기 시작했다. 어염세 10,000냥 급대는 5,000냥씩 순차적으로 재정에 이용되었기 때문에, 통제영에서 쓰는 방식도 달랐다. 처음에 지원된 어염세 5,000냥은 통제영 창고 중 하나인 병신고(兵新庫)에 저장했다가 수군 역가와 합산되어 사용되었다. 이에 비해 나중에 지급된 어염세 5,000냥은 이시전(利施錢)이라는 이름으로 별도의 회계를 통해 운영되었다. 통제영에서는 이시전을 대부분 소속 장졸(將卒)의 급료로 지출했다.[110]

주전(鑄錢)도 행해졌다. 영조 3년(1727) 조선 정부는 통제영에 150,000냥을 주전하게 허락했다.[111] 이 중 80,000냥은 이미 주전한 상태였기 때문에, 조선 정부는 균역법 시행과 함께 나머지 70,000냥을 주전하여 통제영의 수입 감축에 대비하도록 한 것이었다.[112] 조선 정부는 「통영주전절목(統營鑄錢節目)」을 마련하고 주전의 구체적인 절차를 규정했다.[113] 주

---

109) 『備邊司謄錄』 153冊, 英祖 45年 3月 22日.
110) 『統制營事例』 맹인재 소장본, 兵新庫.
111) 『增補文獻備考』 卷159, 財用考 3 錢貨.
112) 『備邊司謄錄』 124冊, 英祖 28年 8月 11日.
113) 『備邊司謄錄』 124冊, 英祖 28年 8月 15日 「統營鑄錢節目」.

전 비용은 통제영에서 비상시에 쓰려고 보관해둔 은자(銀子)로 조달했다.[114] 주전은 지속적으로 행해진 것은 아니었지만 균역법 시행 초기에 일어난 재정 감축을 만회하는 데 일부 도움을 준 것 같다. 주전한 동전의 용처는 분명치 않다. 다만 통제사 구선행(具善行)이 주전한 동전을 식리하여 생긴 이자 3,601냥을 가지고 답 33석 13두 정도를 구매했다는 기록이 보인다.[115]

이렇게 급대가 지급되기 시작하면서 전국의 수군진은 수입 중 상당 부분을 균역청에 의지해야 했다. 그런데 수군 급대를 살펴보면 의아한 점을 한 가지 발견할 수 있다. 당시 균역법 급대는 병조, 훈련도감, 어영청, 금위영 등 주로 중앙 군문을 중심으로 지급되었다. 급대를 적극적으로 추진한 국왕 영조도 이 문제로 인해 많은 비판을 받았을 정도였다.[116] 그런데 중앙 군문이 아니라 지방 군문인 수군진에 이렇게 많은 양의 급대를 지급했던 까닭은 무엇일까. 아마도 수군진에 급대가 지급되어야 할 중요한 이유가 있었음을 짐작할 수 있다. 필자는 그 이유를 두 가지로 추정하고 있다.

첫째, 수군은 다른 직역보다 급격한 역가 감축을 겪었다는 점이다. 주지하다시피 수군 역가는 3필에서 2필로, 그리고 2필에서 1필로 줄어드

---

114) 당시 통제영의 창고인 兵庫에는 많은 銀子가 보관되어 있었다. 통제영이 은자를 가지고 있었던 이유는 전쟁시 비용으로 활용하려는 목적 때문이었다. 이 은자 중에 일부를 덜어내 주전 비용으로 이용했음을 19세기 자료를 통해 확인할 수 있다. 『統制營事例』 맹인재 소장본, 戶庫; 兵庫.

115) 『統制營事例』 맹인재 소장본, 補民庫. "乾隆十八年癸酉(英祖 29, 1753) 具善行等 以鑄錢餘剩三千六百一兩 買畓三拾三石十三斗五刀落 收租記付於軍倉."

116) 송양섭, 앞의 논문, 2012, 137쪽.

는 데 60년 정도밖에 걸리지 않았다. 일부 수군진이 이미 한 차례 역가를 삭감해서 재정 손실을 입었음은 전술한 바와 같다. 그런 상황에서 다시 역가를 삭감하면서 급대까지 해주지 않는다면, 수군진의 재정은 매우 심각한 타격을 입을 가능성이 높았다. 둘째, 수군 중 일부가 경안부이기 때문이었다. 급대가 지급된 지방의 병종은 조정 차원에서 특별한 이유로 모집한 경우가 아니면 경안부밖에 없었다.[117] 그러므로 수군 중 일부가 경안부라는 점이 급대가 결정된 요인 중 하나였다고 생각된다. 진 자체에서 충원한 외안부 수군에게는 감혁이 시행되었을 뿐 급대가 지급되지 않았다는 점도 이러한 추론을 뒷받침한다.

요컨대, 균역법 시행을 통해 경안부 수군의 역가는 2필에서 1필로 줄어들었고, 진은 손실을 보았다. 조선 정부는 진의 손실을 보상하기 위해 급대를 마련했다. 수군 급대는 크게 감필·어염세·주전 등으로 구분

---

117) 지방아문의 병종 중에 급대가 지급된 것은 수군 외에 江華防軍·安興騎兵·釜山 炭雇軍·漕軍 등이 있었다. 江華防軍木은 효종 연간 수군 방위 태세의 개편으로 강화도에 수군진이 많이 설치되었는데 방군을 지급하지 못하자, 그에 대한 반대급부로 방군에게 거둘 액수의 상당액을 병조에서 지원해주면서 생겨났다. 이후 강화도의 방위 태세가 수군에서 육군 위주로 새롭게 편성되었지만, 강화방군목은 여전히 병조에서 지급했다. 강화방군목 급대는 영조 39년(1763) 병조의 이군색 급대 중에서 일부를 덜어내 지급하도록 했다가, 정조 2년(1778) 황해도와 경기 지역의 군관목 중에서 일부를 外方直劃하는 것으로 변화했다(『萬機要覽』財用 3, 「給代」). 안흥기병과 부산탄고군 등은 조선 정부가 양인을 직접 모집해서 창설한 병종이기 때문에 급대가 책정되었다. 漕軍은 경안부 양역이었다. 지방의 경안부 양역으로는 수군과 조군 외에도 봉수군이 있었지만, 봉수군은 급대에서 제외되었다. 그 이유는 호수·보인이 輪回立番하는 방식을 그대로 유지하고 있었기 때문이다.

된다. 감필 급대는 수군 한 명당 1냥이라는 기준으로 진에 분배하는 것이 원칙이었다. 어염세 급대는 어방렴 7처와 10,000냥 급대로 구분된다. 이 중 10,000냥 급대는 지급 과정에서 여러 논란이 있었다. 수군진이 지방관청임에도 급대가 지급된 이유는 역가 감축이 두 차례 있어서 손실이 컸다는 점, 이들이 경안부 양역이었다는 점 등 두 가지였다.

2) 급대의 분배와 실제 손실

균역법으로 인한 손실은 수군진 전체에 영향을 미쳤다. 균역청에서 지급된 급대는 외방직획 방식으로 수군진에 분배되었다. 수군진에 지급된 급대에는 어염세 급대나 주전처럼 특정 진에만 지급된 사례도 있고, 감필 급대와 같이 대부분 진에 지급된 사례도 있다. 균역법 시행에 따른 진의 재정 변화를 살펴보기 위해서는 균역법 전후 역가 수입의 변화와 급대 등을 명확히 밝혀볼 필요가 있다. 그런데 이 작업은 자료의 문제로 인해 경상도와 전라도에서만 가능하다. 〈표 3-7〉은 두 지역의 역가 변화량과 급대를 살펴본 것이다.

〈표 3-7〉은 기본적으로 『부역실총』을 저본으로 삼은 것이다. 수군의 감필 급대는 감포대결전(減布代結錢), 감포결전(減布結錢), 결전(結錢), 수군량전(水軍糧錢), 사두량전(四斗糧錢) 등으로 기록하는 것이 보통이며, 급대라고 잘 쓰지는 않는다.[118)]

---

118) 각종 『鎭誌』에서 감필 급대를 '給代'라고 지칭하지 않는 이유는 防軍給代와의 혼동을 방지하기 위해서였던 것 같다. 그에 따라 감필 급대는 지역별로 다양한 명칭으로 불렸다. 그럼에도 급대로 판단할 수 있는 이유는 바로 액수가 일정하기 때문이다.

〈표 3-7〉 전라·경상도의 진별 역가 수입 변화와 급대

직위	지휘관	전선	입방군(명)ⓐ	역가 수입(냥) 균역 이전ⓑ 2냥	1.65냥	균역 이후ⓒ	급대(냥)ⓓ	손실(냥) ⓑ-(ⓒ+ⓓ) 2냥	1.65냥	급대율(%) 2냥	1.65냥	차이 ⓐ-ⓓ	비고
통제영	통제사	8	8,833	35,332	29,148.9	17,666	8,998	8,668	2,484.9	50.9	78.4	-165	
가덕	첨사	2	2,436.5	9,746	8,040.45	4,873	2,346.5	2,526.5	821	48.1	74.1	90	
미조항	첨사	1	1,238.5	4,954	4,087.5	2,477	1,193.5	1,183.5	416.6	48.1	74.1	45	
적량	첨사	1	1,198	4,792	3,953.4	2,396	1,153	1,243	404.4	48.1	74	45	
구산	첨사	1	1,198	4,792	3,953.4	2,396	1,153	1,243	404.4	48.1	74	45	
지세	만호	1	1,198	4,792	3,953.4	2,396	1,153	1,243	404.4	48.1	74	45	
제포	만호	1	1,198	4,792	3,953.4	2,396	1,153	1,243	404.4	48.1	74	45	
옥포	만호	1	1,198	4,792	3,953.4	2,396	1,153	1,243	404.4	48.1	74	45	
평산	만호	1	1,198	4,792	3,953.4	2,396	1,153	1,243	404.4	48.1	74	45	
영등	만호	1	1,198	4,792	3,953.4	2,396	1,153	1,243	404.4	48.1	74	45	
당포	만호	1	1,198	4,792	3,953.4	2,396	1,153	1,243	404.4	48.1	74	45	
사량	만호	1	1,198	4,792	3,953.4	2,396	1,153	1,243	404.4	48.1	74	45	
안골	만호	1	1,198	4,792	3,953.4	2,396	1,153	1,243	404.4	48.1	74	45	
조라	만호	1	1,198	4,792	3,953.4	2,396	1,153	1,243	404.4	48.1	74	45	
천성	만호	1	1,198	4,792	3,953.4	2,396	1,153	1,243	404.4	48.1	74	45	
가배량	만호	1	1,198	4,792	3,953.4	2,396	1,153	1,243	404.4	48.1	74	45	
율포	권관	1	1,198	4,792	3,953.4	2,396	1,153	1,243	404.4	48.1	74	45	
삼천	권관	1	1,198	4,792	3,953.4	2,396	1,153	1,243	404.4	48.1	74	45	
신문	별장	1	544	2,176	1,795.2	1,088	544	544	163.2	50	76.9	0	
구소비	별장	1	544	2,176	1,795.2	1,088	544	544	163.2	50	76.9	0	
청천	별장	1	544	2,176	1,795.2	1,088	544	544	163.2	50	76.9	0	
남촌	별장	1	544	2,176	1,795.2	1,088	544	544	163.2	50	76.9	0	
장목	별장	1	520	2,176	1,716	1,088	544	496	84	50	86.6	0	
섬진	별장	0	0	0	0	0	0	0	0	0	0	0	
좌수영	수사	4	4,792	19,168	15,813.6	9,584	4,792	4,972	1,437.6	50	76.9	0	
부산	첨사	2	2,450	9,800	8,085	4,900	2,378	2,702	807	46.8	74.7	72	
다대	첨사	2	2,396	9,584	7,906.8	4,792	2,306	2,420	808.8	48.1	74	90	
서생	첨사	1	1,198	4,792	3,953.4	2,396	1,153	1,243	404.4	48.1	74	45	
포이	만호	1	1,198	4,792	3,953.4	2,396	1,153	1,243	404.4	48.1	74	45	
두모	만호	1	1,198	4,792	3,953.4	2,396	1,153	1,243	404.4	48.1	74	45	
개운	만호	1	1,198	4,792	3,953.4	2,396	1,153	1,243	404.4	48.1	74	45	

(좌측 세로 구분: 통제영 / 경상좌수영)

직위	지휘관	전선	입방군(명)ⓐ	역가 수입(냥) 균역 이전ⓑ 2냥	균역 이전ⓑ 1.65냥	균역 이후ⓒ	급대(냥)ⓓ	손실(냥) ⓑ-(ⓒ+ⓓ) 2냥	손실 1.65냥	급대율(%) 2냥	급대율 1.65냥	차이 ⓐ-ⓓ	비고
서평	만호	1	1,198	4,792	3,953.4	2,396	1,153	1,243	404.4	48.1	74	45	
소계		44	48,802	195,208	161,046.6	97,604	47,794	50,004	15,648.6	48.9	75.3	1,362	
우수영	수사	4	3,210	12,840	10,593	6,420	3,210	3,210	963	50	76.9	0	
고금도	첨사	1	0	0	0	0	0	0	0	0	0	0	
임자도	첨사	1	0	0	0	0	0	0	0	0	0	0	
가리포	첨사	2	1,530	6,120	5,049	3,060	1,530	1,530	459	50	76.9	0	진지
임치	첨사	1	810	3,240	2,673	1,620	810	810	243	50	76.9	0	
위도	첨사	1	810	3,240	2,673	1,620	810	810	243	50	76.9	0	
고군산	첨사	1	810	3,240	2,673	1,620	810	810	243	50	76.9	0	
군산포	첨사	1	810	3,240	2,673	1,620	810	810	243	50	76.9	0	
법성포	첨사	1	810	3,240	2,673	1,620	810	810	243	50	76.9	0	진지
신지도	만호	1	0	0	0	0	0	0	0	0	0	0	
다경포	만호	1	810	3,240	2,673	1,620	810	810	243	50	76.9	0	진지
검모포	만호	1	810	3,240	2,673	1,620	810	810	243	50	76.9	0	
지도	만호	1	0	0	0	0	0	0	0	0	0	0	
목포	만호	1	810	3,240	2,673	1,620	810	810	243	50	76.9	0	
남도포	만호	1	810	3,240	2,673	1,620	810	810	243	50	76.9	0	
금갑도	만호	1	810	3,240	2,673	1,620	810	810	243	50	76.9	0	
어란포	만호	1	810	3,240	2,673	1,620	810	810	243	50	76.9	0	
이진	만호	1	810	3,240	2,673	1,620	810	810	243	50	76.9	0	
마도	만호	1	810	3,240	2,673	1,620	810	810	243	50	76.9	0	
격포	별장	1	0	0	0	0	0	0	0	0	0	0	
좌수영	수사	4	3,210	12,840	10,593	6,420	3,210	3,210	963	50	76.9	0	
사도	첨사	2	1,620	6,480	5,346	3,240	1,620	1,620	486	50	76.9	0	
방답	첨사	2	1,620	6,480	5,346	3,240	1,620	1,620	486	50	76.9	0	
회령포	만호	1	810	3,240	2,673	1,620	810	810	243	50	76.9	0	
여도	만호	1	810	3,240	2,673	1,620	810	810	243	50	76.9	0	
녹도	만호	1	810	3,240	2,673	1,620	810	810	243	50	76.9	0	
발포	만호	1	810	3,240	2,673	1,620	810	810	243	50	76.9	0	
고돌산	별장	1	720	2,880	2,376	1,440	720	720	216	50	76.9	0	
소계		37	25,680	102,720	84,744	51,360	25,680	25,680	7,704	50	76.9	0	
합계			74,506	298,024	245,869.8	149,012	73,474	75,684	23,383.8	49.3	75.9	1,362	

(좌측 세로: 전라우수영 / 전라좌수영)

* 장목포는 다른 별장진과 사부의 숫자가 다르다. 『여지도서』에 따르면 다른 별장진은 224명인데 장목포만 176명이라고 기록되었다. 입방군 숫자가 520명으로 동급 진의 544명보다 적은 것은 이 때문이다. 그런데 『부역실총』을 살펴보면 급대는 다른 별장진과 같은 액수가 지급되었음을 알 수 있다. 따라서 이 표에도 이를 반영했다. '진지'라고 표시된 곳은 부역실총에는 누락되었지만 『진지(鎭誌)』에서 급대를 지급했다는 기록이 확인되는 경우다. 위의 표에서 '2냥'이라고 쓴 부분은 2냥으로 절가한 부분이고 1.65냥은 1.65냥으로 절가한 부분이다.
* 출전: 『賦役實摠』 수군진조항; 『湖南鎭誌』 奎12188, 「加里浦鎭誌及事例改錄成冊」; 『法聖鎭誌』, 「會寧浦鎭誌事例成冊」.

이 자료에서도 급대라고 기록하지는 않았다. 이 자료의 급대 기록은 수치의 결락, 오류 등으로 부정확한 편이었다. 그러므로 이 부분은 19세기 발간된 『진지(鎭誌)』를 통해 보완할 수밖에 없었다. 그 외에 고금도·임자도·신지도·지도·격포·섬진 등에는 경안부 수군이 없었기 때문에 감필 급대가 지급되지 않았다는 사실도 고려할 필요가 있다.

전술한 바와 같이 이 지역 감필 급대의 총량은 경상도와 전라도가 각각 47,795냥과 25,680냥이었다. 감필 급대가 경안부 수군 1인당 1냥씩 지급됐다면 감필 급대의 양이 곧 경안부 수군 수와 같아야 한다. 하지만 당시 균역청에서 산출한 전라·경상도의 경안부 수군 수는 전라도 30,602명, 경상도 58,089명으로, 감필 급대와 상당한 차이가 있다. 그렇다면 여러 자료에서 언급된 수군 한 명당 1냥 급대라는 원칙은 거짓일까? 이를 증명하기 위해 경안부 수군 숫자 중에서 입방군 숫자를 추출하여 다시 비교해보았다. 경상도 수군진의 입방군 수는 48,802명, 전라도 수군진은 25,680명 정도로 산출되었다. 이 수치를 감필 급대와 비교하면 전라도는 정확히 일치하고 경상도는 1,362명 정도 차이를 보인다.

이를 바탕으로 진별로 급대를 분배해보았다. 균역법 시행 이전 수군진의 역가 수입을 어떻게 절가하느냐에 따라 균역법 시행에 따른 손실에서 급대해준 양의 비중인 '급대율'은 차이를 보인다. 균역법 이전 수군 역가 1필을 2냥으로 절가한다면 급대율은 48~52% 사이로 집계되었다. 만약 1.65냥으로 절가한다 하더라도 급대율은 75% 전후였다. 급대가 손실을 모두 보상해주는 경우를 100%라고 한다면, 감필 급대가 균역법에 따른 수군진의 손실보다 부족하게 지급되었음을 분명히 알 수 있다. 그 결과 균역법 시행 이후 수군진의 수입은 줄어들었다. 이러한 수군 급대 지급 경향은 대부분의 손실을 보상해준 병조, 훈련도감, 어영청 등 중앙 군문의 급대와 차이가 있었다.[119] 기존 연구 성과처럼 급대가 중앙 군문을 중심으로 지급되었음을 재차 확인할 수 있다.

입방군 수에서 급대액을 제하면 급대의 지급 형태도 파악할 수 있다. 이는 세 가지로 구분된다. 첫째, 입방군 수가 급대액과 정확하게 일치하는 사례이다. 전라도 수군진이 대부분 그렇다. 둘째, 입방군의 숫자보다 급대가 많이 지급된 형태이다. 통제영의 입방군 숫자는 8,833명인데 감필 급대는 8,998냥으로 입방군보다 165명 정도 많다. 셋째, 입방군의 숫자보다 적은 형태이다. 경상도에 있는 1전선첨사·만호진의 입방군은 1,198명이지만 급대는 1,153냥밖에 지급하지 않았으며, 2전선 첨사진의 입방군은 보통 2,396명이지만 급대 2,306냥을 지급했다. 이를 통해

---

119) 병조·훈련도감·어영청 급대에 대해서는 송기중, 「균역법 실시와 어영청 재정운영의 변화」, 『역사와 현실』 102, 한국역사연구회, 2016; 최주희, 「균역법 시행 전후 訓鍊都監의 재원확보 양상」, 『역사와 현실』 102, 한국역사연구회, 2016; 송기중, 「균역법의 실시와 균역청의 병조 급대 시행」, 『朝鮮時代史學報』 82, 조선시대사학회, 2017 참조.

1전선을 보유한 수군진은 45냥 정도, 2전선을 보유한 수군진은 입방군보다 감필 급대가 90냥 정도 적게 지급되었음을 알 수 있다.

입방군 수와 급대의 지급액이 큰 차이를 보이지 않은 것으로 볼 때, 조선 정부는 입방군 수를 근거로 해서 급대를 지급했음을 알 수 있다. 그렇다면 일부 수군진에서 입방군 수와 감필 급대가 차이를 보이는 이유는 무엇일까? 통제영은 수군 외에도 삼질(三秩) 110명에게 165냥 정도의 급대를 별도로 지급했음을 『통제영사례』를 통해 확인할 수 있다.[120] 통제영에서 급대가 입방군 수에 비해 많은 까닭은 바로 여기서 기인한 것이다. 통제영을 제외한 경상도 수군진의 급대가 입방군 수보다 적은 이유는 19세기 말 발간된 「개국오백삼년조라진진지사례성책(開國五百三年助羅鎭鎭誌事例成冊)」을 통해 확인할 수 있다. 이 자료에는 본래 수군 급대가 1,198냥이었는데 45냥을 부산진 탄고군(炭雇軍)의 고립가로 전용한다고 기록되었다.[121] 조선 정부는 경상도 수군진의 감필 급대를 입방군 수에 맞추어 책정했지만, 그중 일부를 다른 지출에 전용(轉用)했기 때문에 이런 현상이 나타났다. 이렇듯 감필 급대는 경안부 수군 중에 입방군 수를 기준으로 하되, 진의 사정에 따라 일부 조정되었다.

균역청의 급대 지급 방식은 보통 '경청차하(京廳上下)'와 '외방직획(外方直劃)'으로 구분된다. 전자는 균역청에서 급대를 제공하는 것이고, 후자는 지방에서 걷은 균역세를 균역청을 거치지 않고 바로 지급하는 것

---

120) 『統制營事例』 맹인재 소장본, 「防軍排番擴」.
121) 『嶺南鎭誌』 奎12183-v.1-3, 「開國五百三年助羅鎭鎭誌事例成冊」.

이었다.[122] 수군진은 지방에 자리 잡고 있어 외방직획 방식으로 급대를 받았다. 『부역실총(賦役實摠)』에 따르면, 가배량과 구산진의 감필 급대 1,153냥은 모두 진주에서 부담했으며, 개운포진의 감필 급대 1,153냥은 경주와 흥해에서 46.02냥과 1106.98냥씩 나누어 부담했다. 구소비포진의 감필 급대는 삼가에서 1,153냥 전부를 부담했다. 안골포진의 감필 급대 1,153냥은 대구와 밀양에서 1,099.5냥과 53.5냥씩 나누어 부담했다. 미조항진의 감필 급대 1193.5냥은 진주와 사천에서 471.73냥, 721.77냥씩 나누어 부담했다.[123] 이를 통해 한 개 혹은 두 개 군현에서 감필 급대를 수군진에 직접 지급했음을 알 수 있다.

균역청은 감필 급대의 1년 분량을 한꺼번에 지급하지 않았다. 통제영의 사례를 살펴보면, 19세기 후반 통제영의 감필 급대는 본영 7,836냥, 우후영 1,206냥 등 총 9,042냥이었다. 통제영에 지급한 감필 급대가 18세기 후반보다 늘어난 이유는 순조 1년(1801) 「양남수군변통절목」의 개정과 관계가 있다.[124] 이 개정을 통해 경안부 수군 숫자가 약간 증가하자 감필 급대의 양도 약간 늘었다. 군현에서는 이 금액을 맞추기 위해 풍화시 879냥, 풍고시 382.5냥을 매달 통제영의 본영에 급대 명목으로 납부했다.[125] 풍화시와 풍고시에 따라 납부하는 감필 급대의 양이 다른 이유는 입방군의 숫자에 맞추어 지급하는 급대의 양이 결정되었기 때문이다. 이러한 지급 방식은 균역법 시행 직후부터 적용되었을 가능성이

---

122) 송양섭, 앞의 논문, 2012, 127쪽.
123) 『賦役實摠』慶尙道.
124) 『日省錄』純祖 1年 11月 10日.
125) 『統制營事例』맹인재 소장본, 「兵新庫」.

높다.

감필 급대는 수군진에서 다양한 용도로 쓰였다. 통제영의 감필 급대는 경안부 수군·아병·차비군에게 걷은 역가와 합산하여 병고(兵庫)에 보관되었다. 이 창고에서 수군 급대는 급료, 진상(進上), 사절의자(四節衣資) 등의 다양한 명목으로 지출되었다.[126] 옥포·지세포·조라포·가배량·영등포·율포·장목포 등 일곱 곳의 감필 급대도 경안부 수군의 역가와 합산하여 지휘관 및 군교의 급료를 비롯한 각종 공용(公用)으로 쓰였다.[127] 전라도 사도진의 감필 급대도 비슷한 형태로 활용되었다. 사도진에서는 풍화시에 매달 결전(結錢, 감필 급대)과 번전(番錢, 수군 역가)으로 190냥과 380냥씩 총 570냥을 거둬서 196냥 5전 9푼은 관속(官屬)을 고립하는 데 쓰고 나머지 373냥 7전 5푼은 관청 운영비로 썼다. 풍고시에는 매달 결전과 번전으로 80냥과 160냥씩 총 240냥을 거둬서, 136냥 5전 6푼은 관속을 고립하는 데 쓰고 103냥 7전 5푼은 관청 운영비로 썼다.[128] 여기서는 전라도와 경상도 수군진의 예를 들었지만, 다른 수군진도 위의 사

---

126) 『統制營事例』 망인재소장본, 「兵新庫」.

127) 『嶺南鎭誌』 奎12183-v.1-3.

128) 『湖南鎭誌』 奎12188-v.1-3, 「蛇島鎭及事例成冊」 事例秩. 사도진의 방군 및 사부는 1,600명과 180명 등 총 1,780명이다. 이를 바탕으로 1개월간 역가 납부량을 계산해보면 방군은 풍화시 160필, 풍고시 80필, 사부는 풍화시 30필, 풍고시 0필이 된다. 이를 합치면 매달 경안부 수군으로부터 얻는 역가 수입은 풍화시 190필(380냥), 풍고시 80필(160냥)이었다. 여기에 감필 급대로 190냥, 80냥이 지급되었다. 이처럼 계산한 수치와 자료상 수치와 정확히 일치한다. 그러므로 사도진에서 균역법 시기의 경안부 수군 숫자는 19세기 말까지 그대로 유지되었음을 알 수 있다.

례와 크게 다르지 않았을 것으로 추정된다.

요컨대, 조선 정부는 급대를 외방직획 형태로 수군진에 지급했다. 문제는 수군 급대가 균역법 시행으로 인해 생긴 진의 손실보다 부족했다는 점이었다. 급대율은 수군 역가를 어떻게 절가하느냐에 따라 차이를 보이지만 50% 혹은 70%대였다. 급대를 지급했지만 진의 재정 규모는 균역법 이전 수준을 회복할 수 없었다. 특히 통제영의 손실이 심각했다. 이는 이후 논란의 원인이 되었다.

2. 통제영의 수입 감소와 보충 방안 모색

1) 환총 감소와 재정 감축

균역법 시행 이후 급대가 지급되었지만 수군진의 수입은 이전보다 줄어들었다. 이 현상은 경안부 수군이 배치된 진에서 보편적으로 나타났다. 수군진 중 균역법에 따른 타격이 가장 컸던 진은 바로 통제영이었다. 영조 28년(1752) 통제사 구선행(具善行)의 보고를 살펴보자.

> 군포를 감면해준 뒤로 전국의 군민은 모두 은혜를 입어 봄기운과 단비와도 같은 혜택이 백골(白骨)과 황구(黃口)에게까지 미치고 있습니다. 하지만 저의 군영은 편벽되게 삭감을 당해 4천 호의 군민이 먹고살 길이 끊기고 살고 싶은 마음마저 잃어서 모두 확고한 의지가 없는 것이 마치 물이 스며드는 배 안에 있는 것과 같습니다. 작년 겨울 이후로 도망하는 자가 잇달아서 리보(里報)가 날마다 쌓였습니다.

제가 한번 세어보았더니 몇 달 사이에 이미 3백여 호를 잃었고, 남아 있는 사람도 거의 짐을 꾸려 짊어지고 섰다시피 하고 있습니다. 이로 보건대, 장차 1년이 채 못 되어 [통제영이] 모두 비어버릴 형편입니다.[129]

균역법이 실시되면서 통제영은 감필과 어염세 귀속에 따른 손실을 입게 되었다. 이 중에 어염세 귀속에 따른 손실은 통제영의 재정뿐 아니라 그 안에 사는 백성에게도 영향을 미쳤다. 균역법 실시 이전 통제영 안에 거주하는 백성을 파견해 어염세를 현물로 수취했다. 통제영 안에 거주하는 백성은 어염세 수취에 참여하는 반대급부로 어염세 중 일부를 자신의 몫으로 가져갔다. 통제사는 이들의 몫을 제외한 나머지 어염세를 다른 지역으로 가져가 팔고 곡식을 구매해 재정을 확보했다. 통제사는 이렇게 구매한 곡식 중 일부를 구매 지역 관아에 남겨두고, 나머지를 가져와 각종 지출에 사용했다.

균역법이 실시되자 조선 정부는 감필과 어염세 급대를 통제영에 지급하여 균역법 실시에 따른 손실을 보상하고자 했다. 그러나 이 액수로는 당시 통제영과 그 안에 사는 백성의 수입 손실을 보상하기에 충분치 못했다. 그로 인해 영 안에 사는 백성은 이탈했고, 통제영은 새로운 수입원을 찾아야 했다. 그런데 조선 정부는 균역법 시행 직후 급대

---

129) 『英祖實錄』卷76, 28年 3月 3日 甲子. "減布之後 擧國軍民無不蒙惠 春噓雨潤之澤 至及於白骨黃口 而獨此臣營偏被剝削 四千戶軍民 絶其乳哺之路 喪其樂生之心 擧無固志 若在漏船 昨冬以後逃亡相繼 里報日積 臣試使計之 數月之內已失三百餘戶 其餘存者亦皆荷擔而立 以此推之 勢將不朞年而盡空矣."

를 추가로 지급하지 않겠다는 원칙을 분명히 했다. 이는 급대를 책임진 균역청이 고갈되면 그 문제가 중앙관서 전체로 확산될 수 있다는 점을 고려한 것이었다.[130] 따라서 통제영은 가용 재원을 최대한 활용하여 균역법에 따른 손실을 만회할 수밖에 없었다.

그런 가운데 등장한 것이 통영곡이다. 16세기 후반부터 통제영이 지역별로 곡식을 나누어 보관하고 있다가 환곡으로 활용해 모곡 수입을 얻고 있었음은 전술한 바와 같다. 이후 통영곡은 계속 증가하여 균역법 시행 당시 50만 석에 육박할 정도가 되었다.[131] 균역법 시행 이후 수입이 크게 줄면서 통제영은 통영곡을 적극 활용하고자 했던 것 같다. 영조 30년(1754) 통제사 조동점(趙東漸)은 통제영의 급료 부족을 하소연하며 전라도와 경상도의 통영곡 5만 석을 이전해달라고 요구했다. 이에 대해 병조참판 한익모(韓翼謩)는 통영곡의 이전이 민폐가 되는 것은 사실이나 통제영의 재정 상황을 고려해보면 허락해주지 않을 수 없다고 했다. 조선 정부는 곡식을 급격히 이동시킬 때 생길 여러 문제를 고려하여 3년에 걸쳐 나누어 운반할 것을 결정했다.[132] 영조 51년(1775) 대사간 박사해(朴師海)도 근래 통제영의 재정이 곤란하다는 핑계를 대고 통제사가 통영곡의 원곡을 이용한다거나 양호(兩湖)의 곡물을 편하고 가까운 곳에 두고 쓴다면서 영남 지역으로 이전해 오는 일이 많다고 지적했다.[133]

---

130) 송양섭, 앞의 논문, 2012, 173~177쪽.

131) 『輿地圖書』下, 統營.

132) 『承政院日記』1105冊, 英祖 30年 4月 13日.

133) 『備邊司謄錄』157冊, 英祖 51年 1月 24日.

통영곡의 원곡과 모곡 활용이 늘어나면서 각 지역에 산재해 있던 통영곡의 운반량도 증가할 수밖에 없었다. 균역법 시행 이전 군현에서는 통영곡의 모곡이나 원곡을 운반할 때 곡물 자체를 운반하는 본색상납(本色上納, 직납) 방식을 주로 활용했다. 이때에는 통제영으로 운반해야 하는 모곡의 양이 많지 않아서[134] 모곡을 본색 그대로 운반한다 하더라도 문제가 되지 않았다. 이후 균역법 시행으로 통영곡의 운반량이 증가하자 백성의 피해가 급격히 늘어난 것으로 생각된다.

결국 조선 정부는 운반 방식을 바꿀 수밖에 없었다. 영조 30년(1754) 호남이정사 이성중(李成中)은 돈으로 환전하여 운반하는 '작전운납(作錢運納)' 방식을 제안했다. 작전운납의 절차는 다음과 같다. 봄에 분급했던 통영곡을 가을에 회수하여 모곡을 확보한 후 환전(換錢)했다. 환전 방법은 그 지역 백성이 내야 할 모곡을 돈으로 대납(代納)하게 하는 방식과, 군현에서 모곡을 거두어 인근 지역에 가서 동전으로 바꾸는 방식 등 두 가지가 있었을 것으로 추정된다. 이렇게 환전한 동전을 통제영 근처 연해 지역으로 운반해서 다시 곡식으로 바꾸어 통제영에 상납했다.

산군이나 거리가 먼 군현에서 많은 양의 통영곡 모곡을 본색 그대로 운반한다면 백성들의 부담이 늘어날 수밖에 없었다.[135] 반면 작전운납 방식을 이용하면 상대적으로 가벼운 돈을 운반하기 때문에 본색상납

---

134) 17세기 산군에서 운반하는 통영곡은 대체로 원곡에 회록되었던 것 같다. 이는 효종 4년(1653) 옥과현감이 통영곡의 모곡이 통제영으로 운반되지 않는다고 보고한 것을 통해 짐작할 수 있다. 『草庵集』 卷8, 「己巳在玉果時略陳民瘼疏」.
135) 『承政院日記』 1458冊, 正祖 4年 2月 14日.

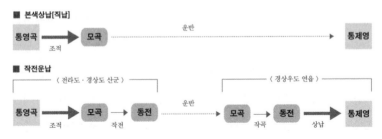

〈그림 3-4〉 통영곡의 본색상납과 작전운납

■ 본색상납[직납]

통영곡 → 모곡 ······ 운반 ······ 통제영
      조적

■ 작전운납

〈 전라도·경상도 산군 〉   〈 경상우도 연읍 〉

통영곡 → 모곡 → 동전 ······ 운반 ······ 모곡 → 동전 → 통제영
      조적   작전   작곡   상납

방식보다 부담이 덜했다.[136] 이로 인해 작전운납 방식은 광양·순천·낙
안·홍양·구례를 제외한 전라도 나머지 군현에서 시행했다가[137] 영조 45
년(1769)부터 경상도 산군(山郡)으로 확대되었다.[138]

　광양 등 다섯 개 군현이 통제영과 거리가 먼데도 본색상납 방식을 활
용한 이유는, 이들 지역 근처에 통제영의 도청(都廳) 중 하나인 섬진진
이 있어 해로를 통해 통제영까지 곡식을 운반하기 용이했기 때문이었
다. 그리하여 통제영과 가까운 일부 군현만 통영곡을 본색상납 방식으
로 운반하고, 대부분의 군현에서는 작전운납 방식으로 운반하게 되었
다. 어떤 방식을 활용하느냐에 따라 이동 경로도 달라졌다. 작전운납
방식을 활용하는 군현은 주로 육로를 이용했고, 본색상납 방식을 활용
하는 군현은 해로를 이용했다.

　그런데 작전운납 방식이 도입되자 통영곡 운반 과정에서 모곡이 감

---

136) 『英祖實錄』卷81, 30年 4月 29日 戊申.
137) 『承政院日記』1651冊, 正祖 13年 1月 17日.
138) 『承政院日記』1429冊, 正祖 2年 10月 10日.

축되는 문제가 발생했다. 그 주요 원인은 지역별 곡가(穀價) 차이였다. 이 시기에는 경상도가 전라도보다, 연해 군현이 산군 지역보다 곡가가 일반적으로 비쌌다.[139] 연해 지역의 곡가가 비쌌던 이유는 조선 정부의 조세 수취 방식과 관련이 있다. 연해 군현은 산군보다 상대적으로 곡식이 많이 생산되기는 했지만, 조선 정부의 주요 곡식 수취 지역이기도 했다. 조세 수취로 인한 곡식 유출이 이어지면서 연해 지역은 곡식 부족 상태에 처할 수밖에 없었다. 이런 상황은 곡가에도 반영되었다. 그러므로 경상·전라도 산군에서 곡식을 팔고 동전을 받았다가 그 돈으로 다시 경상우도 연읍에서 곡식을 사면, 곡가가 싼 곳에서 곡식을 팔았다가 비싼 곳에서 산 것이 되기 때문에, 출발할 때의 곡식 양보다 통제영에 도착한 양이 적을 수밖에 없었다.

곡가 차이로 인한 모곡 감소는 통제영 수입 감소로 귀결되었다. 통제영으로서는 각 지역에서 출발한 모곡의 총량과 통제영에서 받는 총량을 일치시킬 방안을 마련할 필요가 있었다. 그 방안 중 하나가 바로 입본(立本)이었다.[140] 입본은 계절적 혹은 지역적으로 발생하는 곡가 차이를 이용하여 차익을 노리는 방식이었다. 그런데 입본이 단순히 모곡 이동에 따른 손실을 보충하는 것을 넘어서 통제영의 수입 확충 수단으로 확대될 경우 문제의 소지가 될 수 있었다. 입본에 따른 부작용 때문

---

139) 『正祖實錄』 卷6, 2年 11月 20日 丙午. "金華鎭曰 嶺南米價 每高於湖南 而以湖南 發賣之穀 勒分於嶺沿 民之呼冤 實由於斯 申飭統帥 擇其願受者 而授之爲便."

140) 立本은 통영곡에서 처음 시작되었다. 이후 대부분 환곡에서 시행되었는데 폐단의 주요한 원인으로 지목되었다. 문용식, 「18세기 賑政과 還穀 운영」, 『朝鮮後期 賑政과 還穀運營』, 경인문화사, 2001, 210쪽.

이다. 통제영은 수익 확충을 위해 입본을 활용해 곡식을 시가(時價)보다 헐값으로 대량 구매하거나 백성에게 곡식을 늑징(勒徵)하여 경상우도 연해 군현의 백성에게 큰 피해를 입혔다. 이 문제를 인식한 조선 정부는 통제영의 수입 감축을 감수하면서까지 입본을 금지했으나[141] 실제로 잘 되었는지는 확인하기 어렵다.

통제영이 수입 보충을 위해 환곡을 적극 활용하자 통영곡의 환총(還摠)도 변화했다. 당시 통제영의 환곡은 자료마다 기재 방식이 달라 일괄적으로 정리하기 어렵지만, 연도별로 배열한다면 대략적인 추이를 살펴볼 수 있다(표 3-8 참조).

당시 통제영의 환곡은 중앙관청 구관곡과 통제영 구관곡 등 두 가지로 구분되었다. 이 두 종류의 구관곡은 모곡의 이용 방식에 차이가 있었다. 중앙관청 구관곡의 모곡은 원곡에 합산[會錄]하거나 다른 환곡의 원곡에 합산하는 형태로 활용했는데, 통제영 구관곡의 모곡은 주로 통제영의 지출로 쓰고 나머지만 원곡에 합산했다. 또한 중앙관청 구관곡은 매년 환곡과 관련된 업무를 구관 관청인 비변사와 선혜청에 보고했는데, 통제영 구관곡은 그런 절차가 없었다.

통영곡 곡총은 균역법 시행 이전에 33만 석 정도였다가 이후인 영조 36년(1760)에는 49만여 석까지 증가했다. 균역법 이후에도 일정 기간 환곡이 증가한 것은 균역법 시행에 따른 여파가 수치에 제대로 반영되지 않았기 때문이라고 생각된다. 조선 정부가 통영곡의 환총 파악에 적극

---

141) 『承政院日記』 1429冊, 正祖 2年 10月 10日.

〈표 3-8〉 통영곡 환총(還摠)의 추이

(단위: 각곡)

구관	종류	위치	분급	영조36 (1760)	영조46 (1770)	정조12 (1788)	정조21 (1797)	증감량 (▲▽)	모곡의 용도
중앙	비변사 회부미(곡)	삼남	반분	36,043 [1,802]	34,370 [1,718]	.	38,208 [1,910]	1,985▲ [854]	회외회록 (會外會錄)
	전무·군작미	경상	반분	.	23,471 [1,173]	19,207 [960]	10,745 [537]	.	원곡회록 (元穀會錄)
	선·첩가미	경상	진분	1,591 [159]	.	5,939 [593]	4,661 [466]	3,070▲ [307]	원곡회록
	선혜 별향미(곡)	경상	반분	33,347 [1,667]	.	62,036 [3,102]	31,796 [1,589]	1,551▽ [77]	원곡회록
통영	회외곡	삼남	진분	370,675 [37,067]	208,389 [20,838]	.	148,433 [14,843]	222,242▽ [22,224]	장사지방 (將士支放)
	보향곡	경상	진분	48,748 [4,874]	38,104 [3,810]	30,609 [3,060]	20,142 [2,014]	28,606▽ [2,860]	장사지방
	진휼곡	경상	진분	.	.	.	4,154 [415]	.	장사지방 진휼(賑恤)
합계				490,403	.	.	258,139	232,264▽	

* 미봉율은 고려하지 않았다. 통영창곡은 제외했다. 전무미와 군작미, 선가미와 첩가미는 합산해서 기록했다. 영조 36년(1760) 수치가 없는 경우 증감량을 구하지 않았다. 미와 각곡을 합산했다. [ ] 안의 수치는 원곡을 규정에 따라 분급했을 때 모곡이다. 본래 영조 46년(1770) 회부 회외곡의 곡총은 미 75,403석과 각곡 167,356석인데, 『승정원일기』의 영조 46년(1770) 회부 및 회외곡의 곡총은 회부곡 34,370석과 회외곡 208,389석이었다. 두 수치를 더해보면 정확히 같으므로 이 부분만 『承政院日記』의 곡총을 기록했다. 석 이하는 누락했다.

* 출전: 『輿地圖書』下, 統營; 『增補文獻備考』卷167, 市糴考; 『穀摠便攷』卷3, 「慶尙道內各樣還穀摠數」; 『承政院日記』冊1431, 正祖 2年 11月 20日; 김현구, 「朝鮮後期 統制營의 財政運營에 관한 研究─統營穀을 中心으로」, 부산대학교 박사학위논문, 1994.

적으로 나섰던 영조 45년(1769) 이후에는 감축 현황이 반영되어 곡총이 크게 줄었다.[142] 이 감소 추세가 이어지면서 정조 21년(1797)에는 25만여

---

142) 『承政院日記』1431冊, 正祖 2年 11月 20日.

석 정도만 남게 되었다.

통영곡의 총액은 점차 줄었지만, 그 변화 양상은 환곡별로 차이가 있었다. 우선 중앙관청 구관곡을 살펴보면, 회부미(곡)의 곡총은 정조 21년(1797)까지 3만 6천~3만 8천여 석 사이에서 변화했다. 그에 비해 전무·군작미는 곡총이 줄어든 반면 선·첩가미는 곡총이 늘어났다. 비변사 구관 통영곡 중 전무·군작미의 비중이 높았다는 점을 고려해보면, 비변사 구관 통영곡은 전체적으로 감소 추세에 있었음을 알 수 있다.

선혜청 구관 통영곡인 별향미(곡)의 곡총은 증가세에 있었다. 정조 21년(1797)에 곡총이 크게 줄어든 것은 당시 정조 17년(1793) 장용영이 설립되면서 별향미(곡)의 원곡 1만 5천 석 정도가 장용영으로 이전된 것이 반영되었기 때문이다.[143] 그러므로 정조 12년(1788)까지 별향미(곡)이 증가했다가 장용영 설립에 따라 곡총이 감소했다고 보는 것이 타당하다. 별향미(곡)이 증가한 이유는 수조가 정지되는 일이 많아 모곡의 지출이 감소했고, 조선 정부가 통영곡 중에서 가장 중요한 환곡으로 인식해서 철저히 관리했기 때문이라 생각된다.[144] 이렇듯 중앙 구관 통영곡은 그 종류에 따라 증감의 차이가 있었다.

그에 비해 통영곡의 대부분을 차지하는 통제영 구관곡은 균역법 시행 이후 일률적으로 감소하는 추세였다. 통제영 구관곡의 곡총 감소는 주로 회외곡과 보향곡에서 일어났다. 회외곡은 영조 36년(1760) 37만여

---

143) 『承政院日記』1863冊, 純祖 3년 2月 10日.
144) 『承政院日記』751冊, 英祖 8年 11月 5日.

석에 육박했다가 정조 21년(1797)에는 14만여 석까지 줄어들었다.[145] 특히 영조 36년(1760)부터 영조 46년(1770) 사이에 17만여 석이 줄어들어 그 감소폭이 컸다. 보향곡도 영조 36년(1760) 4만 8천여 석 정도였다가 정조 21년(1797) 2만여 석까지 줄었다. 진휼곡은 자료에 수록되지 않았지만, 정조 21년(1797)의 곡총과 분급 방식을 고려해보면 통제영의 수입에서 차지하는 비중이 그리 높지 않았음을 알 수 있다. 그러므로 진휼곡을 고려한다 해도 통제영 구관곡의 곡총 감소가 심각한 수준이었음은 분명해 보인다. 원곡이 줄면서 모곡의 수입은 급격하게 감소했다. 회외곡의 원곡을 포흠(逋欠) 없이 모두 진분(盡分)했다고 가정했을 때 영조 36년(1760) 3만 7천여 석의 모곡을 얻을 수 있었지만, 정조 21년(1797) 1만 4천여 석의 수입밖에 올리지 못했다. 이는 다른 환곡도 마찬가지다.

중앙 구관곡과 통제영 구관곡의 곡총은 그 변화의 추이가 달랐다. 그렇다면 그 이유는 무엇인가. 통제영이 중앙관청 구관곡을 이용하기 위해서는 구관처의 동의가 필요했다. 그에 비해 통제영 구관곡은 통제영에서 설치한 것이기 때문에 별도의 허가 없이도 이용이 가능했다. 이로 인해 통제영은 재정 부족을 메우기 위해 통제영 구관곡의 모곡과 원곡을 적극적으로 활용했을 가능성이 크다. 그 밖에도 어염세를 판매해 얻은 곡식이 주로 합산된 환곡이 통제영 구관곡이었다는 점도 통제영 구

---

145) 김현구는 『輿地圖書』 統營條의 환곡 기록의 신빙성을 의심했다(김현구, 앞의 논문, 1994, 73쪽). 하지만 18세기 중엽 환총이 33만 석에 이르렀다는 관련 기록을 볼 때, 『여지도서』 기록만 의심하는 것은 문제가 있다. 물론 『여지도서』의 기록에 과장이 있다 해도 17세기 후반의 연대기 자료와 함께 흐름을 살펴보면 일치되는 측면이 있다. 문용식, 「18세기 賑政과 還穀 운영」, 앞의 책, 2001, 208쪽.

관곡 감소의 원인이 되었을 것이다. 어염세 혁파와 균역청 귀속은 통제영 구관곡의 원곡 증가 요인을 없애버리는 결과를 낳았다. 그리하여 통제영 구관곡은 줄었고, 이는 자연히 통제영의 소득 감축으로 이어졌다.[146)]

이렇듯 균역법 시행 이후 통제영은 감필, 어염세 손실뿐 아니라 환곡 수입의 손실도 입었다. 통제영의 재정 손실은 진의 존립을 위협할 만큼 심각해졌다. 그렇다면 통제영의 환곡 수입은 얼마나 줄었을까? 『부역실총(賦役實摠)』의 기록과 정조 10년(1786) 통제사 유진항(柳鎭恒)의 보고를 통해 살펴보자(표 3-9 참조).

현물을 제외한 통제영의 수입은 어떤 방식으로 절가를 하느냐에 따라 차이가 있지만, 필자가 계산한 바에 따르면 12만 냥 정도로 추산되었다. 이 수입은 균역청과 선혜청에서 지급되는 타관 이속분과 통제영

---

146) 높은 미봉율도 통영곡의 원곡 감소를 가속화했다. 통영곡의 미봉율은 다른 환곡보다 상당히 높았다. 정조 즉위년(1776) 발간된 『穀簿合錄』에 따르면 통영곡의 총량은 403,790석 정도였는데 미봉액은 92,252석 정도였다. 통영곡의 평균 미봉율은 23%로 당시 전국 평균인 15%보다 높았다. 『穀簿合錄』은 통영곡의 종류를 구분하여 기록하지 않았지만, 회외곡의 미봉율이 다른 환곡보다 높았음을 짐작해볼 수 있다. 당시 지역별 미봉 비율을 살펴보면 충청도는 22%, 전라도는 33% 경상도는 15% 정도였다(문용식, 「18세기 賑政과 還穀 운영」, 앞의 책, 2001, 210쪽, 〈표 49〉). 이 중에서 통영곡이 많은 지역은 경상도와 전라도였다. 경상도는 다른 환곡의 미봉율과 비슷한 반면, 전라도는 미봉율이 높은 것을 볼 수 있다. 이 두 지역은 통영곡의 곡종이 다르다. 경상도의 통영곡은 별향곡, 선·첨가미, 전무·군작미 등 다양한 종류가 있었다. 그에 비해 전라도의 통영곡은 회부곡과 회외곡밖에 없었고, 그중 회외곡이 대부분을 차지했다. 전라도 통영곡의 미봉율이 높았던 것은 대부분 회외곡의 미봉율이 반영된 결과였을 것이다.

<표 3-9> 정조 10년(1786) 통제영의 예상 수입과 실제 수입

획득처		명목		예상 수입	실제 수입
타관	선혜청	수미·전문·진상		2,877냥(2.4%)	·
		포량미목		2,225냥(1.8%)	·
	균역청	감포대결전		8,998냥(7.4%)	·
		어염세전		10,000냥(8.2%)	·
자체	자체	둔전		10,520냥(8.7%)	·
		환곡		61,780냥(50.9%)	50,408냥
		신역	방군·사부	18,052냥(14.9%)	·
			기타	4,954냥(4.1%)	·
		기타		1,990냥(0.4%)	·
합계				121,396냥(100%)	

* 절가: 미 1석=조[皮穀] 25석=전 5냥.
* 소수점 이하는 반올림했다. 『부역실총』의 항목 중에 수군목과 사부목이 있는데, 이는 방군과 사부(첨격사부 포함)에게 걷는 역가를 말한다. 여기에는 '방군·사부'로 표기했다.
* 출전: 『賦役實摠』 統營條; 『承政院日記』 1614冊, 正祖 10年 11月 11日.

에서 획득한 자체 봉용분으로 구분된다. 타관 이속분은 수미(需米)·전문가(箋文價)·진상가·포량미목(砲糧米木) 등 선혜청 재원과, 감포대결전(감필 급대) 및 어염세 급대 등 균역청 재원으로 구분할 수 있었다. 자체 수입원은 둔전·환곡·신역전·기타로 구분된다. 보통 환곡이 『부역실총』에 기록되지 않았음을 고려해보면, 통영곡의 곡총이 수록된 것은 예외적인 사례에 속했다.

통제영의 수입 중 통영곡의 비중은 50.9% 정도였다. 통영곡이 감소했음에도 통영곡에 대한 통제영의 의존도가 여전히 상당했음을 알 수 있는 부분이다. 여기서 주목할 것은 『부역실총』이 통제영의 실제 수입을 수록한 것이 아니라는 점이다. 정조 10년(1786) 통제사 유진항(柳鎭恒)

은 통제영에서 거둔 모곡 총액이 미 4,500석(22,500냥), 피곡 13,954석(27,908냥) 등 18,454석(50,408냥)인데, 지출해야 할 모곡은 미 2,678석(13,390냥), 피곡 24,195석(48,390냥) 등 26,873석(61,780냥)이라고 했다.[147] 두 수치 가운데 『부역실총』에 실린 부분은 수입이 아닌 지출이었다.

『부역실총』 통영조(統營條)의 부세 명목과 금액 중 대부분이 18세기 중엽 이전에 규정된 것을 그대로 수록했다는 점을 고려해보면, 통영조의 내용은 정조 18년(1794)이 아닌 정조 10년(1786) '통제영에서 거두어야 할 양'을 기록한 것임을 알 수 있다. 균역법 시행 당시 역가와 어염세 손실을 고려하지 않더라도 환곡의 감소만으로도 이 시기 통제영의 수입은 지출보다 11,372냥이 부족했다. 그에 따라 통제영의 재정 문제가 심각하게 논의될 수밖에 없었다.

2) 어세 획급과 섬향둔의 설치

이렇듯 통제영은 균역법으로 인한 손실과 환곡 감소로 인한 손실을 모두 떠안아야 했다. 그와 함께 작전운납 방식의 확대로 생겨난 입본의 폐단도 해결해야 했다. 이제 이 문제는 통제영 내부에서 해결하기에는 어려운 수준까지 도달한 것으로 생각된다. 정부 차원에서 통제영의 수입 확보 방안이 논의되기 시작한 것은 통제영의 재정 부족 문제가 어

---

147) 『承政院日記』 1614冊, 正祖 10年 11月 11日. "致仁曰 此統制使柳鎭恒狀啓也 以爲本營壯士支方之節 實爲目下最急之務 而通計三南應入之耗條米 爲四千五百石零 皮穀一萬三千九百五十四石零 支方應下之數 則米爲二千六百七十八石零 皮穀爲二萬四千一百九十五石零 以此所入 較彼給料之數 則大不相當."

느 정도 공론화된 영조 후반기였다.[148] 여러 대책이 논의되는 가운데 어세(漁稅) 획급과 둔전 건설 방안이 유력하게 제기되었다.

먼저 어세 획급 방안에 대해 살펴보자. 관청에서 걷고 있던 어세가 균역법 시행 이후 균역청으로 귀속되었다는 것은 전술한 바와 같다. 통제영에 대한 어세 획급 논의는 기존 어염세 급대 외에 어세 수입 중 일부를 다시 통제영에 환속하자는 것이었다. 이 조치를 통해 조선 정부는 통제영의 재정을 보존할 뿐 아니라 통제영 아래 거주하는 백성의 경제적 도산을 막고자 했다.

영조 51년(1775) 4월 통제사 조완(趙𡻕)은 낙인세와 어염세의 균역청 귀속이 통제영의 재정 악화 원인이 된다고 상소했다. 이에 대해 같은 해 11월 영의정 한익모(韓翼謨)는 통제영이 영하 어전(營下漁箭)을 관리하고

---

148) 영조 연간에 균역법 시행 이후 통영곡의 환총 감소에 관한 대책이 없었던 것은 아니었다. 이는 네 가지로 정리할 수 있다. 첫째, 통영곡 관리 강화였다. 영조 41년(1765) 지역의 통영곡 징수 상황을 해당 수령의 인사고과[解由]에 포함시킨 조치가 대표적이다(문용식, 「18세기 賑政과 還穀 운영」, 앞의 책, 2001, 212쪽). 둘째, 중앙 구관 통영곡 중에 일부를 활용해 통제영의 수입을 보충하려 했던 시도이다. 통제사는 비변사나 선혜청 구관 통영곡의 모곡 중 일부를 통제영 재정 보충에 활용할 수 있게 해달라고 중앙에 상소를 올렸다. 셋째, 새로운 환곡을 창설하는 것이다. 영조 29년(1753) 補民庫 설치, 영조 33년(1757) 別儲餉穀과 留防倉穀 조성 등이 그것이다(『統制營事例』 맹인재 소장본, 補民庫). 넷째, 감영의 관할인 불입방군의 역가를 통제영에서 활용할 수 있도록 하는 것이었다. 이 대책은 주로 기존에 비상시에 이용하기 위해 설치된 환곡의 모곡을 통제영의 수입으로 이전하거나, 새로운 환곡을 창설하여 모곡의 수입을 증대시키는 데 초점이 있었다. 하지만 이 대책으로는 당시 환곡의 문제를 근본적으로 해결할 수 없었다. 또한 창설된 지 얼마 되지 않은 통영곡은 원곡의 규모가 크지 않았고, 불입방군의 역가를 활용하는 것은 액수가 적어 둘 다 수입에 도움이 되지 않았다.

여기서 얻은 일정액을 균역청에 상납하게 한다면 통제영에 사는 백성의 생계도 좋아질 것이고 균역청의 재정 손실도 없을 것이라고 주장했다.[149] 이 주장은 곧 수용되었다. 정조 1년(1777)부터 균역청이 경상도 우도 연해[右沿]에서 걷는 어세 중 영조 51년(1775)의 수입인 4,424냥을 균역청에 상납하고, 나머지 통제영 영속(營屬)의 구채(舊債)를 갚는 데 이용하는 방안으로 귀결된 것이었다.[150]

또한 통제영이 어장을 조사해서 보고하면 수세하는 조치도 행해졌다. 정조 1년(1777) 9월 도승지 홍국영(洪國榮)은 "여러 곳의 어장 중에 민력이 미치지 못해서 폐기된 곳(民力不逮而廢棄處)이나 옛날에는 고기가 잡히지 않았으나 지금은 잡히는 곳(魚産昔無而今有處)과 장부에는 기록되지 않았으나 어전이나 방렴을 설치할 수 있는 곳(案付外可設箭簾處) 등을 통제사에게 조사하여 보고하게 한 후, 묘당에서 통제영에 지급한다면 「균역청사목」에도 구애되는 바가 없고, 통제영도 많은 이익을 얻을 수 있다"라고 제안했다. 이 제안은 영의정 채제공(蔡濟恭)을 비롯한 관료들의 찬동을 얻어 통과되었다.[151]

이 두 조치로 인해 경상우도 연해 어전은 균역청 소속과 통제영 소속으로 분할되었으며, 균역청 소속 어전 수입의 상당수도 통제영으로 들어가게 되었다. 그에 따라 경상우도 어전에 대한 수세 구조도 변화되었다. 본래 이 지역 어전은 대부분 균역청 소속으로 군현이 장표(章標)를

---

149) 『備邊司謄錄』 157冊, 英祖 51年 11月 6日.

150) 『萬機要覽』 財用 3, 「海稅」. "正宗丁酉 嶺南右沿漁稅劃付統營 而以乙未摠四千四百二十四兩零定數上納 其餘用於該營軍民償債事 自備局成節目."

151) 『承政院日記』 1407冊, 正祖 1年 9月 19日.

발급하고 세금을 거둬왔다. 그런데 이 조치로 인해 일부 어전은 통제영이 지첩(地貼)을 발급하고 사람을 파견해 세금을 거두게 된 것이다. 이렇게 거둔 세금은 전자를 원세(元稅)라고 하고 후자를 여세(餘稅)라 지칭했다.[152]

이렇게 형성된 어세 수취 구조에 대한 논의는 정조 17년(1793) 경상감사 정대용(鄭大用)의 건의로 다시 시작되었다. 그가 지적한 통제영과 균역청의 수세에 관한 문제점은 크게 두 가지였다. 첫째, 통제영의 지첩 발간 문제이다. 정대용은 지첩의 발간이 부정부패의 원인이 된다고 주장했다. 그는 당시 통제영의 영속(營屬)은 어세 문제로 여러 가지 농간을 부리고 있었는데, 그 원인 중에 하나가 바로 "이들이 지첩을 믿기 때문"이라고 지적했다. 아울러 지첩 발간의 합법성에 대해서도 의문을 제기했다. 해세(海稅)는 균역청에서 장표로 걷는 것이 원칙인데, 통제영만 유독 지첩 발간을 허락한 것은 규정에 어긋난다고 주장한 것이다.

둘째, 통제영의 이중수세와 과외잡세의 문제이다. 정대용은 청대구어를 잡을 어조(漁條)를 세운 백성들이 잡어(雜魚)를 잡기 위해 여름과 가을 사이에 어망을 싣고 출항했을 때 동도(東道, 거제·진해·칠원·창원·김해)로 이동하다가 통제영의 방감(防監)을 만나면 세금을 징수당하고(授地貼), 서도(西道, 고성·남해·사천·하동)로 이동하다가 방감을 만나면 세금을 다시 징수해서 문제가 된다고 했다. 또한 본 세금을 내고 나서도 항선세(項船

---

152) 『日省錄』正祖 20年 9月 6日. "丙申(正祖卽位, 1776)還屬後 毋論漁條防簾與洋中
去處之船 元案所付者 謂之元稅 新起加現者 謂之餘稅 元稅則塡給均廳掌標 餘
稅則成給臣營地貼 (…) 均廳元稅 旣以乙未總定數 而總外餘數 許令劃補於臣營
民債."

稅), 하어세(夏魚稅) 등 각종 세금을 추가로 부담하는 사례가 있다고 언급
했다.[153]

정조는 정대용의 상소에 대해 유사당상과 전임 경상감사가 묘당에
모여 심의하라고 전교했다. 이에 김화진(金華鎭), 정창순(鄭昌順), 홍억(洪
檍), 조진택(趙鎭宅) 등 전·현임 경상감사들이 모여 이 문제를 논의했다.
논의 결과 「균역청사목」에 따라 어전을 군현에 다시 돌려주고 통제영
이 간섭하지 못하게 한다면 폐단을 없앨 수 있다는 결론이 도출되었
다.[154] 이렇게 경상우도 어세의 군현 환속에 관한 논의가 전면에 대두하
자 통제영은 크게 반발했다. 정조 20년(1796) 통제사 이득제(李得濟)는 본
영이 최근 가난하여 매년 어세(漁稅) 3,000여 냥을 거두는 것으로 여러
용도에 지출하고 있었는데, 이를 군현에 주어 통제영의 수입이 줄었다
고 주장했다. 아울러 지금 군현의 침탈이 통제영보다 심해 통제영으로
어전을 다시 환속하길 원하는 백성도 많다고 지적했다.[155]

조선 정부는 이런 논의를 정리해 「우연어세환속절목(右沿漁稅還屬節
目)」을 반포했다. 이 절목의 골자는 세 가지였다. 첫째, 통제영의 지첩 발
간을 폐지하고 균역청의 장표로만 어세 수취를 한다는 것이었다. 그 결
과 경상우도 어전에 대한 수세 업무는 균역청이 주관하고 실무는 군현
이 담당하게 되었다. 둘째, 경상우도 어세 중에서 영조 51년(1775) 수세
액인 을미총(乙未摠) 4,424냥을 균역청에 상납하고 나머지 액수를 통제

---

153) 『日省錄』正祖 17年 5月 27日. 통제영을 기준으로 하여 동쪽 연해 지역을 東道라
    하고 서쪽 연해 지역을 西道라 했던 것 같다.

154) 『日省錄』正祖 17年 5月 27日;『備邊司謄錄』181冊, 正祖 17年 5月 29日.

155) 『承政院日記』1762冊, 正祖 20年 4月 10日.

영에서 활용한다는 것이었다. 그에 따라 이 절목에서는 세총(稅摠)을 마감할 때 그중 몇 냥은 을미총으로 제했고 나머지 몇 냥을 통제영에 급대로 지급했는지를 경상감영이 정리해서 균역청에 보고하도록 규정했다. 셋째, 이중수세와 과외잡세를 금지했다. 동도에서 고기를 잡다가 서도로 가더라도 세금을 이중으로 징수하지 못하도록 했다.[156]

그로 인해 경상우도 어전의 수세는 감영과 군현이 하고, 여기서 생기는 금액 중 상당수를 통제영에 지급하는 구조가 마련되었다. 통제영은 이렇게 획급 받은 어세를 통제영 근처에 거주하는 백성의 채전(債錢)을 갚는 데 활용했다. 하지만 여기서 나온 비용은 실제로 통제영의 수입으로 들어간 것으로 보인다.[157] 그에 따라 통제영에 획급된 비용은 순조 8년(1808) 기록을 볼 때 3,000냥 정도였던 것으로 추산된다.[158]

다음으로 둔전 건설 방안을 살펴보자. 통영곡 부족에 따른 곡식 마련 방안으로 둔전 건설을 주장한 이는 바로 통제사 이한풍(李漢豊)이었다. 정조 13년(1789) 그는 통제영의 곡식 확보를 위한 세 가지 방안을 내세웠다.[159] 첫째, 선운을 확대해 본색상납하는 전라도 군현의 숫자를 늘리는 방안이다. 작전운납 방식이 허용된 이후 전라도에서 광양 등 5개 군현만 본색으로 냈는데, 통제사 이한풍은 기존 군현 외에도 해남 6개 군현

---

156) 『日省錄』正祖 20年 9月 6日「右沿漁稅還屬節目」; 『萬機要覽』財用 3,「海稅」.

157) 『통제영사례』에 따르면 통제영은 여기서 나온 償債를 자본으로 하여 償債所를 세웠다. 이 상채소에서는 통제영에 필요한 각종 물품 비용이나 인력 고립 비용으로 상채를 지출했다(『統制營事例』 맹인재 소장본, 償債所). 왜 통영민의 채무를 갚는 비용이 통제영 재정에 포함되었는지는 좀 더 연구해볼 필요가 있다.

158) 『萬機要覽』財用 3,「海稅」.

159) 『承政院日記』 1651冊, 正祖 13年 1月 17日.

의 통영곡 모곡을 본색상납하자고 주장한 것이다.

둘째, 작전운납하는 지역의 통영곡을 본색상납이 가능한 지역의 다른 환곡과 상환(相換)하여 모곡의 직납 비중을 증가시키는 방안이다. 본래 군현에는 호조 구관곡, 비변사 구관곡, 상진곡 등 중앙관청의 구관곡과 감영, 병영, 통·수영 등 지방관청의 구관곡이 존재했다.[160] 곡식 상환은 작전운납하는 지역의 통영곡을 다른 관청의 구관곡으로 이관하고, 대신에 본색상납하는 지역의 다른 관청 구관곡을 통영곡으로 이관하는 식으로 행해졌다. 이 조치를 시행하면 곡식의 운반 없이 서류만으로도 본색상납하는 지역의 통영곡을 늘릴 수 있었다. 결국 이 두 가지 대책은 선운하는 지역을 확대하고, 기존에 선운해온 지역의 환곡 중에 통영곡의 비중을 늘려 본색 운반을 확대하고자 하는 데 목적이 있었다.

셋째, 둔전 확대 방안이다. 둔전은 통제영 설치 초기 주요한 군량 확보 방안 중 하나로 임진왜란 직후부터 조성되었지만 중앙재정 부족을 염려한 호조의 견제로 인해 축소되었다. 그 결과 18세기 후반 통제영의 수입에서 둔전이 차지하는 비율은 8.7% 정도로 상당히 적었다. 이로 인해 "그 명칭이 비록 대진(大鎭)이지만 둔전의 잡곡이 없다"는 말까지 나올 정도였다.[161] 이한풍은 둔전의 규모 확대를 통해 통제영의 곡식 공급의 안정성을 도모하는 한편, 군현에서 통제영으로 이동하는 통영곡의 운반량을 줄이고자 했다. 이한풍은 불입방군의 역가인 휴번목을 활용해 둔전의 매입자금을 마련해야 한다고 했다.

---

160) 『軍國撫目』奎12195-v.1-6, 各邑條.

161) 『承政院日記』445冊, 肅宗 34年 11月 25日. "統營 名雖大鎭 旣無屯田雜穀."

하지만 세 방안 중 운반에 관한 두 방안은 당시 전라도와 이해관계가 얽혀 있었다. 그로 인해 조선 정부는 전라감사의 보고를 받은 후에 실행 여부를 결정하겠다고 했다. 정조 13년(1789) 전 전라감사 서용보(徐龍輔)는 통영곡 11만 석을 군현의 환곡과 교환한다면 군현의 환곡 중에 통영곡의 비중이 지나치게 높아져 진휼하거나 곡식을 옮겨야 할 때 곤란하다고 했다. 또한 선운 확대 방안에 대해서는 해남 동쪽 16개 군현과 섬진진 사이가 500~1,000리 정도로 멀고 배를 구하거나 바다에 나가는 데 어려움이 있으며, 축곡(縮穀)·선가(船價)·부비(浮費)·선량(船糧) 등 부대 비용도 많아 전라도 백성의 부담이 된다고 지적했다.[162]

군현의 통영곡 비중을 높이거나 선운하는 지역을 늘리는 조치는 전라도의 반대에 부딪혀 부분적으로만 시행되었지만, 둔전 건설 방안 자체에 대해서는 찬성하는 의견이 많았다. 다만 감영의 재원인 휴번목(休番木)을 획급해서 둔전의 매입 비용을 마련하겠다는 방안에 대해서는 부정적이었다. 우의정 채제공(蔡濟恭)은 감사가 휴번목을 지급하기 어렵다고 했으므로 이를 억지로 가져올 수 없고, 휴번목 100동은 절가(折價)하면 10,000냥 정도밖에 되지 않아 이 정도 재원은 다른 방법으로도 충분히 마련할 수 있다고 지적했다.[163]

이한풍은 둔전 매입과 곡식 마련에 관련된 세 가지 방안을 다시 제시했다. 첫째, 감영의 상채조(償債條)로 지급하던 통제영 소재 별향곡의 가분모(加分耗) 미 1,000석을 통제영에 귀속해서 미곡을 마련하는 방안, 둘

---

162) 『承政院日記』 1655冊, 正祖 13年 4月 20日.
163) 『承政院日記』 1651冊, 正祖 13年 1月 17日.

째, 균역청에 상납하는 경상우도 어세 4천 4백여 냥에 별향곡을 작전조
(作錢條)와 합산한 비용으로 둔전을 매입하는 방안, 셋째, 통제영에서 미
봉(未捧)한 곡식 55,000석을 군현이 보유한 다른 관청의 환곡과 바꾼 후,
이를 별도의 환곡으로 만들어 그 모곡을 통영곡으로 귀속하는 방안이
다.[164]

　논의에 참여한 관료들은 별향곡의 가분모를 이용해 둔전을 매입하
는 방안이 적합하다고 주장했다. 이한풍도 별향곡의 가분모 1,000석을
10년간 지급해 둔전을 건설하자고 했다. 이 방안이 통과되자 조선 정부
는 토지 매입을 시작했다. 정조 13년(1789)에서 정조 23년(1799)까지 10년
간 별향곡의 모곡 미 10,011석을 모아서 고성·웅천 일대의 토지 375석락
지(石落地)를 매입했다.[165] 이곳에서 얻을 수 있는 세입은 평년에 조 3,000
석 정도였던 것 같다.[166]

---

164) 『承政院日記』 1654冊, 正祖 13年 4月 7日. "性源曰 頃因前統制使李漢豊狀啓 設
　　屯之策 峙穀之方 具意見狀聞之意行會矣 卽見其狀啓 則其一 別餉米每年加分
　　耗一千餘石之劃付監營者 屬之本營 作錢取米事也 其一 右沿漁稅四千四百餘
　　兩 限年劃給於本營 並計別餉耗作錢 以爲屯土備置之資事也 其一 本營各年未
　　捧五萬五千餘石 依甲辰已例 就各邑他衙門捧留穀中 盡數相換 別爲錄置 每年
　　耗條 仍付本穀 則庶可爲前頭峙穀之方事也."

165) 『承政院日記』 2072冊, 純祖 16年 閏6月 20日. "固城 以營下劇邑 弊多難支 而一自
　　贍餉屯募入起墾之後 轅門唐洞一村居民 屬之統營."

166) 『承政院日記』 1816冊, 正祖 23年 12月 22日. "又於己酉(正祖 13, 1789) 因統營之凋
　　弊 還復屬之統營 每年加分耗條 使之限十年作錢買畓 以充設屯之資 蓋亦出於
　　權宜不得已之政也 自己酉至戊午(正祖 13~22, 1789~1798) 已滿十年之限 其間加
　　分耗之取用 合爲一萬十一石 所買屯畓 亦爲三百七十五石落 雖値中年 稅入之
　　租 當近三千石."

하지만 이 정도 수확량으로는 통제영의 재정 부족을 만회하기 역부족이라는 평가가 많았다. 정조 23년(1799) 조선 정부는 지금까지 매입한 둔전의 소출로 토지를 다시 매입해 조 1만 석을 수취할 수 있는 규모로 둔전을 확장하자고 결정했다.[167] 이후 순조 5년(1805) 둔전의 면적이 740여 석락지 정도로 넓어지고, 둔세가 처음으로 목표치인 조 10,000석을 넘는 조 10,519석이 되자, 비로소 둔세를 통제영의 재정에 보충하는 조치가 시행되었다.[168] 정조 13년(1789)부터 순조 5년(1805)까지 통제영에서 매입한 둔전을 섬향둔(贍餉屯)이라고 했다.

순조 5년(1805) 통제영은 섬향둔의 둔세 10,519석 중 2,031석은 제반 경비에 이용하고, 1,307석과 7,090석은 군창(軍倉)과 병고(兵庫)에 보관해두었다가 지출했다.[169] 하지만 해가 갈수록 둔전의 소출이 줄어들면서 둔세 수입도 급격히 감소했다. 순조 8년(1808) 섬향둔의 둔세는 조 6,909석이었지만 각종 잡비를 제외하면 5,000석 정도밖에 되지 않았다.[170] 둔전의 예상 소출과 실제 소출이 크게 달랐던 까닭은 조선 정부가 목표치를 달성하기 위해 척박한 땅을 매입하여 둔세를 무리하게 거두자 경작

---

167) 『承政院日記』1816冊, 正祖 23年 12月 22日.

168) 『承政院日記』1891冊, 純祖 5年 3月 7日.

169) 『承政院日記』1953冊, 純祖 8年 8月 4日. "觀此慶尙右道暗行御史呂東植書啓 初滿萬石之甲子年所收 一萬五百十九石內 二千三十一石 以應下除 一千三百九十八石 移送軍倉 七千九十石 移送兵庫 各項策應是白如乎."

170) 『承政院日記』1958冊, 純祖 8年 11月 30日. "徐春輔 以備邊司言啓曰 卽見統制使 申大偀狀啓 則以爲 贍餉屯稅 從公分定 則都合稅摠爲六千九百九石零 除雜費 及災減之數 實不過五千餘石."

자들이 여기에 저항하는 사례가 많았기 때문이다.[171]

둔세를 조정하자는 여론이 형성되자 통제사는 비장(裨將)을 파견해 섬향둔을 답험(踏驗)하고, 수세액은 4~5,000석 정도가 적당하다는 결론을 내렸다.[172] 이후에도 생산량이 늘어나지 않자 조선 정부는 순조 17년(1817) 섬향둔의 수세액을 조 5,500석으로 정총(定摠)했다.[173] 통제영은 섬향둔 수입을 섬향고(瞻餉庫)라는 별도의 창고를 만들어 보관해두었다가 통영곡 수입과 합산해서 이용했다. 이후 비용 경감 차원에서 섬향고가 혁파되고 섬향둔 수입은 통제영의 다른 창고인 저향창(儲餉倉)으로 이관되었다.

전술한 바와 같이 정조 10년(1786) 기준으로 통영곡의 손실은 11,372냥으로 집계되었다. 이러한 재정 손실을 감당하기 위해 통제영에서는 섬향둔세 5,500석(11,000냥)과 상채(償債) 명목으로 어염세 3,000냥 정도를 확보했다. 섬향둔세와 어염세를 합산하면 정조 10년(1786)의 통영곡 손실보다 2,628냥 정도 많다. 이러한 적극적인 재정 정책으로 인해 통제영은 균역법 시행과 그에 따른 일련의 손실을 어느 정도 극복할 수 있었다.

요컨대, 균역법의 시행으로 통제영은 심각한 재정 손실을 입었다. 통제영은 당시 상황을 알리고 추가 급대를 요청했지만 여의치 않았다. 이런 상황 속에서 통제영은 환곡의 모곡을 보다 적극적으로 활용하여 위기를 극복하고자 했다. 이러한 대응 방식은 통제영의 재정 부족을 일시

---

171) 『暗行御史書啓別單』「純祖八年慶尙右道暗行御史呂東植別單」.

172) 『承政院日記』1953冊, 純祖 8年 8月 2日.

173) 『承政院日記』2090冊, 純祖 17年 12月 14日. "贍餉屯租 則旣以五千五百石定摠 不可更責滿萬."

적으로 해결하는 데 도움이 되었지만, 장기적인 측면에서는 통영곡이 감소하는 등 여러 문제를 일으키는 원인이 되었다. 이 문제를 통제영 자체에서 해결하지 못하자 조정 차원에서 재정 지원 논의가 시작되었다. 그 와중에 논의된 것이 어세의 획급과 섬향둔의 설치였다. 통제영은 이를 통해 환곡 감소에 따른 손실을 극복할 수 있었다. 하지만 통제영을 제외한 다른 수군진에는 재정 지원이 없었기 때문에 수군진의 재정 손실은 극복되지 못했던 것 같다.

제3장

수조의 정지와
취점(聚點)·도시(都試)의 시행

1. 수조의 분화와 절차의 간소화

18세기 후반부터는 진의 혁파가 진행되었고, 전선을 조운선으로 전용하자는 논의도 활발해졌다. 또한 균역법 시행으로 역가 수입이 감소했으며, 통제영은 상당한 환총 감소도 겪어야 했다. 이런 상황과 조응하면서 수조의 과정·범주·추이 등에서 다양한 변화가 나타났다.

이 시기 수조에서 눈에 띄는 점은 황해도와 전라도를 중심으로 수조가 분화된다는 것이다. 당시 황해도에서는 수조가 결정되면 장연(長淵)·풍천·은율·장연(長連)·안악 등 군현과 조니·초도·허사 등 진 소속 군선이 수조 시행 1개월 전에 일제히 출발하여 장연(長淵)의 몽금도(夢金島)에 모여 있다가[174] 수조가 임박하면 시행 장소인 옹진부로 향했다고 한다.

---

174) 『耳溪集』卷12,「論長淵海防事啓」."本縣及豊川殷栗長連安岳及助泥椒島許沙等
邑鎭 皆在長山之北 故每當水操之時 五邑三鎭戰防船 前期月餘 一齊裝發 而賣
鼎鬻衣 各持數月之粮 聚會候風於本縣夢金島."

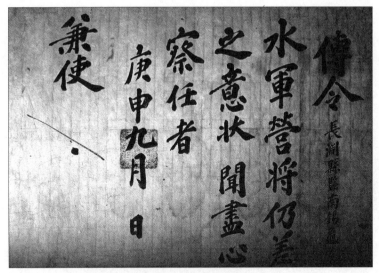

〈그림 3-5〉 장연현감 남석구(南錫龜) 전령 의령 남씨가 소장

하지만 이동 경로에 있는 장산곶에서 군선의 침몰이 잦아 문제였다. 영
조 3년(1727) 장령 박규문(朴奎文)은 이 문제를 해결하기 위해 장산곶을
기준으로 남쪽과 북쪽을 나누어 수조를 시행하자고 제안했다.[175] 하지
만 이때 그의 제안은 수용되지 못했다.

영조 47년(1771) 황해감사 홍양호(洪良浩)는 박규문의 논의를 이어 장연
현(長淵縣)에 방어영을 설치하고 장산곶 이북의 수군을 관할하게 하자

---

175) 『承政院日記』 635冊, 英祖 3年 閏3月 1日. "掌令朴奎文疏曰 (…) 所謂長山串 素來
絶險 少有風浪 頃刻臭載 故一番水操 必有數邑之敗船 此可爲警心處也 自今以
後 凡於水操時 各邑水軍 分操於南北 以爲鍊習之擧 則不必用船於長山串 而庶
無墊溺之患矣."

고 제안했다. 그가 장연현에 주목한 이유는, 이 지역이 서쪽으로 강변 7
읍과 닿아 있을 뿐 아니라 북쪽으로 삼수갑산에 이어지는 요충지라는
점 때문이었다. 장연현의 방어영 설치는 여러 이유로 시행되지 못했지
만, 장산곶을 기점으로 훈련 단위를 나누자는 주장은 통과되었다.[176]

조선 정부는 장산곶을 중심으로 북쪽은 장연현감의 지휘 아래 장연
현 아랑포에서 수조를 하고, 남쪽은 기존대로 수영이 있는 옹진부에서
수조를 시행하도록 조치했다. 장연현에서 하는 훈련을 북조(北操)라 하
고, 수영인 옹진부에서 하는 훈련을 남조(南操)라 지칭했다. 아울러 황해
도 수군이 10년에 한 번씩 수영 앞바다에서 모여 수조하는 규정도 두었
는데, 이를 대조(大操)라고 했다.[177] 이는 황해수영 소속 수군이 계속 나
누어져서 훈련하게 되면 수사를 중심으로 한 지휘 체계가 잘 작동하지
않을 수 있었기 때문에 10년에 한 번 정도는 연합 훈련을 시행했던 것
으로 생각된다.[178]

---

176) 『英祖實錄』卷116, 47年 3月 7日 戊申 ;「長淵縣監南錫龜傳令」, 『의령남씨 충장공
파 고문서』, 충청문화연구소, 2017.

177) 『海營兵制摠錄』奎4489, 「水營」. "十年一次大操時 水使爲大將 常年習操時 水軍
營將長淵縣監爲大將."

178) 18세기 중엽 황해도의 군선은 해주·안악·연안·백천·옹진·강령·長淵·長連·은
율·풍천 등 군현 열 곳과 수영·백령·허사·등산·오차·용매·조니·초도진 등 수군
진 여덟 곳에 배치되어 있었다. 이 중 수영이 주관하는 南操에는 옹진·해주·연
안·배천·강령 등 군현 다섯 곳과 수영·백령·등산·오차·용매진 등 수군진 다섯
곳에 배치된 군선과 병력이 참여했다. 장연부에서 주관하는 北操에는 허사·조
니·초도 등 수군진 세 곳과 안악·長淵·長連·은률·풍천 등 군현 다섯 곳에 배치
된 군선과 병력이 참여했다. 『海營兵制摠錄』를 통해 당시 남·북조로 分操된 이
후 수군의 지휘 체계를 파악할 수 있다. 파총 이상 지휘관만 살펴보면 南操에는

이 조치로 인해 장연현감은 수군 영장(營將)을 겸임하게 되었다. 영장은 훈련을 주재할 수 있는 지휘관으로서, 조선 후기 수군 지휘 체계에서 영장은 통제사나 수사가 담당하는 것이 원칙이었다. 장연현감은 수사나 통제사는 아닐지라도 수조를 주관했기 때문에 영장으로 임명되었다. 수군에서 특정 군현의 수령이 영장에 임명되는 일은 황해도에만 있는 특수한 예였다.

이렇게 수조의 단위가 분화되는 현상은 전라도에서도 나타났다. 전라도의 위도·검모포·고군산·군산 등의 훈련 방식은 다른 진과 차이가 있었다. 17세기 중엽 네 진에 거주하는 백성은 어채(漁採)로 인해 춘조에 참여하지 못하고 우수영에서 하는 추조에만 참여하는 상황이었다. 하지만 이 지역에서 수조가 열리는 지역까지 거리가 멀어 이동 기간에 군선이 침몰하는 사례가 많아 인명피해가 빈번했다. 숙종 17년(1691) 격포가 첨사진으로 승격되고 이 네 개의 진을 관리하게 되자, 다음 해인 숙종 18년(1692) 예조판서 유명현(柳命賢)은 네 개 진 소속 수군들이 격포 앞바다에서 봄과 가을에 훈련하게 하자고 제안했다.[179] 거리가 가까운 곳을 훈련 장소로 정해서 백성들이 멀리 이동하며 발생하는 폐단을 줄여보자는 것이었다. 이 방안은 국왕의 허락을 받았다.

이후 격포가 별장진으로 강등됨에 따라 이전의 훈련 방식이 회복되었을 것이다. 하지만 이 지역을 별도의 훈련 단위로 독립시키자는 의견

大將: 수사, 中軍: 수영중군(우후), 前司把摠: 백령첨사, 左司把摠: 등산첨사, 中司把摠: 오차포첨사가 참여했으며, 北操에는 營將: 장연현감, 右司把摠: 허사첨사, 後司把摠: 초도첨사가 참여했다. 『海營兵制摠錄』 奎4489, 「水營」.

179) 『承政院日記』 350冊, 肅宗 18年 11月 23日.

이 계속 제기되었다. 정조 4년(1780) 전라도에서 수조를 하려고 이동하던 도중 군졸이 익사하는 사건이 발생했다. 이를 기점으로 조선 정부는 해난 사고의 예방 방안을 모색했다. 그중 전라도 북서부 지역 수군진을 독자적인 사(司)로 편성해 훈련하는 방안이 설득력이 있었다. 이 방안은 정조 4년(1780) 12월에 통과하여 다음 해인 정조 5년(1781)부터 시행되었다. 이렇게 해서 열린 수조를 당시에 산북수조(山北水操)라고 불렀다.[180]

산북수조의 주장(主將)은 고군산첨사였다. 수조가 거행된 장소는 고군산(선유도) 앞바다였다. 조선 정부가 이 지역을 훈련 장소로 선택한 이유는, 이곳이 여러 섬에 둘러싸여 있고, 안팎으로 육지와 육지 사이에 끼어 있는 수로[海門]가 있어 접근성이 좋으며, 전선 수백 척이 수용될 만한 지역이기 때문이었다.[181] 산북수조에는 고군산·법성포·위도·검모포·군산포·영광 등지의 군선, 즉 전선 6척, 방패선 2척, 병선 6척, 사후선 12척 등 총 26척이 참여했다.[182] 고종 23년(1886)에도 산북수조에 관한 기록이 발견되는 것으로 보아, 이 수조는 상당히 오랫동안 존속했던 것 같다.[183]

이에 지휘 체계도 변화했다. 『전진도첩(戰陣圖帖)』을 통해 18세기 후반 전라우수영 산하 수군의 지휘 체계 변화를 확인할 수 있다. 본래 이 지역 수군 지휘 체계는 전사파총(前司把摠) 고금도첨사, 좌사파총(左司把摠) 가리포첨사, 중사파총(中司把摠) 임치첨사, 우사파총(右司把摠) 위도첨사,

---

180) 『正祖實錄』 卷10, 4年 12月 25日 己巳.
181) 『增補文獻備考』 卷114, 兵考6 敎閱.
182) 영조 47년(1771) 발간된 『攷事新書』를 기준으로 추정한 군선 수이다.
183) 『承政院日記』 2947冊, 高宗 23年 4月 20日.

후사파총(後司把摠) 고군산첨사로 구성되어 있었다. 산북수조가 시행됨에 따라 고군산첨사가 중사파총이 되고, 기존 중사파총이었던 임치첨사는 우사파총이 되었다. 또한 기존 우사파총이었던 위도첨사는 고군산 휘하의 중사중초(中司中哨)의 초관으로 강등되었다. 기존 고군산첨사가 담당하던 후사파총은 임자도첨사로 교체되었다. 그에 따라 이 지역 지휘 체계는 전사파총 고금도첨사, 좌사파총 가리포첨사, 중사파총 고군산첨사, 우사파총 임치첨사, 후사파총 임자도첨사로 개편되었다.[184] 각 사에 배정된 초관도 파총 개편에 맞추어 변화했다.[185]

아울러 수조 절차도 몇 가지 변경되었다. 이 시기 수조는 『병학통』에 기록된 절차를 준수했다.[186] 정조 5년(1785) 반포된 『병학통』은 5군영의 전술을 일원적으로 통일할 의도로 만들어진 병법서였다.[187] 『병학통』과

---

184) 장원주, 「17세기 朝鮮의 海防體制와 水操運用」, 중앙대학교 석사학위논문, 2012, 41쪽, 〈표 1〉.

185) 前司를 제외한 左司·中司·右司·後司의 초관들이 모두 변경되었다. 이 조치로 인해 바뀐 초관들을 살펴보면 다음과 같다. 前司의 前哨: 마도만호, 左哨: 신지도만호, 中哨: 영암군수, 右哨: 이진만호, 後哨: 어란포만호이다. 左司의 前哨: 가리포 2귀선장, 左哨: 해남현감, 中哨: 남도포만호, 右哨: 진도군수, 後哨: 금갑도만호이다. 中司의 前哨: 법성포첨사, 左哨: 영광군수, 中哨: 위도첨사, 右哨: 검모포만호, 後哨: 군산첨사이다. 右司의 前哨: 수영 3귀선장, 左哨: 수영 4귀선장, 中哨: 목포만호, 右哨: 무안현감, 後哨: 함평현감이다. 後司의 前哨: 나주 1선장, 左哨: 나주 2귀선장, 中哨: 없음, 右哨: 다경포만호, 後哨: 지도만호이다. 위의 논문, 41쪽, 〈표 1〉.

186) 『增補文獻備考』 卷114, 兵考6 教閱2.

187) 『병학통』이 발간된 이유는 기본적으로 육군 방위 태세의 변화와 관계가 있다. 병자호란으로 『병학지남』에 바탕을 둔 조선 육군의 기본 전술이 적절치 않다는 점이 드러났다. 아울러 17세기 후반 火器가 대량 생산되면서 그에 따른 전술의

『병학지남』에 수록된 수조 절차를 비교해보면 차이점이 발견된다.

즉, 『병학지남』의 '적선을 보고 화기를 사용하여 발포한다(看賊船先用火器), 적이 30보 이내로 근접하면 분통(噴筒)을 발사하며 표창과 독화살을 쏜다(次用軍火器), 적이 아군 배에 가까이 근접하면 화통과 화전(火箭) 등을 이용해 공격하고 배의 후미에 있는 자들은 이두표(犁頭鏢)를 던진다(對船攻打), 배가 가까이 붙으면 적의 배를 부순다(力戰碎舟)' 등 정조(正操)할 때의 공격과 관련된 네 가지 규정이, '적선을 보고 화기를 사용하여 발포한다(看賊船先用火器)'라는 한 가지 규정으로 통합되었다. 아울러 '일체 명령을 전달한다(一體發放)'라는 규정과 '야간에 수상한 배와 만났을 때(遇船過)', '검은 풀더미를 만났을 때(遇黑塊)', '적선을 만났을 때(遇適船)' 등 야조(夜操) 관련 규정들이 없어졌다.[188]

수조 절차가 변경된 원인은 절차의 번잡성 때문으로 추정된다. 조선 수군은 17세기 초반부터 18세기 후반까지 같은 절차로 계속 훈련해왔다. 수조를 반복하면서 필요 없거나 통합해야 할 규정들이 생겼을 것이다. 그 내용이 『병학통』이 발간되면서 반영되었던 것 같다.[189] 이러한 절

변화가 진행되었다. 『병학통』은 『병학지남』 발간 이후의 군사·사회적 변화를 반영하고, 5군영의 통일성을 확보하기 위해 만들어진 책이었다. 『병학통』 발간의 배경에 대해서는 노영구, 「18세기 전술의 양상과 정조대 병학통의 간행」, 『조선후기의 전술―『兵學通』을 중심으로』, 그물, 2016 참조.

188) 이민웅, 「17·8세기 水操 運營의 一例 考察―慶尙左水營 水操笏記를 중심으로」, 『군사』 38, 국방부전사편찬위원회, 1999, 82~83쪽.

189) 『병학통』의 수군 기록을 검토할 때 주목되는 것 중 하나가 陣法圖가 조선군의 특성에 맞게 현실화되었다는 점이다. 『병학지남』에는 당대 수군진에서 이용하는 진법도가 아닌 기존의 『기효신서』의 진법도가 그대로 수록되었다. 하지만

차 조정으로 인해 『병학통』의 수조 절차는 『병학지남』보다 간편해졌다.

2. 수조의 정지와 그 원인

수조의 추세도 이전과는 다른 모습을 보였다. 이 시기 수조의 통계를 낼 때 유의할 점이 있다. 18세기 중엽부터 시작된 방어영이나 충청도의 수조는 연대기에 잘 기록되지 않았다는 것이다. 그러므로 이들의 통계를 확인하기 어렵다. 다만 필자는 단편적인 기록을 검토한 결과, 이들 지역의 수조도 통제영이나 통어영, 그리고 수영의 수조와 비슷한 추이를 보였을 것으로 생각했다. 따라서 통제영 춘조, 통어영 춘조, 영별 추조 등으로 수조를 구분해서 추이를 살펴보는 것만으로도 수조의 추이 변화를 살펴볼 수 있을 것이다. 〈표 3-10〉은 정조~철종까지 수조 시행 현황을 도표화한 것이다.

18세기 후반부터 19세기 중엽까지 수조에 관한 기록은 『승정원일기』에 꽤 정확하게 나타난다. 기존 영조 연간 60% 정도였던 파악율이 정조 후대에는 80% 이상으로 증가한 것이다. 이를 통해 조선 정부는 거의 매년 수조의 시행 여부를 보고 받았고, 그 상황이 『승정원일기』에 정확하게 기록되었음을 알 수 있다. 이렇게 파악율이 높아졌지만, 수조에 관

『병학통』에 수록된 진법도는 통제영에서 쌀操를 할 때와 합조할 때 사용하는 것이었다. 이는 진법도에 수록된 명칭이 실제 鎭名이라는 점을 통해 짐작할 수 있다.

(단위: 건)

왕대	재위	춘조				추조 ⓒ		합계(%) (ⓐ+ⓑ+ⓒ)			1년당 수조 횟수	파악율
		통제영ⓐ		통어영ⓑ								
		실행	정지	실행	정지	실행	정지	실행	정지	총계		
정조	24	1 [0]	20	2 [1]	19	7	13	10(16%)	52(84%)	62	0.42	86%
순조	34	5 [0]	29	5 [0]	29	2	28	12(12%)	86(88%)	98	0.35	96%
헌종	15	1 [0]	14	0	14	0	14	1(2%)	42(98%)	43	0.07	96%
철종	11	0	5	0	5	0	5	0	15(100%)	15	0.00	45%

* [ ] 표시는 전체 춘조 횟수 중에 합조 형식으로 열린 훈련의 숫자이다. 산북수조, 황해도
의 남조와 북조 등 18세기 중엽 분화된 지역의 수조 시행 형태는 통계로 작성하기 어려
우므로 이 표에서 다루지 않았다.
* 출전: 『承政院日記』 시기별 수조 기록.

한 보고 양식은 이전보다 간단해졌다. 18세기만 해도 수사와 통제사가
수조에 대해 보고하면 국왕은 이를 확인해보고 개별적으로 답변하는
경우가 많았다. 그에 따라 수조의 실행 여부를 훈련 단위별로 파악할
수 있었다. 하지만 19세기 접어들면서 수조에 대한 지휘관의 보고와 국
왕의 답변이 간단해졌다. 이에 『승정원일기』에도 수조를 보고한 지휘
관과 국왕의 허락 여부만 언급될 뿐 그 구체적인 내용이 생략되는 사
례가 늘어났다.

수조에 대한 논란도 상당히 줄었다. 연대기의 수조 기록을 살펴보면,
국왕과 관료들 사이에서 수조의 시행 여부를 두고 의견이 갈리는 경우
가 종종 있었다. 이 경우 국왕은 관료들의 의견을 묻고 이를 참작해 수
조의 시행 여부를 결정했다. 하지만 이 시기에는 수조에 관한 논쟁 사
례가 거의 없고, 시행 여부만 일괄적으로 결정하는 사례가 빈번히 발견
된다. 수조의 시행 여부를 묻는 보고는 정규적으로 이루어졌지만, 다분

히 형식적이었다는 느낌이 강하다.

왕대별 수조 시행 횟수는 정조 10회, 순조 12회, 헌종 1회, 철종 0회 등이었다. 여기서 주목되는 것은 춘조라 해도 합조 형태로 행해진 적이 거의 없다는 점이다. 그나마 순조 연간에는 다른 왕대보다 수조가 많이 열린 편이었다. 그럼에도 불구하고 통제영 춘조와 통어영 춘조는 모두 영조 형식으로 열렸다. 아울러 순조 연간의 춘조는 모두 집권 초기에 열린것이었다. 집권 후반기로 갈 수록 춘조는 열리지 않았다. 추조도 모든 수영이 동시에 훈련을 시행한 적이 없었다. 어떤 때는 충청·전라·경상도만 했으며, 어떤 때는 황해도와 경기에서만 시행하기도 했다. 1년당 수조 횟수도 정조 연간 0.42회에서 철종 연간에는 0회까지 급격하게 떨어졌다.

수조가 점차 시행되지 않았던 이유는 크게 네 가지로 추정할 수 있다. 첫째, 자연재해이다. 조선 정부는 풍흉과 재해 여부를 따져보고 그해의 훈련 실행 여부를 결정했다. 재해가 크게 일어난 해는 수조를 정지하여 백성의 부담을 덜어주었다. 또한 각종 전염병이 창궐할 때도 수조를 정지했다. 순조 9년(1809)과 순조 23년(1823)의 사례가 이에 해당한다.[190]

둘째, 부역 동원이다. 정조 즉위년(1776)에 능행(陵幸)이 행해지자 경기·황해도에서 수조가 면제되었다.[191] 정조 9년(1785) 봄에는 칙사가 도착함

---

190) 『承政院日記』1969冊, 純祖 9年 7月 15日 ; 『承政院日記』2168冊, 純祖 23年 7月 12日.
191) 『承政院日記』1386冊, 正祖 即位年 7月 30日.

에 따라 경기와 황해도의 수조를 면제했다.[192] 순조 26년(1826)에는 왜관과 관련된 역을 져야 한다는 이유로 수조가 정지되기도 했다.[193] 조선 정부는 능행이나 칙사에 관련된 역, 그리고 왜관에 관련된 역 등 국가의 중요한 역사가 있을 때 해당 지역 수조를 면제해주었던 것이다.

셋째, 비용 부족이다. 수조에 들어가는 비용은 수군진과 연해 군현에서 수군 역가와 대동저치미로 각각 마련했다. 하지만 두 가지 재원이 18세기 접어들면서 모두 줄어드는 추세였다. 전술한 바와 같이 수군 역가도 양역 균일화 조치와 균역법으로 인해 3필에서 1필로 삭감되었고, 대동저치미는 중앙으로 귀속되는 경우가 빈번해지면서 후대로 갈수록 점차 줄어드는 추세였다.

넷째, 육군의 훈련 정지 추세이다. 정조 연간에는 속오군도 훈련을 정지하고 제언역(堤堰役) 등 각종 잡역에 동원하는 사례가 점차 늘어나고 있었다.[194] 평안도 군사의 훈련도 18세기에는 간혹 행해졌지만 19세기에는 거의 열리지 못했다.[195] 이렇게 육군이 훈련하지 않는 상태에서 수군만 훈련한다면 형평성의 문제가 생길 수 있었다. 그러므로 육군의 훈련을 면제해주면서 수조도 같이 면제해주는 경우가 있었던 것으로 생각된다.

---

192) 『承政院日記』 1574冊, 正祖 9年 1月 10日.

193) 『承政院日記』 2205冊, 純祖 26年 7月 11日.

194) 김우철, 「朝鮮後期 地方軍制의 虛設化」, 『朝鮮後期地方軍制史』, 경인문화사, 2001, 215~219쪽.

195) 권내현, 「18세기 중엽~19세기 전반 평안도 재정의 중앙 흡수」, 『조선 후기 평안도 재정연구』, 지식산업사, 2004, 190쪽.

하지만 이 네 가지 이유가 수조를 하지 않았던 결정적인 이유라고 말하기는 곤란하다. 우선 가뭄·질병 등 각종 재해는 어느 시기에나 있었기 때문에 수조 정지의 필요조건은 된다 할지라도 충분조건은 되기 어렵다. 역사(役事)에 따른 수조의 면제도 조선 정부에게 의지만 있었다면 각종 대책을 마련할 수 있었다. 또한 수조의 비용 문제나 육군의 훈련 정지 문제도 수조를 정지하는 이유를 설명하기엔 부족하다. 훈련 비용이 적다면 조선 정부에서 재정 보충 방안을 마련할 수 있으며, 육군의 훈련이 정지된다 하더라도 수조만 별도로 할 수도 있기 때문이다.

그러므로 이보다 근본적인 원인을 파악할 필요가 있다. 필자는 수조를 하지 않았던 이유를 국왕의 의지와 연관 짓는다. 수조는 국왕의 허락을 받아 실행하는 것이었기 때문에, 결정권자인 국왕이 원하지 않는다면 할 수 없었다. 실제로 정조는 수조가 행해지지 않은 것에 대해 관료들의 비판을 받기도 했다. 그렇다면 왜 당시 국왕들은 수조를 하지 않은 것인가?

> 근래 농형(農形)에 대한 장계로 말하면, 동·서·북 등 삼로(三路)에서 온 두민(頭民)들의 일을 생각하여 힐융(詰戎)의 정사도 비록 중요하지만 민력(民力)도 마땅히 돌아봐야 하므로 습조·순조·순점의 절차를 모두 정지한다. 아울러 경기 및 삼남(三南)의 작년 농사는 비록 조금 좋으나 질병[疲癃]이 남아 아직 회복되지 못한 듯하다. 만족하게 먹은 연후에야 풍족하게 병역을 부과할 수 있다. 또한 수군과 육군 군병이 군량을 지고 왕래하는 폐단도 고려해야 한다. 타도의 예와 같이 훈련과 점고를 정지하는 것이 좋겠다. 곤수(閫帥)와 수령이 된 자가 진실

로 무비(武備)에 뜻을 두고 있으면 군사를 시험 보는 것[籤丁]과 무기를 수리하는 일은 힐융의 정사가 아닌 게 아니니 곳곳마다 진심으로 알도록 하는 뜻으로 여러 도에 엄칙하는 것이 좋겠다.[196]

이 자료는 정조 9년(1785) 국왕이 수조와 육조를 정지하고 그 이유를 설명하는 내용이다. 정조 8년(1784)의 진휼 기록을 살펴보면, 경기·전라도·경상도·강원도 등 네 개 도와 강화도에서 진휼을 했다. 이에 비해 정조 9년(1785)에는 제주도에만 진휼을 했다.[197] 이를 통해 정조 9년(1785)의 농형(農形)이 전년도보다 좋았음을 알 수 있다. 당시 수조가 상당 기간 시행되지 않았음을 고려해보면, 그 해에는 수조를 시행할 필요가 있었다.

하지만 그해 수조는 정지되었다. 국왕 정조는 질병의 여파가 남아 있고 군사들이 군량을 지고 왕복하는 부담을 줄여주기 위해 수조를 중단한다고 설명했다. 정조는 모여서 훈련하는 것 자체가 백성들에게 피해를 주는 것이며, 이를 제거하는 것이 '위민(爲民)'이라고 여겼던 것 같다. 이에 대한 대안으로 정조는 수조보다 시재(試才)를 강화하고 군기 관리를 엄격히 하는 것이 더 적합한 방안이라고 주장했다. 이러한 정조의

---

196) 『承政院日記』 1587冊, 正祖 9年 7月 19日. "以近日農形狀本言之 東西北三路來頭
民事 方此關念 詰戎雖重 民力宜顧 習操巡操巡點等節竝停止 畿甸及三南昨年
墻事 雖曰稍熟 疲瘰之餘 似未蘇完 足食然後可責足兵 水陸軍兵齎糧往來之弊
在所當念 竝依他道例停操停點 爲閫帥守令者 苟欲留意武備 凡係籤丁修械等
事 無非詰戎大政 隨處惕念盡職之意 嚴飭諸道."
197) 문용식, 「18세기 賑政과 還穀 운영」, 앞의 책, 2001, 92~93쪽.

입장은 후대 왕에게 전범이 되었다.[198]

3. 도시와 취점의 시행

정조 이후 왕들은 수조를 대신해 도시(都試)와 취점(聚點)을 시행하는
사례가 많았다. 도시는 군병의 무예를 시험하는 행사였다. 조선 후기
에 도시는 금군이나 병조 등에서만 시행되다가 17세기 후반부터 지방

---

198) 이 시기 정규적인 수조는 거의 없어졌지만, 京江船을 동원해 수조를 했다는 점
은 주목된다. 정조는 능행을 위해 노량에 배다리를 건설하고 이를 주관할 관
정으로 주교사를 설치했다. 주교를 만들기 위해 동원된 배들은 대부분 한강의
나루를 중심으로 활동하는 경강선이었다(이욱, 「18세기말 서울 商業界의 변화
와 政府의 對策」, 『역사학보』 142, 역사학회, 1994, 163~171쪽). 당시 주교의 건설
은 배 80척과 격군 1,000명이 동원되는 거대한 사업이었다. 이들을 통제하기 위
해 배 3척을 1개 선단으로 편성하고 아울러 5개 선단을 1領에 소속시켰는데 당
시 군 지휘 체계인 5司-1哨 체계를 본뜬 것이었다. 이렇게 편성한 후 정조 19년
(1795) 3월 17일 국왕은 수조를 제안했다. "軍務를 다스리는 데 있어서 수군과
육군에 차등을 두어서는 안 되는데, 요즘의 규례를 보면 육군에만 힘을 쏟고 수
군은 소홀히 하고 있으니, 이는 수군과 육군을 병행시키는 뜻이 못 된다"라고
하며, "挹淸樓의 控海門에 직접 나가서 지휘하는 절차를 시험해볼 것이니, 五江
津渡의 別將은 군병과 公私船을 이끌고 風月停 앞바다에 집결할 것을" 명령했
다(『正祖實錄』 卷42, 19年 3月 17日 戊辰). 이에 대해 승지 南公轍은 국왕이 훈련
에 나가는 것은 불가하다 하고, 승지 李晩秀도 뭇사람들이 당혹해한다고 반대
했지만, 정조는 승지들을 모두 遞差하겠다고 하면서 끝까지 추진했다. 다음 날
실제로 읍청루 앞에 公私船泊 300여 척이 집결해서 수조를 시행했다. 『正祖實
錄』 卷42, 19年 3月 18日 己巳.

군문에도 점차 시행되기 시작했다.[199] 조선 후기 수군에서는 수조를 끝내고 도시와 비슷한 성격인 시사(試射) 혹은 시취(試取)를 실시하여 무예를 점검했다.[200] 하지만 수조의 정지가 일상화되자 수군의 무예를 점검하기 어려웠다. 그에 따라 조선 정부는 수군의 무예를 점검하는 행사를 별도로 열었는데, 이것이 도시였다

취점도 비슷한 경로를 거쳤다. 본래 수조를 시행할 때 사전 행사 중 하나가 점고(點考)였다. 이 점고는 인원과 병장기를 점검하는 행사였다. 그런데 수조를 하지 않게 되자 병장기와 인원을 점검할 방법이 마땅하지 않았다. 이에 영문(營門)이나 관문(官門)에서는 수군을 모아놓고 무기와 인원을 점검하는 행사를 별도로 열었는데, 이 행사가 바로 취점이다.

수조를 하지 않는 해에 도시나 취점을 실시한 기록은 18세기 후반부터 확인할 수 있다.[201] 그 이후부터는 수조가 시행되지 않는 해에는 별다른 일이 없으면 도시나 취점을 실행했다. 그렇다면 도시나 취점은 어떻게 시행되었는가?

---

199) 도시는 본래 조선 초기부터 당의 제도를 모방해서 실시되기 시작했다. 이때의 도시는 병조가 주관하는 도시와 병마절도사가 주관하는 도시로 구분되었다. 하지만 이러한 형식의 도시는 조선 후기에 폐지되고, 병조나 금군에서 실시하는 도시만 남게 되었다. 17세기 후반 기병 부대의 확산에 따라 별무사 등이 설치되면서 이들에 대한 도시가 열리게 되었다. 심승구, 「朝鮮初期 都試와 그 性格」, 『한국학보』 16권3호, 일지사, 1990, 102~106쪽; 『續大典』 卷4, 「兵典」, 試取.

200) 『續大典』 卷4, 「兵典」 都試. "統營將士 每年水操後試取".

201) 『承政院日記』 1629冊, 正祖 11年 7月 10日.

저의 영 소관 좌·우도 주사 교졸의 이번 봄 도시는 4월(本月) 10일 저와 참시관 우후 이용구(李龍求), 고성현령 남궁옥(南宮鈺) 등과 같이 함께 시행하고(開場) 기예를 시취했습니다. 네 가지 기예를 모두 갖춘 자나 만점을 맞고 입격한 자(沒技入格者)가 모두 없어서 그중에 우수한 사람들을 선별하여 본영에서 시상한 후에 직역, 성명, 화살 숫자를 적어서 성책하여 병조로 올려 보냈습니다. 이상의 연유를 치계(馳 啓)하니 잘 아뢰어주소서(서상오).[202]

통제사 이응서가 재임할 때 삼남 수영의 취점은 해당 영에서 날짜를 택해 거행하고 근만(勤慢)을 계문하는 것으로 결정했습니다. 저의 영하군병(營下軍兵)과 겸관(兼管)하는 우도의 각 관포(官浦) 수군은 8월 29일을 기일로 정해 설행하도록 하겠습니다. 진주·강동·곤양 등 선창이 허물어져 수축하고, 사천과 남해는 선창(船倉)이 막혀서 이를 굴착(掘鑿)하도록 했으며 김해와 웅천은 제언이 무너져 이를 수축하도록 했으며 나머지 읍진은 예에 따라 취점했습니다(이규철).[203]

---

202) 『各司謄錄』17,「統制營啓錄」道光 27年(憲宗 13, 1847) 4月 12日. "臣營所管左右 道舟師校卒 今春等試 本月初十日 臣與參試官虞候李龍求 固城縣令南宮鈺 眼 同開場 試取各技是白乎 則四技俱備者 沒技入格者 竝只無乎是白乎等以 就其 中 優劃各人段 自臣營分等施賞後 役姓名失數成冊 上送該曹爲白乎旀 緣由馳 啓爲白臥乎事是白良爾 詮次善啓向敎是事."

203) 『各司謄錄』17,「統制營啓錄」咸豊 3年(哲宗 4, 1853) 9月 4日. "統制使臣李膺緒 在任時(哲宗 2, 1851) 三南水營取點段 自該營擇日擧行後 勤慢啓文之意 已爲發 關申勅是白遣 臣營下軍兵兼管右道各官浦舟師段 八月二十九日定期 使之同日 實行 晉州江東昆陽段 船倉頹圮處修築 泗川南海段 船倉湮塞處疏鑿 金海熊川

첫 번째 자료는 헌종 13년(1847) 4월 도시에 대한 통제사 서상오(徐相五)의 보고이다. 도시는 보통 봄과 가을에 두 차례 열렸는데, 이 보고는 봄의 도시에 대한 것이었다. 도시의 시험 과목은 본래 유엽전(柳葉箭), 편전(片箭), 고강(考講), 거사(擧沙)였다. 유협전과 편전은 활쏘기 시험이다. 고강은 경전이나 무서 등을 암기하여 외우는 것이며, 거사는 모래주머니를 들어 올리는 것이었다. 유엽전 다섯 발을 쏴 네다섯 발을 맞추고(一巡四五中), 편전 다섯 발을 쏴 두세 발을 맞추며(一巡二三中), 경전이나 무서를 암기해 통(通) 이상을 맞고[204] 모래 15두(斗)를 들면 합격이었다.

하지만 높은 합격 기준으로 인해 통제영 장졸들이 시험 치기를 꺼려하게 되자 순조 8년(1808) 시험 과목과 합격 수준을 한 차례 개정했다. 이로 인해 유엽전 다섯 발을 쏴서 세 발을 맞추고(一巡三中), 편전 다섯 발을 쏴서 두 발을 맞추며(一巡二中), 『병학지남』이나 「수조정식」 중 한 편을 외워 통(通)을 받고, 모래 15두(斗)를 들면 합격인 것으로 바뀌었다. 조총 과목은 신설되었다. 조총 다섯 발을 쏴서 두 발을 맞추면 합격이었다(一巡二中). 이 다섯 가지 기예 중 네 가지 기예에서 수석이 된 자는 조정에 계문하고, 2등은 본영에서 시상했다.[205] 순조 8년(1808)의 조치로 유

段 堤堰潰處 修治是白遣 其餘邑鎭段 依例聚點是白遣."

204) 考講의 성적은 크게 通·略·粗·不 등 네 가지로 구분된다. 첫째 등급을 통, 둘째 등급을 약, 셋째 등급을 조, 넷째 등급을 불이라고 하였다. 이 중 통은 가장 우수한 성적에 속한다.

205) 『承政院日記』 1948冊, 純祖 8年 閏5月 29日. "今此統營招試規矩之當初以柳葉箭一巡之四五中 片箭一巡之二三中 講書之通以上 擧沙之十五斗定式者 實爲太峻 宜致武士之退却 故謹取諸道都試規矩 參據地勢與人情 而磨鍊如右 自今以後 統營將士試取之規矩 以柳葉箭一巡三中 片箭一巡二中 鳥銃三柄一巡二中

엽전과 편전 과목의 합격선은 낮아졌다. 또한 조총 과목이 신설되었음에도 합격 과목 수를 그대로 유지하여 과목 추가에 따른 부담을 덜었다. 위의 자료에서 언급한 네 가지 기예는 순조 8년(1808)에 정해진 과목 중 네 가지였던 것으로 생각된다.

도시의 응시자들은 주로 군현이나 진에 근무하는 기패관·군기감관·병방군관·병선감관·병선장·별무사 등 다양했다.[206] 시험관은 과목별로 시험을 실시하고 성적 우수자는 병조에 보고했다. 병조에 보고하는 사항은 이들의 관직, 성적, 나이, 본관, 부명(父名) 등이었다.[207] 이 시험에서 우승한 사람은 지위에 따라 다른 포상을 받았다. 우승자가 한량(閑良)이면 국왕 앞에서 보는 시험인 전시(殿試)에 직부(直赴)할 기회를 획득했고, 출신(出身)이면 품계를 높이고 변장에 제수했다.[208]

두 번째 자료는 철종 4년(1853) 취점에 대한 통제사 이규철(李圭徹)의 보고이다. 통제사 이규철은 전임 통제사 이응서의 계문에 의해 철종 4년(1853) 취점 날짜를 8월 29일로 정한다고 했다. 취점 대상은 통제영의 영하 군병과 수군이었다. 취점에서 점검한 사항은 궐액 여부(闕額與否)와 군기의 상태였다. 하지만 모든 군현과 수군진에서 취점을 실시한 것은 아니었다. 선창(船倉)의 굴포나 제언역이 부과된 군현이나 진에서는 취점이 면제되었다.

擧沙十五斗 講書兵學指南水操程式一篇通以上 合五技試之 取其五技中四技居
首者一人啓聞 其之次人 則雖准四技 只自本營 從厚施賞."

206) 『各司謄錄』17,「統制營啓錄」光緒 7年(高宗 18, 1881) 10月 13日.
207) 『各司謄錄』17,「統制營啓錄」同治 9年(高宗 7, 1870) 4月 12日.
208) 『承政院日記』2117冊, 純祖 19年 6月 10日.

이렇듯 19세기 초반부터 수조는 거의 시행되지 않았지만, 도시나 취점 등은 계속 실행되었다. 이를 통해 조선 수군이 기본적인 군사 활동을 하고 있었음을 알 수 있다. 하지만 수조 정지의 일상화는 여러 측면에서 문제를 일으킬 소지가 있었다. 다음은 정조 9년(1785) 통제사 구명겸(具明謙)의 상소이다.

> 매번 흉년이 되어 훈련을 정지하라 명령하는 것은 조정에서 백성의 폐단을 생각하는 지극한 뜻에서 나온 것입니다. 그러나 제가 생각하기에 외적을 방어하는 것은 국가의 대사이기 때문에 약간의 폐단으로 정지할 수는 없는 것입니다. 각기 식량을 가지고 수일 동안 부조(赴操)하는 것은 폐단 중에 큰 것이 아닙니다. 그러므로 이것으로 막중한 외적 방비의 정사를 폐지하여 행하지 않는 것은 좋은 방법이 아닙니다. 하물며 수조(水操)는 육조(陸操)와 달리 조련을 나가면 식량을 배에 싣고 배 안에서 음식을 해 먹어서 당초에 노자와 여관비[煙價] 등이 없기 때문에 설령 훈련하러 간다고 하더라도 그 폐가 많지 않을 것입니다. 또한 수전(水戰)은 육전(陸戰)과 달리 배를 조정하는 법을 익히고 바다를 건너는 것에 익숙한 후에야 할 수 있습니다. 만약 훈련이 안된 군졸이 갑자기 바다를 건너는 일을 한다면 전복되어 패몰(敗沒)하지 않는 것이 드물 것입니다. 저의 영 소관 수군으로 말한다면, 옛날에는 삼도가 합조를 하거나 혹은 양도가 합조를 했으며 추조(秋操)에 이르러서도 정지하는 데 이르지 않았으나, 근년에는 훈련할 때가 드물고 정지하는 때가 많습니다. 그러므로 군현과 진은 두려워하거나 꺼리는 뜻이 없어 배가 썩어 상한다 해도 때에 맞추어 개

조하지 않으며, 병장기가 둔한 문제가 있더라도 때에 맞추어 수선하려 들지 않습니다. 심지어 전선에 입방하는 군사들은 대부분 노약자로 구차하게 충원하고 있습니다. 해방을 대변하는 곳에 군정의 폐단이 이처럼 허술하고 심합니다.[209)]

구명겸은 훈련에 따른 폐단보다 외적 방비가 더 중요한 문제라고 지적했다. 이를 바탕으로 정조가 제시한 수조 정지의 명분인 '민에 대한 수탈'을 비판했다. 그는 수조가 행해지지 않아 생기는 문제를 두 가지로 정리했다. 첫째, 배에 익숙한 군사를 얻을 수 없어 유사시 군선이 침몰할 위험성이 크다는 것이다. 둘째, 군선이나 병장기를 수리하지 않아서 유사시 사용하기 어렵다는 점이다.

특히 훈련에서 군선을 운용하지 않아서 생기는 피해도 심각했다. 정약용(丁若鏞)은 『경세유표(經世遺表)』에서 이 시기 전선이 거의 운영되지 않아 모래사장에 그대로 놓여 있으며, 간혹 수조가 있으면 배를 바다로

---

209) 『承政院日記』1574冊, 正祖 9年 1月 10日. "每當歉荒之歲 輒下停操之令者 寔出
於朝家軫民弊之至意 而臣則以爲詰戎 是國之大事 不可以些少弊端而停之矣
當其農隙之時 各自齎糧 數日過操 非弊之大者 而使莫重詰戎之政 廢而不行 非
計之得者也 又況水操 則異於陸操 當其赴操之時 載糧於舟中 開竈於舟中 初無
路資煙價之費 則雖令赴操 爲弊無多 而水戰又異於陸戰 必習於操舟 慣於駕海
而後 方可能之 若不教之卒 猝當駕海之役 則其不至於顚沛而覆沒者 幾希矣 就
以臣營所管舟師言之 在前則或三道合操 或兩道合操 而至於各其營春秋之操
則未或停廢 近年以來 習操之時絕罕 停操之時常多 以此之故 各邑各鎭 略無畏
憚之意 舟楫朽傷 而或不以時而改造 兵器鈍弊 而亦不以時而修繕 甚至於戰船
入防之軍 亦多以老弱而苟充 海防待變之地 軍政疎虞 若是甚焉."

끌어내기 위해 1,000명 정도가 달려드는데 전혀 움직이지 않으며, 조금 이라도 움직이면 전선이 부서져 내부에서 물이 솟아오른다고 지적했다.[210]

요컨대, 수조는 정조 연간부터 간헐적으로 시행되다가 19세기 초반에 이르러 거의 열리지 않았다. 수조의 여부를 묻는 지휘관들의 장계는 계속 도착했지만, 조선 정부는 대부분 정지 명령을 내렸다. 이렇게 정지 명령이 내려진 이유에는 재해, 재정 부족, 국왕의 의지 등 다양한 요소들이 결부되어 있다. 그렇다고 해서 기본적인 군사 훈련이 없었던 것은 아니었다. 도시나 취점 등 기본적인 군사 활동은 시행되고 있었다. 하지만 배를 동원한 훈련이 아니었기 때문에 군선 관리에 문제점을 드러냈다.

---

210) 『經世遺表』卷14,「戰船使用議」.

결론

결론

    지금까지 임진왜란 직후부터 19세기 중엽까지 수군 방위 태세의 변화를 살펴보았다. 수군 방위 태세는 대내외적 상황 변화에 발맞추어 변모해갔다. 17세기 초·중엽까지 수군 방위 태세는 일본이나 청의 대규모 침입을 방비하기 위해 강화되었다. 임진왜란 직후에는 통제영 중심의 대일본 방위 태세가 중점적으로 정비되었다. 이 지역의 수군 방어 전략은 경상도의 부산 일대와 견내량을 집중적으로 방어한다는 것이었다. 이러한 전략을 실현하기 위해 통제영을 견내량으로 이동시키고 경상도 동해안에 있는 수군진을 부산진 앞으로 전진 배치하는 한편, 소모별장진을 경상우도 연해에 설치하기도 했다. 북방의 위협이 가시화되는 광해군 연간부터는 수군 방위 태세 개편의 초점이 서해안으로 이동했다. 조선 정부는 북방의 침입이 있으면 강화도를 보장처(保障處)로 설정하고 이를 강화하려는 방안으로 통어영을 설치했다. 이후 효종 연간 경기 연해 각 군현에 분포해 있던 수군진이 강화도 염하를 따라서 재배치되었다. 이를 통해 수군진은 강화도와 경상도 연해라는 특정 거점에 집중되는 모습을 보였다.

진의 재배치와 더불어 조선 정부는 군선의 종류와 배치 방식도 논의했다. 당시 조선이 보유한 군선은 전투 선박과 보조 선박으로 구분된다. 당시 주요 전투 선박으로는 전선·귀선·방패선이 있었고, 보조 선박으로는 병선이나 사후선이 있었다. 조선 정부는 대규모 병력의 침입에서 효과가 입증된 전선 중심의 방위 태세를 구상했다. 이를 바탕으로 진의 규모와 전략적 중요도를 고려해서 통제영 4척, 수영 3척, 첨사·만호·권관·소모별장진 1~2척 등 진별로 보유할 전선의 숫자를 결정했다. 귀선은 수영에만 1척씩 배치했다. 방패선은 전선이 배치되기 어려운 지역이나 전선을 보조할 목적으로 배치되었다. 아울러 군현에는 전선이 2~1/2척 정도 배치되는 것이 원칙이었고 방패선이 배치된 사례도 있다. 보조 선박은 전투 선박에 따라 병선 1척, 사후선 2척이 배정된 예도 있고, 사후선이 1~2척 배치된 예도 있었다.

진을 재배치하고 군선을 설치했더라도 병력을 충분히 확보하지 못한다면 수군 방위 태세가 제대로 기능하기 어려웠다. 조선 정부는 호패법을 시행할 때 충원한 양정을 수군에 충원시키는 방안을 제시했고, 수군 병력의 동원 규정을 정비했다. 호패법 시행은 수군 역제 운영의 기틀을 마련했다고 평가할 수 있지만, 그 한계도 분명하다. 호패법 시행 당시 조선 정부에서 분급한 수군은 사부와 격군에 국한되었고 그 군액도 실제 승선 인원보다 적었다. 수군진에서 필요한 나머지 인원은 진 자체에서 충원할 수밖에 없었다. 그 결과 수군은 경안부 수군과 외안부 수군으로 이원화되었다. 이 중에서 경안부 수군은 이내 납포군(納布軍)으로 변화했다. 이는 16세기부터 내려온 방군수포 관행이 17세기에도 이어진 것이었다. 읍전선의 병력 동원 방식은 진과 크게 달랐다. 임진왜란 직후 읍전선의 승선 인원은 전결을 기준으로 인원을 충원하는 '전결조용(田結調用)' 방식으로 충원했다가 속오군을 충원하는 방식으로 변모했다.

경상도와 강화도 등의 거점을 중심으로 수군진을 집결하고 군선과 수군 배치 방식을 확립했지만, 이 규정이 완비되어 효과를 보기까지에는 상당한 시일이 걸린다는 것이 문제였다. 이 문제를 해결하기 위해 고안한 것이 첨방이었다. 경상도의 첨방은 상시로 행해졌고, 여러 이유로 폐지되었지만 각도 수군이 모였을 때 하던 훈련은 그대로 유지되었다. 이것이 합조의 원형이 되었다. 이때부터 이 지역에서 봄에는 합조하고 가을에는 영조를 하는 형식이 완성되었다. 한편, 광해군 연간 강화도가 거점으로 등장하면서 각도 수군을 강화도로 이동시키는 방식 또한 마련되었다. 하지만 이 방식은 합조의 형태로 이어지지는 않았던 것으로 보인다. 이후 현종 연간에 통어영에서도 정기적인 훈련을 시행하는 것이 결정되었고, 경기와 황해 수군이 합조하는 형식의 훈련은 숙종대에 와서야 가능해졌다.

17세기 중엽부터 18세기 중엽까지는 황당선 출몰을 대비하기 위해 수군 방위 태세가 조정되는 시기였다. 그에 따라 기동성이 강조되었다. 대청 관계의 변화에 따라 경기 지역의 수군 방위 태세가 먼저 개편되었다. 그 결과, 이 시기 일련의 진의 이설을 통해 강화도 내부의 수군 방위 태세는 사실상 없어지고 강화도의 외곽을 방어하는 형태로 변모했다. 아울러 영종진이 방어영으로 승격되어 독자적인 지휘 체계를 가지게 되면서 통어영의 지휘 체계에서 벗어났다. 황해도는 본래 통어영의 직할을 받았지만, 황해수영이 설치되면서 통어영의 직할에서 벗어났다. 또한 통제영의 성이 축조되고 우후영이 분리되면서 규모도 증가했다. 아울러 전라우도를 중심으로 진이 설치되고 진관도 분화되었다.

군선 배치 실태 역시 변모했다. 조선의 주력 선박인 전선이 황당선의 방비에 적합하지 않다는 문제점이 제기되기 시작했다. 조선에서는 이 문제를 해결하기 위해 통어영 체계의 주축인 황해·경기 지역에 소규모 선박인 방패선과 추포선 등을 집중적으로 배치하여 전선을 대체했다. 이러한 경기·황해도 군선의 배치 변화는 통제영 관할의 충청·전라·경상도 군선의 배치 변화에도 많은 영향을 주었다. 이 지역은 전선 중심의 방위 태세 자체는 부정하지 못했지만, 일부 지역에 귀선이 배치되었다. 귀선은 규모가 커서 일본과의 전투에서 밀리지 않을 뿐 아니라 전선보다 기동성이 좋다는 평가를 받았다. 아울러 조정 내외에서는 선박의 기동성 강화를 위해 대책을 마련했다. 선창에 대한 굴포(掘浦)가 행해지거나 군선의 선체에 대한 개선론이 등장했으며, 기동성이 좋고 공격력이 뛰어난 해골선이 개발되기도 했다.

조선 정부는 수군진과 군선을 재배치하는 한편, 수군의 역가 조정과 병력 동원 방식의 개편도 추진했다. 수군의 역가가 지나치게 비싸다는 것은 병력 운용의 여러 저해 요소로 등장했다. 이에 현종 6년(1665) 병보제(幷保制)가 시행되면서 일부 수군의 역가가 줄었다가 숙종 30년(1704) 감필이 결정되었다. 더불어 수군액을 진별로 통일하고, 이들에게 걷는 역가 수입을 규정하는 한편, 급대군의 고립 인원수를 줄이고 역할을 변경했으며, 여기서 남는 차액을 재정 지출로 썼다. 또한 실제 병력은 진 아래 사는 백성, 즉 진하거민(鎭下居民)으로 충원하는 원칙이 마련되었고, 군선 승선 인원을 늘리는 조치도 행해졌다. 아울러 『양역총수』 및

『양역실총』의 발간을 통해 수군진에서 자체 모집하던 장교나 병력에 대한 사정(査正)도 이루어졌다.

황당선의 출몰에 따라 수조의 규모도 축소되었다. 17세기 후반~18세기 후반까지 수조의 시행 추이는 다양하게 변화했다. 합조는 영조 연간에는 거의 이루어지지 않고 추조와 같이 각 영 앞바다에서 훈련하는 형태로 변화했다. 황당선 출몰로 인해 서해안에 배치된 군선은 오랫동안 떠나 있기가 어렵고, 장기간 이동에 따른 해난 사고도 염려되었기 때문이었다. 수조의 과정은 『병학지남』에 따라 행해졌다. 『병학지남』의 훈련 방식은 대형을 이루어 기동했다가 적을 공격하고 돌아오는 모의 전투 훈련이었다. 지휘관들은 영장, 파총, 초관이 되어 각종 진법을 실행했다. 그 밖에 방어영에서도 수군의 독자적인 훈련이 시작되었다.

18세기 중엽부터 19세기 중엽까지는 수군 방위 태세가 이완되는 시기였다. 이 시기 수군진 관련 논의를 살펴보면 설치·승격보다는 폐지 논의가 많이 발견된다. 균역법 시행으로 인한 급대 재원 마련 차원에서 수군진 폐지가 논의되었고, 수군진 일곱 곳이 폐지되었다. 이후 경기 지역 방위 태세 개편 차원에서 통어영을 진무영에 합설하자는 논의도 있었다. 강화도 방위 태세를 진무영 중심으로 개편하고 수군을 육군에게 절제하게 하자는 것이었지만, 운영상의 문제로 이 시기에는 실현되지 못했다. 하지만 이 논의는 고종 연간에 실현된다.

균역법이 시행되면서 수군 역가는 다시 2필에서 1필로 줄어들었다. 그와 함께 수군진의 주요 수입원인 어염세가 균역청으로 귀속되었다. 이를 보상하기 위해 급대가 지급되었지만, 손실분에는 못미치는 양이었다. 균역법의 여파는 통제영의 재정 손실로 이어졌다. 통제영은 균역법으로 인한 손실을 환모(還耗) 수입의 확대를 통해 보충했다. 이 조치는 통제영의 긴급한 재정 부족을 해결하는 데 도움이 되었지만, 장기적인 측면에서는 통영곡이 줄어드는 문제를 일으켰다. 통제영의 재정 상태가 자체적으로 해결될 기미가 보이지 않자, 정조 연간부터 어세의 획급과 둔전의 건설 등 조정 차원의 대책이 마련되었다. 이러한 대책은 균역법 실시 이후 통제영 재정을 복구하는 데 상당한 도움을 주었다.

또한 이 시기에는 전선을 조운선으로 활용하자는 논의가 등장했다. 전선과 조운선의 모양, 그리고 조전선의 설계에 대한 검토가 다양하게 진행되었다. 정조는 『각선도본』을 제작하고 당시 조전선의 설계를 완료했다. 그리고 이 조전선을 경상도의 삼조창(三漕倉)에 배치하고자 했다. 그러나 기술적인 문제와 국방 약화 등을 이유로 반대하는 의견이 많았다. 조전선 논의를 적극적으로 추진하던 정조가 승하하자 이 논의는 일시 중단되었다. 이후 군선의 유용성 문제가 계속 제기되면서 여러 차례 논의가 되었고 몇 번에 걸쳐 제작되기도 했다. 하지만 이렇게 제작된 조전선이 실제 조운선으로 활용되었는지는 알 수 없다. 다만 이러한 논의를 통해 이 시기 수군 방위 태세가 이완되고 있었음을 짐작할 수 있다.

수조는 시행 주체가 분화되고 절차가 변경되기는 했지만, 시행되지 않는 추세였다. 수조의 여부를 묻는 장계는 계속 도착했지만 국왕은 대부분 수조를 정지하라는 명령을 내렸다. 그 이유는 크게 재해, 재정 부족, 국왕의 의지 등 다양한 요소와 결부되었다. 그렇다고 해서 기본적인 군사 훈련이 없었던 것은 아니었다. 취점과 도시 등은 행해지고 있었다. 취점과 도시는 수조가 정지된 해에 시행되었다. 수조가 정지되면,

통제사와 수사는 직할 군병을 직접 취점하고 소속 군현과 진에는 군관을 파견하여 취점했다. 취점이나 도시는 기본적인 군사 훈련이기는 하지만 수조와 같은 모의 전투 훈련이 아니므로 훈련의 강도가 약해졌다고 평가할 수 있다.

17~19세기 중엽까지 조선은 임진왜란 당시에 구축했던 전력을 바탕으로 이를 변형하는 형태로 수군 방위 태세를 유지해왔다. 하지만 산업혁명을 거치면서 공업 분야에서 발전을 이룩한 서양 세력의 강력한 해군이 침입해오자 수군은 제대로 된 대응을 하지 못했다. 서양 제국주의의 침입이 가시화되면서 수군 방위 태세를 개편하자는 논의가 있었지만, 19세기 후반 해방의 주도권은 육군에게 넘어갔다. 조선 정부는 강화유수가 통어사를 겸임하게 하는 한편, 본래 통어사였던 경기수사를 방어사로 격하시켰다. 이러한 방위 태세 개편을 통해 강화유수 겸 통어사를 중심으로 교동방어사과 영종방어사가 휘하에 편입되어, 유수를 중심으로 한 일원적인 지휘 체계가 확립되었다.

아울러 연해 군현과 수군진에 별포수(別砲手)가 도입되기도 했다. 포수는 병인양요 당시 강화도 방비에 주요한 역할을 했기 때문에 서양의 침입을 방어하는 데 효율적인 수단으로 인식되었고, 수군진에까지 설치가 확대된 것이었다. 수군이 서양의 침입에 제대로 된 대응을 하지 못하자 논의의 초점은 근대적 해군 창설로 이어졌다. 고종은 영국 정부에 도움을 요청하고 근대 군함을 도입하고자 했다. 이러한 노력으로 인해 고종 30년(1893) 해연총제영이 설치되고 통제영학당 등 해군학교가 설립되기도 했다. 아울러 양무호(揚武號) 등의 근대식 군함을 도입하고자 하는 노력도 있었다. 하지만 근대 해군의 수립을 위한 노력은 열강의 방해로 인해 또다시 좌절되었다.

지금까지 수군 연구는 임진왜란을 중심으로 이루어졌으며, 17세기 초반~19세기 중엽까지 수군 방위 태세의 변화는 제대로 밝혀진 바 없었다. 본 연구는 이러한 수군 방위 태세의 변화를 시기별로 구분하고 그 특징을 도출해냈다. 하지만 본 연구는 수군 방위 태세 변화를 연대기 사료를 중심으로 살핀 것으로, 여러 한계가 있는 것도 사실이다. 이후 연구 방향을 제시하면서 마치고자 한다.

우선 수군 고문서에 관한 연구가 진행될 필요가 있다. 해군사관학교를 비롯한 여러 연구 기관에 조선 후기 수군 관련 고문서가 보관되어 있지만, 수조홀기 등 일부 자료를 제외하고 제대로 된 연구가 진행되지 않았던 것이 사실이다. 이들 고문서는 조선 후기 수군 방위 태세의 운영 모습을 생생하게 전달해준다는 점에서 앞으로의 연구가 기대되는 바이다.

아울러 수군진에 대한 연구가 좀 더 활성화될 필요가 있다. 충청도나 전라도를 중심으로 수군진 연구가 상당수 이루어진 것은 사실이지만, 통제영을 제외한 경상도 수군진에 대한 연구는 거의 진행되지 못하고 있다. 경상도가 수군진이 많고 전력이 집중되었던 지역이라는 점을 고려해볼 때 이해하기 어려운 현상이다. 이제 이러한 수군 연구의 진척을 바탕으로 조선의 해양 방위 전략의 실체를 구체적으로 밝혀야 하는 과제가 남아 있다. 이는 차후 연구로 남긴다.

보론

반계 유형원의 수군 제도 개혁론

1. 머리말

반계 유형원(柳馨遠)은 국가를 공적 주체로 설정하고 모든 토지를 국가에게 귀속시켜 재분배한 뒤 이를 바탕으로 직역 체제를 효율적으로 운영하자는 혁신적인 개혁론을 내세웠다. 그가 개혁론을 구상하게 된 계기에는 병자호란에서의 패배라는 역사적인 배경이 존재했다. 유형원은 국가 조직을 일신하여 강력한 군사력을 확보한 후 청에 복수하고자 했던 '북벌론자'였다.[1] 북벌을 이루기 위해 국방력 강화는 필수적이었으며, 이는 그의 저서 『반계수록(磻溪隨錄)』에도 그대로 반영되었다.

그의 군사개혁론에 대해서는 일찍부터 많은 연구가 축적되어왔다. 천관우는 유형원의 군사개혁론을 병농일치(兵農一致)와 오위제 환원론

---

1) 송양섭, 「반계 유형원의 '公' 이념과 이상국가론」, 『조선시대사학보』 64, 조선시대사학회, 2013.

(五衛制還元論)으로 요약했다.[2] 강만길은 17세기 실학자들의 군역제를 호포제(戶布制)·구포전제적(口布錢制的) 개혁론과 병농일치제적인 개혁론으로 구분한 후, 유형원의 개혁론을 후자의 가장 대표적인 형태라 주장했다.[3] 김종수는 강만길의 연구를 이어받아 17세기 군역제 개혁 방안을 병농분리(兵農分離)와 병농일치론으로 나누고, 병농일치론의 대표적인 주자로 유형원을 꼽고 있다.[4] 김준석은 17세기 사회문제를 군역의 부세화로 지적하면서, 이를 극복하기 위해 유형원이 병농일치를 주장했다고 설명했다.[5] 서태원은 유형원의 군사개혁론을 병농일치론, 군액 감축론, 방군수포 금지론(放軍收布禁止論) 등으로 구분했다.[6] 이들과 연구 경향을 달리하는 제임스 팔레(James B. Palais)도 유형원의 군사개혁론을 병농일치라고 지적했다.[7]

지금까지 연구를 살펴보면, 연구자들은 유형원의 군사개혁론을 병농일치론으로 규정하고 있음을 알 수 있다. 반계 유형원이 병농일치론을

---

2) 천관우, 「磻溪 柳馨遠 研究」 上·下, 『역사학보』 2·3, 역사연구회, 1952(『근세조선사 연구』, 一潮閣, 1979에 재수록).

3) 강만길, 「軍役改革論을 통해 본 實學의 性格」, 『동방학지』 22, 연세대학교동방학연구소, 1979.

4) 김종수, 「17세기 軍役制의 推移와 改革論」, 『한국사론』 22, 서울대학교국사학과, 1990.

5) 김준석, 「柳馨遠의 政治·國防體制 改革論」, 『동방학지』 77·78·79 합집, 연세대학교 국학연구원, 1993.

6) 서태원, 「壬辰倭亂 및 孝宗의 北伐論이 內政에 끼친 영향―磻溪 柳馨遠의 軍役制 改革論을 중심으로」, 『국사관논총』 80, 국사편찬위원회, 1998.

7) 제임스 팔레 지음, 김범 옮김, 『유교적 경세론과 조선의 제도들―유형원과 조선 후기』 1·2, 산처럼, 2007.

주장한 이유는, 백성에게 토지를 지급해주는 대신에 그 반대급부로 병력을 충원하여 민생안정과 국방력 강화를 동시에 달성하고자 했기 때문이었다. 유형원이 살았던 17세기는 임진왜란의 활약상으로 인해 수군이 국가 방위 태세의 핵심적인 부분으로 부각되는 시점이었다. 하지만 정작 수군은 입역(立役)에 따른 보상이 없을 뿐 아니라 그 부담이 오히려 다른 직역에 비해 과중한 편이었다. 이러한 조선 정부의 수군 운영 방식은 유형원이 주장하는 병농일치론과 상당한 차이를 보이고 있었다. 그러므로 유형원이 자신의 개혁안을 주장하기 위해서는 수군 병력의 동원 체계에 대한 개혁 방안을 제시할 수 있어야 했다.

지금까지 유형원의 군사 제도 구상에 대해 많은 연구가 이루어졌지만, 그 한 축인 수군에 대해서는 부분적인 언급만 있었다. 물론 조선 후기 수군의 제도사 연구가 진행되지 못해 17세기 당시 수군의 면모를 알 수 없는 상태에서, 수군 제도에 대한 개혁 논의를 다루기 어려웠다는 측면을 부인할 수 없다. 하지만 최근 수군 연구가 조금씩 진척되면서 유형원의 수군 제도 개혁론을 연구할 수 있는 기반이 조성되고 있다.

조선시대 많은 개혁가가 수군에 대해 언급했지만, 유형원과 같이 수군에 대한 풍부한 이해를 바탕으로 다양하고 광범위한 개혁론을 제시한 사람은 드물다. 유형원의 수군 개혁론이 여러 개혁론 가운데서도 독자성을 가지는 이유가 여기에 있다. 필자는 유형원의 수군 개혁론을 통해 당시 수군 방위 태세의 문제와 그 개혁 방안을 지식인들이 어떤 수준에서 논의하고 있었는지 구체적으로 살펴보고자 한다.

2. 17세기 수군 문제와 그 인식

조선 정부는 임진왜란 이후 수군 방위 태세의 정비에 힘을 쏟았다. 17세기 당시 수군 방위 태세의 중요한 목표 중 하나는 청과 일본에 대한 방비였다. 조선 정부는 통제영과 통어영을 설치하고 수영을 휘하에 소속시키면서 경상도 일대와 강화도를 거점으로 방위 태세를 개편했다. 이를 위해 남해안 경상도 연해 지역에 권관·별장진 등의 소규모 진을 집중적으로 설치했으며, 강화도에 수군진을 집결시켰다.[8]

이러한 방위 태세를 유지하기 위해서는 병력의 충분한 확보가 전제되어야 했다. 조선 정부는 인조 4년(1626) 호패법을 시행하고 군적을 개수하고 입역 방식과 관련된 여러 규정을 정비했다. 하지만 호패법을 통해 확보한 양정(良丁)이 수군의 수효에 비해 부족하자 조선 정부는 수군진에 필요한 인원을 공급하지 못했다. 당시 수군진에는 전투 선박인 전선·귀선·방패선을 비롯하여 보조 선박인 병선과 사후선 등이 배치되어 있었다. 이러한 군선 승선 인원 중에 조선 정부에서 지급할 수 있는 인원은 일부의 전선 승선 인원뿐이었다. 나머지 군선 승선 인원이나 기타 행정 인원 등은 모두 진 자체에서 충원해야 했다.

이후 수군진이 계속 증설되면서 수군의 수효는 크게 늘어났다. 병력 부족 문제가 심각해지자 조선 정부는 산군(山郡)에 사는 백성들까지 수군에 동원하고자 했다. 수군은 물에 익숙한 사람을 얻기 위해 연읍 백

---

8) 송기중, 「17세기 수군방어체제의 개편」, 『조선시대사학보』 53, 조선시대사학회, 2010, 8~31쪽.

성을 충원하는 것이 일반적이었다. 그런데 조선 정부는 이 원칙을 어기고 임시방편으로 내륙에서도 수군을 충원한 것이다. 산군 수군의 충원은 병력 부족을 해결하는 데 일시적으로 도움을 주었지만, 여러 가지 곤란한 문제를 일으켰다.

산군 수군은 기본적으로 배를 타본 경험이 적어서 뱃멀미나 수인성 질환에 취약했다. 그에 따라 산군 수군 중 일부는 배를 탈 때 멀미로 제 구실을 못하거나 질병에 걸려 문제가 되었다. 그러므로 이들을 병력으로 동원하는 것은 수군 지휘관에게 여간 부담스러운 일이 아니었다. 그렇다고 한번 충원해놓은 산군 수군을 연읍(沿邑)에 이정(移定)하는 것도 쉽지 않았다. 수군역은 다른 직역에 비해 고역(苦役)이었다. 이 역을 연읍으로 이정하면 연읍 백성들의 강력한 반발에 부딪힐 수밖에 없었다.[9] 병력 부족과 산군 수군 문제를 해결하기 위해 조선 정부는 조선 전기 수군 병력 동원 체제인 호수-보인제가 붕괴되었음을 인정하고, 산군 수군에게 포를 거둬서 진 아래 사는 사람을 고립하는 '납포-고립제(納布雇立制)'를 공인했다. 이 납포-고립제는 이 시기 점차 정착해가는 추세였다.

이러한 수군 제도의 변화 과정에서 반계 유형원은 새로운 대안을 내놓기 위해 당대 현실을 진단했다. 그는 수군 병력 동원이 어려운 이유

---

9) 산군 수군 문제가 본격적으로 제기되자 조선 정부는 몇 차례에 걸쳐 '환정(換定)'을 시행했다. 환정은 연해 지역에 사는 육군과 산군에 사는 수군의 직역을 바꾸어 산군 수군을 없애는 것이었다. 그러나 연근의 백성은 수군역을 지기를 원치 않았으며 해당 관아에서도 부담 문제를 거론하면서 이를 꺼렸기 때문에 매번 실패했다. 위의 논문, 12~16쪽.

에 대해 다음과 같이 설명한다.

구제(舊制)를 살펴보면 (…) 수군은 48,800명이 2번(番)으로 나누어서
서로 교체했으며, 사람마다 보인 세 명을 받았습니다. 하지만 지금은
이 제도가 모두 폐지되어 수군 중 현재 있는 자가 거의 없습니다.[10]

수군이 양식과 찬가(饌價)를 내게 하고 전선을 새로 건조할 때 또
수군이 그 값을 냅니다. 수조(水操)를 할 때는 해당 번을 서고 있는 군
사 1인에게 2인을 더 세우라고 하여 점고를 받으니 수조 받는 달의
번을 서는 군인의 고통이 너무 심합니다. 그 외에도 중앙관청이나 주
영(主營) 등이 잡다하게 부과한 것이 많은데, 사향(麝香)이나 조우(鵰羽,
독수리 깃털) 등 수군과 관련 없는 물품에 이르기까지 모두 부과하고,
수영에서는 여기에 수를 늘려 또 부과하고, 진이 또 늘려 수군에게
받아내고 인정가(人情價)까지 받습니다. 이와 같은 일은 셀 수 없이 많
습니다. 그러므로 1년 동안 수군의 납부량은 적어도 상포(常布) 50필
이하가 아니니 약간 남은 수군이 날로 더욱 도산하고 있습니다.[11]

---

10) 『磻溪隨錄』 卷21, 「兵制」, 諸色軍士. "按舊制 (…) 水軍四萬八千八百人分二番相遞
每人給三保 今則此制廢壞已盡 水軍見存者 無幾."

11) 『磻溪隨錄』 卷21, 「兵制」, 諸色軍士. "令水軍納其糧饌價 戰船新造時 又令水軍出
其價 水操時 又令當番軍每一人 責立兩人以逢點 故水操月番軍 其苦尤甚 而此
外京及主營雜支定無節 至於麝香鵰羽等不干於水軍之物 亦皆支定 而水使又加
數分定於各鎭 則各鎭又加數徵出其價於水軍 而並徵人情價 如此等事不可勝數
水軍一年所費 少不下常布五十疋 以故乎遺水軍 日益逃散."

수군 병력의 동원이 어려운 이유는 수군의 경제적 처지 때문이었다. 유형원은 수군의 경제력이 약화된 원인을 호수-보인제의 붕괴와 수군에 대한 과도한 수탈에서 찾았다. 호수-보인제는 호수의 입역 비용을 보인이 조달했기 때문에 호수의 경제적 몰락을 막는 효과가 있었다. 하지만 호수-보인제가 붕괴되면서 그 효과가 감축되었다는 것이다. 또한 수군의 과도한 부담도 수군의 경제적 부담을 가중시켜 동원을 어렵게 했다. 그는 본역(本役)에 잡역(雜役)까지 합하면 수군의 부담은 1년간 적어도 50필 이상은 될 것이라고 말했다. 이러한 수탈로 인해 수군의 경제적 기반은 더욱 약화되었다. 이 문제를 해결하기 위해서는 수군의 경제적 회복이 무엇보다 중요한 문제로 대두될 수밖에 없었다.

유형원은 이 시기 정착하고 있던 납포-고립제에 대해 긍정적인 생각을 가진 것도 아니었다. 그는 납포-고립제의 문제점을 다음과 같이 설명한다.

> 대소 변장(大小鎭將)들이 인원수를 계산하여 포를 거두어 처자식을 봉양하고 뇌물로 삼은 후에 그 나머지를 가지고서 약간의 진 아래 사는 사람을 고립하여 목전(目前)의 사환으로 삼을 따름입니다. 진포(鎭浦) 근처에 사는 한잡인(閑雜人)을 토병이라 하는데 토병(土兵)을 고립하여 대신하게 하다가 봄과 가을의 수군 훈련과 순점(巡點) 때에 사람을 빌려 대신 점고하게 합니다(借人代點). 또한 진장(鎭將)은 의례 근처에 사는 한잡인(閑雜人)에게 포를 지급해두었다가 불시에 순점이 있으면 이들을 들여 점고를 대신 받게 하니 이를 명대(鳴代)라고 합니다. 국가는 군민의 힘을 다하여 위급한 때를 방비해야 하지만 수

군 변장은 달마다 면포(綿布)만 단속하고 진에는 3~4명의 고립자(雇役者)가 있을 따름이니 국사(國事)가 여기에 이르러서 통곡할 따름입니다. (…) 국제에 변장의 급료가 제정되지 않았고, 전선의 개조(改造), 군기(軍器)의 수리 등도 모두 재원의 출처가 없으니 현명하고 능력 있는 자가 부임한다 하더라도 이를 어찌 당하겠습니까? 어쩔 수 없이 방군수포(放軍收布)할 수밖에 없습니다. 근래 이후에 이러한 폐단이 더욱 심해졌습니다.[12]

당시 수군진은 포를 내는 수군의 수에 맞추어 병력을 고립해야 했다. 고립가를 수군 역가와 같이 3필로 책정한 것도 그 때문이었다. 만일 수군 숫자만큼 병력을 고립한다면 수군진에서는 역가 수입을 얻기 어려웠을 것이다. 그렇지만 수군진은 역가 수입을 재정으로 활용하기 위해 여러 편법을 동원했다. 정규적인 순점 때 사람을 빌려서 점고를 받는 차인대점(借人代點)이나, 한잡인에게 포를 미리 지급해두었다가 불시의 순점 때 동원해서 점고를 받는 명대(鳴代) 등이 그것이다. 이 방식을 활용하면 평소에는 수군 숫자보다 적은 인원만 고립하고 중간 비용을 착복하는 것이 가능했다. 유형원은 수군 지휘관이 이렇게 벌어들인 차익

---

12) 『磻溪隨錄』卷21,「兵制」諸色軍士. "大小鎭將 計名收布 爲其妻妾之俸 賄賂之資 略以其餘 雇立若干鎭底人 爲其目前使喚而已 鎭浦近居閑雜人 謂之土兵 土兵例 爲雇代 春秋水操 及使臣巡點時 則借人代點矣 鎭將又例給近居閑人布疋 或有不 時巡點 則納以代點 俗謂之鳴代 國家竭軍民之力 防備不虞 而鎭將輩月束綿布 鎭只有三四雇役者而已 國事至此 可爲痛哭 (…) 國制不設鎭將廩祿 戰船改造 軍 器修補 皆無財力出處 雖使賢能當之 不得全不放軍收布 旣許放其若干 則貪汚無 識之輩 終必盡放而後已 是亦國制之未備也 近年以來 則弊習益甚."

으로 처자식을 봉양하고 뇌물에 이용한다고 지적했다.

유형원은 수군진에 재정을 충분히 확보해주지 못했기 때문에 이와 같은 일이 생긴다고 보았다. 당시 수군 지휘관의 급료는 정부 차원에서 정식으로 지급된 것이 아니라 진의 자체 재원으로 마련하는 것이 상례였다.[13] 또한 읍전선의 개삭 및 개조 비용은 대동법으로 인해 저치미로 마련하는 것이 정식이었지만, 수군진 군선의 개삭 및 개조 비용은 진자체 재원으로 충당해야 했다. 군기 수리 비용도 마련 방식이나 지출 부분에서 이렇다 할 규정이 없는 상태였다. 이런 상황에서 수군에게 역가를 걷는 것은 수군진의 운영 자금을 확보하는 주요한 수단으로 등장할 수밖에 없었던 것이다.

유형원은 납포-고립제가 수군 전력의 약화로 직결된다는 점을 큰 문제로 지적하면서, 그 근거를 두 가지로 제시했다. 첫째, 수군의 질적 저하를 초래한다는 점이다. 고립을 하게 되면 수군이 병력으로서 역할을 하는 것이 아니라 사환(使喚)으로 기능하는 때가 많다는 것이다. 둘째, 적에 대한 대응을 어렵게 하는 요인으로 작용한다는 점이다. 군선을 출동시키기 위해서는 일정 수 이상의 병력이 필요하다. 그런데 수군진에 군선 승선 인원보다 적은 인원만 고립한다면, 군선이 출동할 때 승선 인원을 모집하는 시간이 추가로 필요할 수밖에 없었다. 그에 따라 군선의 출동 시간이 지연되어 적에 대한 대응이 늦어질 수밖에 없었던 것이다.

한편, 유형원은 진의 남설(濫設)이 방어의 결함을 가져올 뿐 아니라 백

---

13) 『各營釐整廳謄錄』 奎15062, 「兩南水軍變通節目」.

성을 수탈하는 도구가 될 수 있다고 보았다.

> 고려 때 전녹생(田祿生)이 전라도를 살펴보고 아뢰기를 왜구가 침
> 입한 이래로 도 안에 수소(戍所)가 많으면 80개에 이르렀는데, 군장(軍
> 將)이 주현(州縣)을 침학하여 위엄을 세우고 수졸(戍卒)을 개인적인 일
> 에 부려먹어 백성들이 도산했습니다. 적이 쳐들어왔을 때는 주군(州
> 郡)의 병사를 징발하여 연호군(烟戶軍)이라고 했으나 적을 막지도 못
> 했고 백성들에게 해만 되었다고 하니 수소를 혁파하는 것만 못합니
> 다. 군현에게 봉화를 성실히 하고 척후를 엄격하게 하여 변란에 대비
> 하게 하고, 부득하다면 요해처를 잘 살펴 수소를 줄인다면 백성들의
> 생활이 좋아지고 군향(軍餉)이 절약될 것입니다.[14]

그는 고려 말의 상황을 들어 진의 숫자가 증가하면 지휘관이 군현민
이나 군졸에게 과도한 수취를 할 가능성도 늘어난다고 생각했다. 하지
만 막상 적이 쳐들어왔을 때는 진의 지휘관들이 연호군이라고 하면서
군현의 백성들도 징발했으나 백성들에게 피해만 끼칠 뿐 군사적 역할
을 제대로 하지 못할 가능성도 있다고 염려했다. 이를 방지하기 위해
최소한으로만 진을 설치하여 관리를 잘할 필요가 있었다.

요컨대, 당시 수군과 관련된 문제 중 하나는 수군 병력의 확보가 어

---

14) 『磻溪隨錄』卷21, 「兵制」諸色軍士. "高麗時田祿生 出按全羅道 奏曰倭寇以來 一
道置戍 多至十八所 軍將 虐州郡以立威 役戍卒以濟私 遂使凋弊逃散 及寇至 更
徵州郡兵 謂之烟戶軍 未見禦寇 祇以害民 不若罷諸戍 令州郡 謹烽火 嚴斥候 以
應變 如不得已 當審其要害 省其戍所 則民力舒而軍餉節矣."

렵다는 것이었다. 이를 타개하기 위해 산군 수군을 충원하기도 했지만, 문제가 많아 포를 내는 병력을 고립하는 납포-고립제를 채택할 수밖에 없었다. 이런 상황에서 유형원은 병력 동원이 어려운 이유를 수군의 경제적 기반 약화에서 찾았다. 또한 납포-고립제도 수군 전력을 약화시키는 원인이 된다고 보았다. 아울러 진의 남설에 따라 수군 지휘관이 수군이나 백성에게 과도한 수취를 할 가능성도 제기했다. 이를 극복하기 위해 유형원은 여러 가지 개혁안을 제시했다.

3. 공전(公田)의 지급과 입역 체제 개혁

유형원은 당시 병력 충원의 난맥상이 입역자의 경제적 기반 미비에서 비롯된다고 생각했다. 이 문제를 해결하기 위해 그는 모든 토지를 국가로 귀속시키고 정전제 이념에 따라 재분배하는 공전제(公田制)를 시행해야 한다고 보았다. 공전제는 사회구성원이 신분과 직역에 따라 적절한 수준의 토지를 받음으로써 안정적인 경제적 토대를 갖추고 직역을 수행하도록 하는 데 목적이 있었다. 정부 관청을 포함한 왕족, 사족, 관료, 서리복예(書吏僕隸), 공상(工商), 각종 직역자 등 거의 모든 백성이 공전 지급의 대상이었다. 공전제는 국가 체제의 공공성과 소농 보호를 이념화하여 균산(均産)과 균부(均賦)를 실현하고자 했던 유형원 개혁론의 핵심적인 부분이자 부국강병론을 실행하기 위한 물적 토대였다.[15]

---

15) 송양섭, 앞의 논문, 2013, 498~499쪽.

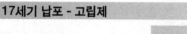

〈그림 1〉 수군 입역 체계의 비교

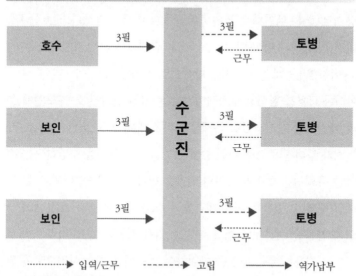

17세기 납포 - 고립제

호수 —3필→ 수군진 ···3필···→ 토병
토병 ···근무···→ 수군진

보인 —3필→ 수군진 ---3필---→ 토병
토병 ---근무---→

보인 —3필→ 수군진 ---3필---→ 토병
토병 ---근무---→

···········▶ 입역/근무   ------▶ 고립   ——▶ 역가납부

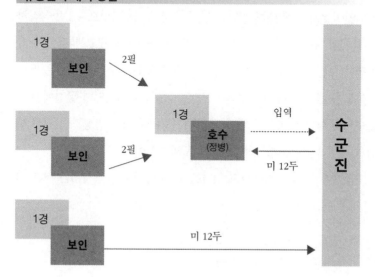

유형원의 개혁 방안

1경 보인 —2필↘

1경 보인 —2필↗ 1경 호수(정병) ····입역····→ 수군진
호수(정병) ←미 12두—

1경 보인 —미 12두—→ 수군진

그의 수군 병력 동원 체제도 공전제를 토대로 구상된 것이었다. 유형원은 수군 한 명당 1경의 토지를 주어 경제적인 기반을 마련하고, 이를 바탕으로 호수-보인제를 복원하여 군호(軍戶)를 구성했다. 군호는 『경국대전』의 규정과 같이 인정(人丁) 4명을 편성해 장건한 자를 호수로 삼고 나머지 3명을 보인으로 하는 방식으로 편성했다.

이러한 군호를 형성하기 위해서는 우선 조선 전기에 호수-보인제 운영과 관련하여 제기되었던 문제들을 해결해야 했다. 조선 전기 호수-보인제가 무너진 중요한 원인 중 하나는 호수가 보인을 수탈한다는 것이었다. 유형원은 호수와 보인의 역가를 명확히 규정해준다면, 그들 사이에 발생할 수 있는 문제를 해결할 수 있다고 생각했다. 또한 호수가 보인의 잡물을 취하거나 법을 어기고 일을 시키는 경우 죄를 논하고 보인으로 격을 낮추는 규정을 마련하여, 호수가 보인을 사적으로 동원하는 것을 봉쇄하고자 했다.[16]

보인이 호수에게 내는 역가는 당시 수군 역가인 3필보다 1필 삭감하여 육군과 통일시켰다. 이는 군역 부담의 공평성을 제고한 것이다. 유형원은 보인 두 명은 호수에게 2필씩 내서 호수의 군장(軍裝) 비용에 충당하도록 했으며, 나머지 보인 한 명은 12두를 입역처인 수군진에 내서 호수의 군량으로 삼도록 했다. 또한 호수가 5~6월에 번상하는 경우 보인 두 명은 한 달에 2일 동안 농사를 도와주어야 한다고도 했다.[17]

수군에게 토지를 지급하고 역가를 줄여 생계를 안정시키는 것은 전

---

16) 『磻溪隨錄』 卷21, 「兵制」 諸色軍士.

17) 『磻溪隨錄』 卷21, 「兵制」 諸色軍士.

투력을 결정하는 데 중요한 문제였다. 유형원은 경제적 토대의 마련과 역가 감축이 당시 수군의 구조적인 문제를 해결하는 데 도움이 될 것이라 생각했다. 그는 수군과 육군의 역 부담을 통일하고 처우를 개선한다면 육군이 수군역에 충원되는 것을 원치 않을 이유가 없다고 했다.[18] 수군의 처우를 육군과 같이 해서 연군 백성이 수군에 충원되길 꺼려하는 상황을 불식시켜 수군의 원활한 확보를 도모하고자 한 것이었다.

　유형원은 연해 지역의 양정을 모두 수군에 소속시킨다 해도 전력에 필요한 숫자를 충당할 수 있을지 미지수라고 했다. 이 시기에는 연해 지역이 제대로 개간되지 못해 인구가 충분하지 않았을 뿐 아니라 양인보다는 노비 등 신분이 낮은 계층이 거주하는 경우가 많아서 이런 현상이 나타났던 것이다. 그러므로 연해 지역에서 병력을 확보하기 위해서는 연해 지역의 공·사천(公私賤)이나 무수전자(無受田者)를 병력으로 활용할 수밖에 없었다. 유형원은 이들을 '능로군(能櫓軍)'이라 지칭하고 별도로 편제했다.

　이들은 양인들과 신분이 다른 만큼 임무와 역할에서도 보통 수군과 구분이 있었다. 일반 양인인 수군이 입역하여 병력으로서 임무를 수행했다면, 공·사천이나 무수전자인 능로군은 훈련과 수색·포획 등 기초적인 군사 업무에만 동원되도록 활동을 제한했다. 만약 규정된 업무 외에 이들을 동원할 때는 반드시 급료를 지급하게 했다. 이들은 1년에 2번 점고(點考)를 받았으며, 점고할 때는 일반 양인 수군과 달리 병장기

---

18)　『磻溪隨錄』卷21,「兵制」諸色軍士.

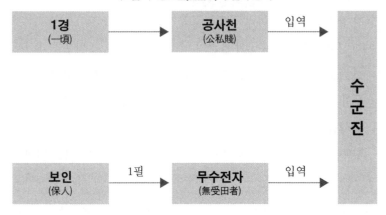

〈그림 2〉 능로군(能櫓軍)의 입역 방식

를 갖추지 않아도 되었다.[19] 공·사천과 무수전자는 토지 1경이나 보인 한 명을 받았다. 보인 한 명은 1필(6두)을 무수전자에게 냈다. 능로군에게 많은 임무를 부여하지 않은 이유는 유형원이 이들을 일종의 '예비병력'으로 간주했기 때문이었다.

또한 이들은 역을 수행하는 데 일종의 하자가 있는 존재들이기도 했다. 공·사천은 주가(主家)에 예속된 존재로서 이들의 역을 져야 했기 때문에, 수군역과 같은 일반 직역을 지기에는 일정한 한계가 있었다. 더군다나 공·사천은 유형원의 국가 구상에서 점차 폐지되어야 할 존재이기도 했다.[20] 무수전자도 공·사천과 비슷한 형편이었다. 그들은 어업을

---

19) 『磻溪隨錄』卷21, 「兵制」 諸色軍士.
20) 송양섭, 「반계 유형원의 奴婢論」, 『한국인물사연구』 19, 한국인물사연구회, 2013, 373~381쪽.

통해 생계를 유지할 수 있었기 때문에 토지를 받지 않았다.[21] 그런데 토지와 보인을 지급받는 일반 수군처럼 이들을 동원한다면, 유형원은 토지와 보인의 지급에 대한 반대급부로 역을 수취한다는 직역 동원에 대한 자신의 원칙을 어기게 되는 것이었다. 때문에 그는 이들의 동원에 여러 가지 제약을 두었다.

이렇게 유형원은 수군을 일반 수군과 능로군으로 나누고 일반 수군에게는 토지와 보인을 지급하는 대신 그에 따른 임무를 부여하는 한편, 능로군에게는 토지나 보인을 적게 주면서 임무를 줄여주는 방식으로 병력을 확충했다. 이를 바탕으로 병력 운영 방식을 규정했다. 〈표 1〉은 그가 제시한 월별 근무 인원과 조선 정부의 방식을 비교한 것이다.

17세기 초·중엽 경안부 수군은 보직에 따라 사부와 격군으로 구분되었다. 본 연구에서는 경안부 수군 중에 격군과 유형원의 병력 동원 방식을 비교해보겠다. 격군의 번차는 10번제였다. 10번제는 격군을 10개 번으로 편성하여 9개 번은 입역하여 근무를 서고 1개 번은 휴번(休番)하는 방식이다. 이 중 9개 번은 1년 중 풍화시(3~8월) 6개월 동안은 6개 번이 1개월씩 입역하고 풍고시(9월~다음해 2월) 6개월에는 나머지 3개 번이 입역했다. 휴번하는 1개 번은 역가를 거두어 수군진의 재정에 활용했다. 풍화시에 입역을 하는 6개 번은 1번 당 80명이 정원이고, 풍고시에 입역을 하는 3개 번은 40명이 정원이었다. 풍화시 인원을 80명으로 정한 것은 전선에 들어가는 최소 격군 수가 80명 정도라는 점을 고려한 것이었다. 풍고시에는 풍화시보다 적의 침입 가능성이 적어서 입역 인

---

21) 『磻溪隨錄』 卷21, 「兵制」 諸色軍士.

〈표 1〉 수군 번차와 입역 인원 비교

(단위: 명)

조선정부	진명	전선	입방 (풍고)			입방 (풍화)						입방 (풍고)			불입방	총합계
			12월	1월	2월	3월	4월	5월	6월	7월	8월	9월	10월	11월		
	통영	8	·	·	·	·	·	·	·	·	·	·	·	·	·	·
	수영	4	·	·	·	·	·	·	·	·	·	·	·	·	·	·
	첨사	2	80	80	80	160	160	160	160	160	160	80	80	80	160	1,600
	첨사	1	40	40	40	80	80	80	80	80	80	40	40	40	80	800
	만호	1	40	40	40	80	80	80	80	80	80	40	40	40	80	800

반계수록	진명	전선	수군 1운(運)						수군 2운(運)						능로군	총합계
			12월	1월	2월	3월	4월	5월	6월	7월	8월	9월	10월	11월		
	통영	7	105(315)		210(630)		210(630)		210(630)		210(630)		105(315)		1,050	5,250
	수영	5	75(225)		150(450)		150(450)		150(450)		150(450)		75(225)		600	3,000
	첨사	3	45(135)		90(270)		90(270)		90(270)		90(270)		45(135)		450	2,250
	만호	2	30(90)		60(180)		60(180)		60(180)		60(180)		30(90)		300	1,500

* 권관진 소모별장진 등은 제외한다. 통제영과 수영의 실체 입역 인원은 알 수 없다. ( ) 안은 보인의 숫자이다. 합계는 호수·보인·능로군을 모두 합산한 양이다. 색깔을 입힌 부분은 병력이 집중 배치된 시기이다. 조선 정부의 방식은 경안부 수군 중에 격군만 표시한 것이다.

* 출전: 『承政院日記』 132冊, 孝宗 5年 8月 9日; 『磻溪隨錄』 卷21, 「兵制」 諸色軍士.

원도 절반가량으로 줄였다. 이러한 규정을 통해 전선 1척당 인원이 정해지면, 배치된 전선 수에 따라 수군진의 근무 인원도 자연히 결정되었다.[22]

이에 비해 유형원은 전선 1척당 배치되는 수군 호수를 총 150명으로

---

22) 송기중, 「17~18세기 전반 水軍役制의 운영과 변화─『兩南水軍變通節目』을 중심으로」, 『대동문화연구』 76, 성균관대학교대동문화연구원, 2011, 24쪽.

규정했다. 이들은 75명씩 두 운(運)으로 나누어 입역했다. 1운은 12월에서 다음 해 5월까지, 2운은 6월에서 11월까지 입역했다. 1운은 다시 3번제에 입각해 입역했다. 1운의 입역 인원은 12~1월에 15명, 2~3월에 30명, 4~5월에 30명이었다. 2운의 입역 인원은 6~7월에 30명, 8~9월에 30명, 10~11월에 15명이었다. 10월에서 1월 사이의 입역 인원이 다른 시기에 비해 절반으로 설정된 것은, 겨울에 적의 침입 가능성이 상대적으로 적다는 점을 고려한 것이었다. 이를 바탕으로 유형원은 전선 수를 고려해 수군진에 배치할 인원을 확정했다. 예를 들어, 만호진은 보통 전선 2척을 배치했기 때문에 10월에서 1월까지 30명씩, 2월에서 9월까지는 60명씩 입역을 했다.[23] 능로군은 전선 1척당 150명을 배정하는 것이 원칙이었다. 능로군도 수군과 마찬가지로 전선 숫자 증가에 따라 배치 인원이 늘어났다.

유형원의 입역 방식을 조선 정부와 비교해보면 그 기본 원리는 크게 다르지 않다. 전선 1척당 입역 인원을 정하고 수군진에 배치할 전선 수를 결정하면 진에 입역하는 인원이 자연히 결정된다는 점에서 비슷하다. 하지만 세부적으로 살펴보면 두 가지 정도의 차이를 발견할 수 있다. 첫째, 진별로 입역하는 수군 수가 크게 줄었다는 점이다. 〈표 1〉에서도 볼 수 있듯이, 그는 전선 1척당 조선 정부의 입역 인원인 80명보다 훨씬 적은 15명과 30명을 입역하게 했다. 둘째, 입역 기간과 번차의 차이이다. 유형원은 입역 기간을 1개월에서 2개월로 늘리고 번차를 10번제에서 6번제로 바꾸었다. 입역 기간을 2개월로 늘린 이유는 자주 교체

---

23) 『磻溪隨錄』卷21,「兵制」諸色軍士.

되었을 때 생겨나는 여러 문제를 해결하기 위해서였던 것 같다.

이러한 그의 병력 운영 방식은 입역 인원이 군선 승선 인원보다 적어 비상시에 군선의 출동이 지연되는 문제를 야기할 수 있었다. 유형원은 입역 인원은 적더라도 수군이 모두 진 근처에 거주해 유사시에 쉽게 동원될 수 있기 때문에 크게 걱정할 필요가 없다고 했다.[24] 이를 통해 그가 평소에는 적은 인원만 입역하다가 유사시 주변 거주민을 동원하는 '일호등선(一呼登船)' 체계를 구상했음을 알 수 있다.[25] 유형원은 이런 입역 시스템을 구축함으로써 수군의 입역 부담은 줄이면서도 방어의 효율성은 높이고자 했던 것 같다.

유형원은 입역 방식을 정하는 것과 함께 수조(水操)에 관한 규정도 정비했다. 조선 정부는 수조를 봄과 가을에 두 차례 시행했다. 봄 훈련인 춘조(春操)는 통제영 앞바다에서 충청·전라·경상도 수군이 모여 시행했으며, 가을 훈련인 추조(秋操)는 각 수영 앞바다에서 영 단위로 시행하는 것이 정식이었다. 훈련은 『기효신서』의 훈련 방식을 수정 보완한 『병학지남』의 수조 절차에 따라 시행되었다. 유형원은 수조의 절차에 대해서는 별다른 개혁론을 내세우지 않았다. 오히려 『기효신서』를 따르라고 언급한 것으로 보아 조선 정부의 방식을 인정한 것으로 보인다.

하지만 훈련 빈도나 규모는 유형원의 구상과 조선 정부의 방안이 차이를 보였다. 유형원은 봄과 가을의 수조를 모두 해당 수영 앞바다에서 시행하게 하고, 2년에 1번씩만 통제영에 모여 훈련하게 했다. 또한 통제

---

24) 『磻溪隨錄』 卷21, 「兵制」 諸色軍士.
25) 『磻溪隨錄』 卷21, 「兵制」 諸色軍士.

영 훈련에 참여하는 수군진의 숫자도 현행 방식보다 축소하고자 했다. 조선 정부는 통제영·경상좌수영·전라좌수영·전라우수영·충청수영과 그 소속 수군진이 춘조에 참여하도록 규정했지만, 유형원은 전라좌수영·경상좌수영·통제영과 소속 수군진만 춘조에 참여하도록 했다. 그리고 전라우수영과 충청수영 소속 수군진에게는 삼도 수군 훈련을 면제해주고 도 단위 훈련만 시행하도록 했다.[26] 또한 병력 동원 방식도 개편해서 봄 훈련은 1운, 가을 훈련은 2운이 참여하도록 했다.

유형원이 통제영 훈련의 횟수를 줄이고 참여하는 진 숫자를 감축한 이유에 대해서는 구체적으로 언급하지 않았지만, 훈련 중에 발생하던 여러 문제를 고려한 것으로 생각된다. 당시 충청도나 전라우도 수군진에 주둔한 병력은 훈련을 위해 통제영 앞바다까지 이동해 왔다. 하지만 이동 거리가 멀어 이동 기간에 주둔지의 방위 태세가 약화되었을 뿐 아니라 이동 과정에서 배가 침몰하여 인명 피해가 발생하는 사례도 많았다. 이 문제로 인해 정부 내에서 많은 논란이 있었고, 이를 해결하기 위해 유형원은 통제영의 훈련 횟수를 조절한 것으로 보인다.

아울러 순검(巡檢)에 대한 규제도 정했다. 순검은 봄과 가을에 두 번 하도록 했다. 순검의 항목은 입역 인원 확인, 장비의 점검, 시재(試才) 등 이었다. 특히 유형원은 시재를 강조했다. 주지하다시피 유형원은 수군이 기예를 연마하지 않고 사환이 되는 현실에 대해 비판적인 입장을 피력한 바 있었다.[27] 이런 상황에서 시재는 군사력 강화에 가장 중요한

---

26) 『磻溪隨錄』卷21,「兵制」諸色軍士.
27) 『磻溪隨錄』卷21,「兵制」諸色軍士.

요소 중 하나일 수 있었다. 시재를 통해 인재를 발굴해내는 한편, 수군들에게 기예 연마에 대한 동기를 유발하고자 했던 것으로 생각된다.

그 밖에 각종 행정 업무를 보조하는 규정도 두었다. 조운(漕運)할 때 구역을 나누어 조운선을 호송하는 임무를 담당하도록 했다. 하지만 그는 당시 수군 지휘관들이 조운 운송에 책임을 지는 압령관(押領官)에 임명되는 것을 반대했다.[28] 조운의 책임은 군현에서 담당하도록 하고, 이를 보호하는 임무만 수군 지휘관에게 맡김으로써 임무의 범위를 분명히 정했다. 또한 수군 지휘관은 해로를 지나다니는 선박을 검열하고 해당 주진인 수영에 보고하도록 했다.

요컨대, 유형원은 수군에 공전을 지급하고 이를 바탕으로 호수-보인제를 복원하여 직역 체제를 재구성하고자 했다. 이를 바탕으로 수군을 모두 연해로 옮겨 입역 부담을 줄이고 방어의 효율성을 재고하려 했다. 하지만 이들이 연해로 이동한다 해도 충분한 수군을 확보할 가능성이 낮기 때문에, 연해의 무수전자와 공·사천도 병력으로 활용하고자 했다. 이렇게 병력의 충원 범위가 결정되자 그는 수군진에 입역하는 인원을 확정했다. 유형원이 입역 인원을 결정한 방식은 조선 정부의 방식과 그 근본 원리에서 같았지만, 백성의 부담을 줄이고 병력을 좀 더 효율적으로 동원할 수 있는 방식이었다. 그 밖에 수군 훈련, 순검 등 수군의 주요 업무에 대한 개선안을 내놓기도 했다.

---

28) 『磻溪隨錄』卷21, 「兵制」 諸色軍士.

4. 재원 확보와 지출 규정의 정비

수군에 대한 과외 침탈을 막기 위해서는 진 재정의 정비도 필요했다. 유형원은 모든 관청의 수입을 전세(田稅)로만 충당하도록 조치했는데, 이는 수군진도 마찬가지였다. 유형원은 전세를 조세(漕稅)와 유세(留稅)로 구분했다. 조세는 한양에 올라가는 세금으로 주로 중앙관청의 수입으로 활용되었다. 유세는 지방관청의 수입원이었다. 수군진도 지방관청이기 때문에 유세를 통해 경비를 충당하도록 했다.[29] 유형원은 진별로 배정한 유세의 양을 수록하지 않았다. 대신 유세로 지출되는 명목을 수군 관리의 녹봉, 군선 개삭 및 개조 비용, 기타 물품 마련 비용 등으로 나누고 그 지출액을 규정했다.

먼저 수군 관원의 녹봉에 대해 살펴보자. 당시 조선 정부가 직접 임명한 인원은 통제사·수사·방어사·첨사·만호 및 우후밖에 없었으며,[30] 여타 관원들은 중앙에서 임명한 지휘관이 중앙의 허락을 받아 임명했다. 이에 진의 관원은 임명 주체에 따라 중앙에서 임명한 관원과 지휘관이 임명한 관원으로 이원화되었다. 전자에 대해서는 명확한 법전 규정이 있었지만, 후자는 임기응변식으로 결정되는 사례가 많았다. 숙종 1년(1675) 소강방어사가 파견될 때는 군관 6명을 거느렸는데, 숙종 2년(1676) 임지에 부임하는 선사방어사가 데려가는 군관은 20명으로 제한

---

29) 『磻溪隨錄』卷4,「田制後錄」上, 經費. "外方凡百支費皆以經費 –外方經費皆其留稅."

30) 『經國大典』卷4,「兵典」外官職; 『續大典』卷4「兵典」外官職.

<표 2> 진별 배치 인원과 녹봉

인원		품계	인원(명)				1인당 급료	
			통제영	수영	첨사진	만호진	녹봉(곡)	토지(경)
지휘관	통제사	·	1	·	·	·	16.5	·
	수사	정3	·	1	·	·	15	·
	첨사	종4	·	·	1	·	16	·
	만호	종5	·	·	·	1	12.5	·
우후	통우후	·	1	·	·	·	12	·
	우후	정4	·	1	·	·	10.5	·
장교	재솔군관	·	10	5	2	1	3	·
	대변군관	·	26	13	6	3	·	·
	기패관	·	7	5	3	2	0.5	·
서리 노비	서리	·	30	28	10	8	2	1/2
	조예	·	150	130	44	36	1.2	1/2
	소사	·	34	24	4	4	0.5	1/2
합계			259	207	70	55	·	·

* 녹봉은 매월 받는 금액이다. 유형원은 통제영[수영]의 대변군관을 통제사[수사]와 통우후[우후]로 나누어 각자 녹봉을 지급했는데, 이 표에서는 합쳐서 계산했다. 본래 기록된 대변군관 숫자는 통제사 20명, 수영 10명, 통우후 6명, 우후 3명이었다.

* 출전: 『磻溪隨錄』 卷19, 「祿制」 外方官祿磨鍊; 『磻溪隨錄』 卷21, 「兵制」 諸色軍士.

한 것이 그 예이다.[31] 그렇기 때문에 규모가 비슷한 수군진이라도 입역하는 인원수는 차이가 있을 수밖에 없었다.

　수군진이 진별로 규모가 달랐던 것은 중앙의 통제를 어렵게 하는 원인이 되었다. 이 문제를 해결하기 위해 유형원은 진의 규모를 고려하여 관원 수와 녹봉을 상세히 규정하고자 했다. <표 2>는 수군진에 배치된

---

31) 『備邊司謄錄』 31冊, 肅宗 1年 9月 6日 「黃海道所江防禦使事目」; 『備邊司謄錄』 32 冊, 肅宗 2年 9月 12日.

인원 및 녹봉이다.

유형원이 제시한 수군진의 관원은 크게 지휘관, 우후, 장교, 서리나 노비 등 네 부분으로 구분할 수 있다. 지휘관·우후·장교는 녹봉만 지급받았다. 녹봉은 통제사 매월 16.5곡, 수사 15곡, 통우후 12곡, 수영우후 10.5곡, 첨사 16곡, 만호 12.5곡 등 지휘관의 품계별로 규정되었다.[32]

유형원은 군관을 재솔군관(在率軍官)과 대변군관(待變軍官)으로 구분했다. 재솔군관은 수군진에서 근무하면서 변란을 대비하는 군관이었다. 재솔군관은 무선으로 뽑힌 자, 경력자(전함), 충의위(忠義衛)나 충순위(忠順衛) 등의 직역자를 임명하게 했다. 직접 입역했기 때문에 이들에게는 녹봉을 지급했다. 그에 비해 대변군관은 일종의 '예비군관'이었다. 이들은 집에 있다가 유사시에 동원되었으므로 급료가 지급되지 않았다.[33]

기패관은 지휘관을 수행하면서 명령을 전달하는 사람으로, 진에 배치된 전선 수만큼 배정했다. 기패관도 사명일에 1.5곡을 받았다. 사명일이 정월 초하루, 단오, 추석, 동지였다는 점을 생각하면 1년에 이들이 받는 총액은 6곡이었다. 이를 매달 평균 급료로 환산하면 0.5곡이 된다. 기패관도 군관과 비슷한 장교였는데 군관보다 적은 급료를 책정한 이유는, 기패관이 재솔군관처럼 항상 근무를 서는 것이 아니라 사무가 있을

---

32) 이들 중 통제사와 수사의 녹봉은 중앙관청의 동일 품계와 비교해 상당히 작은 액수였다. 당시 중앙관청의 정3품 관리 녹봉은 월 24斛이었는데, 수사는 9斛 정도 적게 받았다. 그에 비해 첨사와 만호는 중앙관청의 동일 품계 관리들과 같은 금액을 받았다. 유형원이 녹봉 지급 방안을 이런 식으로 구상한 이유는 명확하지 않다. 『磻溪隨錄』 卷19, 「祿制」 外方官祿磨鍊.

33) 『磻溪隨錄』 卷1, 「分田定稅節目」.

때만 와서 근무를 섰기 때문이다.[34]

서리·조예·소사 등 서리나 노비에게는 녹봉과 토지가 동시에 지급되었다. 유형원은 지방관청의 관원 일부에게는 녹봉을 줄이고 토지로 지급하고자 했는데, 이 정책이 수군에도 반영된 것이다. 서리·조예·소사 등도 인원수를 구체적으로 규정했다. 이들은 2교대로 15일씩 근무하고 녹봉과 토지 0.5경을 받았다.[35]

유형원은 군선의 개삭 및 개조 비용도 규정했다. 당시 군선에 관한 역은 연읍 백성들의 부담을 가중시키는 원인이었다. 조선 정부는 연읍 백성의 부담을 줄여주기 위해 군선의 개삭 및 개조 비용을 대동유치미로 지급하도록 했다. 유형원이 살던 때는 「호서대동사목(湖西大同事目)」과 「전남도대동사목(全南道大同事目)」이 이미 발간되어 있었을 것이다. 그중 「호서대동사목」과 유형원의 개혁안을 비교해보자(표 3 참조).

「호서대동사목」은 전선의 개삭 및 개조 기간을 3년과 5년으로 규정했다. 전선의 개삭 및 개조 비용은 총 미 750곡(500석)이었다. 전선은 대동저치미 150곡(100석)씩, 병선은 13.5곡(9석)씩 5년 동안 모아서 비용을 마련했다. 이렇게 모은 비용으로 전선은 총 750곡(500석) 중 225곡(150석)은 개삭 때, 450곡(300석)은 개조 때 쓰도록 했다. 나머지 75곡(50석)은 집물 값으로 남겨두었다.[36] 나머지 군선도 개삭 및 개조 비용을 비슷한 방식으로 마련해 지출했다.

---

34) 『磻溪隨錄』卷19, 「祿制」外方官祿磨鍊.

35) 『磻溪隨錄』卷19, 「祿制」外方官祿磨鍊.

36) 『湖西大同事目』奎1594.

〈표 3〉 군선의 개삭 및 개조 비용 비교

(단위: 곡)

선종	개조/개삭	『호서대동사목』	『반계수록』
전선	개조	450	300
	개삭	225	150
	집물 값	75	·
	합계	750	450
방패선	개조	187.5	60
	개삭	93	30
	집물 값	37.5	·
	합계	318	90
병선	개조	45	30
	개삭	22.5	15
	합계	67.5	45
사후선	개조	·	10
	개삭	·	5
	합계	·	15

* 출전: 『磻溪隨錄』; 『湖西大同事目』 奎1594.

　유형원은 전선 및 기타 선박의 개삭 및 개조 기간을 3년과 6년으로 규정했다. 그는 일정한 액수를 몇 년 동안 저치했다가 지출하는 조선 정부의 방식에 대해 부정적이었던 것 같다. 개삭 및 개조 비용을 한 번에 마련하여 지출하는 것이 원칙이었다. 그는 개삭 및 개조 비용을 마련하는 데 퇴역한 군선을 매매한 값인 퇴선가를 적극 활용하고자 했다. 당시 조선 정부는 일부 군선에만 퇴선가를 활용하도록 규정했는데, 유형원은 이를 모든 군선으로 확대했다.

　그는 개삭 및 개조 비용의 총액 중에 3/4은 국가에서 지급하고 나머지 1/4은 퇴선가로 충당하도록 했다. 예를 들면 전선 1척당 개삭 및 개조 비용 총 450곡(300석) 중에서 국가에서 지급하는 금액은 360곡(240석)이며, 퇴선가로 충당하는 금액은 90곡(60석)이었다.[37] 이렇게 마련된 금액은 개삭과 개조 비용으로 나누어 썼다. 전선에 책정된 비용 450곡(300석) 중 개삭 비용은 150곡(100석)으로, 개조 비용은 300곡(200석)으로 책정했다. 나머지 군선도 비슷한 방식으로 재원을 마련했다가 지출했다.

그 밖에도 조선 정부와 유형원의 방안을 비교해보면 두 가지 차이점을 더 발견할 수 있다. 첫째, 군선별로 책정된 비용이다. 유형원의 방안이 조선 정부의 방안보다 개삭 및 개조 비용을 적게 책정했다. 둘째, 규정이 좀 더 세밀하다. 「호서대동사목」은 전선·방패선·병선의 개삭 및 개조 비용만 정해두었는데, 『반계수록』은 규모가 작은 사후선까지 그 금액을 명확하게 규정해놓았다. 유형원의 방안은 조선 정부의 방안보다 개삭 및 개조 비용의 지급액을 줄이면서도 지출 항목과 금액은 명확하게 규정해놓았다고 할 수 있다.

유형원은 수군진에서 쓰는 각종 물품에 대한 비용도 규정했다. 〈표 4〉를 살펴보자. 그가 규정한 관수미나 각종 물품 등은 「호서대동사목」에도 기록되었다. 하지만 「호서대동사목」의 경우 통영·수영·병영은 관수(官需)만 액수를 규정했을 뿐 청밀(淸蜜, 꿀)·진유(眞油, 참기름)·법유(法油, 들기름)·치계(稚鷄, 닭)·지지(紙地, 종이) 및 기타 잡물 비용은 액수를 명시하지 않았다.[38] 그에 비해 유형원은 물품의 지급 방식과 가격을 명확하게 규정했다.

---

37) 『磻溪隨錄』 卷21, 「兵制」 今定船制.
38) 『湖西大同事目』 奎1594.

<표 4> 진의 필요 물품과 그 비용

(단위: 곡)

물종	통제영	수영	첨사진	만호진
관수미	450	390	·	·
청밀	80	80	·	·
진유	50	50	·	·
법유	21	21	·	·
치계	120	90	·	·
지지 및 기타 잡물	600	450	20	15
합계	1,321	1,081	20	15

* 출전: 『磻溪隨錄』 卷21, 「兵制」 諸色軍士.

유형원이 규정한 물품은 진의 등급이나 규모에 따라 지급하는 것도 있고, 그렇지 않은 것도 있었다. 관수미·치계·지지 및 기타 잡물 등의 물품은 진의 규모에 따라 차등 지급했다. 청밀·진유·법유는 진의 등급과 관계없이 통제영과 수영에만 일정액을 지급했다. 유형원은 청밀을 40두(斗), 진유를 50두, 법유를 40두로 규정하고 그 값을 미(米)로 지급했다.[39] 유형원의 방안이 조선 정부의 방안보다 더 구체적이고 엄밀하다는 것을 알 수 있다.

유형원은 진의 수입을 대부분 유세로 감당하도록 했다. 하지만 전술한 바와 같이 유세는 지출 명목이 정해져 있었다. 이 명목 외에 다른 용도의 지출이 있을 수 있었다. 유형원은 이런 문제를 해결하기 위해 수군진에 사세전을 분급했다. <표 5>는 진에 배정된 사세전 현황이다.

---

39) 환산 기준은 청밀 1斗당 미 2곡, 진유 1두당 미 1곡, 법유 1두당 미 0.7곡이었다.
   『磻溪隨錄』 卷19, 「祿制」 外方官祿磨鍊.

〈표 5〉 군문별 사세전(賜稅田) 지급 현황

(단위: 곡, 경)

병종	분급대상	수취량 (斛)	등급별 면적(頃)								
			1	2	3	4	5	6	7	8	9
육군	감영	300	30	45	60	75	90	105	120	135	150
	병영	60	6	9	12	15	18	21	24	27	30
	첨사	40	4	6	8	10	12	14	16	18	20
	만호	30	3	4.5	6	7.5	9	10.5	12	13.5	15
수군	통영	1,200	120	180	240	300	360	420	480	540	600
	수영	700	70	105	140	175	210	245	280	315	350
	첨사	360	36	54	72	90	108	126	144	162	180
	만호	340	24	36	48	60	72	84	96	108	120

* 출전: 송양섭, 앞의 논문, 2013b, 469쪽, 〈표 2〉.

유형원은 진의 규모를 고려하여 일정한 기준에 따라 사세전을 지급했다. 예컨대 통제영은 1,200곡(斛)을 수취한다는 규정을 먼저 정해놓는다. 이를 바탕으로 토지 등급을 고려해서 분급할 토지 면적을 결정했다. 이러한 규정은 다른 수군진에도 그대로 적용되었다. 사세전은 모두 진 근처 토지가 설정되었다. 사세전이 소재한 지역 수령이 연분(年分)과 재상(災傷)을 고려하여 세금을 징수해 수군진에 납부했다. 1년 동안의 수입과 지출을 결산해서 관찰사에게 보고하면 연말에 상부에 계문하도록 했다.[40] 아울러 지정된 사세전을 임의로 변경하거나 나누어 여러 곳에 보유하는 것, 그리고 정해진 규모를 초과하는 것 등은 금지했다.[41]

---

40) 『磻溪隨錄』 卷21, 「兵制」 各道營鎭鎭管. "各營鎭軍資田 每年所收入元數 及各項 用下之數 具名目報觀察使 終歲啓聞."

41) 『磻溪隨錄』 卷4, 「田制後錄」 上, 經費.

육군에 책정된 사세전보다 수군에 책정된 사세전이 훨씬 더 많았다. 이는 수군진에서 쓰는 비용을 고려한 것으로 생각된다. 유형원의 구상에 따르면, 수군 사세전의 수입은 주로 군기 수리 비용과 호궤(犒饋)·상격(賞格) 등 훈련 비용에 쓰였다. 이 비용 안에는 육군 사세전에서 지급하지 않는 항목이 상당수 포함되어 있었다.[42] 이를 통해 수군진의 사세전 지출이 육군보다 많았음을 파악할 수 있다.

요컨대, 유형원은 수군에 대한 과외 침탈을 방지하고 진을 안정적으로 운영하기 위해 재정 지원 방안을 고안했다. 수군진도 다른 아문과 마찬가지로 토지세를 통해 운영하도록 했다. 토지세로 지급하는 지출 명목은 크게 급료, 개삭 및 개조 비용, 그리고 진에서 쓰는 물품 값이었다. 또한 진에서 자체적으로 쓸 수 있도록 마련해준 재원인 사세전도 있었다. 지급된 사세전의 양은 육군보다 수군진이 많았다. 호궤 및 상격 등의 비용을 사세전 소출로 감당하도록 했기 때문이었다.

5. 진관 체제와 군선 배치의 개편

병력 충원과 재원 확보 외에 진관 체제의 개편 필요성도 있었다. 유형원은 진의 남설(濫設)로 초래되는 백성에 대한 과도한 수탈을 염려했다. 그는 수군진의 설치나 폐지를 통해 지휘관의 수탈을 방지하면서도

---

42) 중앙군[京衛]과 육군영진의 훈련 비용은 육군 사세전에서 감당하는 것이 아니라 군료(軍料)의 여미포(餘米布)로 지출하도록 되어 있었다.

방위 태세를 강화하고자 했다. 하지만 현재로서는 그의 진 배치 구상의 전모를 확인할 수 없다. 『반계수록』 보유편의 군현제 부분이 상당 부분 유실되어 경기 및 충청도와 전라도 일부밖에 남아 있지 않기 때문이다.[43] 그러므로 본 연구에서는 경기 및 충청도를 중심으로 유형원의 진 배치 구상을 살펴보고자 한다. 〈표 6〉은 『경국대전』에 수록된 경기 및 충청도 진의 배치 실태, 유형원의 진 배치 구상, 그리고 17세기 중엽 진의 배치 실태 등을 비교한 것이다.

17세기 중엽 경기·충청도 진 배치는 경기 지역을 중심으로 급격히 변했다. 『경국대전』 반포 당시 경기 지역에는 거진인 수영을 중심으로 월곶·교동·영종·제물·초지·정포진 등이 해안선을 따라 일정 간격으로 배치되어 있었다. 이후 인조~효종 연간 강화도 방위 태세 강화 방안이 구체적으로 논의되는 가운데, 수군진의 설치나 폐지가 활발하게 진행되었다. 그 결과 17세기 중엽에는 통어영을 주진으로 해서 월곶·영종·제물·초지·정포·용진·덕진·철곶·덕포·화량 등이 강화도 염하를 중심으로 일렬로 나열한 상태가 되었다. 이러한 진 개편의 목적은 유사시 왕이 강화도로 피신하는 것을 돕고 경기 내륙으로부터 오는 적을 방어하는 것이었다.

이후 현종 연간 강화도에서 수군 무용론이 확산되고 강화도에 있는 진을 폐지하자는 논의가 제기되었다. 이를 바탕으로 조선 정부는 현종 6년(1665) 「강도사목」을 반포하고 강화도에 있던 수군진을 대부분 폐지

---

43) 『磻溪隨錄』「隨錄補遺跋」.

<표 6> 수군진의 위치와 이름 비교

지역	진 등급	『경국대전』		『반계수록』		17세기 중엽		비고
		진명	위치	진명	위치	진명	위치	
경기	주진	수영	화량	수영	교동	통어영	교동	·
	속진	월곶	교동	월곶	·	월곶	·	·
		영종	남양	영종	남양	영종	자연도	·
		제물	인천	제물	인천	제물	강화	·
		초지	강화	초지	·	초지	강화	·
		정포	강화	정포	·	정포	강화	·
		교동	교동	교동	·	·	·	·
		·	·	·	·	용진	강화	·
		·	·	·	·	덕진	강화	·
		·	·	·	·	철곶	강화	·
		·	·	·	·	덕포	강화	·
		·	·	·	·	화량	남양	·
충청	주진	수영	보령	수영	보령	수영	보령	·
	속진	마량	서천	마량	서천	마량	서천	·
		소근	태안	소근	태안	소근	태안	만호진 격하
		·	·	안흥	태안	안흥	태안	·
		당진포	당진	·	·	·	·	·
		파지도	서산	·	·	·	·	·
		서천포	서천	서천포	서천	서천포	서천	·

* 17세기 중엽 진관 체제는 효종 연간을 기준으로 했다.
* 출전: 『經國大典』 卷4, 「兵典」 外官職; 『磻溪隨錄』 補遺篇 「郡縣制」; 송기중, 앞의 논문, 2010.

했다.[44] 일부 남아 있던 수군진도 숙종 연간 강화도 외곽 도서로 대부분 이동했다. 그 결과 강화도에는 수군진이 없어졌다. 그에 비해 충청도

---

44) 송기중, 앞의 논문, 2010, 23~29쪽.

수군진은 당진포·파지포가 16세기 후반에 폐지되고 안흥진이 설치된 것을 제외하고는 17세기까지 큰 변화가 없었다. 이러한 변동 결과 17세기 중엽 수군진의 설치 현황은 『경국대전』에 기록된 체제와 사뭇 다른 모습을 보였다.

유형원의 구상을 17세기 당시 수군진 배치 실태와 비교해보면 여러 차이점이 발견된다. 17세기 중엽 이후 설치된 용진·덕진·철곶·덕포·화량진 등은 유형원의 수군진 구상에서 빠져 있다. 또한 유형원은 영종진도 남양에 위치해야 한다고 기록하고 있어, 자연도로 옮겨가 있던 당시 변화상을 반영하지 않았다. 그에 비해 『경국대전』과 유형원의 수군진 구상을 살펴보면 별다른 차이가 없다. 유형원의 수군진 구상은 기본적으로 『경국대전』에 준거했음을 알 수 있다.

그렇다고 유형원이 『경국대전』의 수군진 배치를 그대로 수용한 것은 아니었다. 그는 교동에 수영을 설치하고 안흥에도 첨사를 파견해야 한다고 했다. 당시 교동은 북쪽에서 강화도로 내려오는 길목에 위치해서 국방 요충지 중 하나였다. 안흥은 서해로 통하는 중요 통로이며, 강화도와 표리 관계에 있는 지역이라는 평가가 지배적이었다. 조선 정부는 그런 이유로 교동진을 폐지하고 인조 7년(1629) 화량에 있던 수영을 교동으로 옮겼으며, 인조 11년(1633) 통어영으로 승격시키는 한편, 효종 4년(1653) 안흥진에 첨사를 파견하고 이후 방어사를 겸하게 했다.[45] 유형원은 이런 상황을 수용해서 이곳에 진을 설치해야 한다고 보았다. 결국 그가 구상한 수군진 설치 방안은 『경국대전』을 중시하면서도 당시 전

---

45) 위의 논문, 36쪽.

략적 방향을 일부 수용하는 것이었음을 알 수 있다.

유형원은 『반계수록』에서 황해·평안도의 수군 방위 태세에 대해 언급하지 않았다. 전라도와 경상도 수군의 방위 태세 개편안은 일부 훼손되거나 남아 있지 않아 그의 구상안의 전모를 살펴보긴 어렵다. 다만 그가 진 개편의 일반적인 원칙을 언급한 것을 통해 이를 짐작해볼 수 있다. 그 원칙은 크게 두 가지이다.

첫째, 소모별장·권관진과 같은 낮은 등급의 지휘관이 파견되는 수군진의 폐지이다. 소모별장진은 임진왜란 이후 수군 전력 강화 차원에서 설치된 진으로, 임진왜란 동안 설치된 소모진들은 당시 그대로 존속하거나 임진왜란 직후 전력 강화 과정에서 전략상 요충지에 설치되었다. 소모별장진이 가장 많이 설치된 경상도의 경우 구소비포(구소을비포)·남촌·장목포·청천·신문·풍덕포·구산 등 일곱 곳에 설치된 것으로 보인다. 권관진은 본래 육군에만 있었지만 16세기에 수군에도 도입되어 17세기에도 존속했다. 유형원은 『경국대전』 규정에도 없는 이들 진을 폐지해서 당시 진의 남설 문제를 해결하고자 했다. 하지만 이들 진을 폐지하면 방위 태세에 문제가 생길 수밖에 없었다. 이에 그는 "별장진 중 적을 살피기에 적당한 곳이 있으면 절도사가 군사를 나누어서 방수를 서게 하거나 혹은 수령이 사람을 보내 경계 근무만 서게 하면 될 것"이라고 주장했다.[46]

둘째, 수군진의 위치 조정이다. 그는 검모포가 포구 40리 안에 들어와 있어 그 형세가 좋지 않다고 지적하고, 이 진을 첨사진으로 승격시켜

---

46) 『磻溪隨錄』 卷21, 「兵制」 諸色軍士.

(단위: 척)

진	유형원이 제시한 당대 전선 수					유형원의 개혁안				
	전선	귀선	방패선	병선	사후선	전선	귀선	방패선	병선	사후선
통제영	6	1	미상	미상	미상	6	1	7	7	14
수영	3	1	미상	미상	미상	4	1	5	5	10
첨사진	1, 2	·	1, 2	1, 2	2,4	3	·	3	3	6
만호진	1	·	1	1	2	2	·	2	2	4

* 부산진은 첨사진에서 전선 1척을 추가한다. 미상은 알 수 없을 때이며 '·'는 없을 때이
다.
* 출전: 『磻溪隨錄』卷21,「兵制」今定船制.

격포로 이동하도록 했다. 또한 군산 별장을 만호진으로 승격시켜 군산
진이 되게 하고, 현재의 군산진은 옥구 서남쪽으로 옮겨 옥구진이라 부
르자고 했다. 아울러 진도에 있는 금갑도와 남도포진을 폐지하도록 조
치했다.[47]

　이렇듯 그의 수군진 개편 방안은 『경국대전』을 준용하면서도 당시
수군진 설치 경향을 수용하는 방향으로 이루어졌다. 진의 개편이 완료
되면 다음으로 해야 할 것은 바로 군선의 배치였다. 『반계수록』에는 당
시 조선 정부의 군선 배치 방식과 유형원의 군선 배치 방식이 모두 제
시되어 있다(표7 참조).

　17세기 초반 통제영은 전선 4척과 귀선 1척 등 총 5척과 보조 선박을
보유하고 있었다. 이후 인조 15년(1637) 통제사 신경인의 장계로 부선(副
船)이 설치되었고, 현종 5년(1664) 통제사 정부현의 건의로 좌탐선과 우

---

47) 『磻溪隨錄』補遺篇「郡縣制」.

탐선까지 설치되었다. 그 결과 통제영은 '8전선 체제'로 운영되었다.[48] 다른 진의 군선 배치 기준도 17세기 초반에 정비되었다. 당시 진별 전선의 배치 기준은 수영 3척, 첨사진 1~2척, 만호진 1척이었다. 전선과 비슷한 규모의 귀선은 통제영과 수영에만 1척씩 배정되었다.[49] 그 밖에 방패선·병선·사후선 등도 일정한 기준에 맞추어 진에 배정했다. 유형원이 제시한 당대 전선 숫자는 통제영을 제외하고 당시 실제 전선 배치 상황과 거의 동일했다. 그는 당시 전선 수를 구체적으로 파악하고 있었다.

유형원의 군선 배치 방안 중 주목되는 것은 읍전선을 모두 수군진으로 옮겨 배치해야 한다는 것이었다. 읍전선은 16세기에 경상도로부터 확산되기 시작했다. 유형원은 읍전선을 진으로 옮기면 전선 1척을 수군진에 추가로 배치할 수 있다고 보고, 전선 배치 기준을 변경했다. 수영의 전선을 3척에서 4척으로, 첨사진의 전선을 1~2척에서 3척으로, 만호진의 전선을 1척에서 2척으로 늘리자고 제안했다.

아울러 선단의 구성 방식도 변경했다. 이 시기 조선 정부의 선단 구성 방식은 지역에 따라 차이가 있지만 보통 전선 1척에 병선 1척 및 사후선 2척을 배속하는 것이었다. 유형원은 여기에 방패선 1척을 추가로 배정하자고 주장했다. 이는 아마 그가 거주했던 부안이 서해안과 가까이 있어 방패선의 필요성을 절감했기 때문이 아닌가 싶다.[50] 유형원은

---

48) 『三南水軍統制使節目』 김현구 소장, 「營門古事記略」.
49) 송기중, 앞의 논문, 2011, 26쪽.
50) 『磻溪隨錄』 卷21, 「兵制」 今定船制.

전선 1척에 방패선 1척, 병선 1척, 사후선 2척으로 선단을 구성했다. 그의 방안이 실현된다면, 진이 보유한 군선 숫자가 크게 늘어나고 진만 군선을 보유할 수 있게 될 것이었다.

유형원이 조선 정부의 군선 배치 방식을 수용하지 않고 자신이 직접 군선 배치 방식을 제시한 이유는 세 가지로 정리할 수 있다. 첫째, 진 운영의 난맥상을 막기 위해서이다. 유형원은 전선을 군현에 가설(加設)한 것이 수군진의 전선과 소속 수군의 숫자를 줄이는 원인이 되었다고 진단했다. 이를 해결하기 위해 조선 정부는 진에 병영 소속 육군을 입방(入防)하도록 했는데, 이 조치가 오히려 심각한 문제를 낳았다고 주장했다. 평시에 수군 지휘관은 이들에게 역가를 거두었는데, 유사시가 되면 병사(兵使)가 이들을 끌고 가버려 진의 군선은 군인이 없는 배(無軍之船)가 되어버린다는 것이다. 유형원은 이 현상에 대해 "한갓 배를 늘린다는 명분을 얻었지만 실제로는 배를 줄이는 것이며, 병력을 증강하는 명분을 얻었지만 실제로는 병력을 감소시키는 것"이라고 평가했다.[51] 둘째, 훈련 기간 동안 일어날 수군 방위 태세의 공백을 막기 위해서이다. 전술한 바와 같이 당시 첨사 및 만호진이나 군현에는 전선 한 척과 보조 선박 몇 척이 배치되는 것이 일반적이었다. 이렇게 군선을 배치하면 훈련 기간 동안 수군진은 군선이 없는 상태에 놓일 수 있었다. 유형원은 수군진의 군선 보유 숫자를 늘리는 방식으로 이를 해결하고자 했다.

---

51) 『磻溪隨錄』卷21,「兵制」今定船制. "添設各邑戰船 故各鎭之船 未免減數 而所屬水軍 十僅存一 只以兵營所屬陸軍入防 平時則可爲鎭將收布之資 臨亂則兵使領其軍 而各鎭實爲無軍之船 此徒得添船之名 而實減船數 徒有添兵之名 而實減兵數."

예컨대, 만호진이 전선 두 척을 보유하면, 훈련할 때 전선 한 척은 훈련 장으로 이동하고 나머지 전선 한 척은 진에 남아 수비를 담당하는 방안이 가능해지는 것이다.

셋째, 지휘관과 수령의 역할 분담을 명확히 하여 방어의 문제를 없애기 위해서였다. 만약 전란이 발생해서 수령이 군선을 타고 출동해버리면, 그 군현은 방어를 담당할 책임자가 없어진다. 이는 군현 방위의 부실로 귀결되었다. 이 문제는 바다에서의 전투를 수군 지휘관에게 일임하면 해결될 것이었다. 유형원은 전란이 발생하면 수군 지휘관은 바다로 나아가 전투를 하고, 수령은 군현 방비를 담당해야 한다고 보았다.[52]

요컨대, 유형원은 『경국대전』의 진관 체제를 준용하고자 했지만 당시 상황을 고려하지 않은 것은 아니었다. 『경국대전』에 기록되지 않았다 해도 당시 부각되고 있는 요충지에 진을 설치할 필요성이 있었다. 그는 진별로 당대 배치 방식보다 전선 1척씩 추가로 배정하는 방식을 주장했으며, 새로운 선단 편성 방식도 제시했다. 그의 수군 방위 태세 개편안은 구제(舊制)를 준용하면서도 당대의 상황을 고려한 것이었다.

6. 맺음말

유형원은 국가의 개입과 쇄신을 통해 공공성을 담보하는 거대한 도

---

52) 『磻溪隨錄』卷21, 「兵制」今定船制.

덕국가를 이상으로 삼았다.[53] 그의 구상에는 국가의 주요 무력 수단 중 하나였던 수군 제도에 대한 개혁론도 포함되어 있다. 유형원은 당시 수군 제도에 대해 여러 문제점을 지적했다. 호수-보인제가 무너지고 수군에 대한 각종 과외 침탈이 행해지면서 수군의 경제적 기반이 급격히 무너졌을 뿐 아니라, 납포-고립제가 확산되면서 지휘관이 각종 편법 행위를 통해 차익을 확보하거나 고립한 수군이 병력이 아닌 사환으로 기능하는 폐해가 발생했다. 이러한 편법이 자행되는 이유는 개인적인 일탈이 아니라 진에 충분한 재정을 확보하지 못하는 구조적인 원인 때문이었다.

유형원은 이런 현실 진단을 토대로 광범위한 수군 제도 개혁론을 제시했다. 그의 개혁론의 핵심은 바로 공전제였다. 공전제를 통해 경제적 기반을 확충하고 호수-보인제를 회복해 역가를 균등히 부과한다면 수군 충원을 쉽게 할 수 있었다. 하지만 연해 지역의 인구 부족으로 진에 병력을 충분히 공급할 수 없는 상황은 수군 역제의 개혁만으로 해결할 수 없는 문제였다. 때문에 유형원은 연해 지역의 무수전자나 공·사천을 능로군(能櫓軍)이라는 명목으로 병력 자원으로 활용하고자 했다. 하지만 이들은 입역자로서 결격사유를 지닌 존재였기에, 유형원은 이들을 훈련이나 점고에만 동원하고자 했다. 그는 그 밖에도 수조의 횟수를 줄이고 수조 기간 동안 이동 거리를 단축하는 등의 방안도 내놓았다.

수군에 대한 과외 수취를 막는 방법의 하나는 바로 수군진의 수입과 지출 규정을 명확히 하는 것이었다. 유형원은 토지세 수입으로만 수군

---

53) 송양섭, 앞의 논문, 2013a, 74~75쪽.

진을 운영해야 한다고 했으며, 녹봉, 개삭 및 개조 비용, 진에서 쓰는 각종 물품 등의 지출 비용을 규정했다. 이 지출 규정은 조선 정부의 방안보다 명확하고 세밀했다. 토지세의 지출 항목에 들어가지 않는 비용은 사세전 소출을 활용해 지출하도록 했다. 수군의 사세전은 육군의 사세전보다 규모가 컸다.

진의 남설이 백성에 대한 과도한 수탈로 귀결될 수 있다는 판단으로, 유형원은 진관 체제에 대한 개혁론도 제시했다. 그의 방안은 기본적으로 『경국대전』의 진 배치 방안을 중시하는 한편, 당시 현실상의 요구를 수용하는 것이었다. 아울러 읍전선에 대한 규정을 혁파하고 이를 진으로 옮겨 진의 전력을 강화했다. 이를 통해 그는 수조할 때 진에 군선이 없어지는 당시 방위 태세의 문제점을 예방하고자 했다.

결국, 유형원은 공전제를 통해 수군과 수군진의 경제 기반을 마련하고 수입과 지출의 공식화를 통해 병력을 효율적으로 운영하고자 했다. 또한 군선의 배치 방식을 수정하고 진의 숫자를 줄이는 방식으로 수군의 부담을 줄여주고자 했다. 그의 주장이 다 수용되지는 못했지만, 그의 지향점은 18세기 초반부터 전면적으로 등장했다. 대대적인 토지 개혁은 못했지만 조선 정부는 숙종 30년(1704) 「양남수군변통절목」을 반포하고 역가를 3필에서 2필로 축소했으며, 진마다 상이했던 수군의 숫자를 통일하고 지휘관의 급료를 규정했다. 또한 진 내부의 행정 인원에 관한 사정(査正)도 『양역실총』 반포와 더불어 시행되었다. 진 혁파도 균역법 시행 이후부터 제한적으로 실현되었다. 유형원의 수군 제도 개혁안은 17세기에 드러난 문제를 진단하고 이를 바탕으로 18세기 수군 제도가 변화해야 할 구체적인 방향을 제시했다는 데서 의의를 가진다.

[보론 2]
대동법의 실시와 군선역 규정의 정비
―충청·전라·경상도를 중심으로

1. 머리말

17세기 초반 조선 정부는 수군 강화를 위해 여러 가지 노력을 했다. 임진왜란 당시 육군은 초기 전투에서 계속 패배한 반면, 수군은 10여 차례 이상 승리를 거두는 등 위력을 발휘했다. 이를 통해 수군은 일본 군의 해상 보급로를 차단하여 적군에 타격을 입히는 한편, 전라도를 적의 침입으로부터 방어하는 성과를 거두었다. 정유재란에서도 여러 차례 해전에서 승리하면서 일본군 격퇴에 결정적인 기여를 했다. 임진왜 란에서 수군의 활약은 이후 수군 방위 태세 강화에 많은 영향을 미쳤다. 조선 정부는 통제영과 통어영을 설치하고 상설화했으며, 수군역 정비에 따라 병력 동원 방식을 확립하는 한편 군선 설치를 확대하고 첨방을 시행하는 등 다양한 조치를 취했다.

특히 군선의 건조는 수군 전투력 강화의 핵심 사안이었다. 조선 정부는 군현과 수군진에 군선을 배치한 후 이를 유지하기 위한 다양한 노력을 했다. 그 방안 중에 하나가 바로 개삭 및 개조였다. 이는 군선을 일

정 기간에 맞추어 건조하거나 수리하여 군선의 상태를 일정 수준 이상
으로 유지하기 위한 조치였다. 문제는 그 과정에서 백성에게 과중한 역
이 부과된다는 점이었다. 이 문제는 17세기 초반부터 논란이 되었다. 조
선 정부는 대동법을 시행할 때 군선역 관련 규정을 넣어 이를 해결하
고자 했다. 그러므로 대동법은 군선 문제 해결을 위해 취해진 가장 체
계적이고 구체적인 조치였다고 할 수 있다.[1]

지금까지 군선의 연구는 군선을 고증·복원하거나 배치 실태를 살펴
보는 데 집중했다.[2] 이후 연구가 늘어나면서 군선을 유지·관리하기 위
한 여러 작업에도 관심을 기울이기 시작했다. 군선 연구에 많은 기여를
한 김재근은 개삭에 주목했다. 그는 조선 초기 한선(韓船)의 건조 방식
을 갑조법(甲造法)과 단조법(單造法)으로 구분하고, 조선 전기에 단조법이
정착되면서 개삭이나 연훈(煙薰) 등 군선 보수 방법이 등장했다고 지적
했다. 개삭의 시행은 선체 구조에도 영향을 주어 선수(船首) 부분의 형

1) 대동법의 연구 성과는 다음과 같다. 한영국, 「湖西에 實施된 大同法―大同法 研究
    의 一齣」 上·下, 『歷史學報』 13·14, 역사학회, 1960·1961; 「湖南에 實施된 大同法―
    湖西 大同法과의 比較 및 添補」, 一·二·三·四, 『歷史學報』 15·20·21·24, 역사학회,
    1961·1963·1964; 한영국, 「大同法의 實施」, 『한국사』 13, 국사편찬위원회, 1976; 김옥
    근, 『朝鮮王朝財政史研究』 Ⅲ, 일조각, 1988; 이정철, 『대동법, 조선 최고의 개혁』,
    역사비평사, 2010; 문광균, 「17세기 경상도 지역 공물수취체제와 영남대동법의 실
    시」, 『한국사학보』 46, 고려시대사학회, 2012; 문광균, 「영남대동법 시행 초기 지방
    재정의 개편과 그 성격」, 『한국사연구』 161, 한국사연구회, 2013; 최주희, 「조선후기
    宣惠廳의 운영과 中央財政構造의 변화―재정기구의 합설과 지출 정비 과정을 중
    심으로」, 고려대박사학위논문, 2014.
2) 김재근, 『朝鮮王朝軍船研究』, 일조각, 1977; 김재근, 『韓國船舶史研究』, 서울대학교
    출판부, 1984.

태와 저판의 모양, 선재의 두께 등을 결정하는 데 주요 기여를 했다고
한다.[3] 이 연구는 개삭의 연원을 비롯하여 선박에 미치는 영향을 구체
적으로 언급한 첫 연구라는 점에서 의의를 지닌다.

　하지만 이 연구는 개삭을 선박사와 연결시킨 것으로, 개삭이 지닌 다
양한 측면에 접근하지는 않았다. 조선 정부가 전투력 유지를 위해 어
떻게 인력과 물자를 조달했는지 살펴보는 것도 군선 연구에 중요한 의
미를 지닐 것이다. 이에 본 연구는 대동법 시행 전후 충청·전라·경상도
의 '군선역(軍船役)' 규정의 정비 방안을 살펴보고자 한다. 연구 대상을
삼남(三南) 지역으로 한정한 이유는, 당시 삼남 지역에 군선이 집중되어
있었기 때문이다. 먼저 임진왜란 이후 군선의 증가 양상 및 그와 관련
된 각종 문제점을 언급하고, 다음으로는 충청·전라·경상도에서 발간된
대동사목의 군선 관련 규정과 적용 범위 등을 살펴볼 것이다. 이를 바
탕으로 18세기 군선의 개삭 및 개조 비용 변화와 그 요인을 살펴보고자
한다.

2. 군선의 배치 확대와 역 부담 증가

　임진왜란 이후 조선 수군은 일본이나 청의 대규모 침략을 염두에 두
고 방위 태세를 구상했다. 통제영과 통어영이 설치되는 등 여러 수군
강화 방안이 논의되는 가운데, 군선의 배치 확대도 논의되었다. 여러

---

3)　김재근, 「改槊」, 『韓國船舶史硏究』, 서울대학교출판부, 1984.

군선 중에 조선 정부가 배치를 확대하고자 했던 배는 바로 전선[板屋船]
이었다. 전선은 함포를 사용해 일본 군선을 공격할 수 있고, 일본군의
등선육박 전술도 무력화할 수 있었다. 전선은 우수한 성능을 바탕으로
임진왜란 당시 전투에서 크게 활약했다. 이를 높이 평가한 조선 정부
는 통제영 4척, 수영 3척, 첨사·만호진 1~2척, 별장진 1척 등 배치 기준
을 마련하고 전선의 배치를 확대했다. 그 밖에도 귀선이나 방패선 등의
전투 선박과 병선·사후선 등의 보조 선박이 일정한 기준하에 수군진과
군현에 배치되었다.

이 시기 전선 배치에서 주목되는 특징은 전선의 군현 배치가 확대되
었다는 점이다. 군현에 배치된 전선을 읍전선이라 한다. 조선 후기 연
해 군현에 읍전선이 확대된 원인은 두 가지로 정리할 수 있다. 첫째, 임
진왜란 당시 수령의 활약 때문이었다. 임진왜란 당시 수령으로서 해전
에 참전하여 전과를 올린 사례가 많았다. 보성군수 김득광(金得光)이나
낙안군수 신호(申浩) 등이 대표적인 예이다.[4] 둘째, 적이 연해 지역에 출
현했을 때 군현민이 전선이 없어 대응하지 못하는 문제를 미연에 방지
하기 위함이었다. 그 결과 읍전선은 경기·평안·강원·함경도를 제외한
황해·충청·전라·경상도 연해 군현에 대부분 배치되었다.

임진왜란 직후 군선은 주로 남해안 지역에서 건조되었다. 17세기 초
반 남해안에서는 수군진의 복구가 진행되었을 뿐 아니라, 통제영이
나 소모별장진(召募別將鎭) 등 새로운 등급의 수군진이 설치되면서 군선
의 수효도 증가했다. 그로 인해 선조 32년(1599) 경상감사 한효순(韓孝純)

---

4) 『亂中日記』, 壬辰年 5月.

은 군관 나대용(羅大用)과 함께 전선 25척을 건조했다.[5] 또한 광해군 2년 (1610) 수군통제사 이경준(李慶濬)은 전년에 이미 경상도 소모진인 소비 포(所非浦)에 전선을 배치했고 풍덕포·김해·청천·함교 등에도 전선을 배치할 것이라 보고하기도 했다.[6]

광해군 연간부터 강화도의 방비가 중요해지자 조선 정부는 황해·충청·전라도 서해안 연해 군현에도 군선의 배치를 확대했다. 조선 정부는 인조 5년(1627) 황해도 연안과 각산에 전선을 배치했으며,[7] 8년 뒤인 인조 13년(1635) 강화도의 배후지인 충청·전라도 연해 군현에 전선을 추가로 건조해 배치하라고 지시했다.[8] 이러한 비변사의 건의로 태안 등 군현 다섯 곳에서는 전선 1척씩을 건조했으며, 보령·결성 등 규모가 작은 군현은 군현 두 곳당 전선 1척을 건조해 배치했다. 전라도의 용안·함열·임피·옥구에서도 전선 1척씩을 건조했고, 나주는 물자가 풍부하다는 이유로 본래 있던 전선 1척에 추가로 1척을 더 건조하도록 했다. 그 결과 조선 정부가 보유한 군선의 숫자는 지속적으로 늘어났다. 선조 39년(1606) 충청·전라·경상도 소속 전선은 62척이었는데, 인조 17년(1639)에는 120척가량이 되었다.[9]

이렇게 군선 숫자가 증가하자 군선과 관련된 역도 정비될 필요가 생겼다. 군선에 관한 역 중에 가장 대표적인 것은 개삭 및 개조 역이었다.

---

5) 『宣祖實錄』 卷206, 39年 12月 24日 戊午.
6) 『光海君日記』(重草) 卷25, 2年 2月 6日 壬子.
7) 『承政院日記』 19冊, 仁祖 5年 10月 25日.
8) 『仁祖實錄』 卷31, 13年 9月 26日 癸酉.
9) 『承政院日記』 70冊, 仁祖 17年 7月 25日.

군선은 목재로 만들었기 때문에 일정 기간이 지나면 선체가 썩기 마련이다. 그러므로 적절할 때 군선을 수리해주어야 했다. 이것이 개삭이다. 또한 일정 기간이 지나면 군선을 새로 건조해서 옛것을 대체해야 한다. 이를 개조라 한다. 개삭 및 개조 역은 군선을 일정수로 유지하기 위해 반드시 필요한 역이었다.

군선의 개삭 및 개조는 조선 건국 초기부터 시행되었다. 『경국대전』 병선조(兵船條)에 따르면 각 포(浦)의 군선은 처음 건조된 지 8년 만에 개삭하고, 6년 후에 다시 개삭하고, 다시 6년 뒤 개조하도록 규정되었다.[10] 이 규정에 따르면 맹선(猛船)은 처음 건조된 지 20년 만에 개조해야 했다. 하지만 새로운 전투 선박인 전선이 개발되고 임진왜란 이후 그 숫자가 증가하자, 개삭 및 개조에 관한 규정도 『경국대전』의 규정을 준용하기가 어려워졌다. 그에 따라 개삭 및 개조에 관한 규정을 새롭게 마련할 필요가 있었다.

그렇다면 17세기 초·중엽 군선의 개삭 및 개조 실태는 어떠했는가? 〈표 1〉은 인조 11년(1633) 경기수사 최진립(崔鎭立)의 해유문서에 기록된 전선 및 귀선의 개삭 및 개조 현황과 군현 군선의 개삭 및 개조 현황을 도표화한 것이다.

경기수영이 보유한 대형 군선은 전선 3척, 귀선 1척이었다.[11] 이들 군선의 최초 건조 연도[初造]는 1전선이 인조 9년(1631), 2전선이 인조 7년

---

10) 『經國大典』 卷4, 「兵典」 兵船.
11) 당시 경기수영에 배치된 군선은 전선 3척, 귀선 1척, 방패선 4척, 복물선 1척, 병선 1척, 사후선 8척, 기타 군선 2척 등 20척이었다. 본 연구에서는 이 중 대형 군선만 가지고 논지를 전개한다.

〈표 1〉 17세기 초반 군선의 개삭 및 개조 연한

지역	선명	초조(初造)	개삭	개조	개삭	개삭/개조
경기수영	1전선	인조9(1631)	·	·	·	·
	2전선	인조7(1629)	인조10(1632)	·	·	·
	월곶전선	광해2(1610)	·	인조5(1627)	인조8(1630)	3년/17년
	귀선	·	·	인조11(1633)	·	·
보령	전선	·	·	·	·	3년/10년
미상	·	·	·	·	·	3년/6년

* 여기에 월곶전선이 포함된 이유는 인조 7년(1629) 월곶진이 혁파되면서 소속 전선이 수영으로 옮겨왔기 때문이라 생각된다.

* 출전:『承政院日記』 27冊, 仁祖 7年 8月 13日;『古文書集成』 55, 「仁祖 11年(1633) 京畿水軍節度使 崔鎭立의 解由移關 문서」.

(1629), 월곶전선이 광해군 2년(1610)이었다. 〈표 1〉의 귀선은 본래 인조 6년(1628) 통제영의 몽동선(艨艟船)을 모태로 만들어져서 다음 해 인조 7년(1629) 방패선으로 바뀌었다가 인조 11년(1633)에 현재 상태인 귀선이 되었다. 그러므로 자료에는 개조라고 쓰여 있지만 귀선이 처음 건조된 연도는 인조 11년(1633)이라 보는 것이 타당하다. 선박을 건조한 곳은 모두 충청도 안면도였다.[12] 경기 지역에서는 군선을 건조하기 위한 적당한 봉산을 구하기 어려워 안면도에서 건조한 것으로 생각된다.

이들 전선은 건조된 이후 일정 기간이 지나면 개삭 및 개조를 해야 했다. 이 중 1전선은 해유문서가 작성될 당시 연한이 차지 않았기 때문에 개조를 하지 않았다. 2전선은 처음 건조된 지 3년 뒤인 인조 10년(1632)에 개삭했다. 가장 오래된 월곶전선은 처음 건조된 지 17년 후인

---

12) 『古文書集成』 卷55, 「仁祖 11年(1633) 京畿水軍節度使 崔鎭立의 解由移關 문서」.

인조 5년(1627)에 개조했으며, 3년 뒤인 인조 8년(1630)에 다시 개삭했다. 귀선은 건조된 지 얼마 되지 않아 이 문서가 작성될 때까지 개삭을 하지 않았다.

다른 지역의 군선은 경기수영의 군선과 개삭 및 개조의 기간이 달랐다. 보령 지역의 전선은 3년에 1번 개삭하고 10년에 1번 개조했다고 한다. 집의 김홍욱(金弘郁)이나 유형원에 따르면, 전선은 3년 만에 개삭하고 6년 만에 개조한다고 했다.[13] 이렇게 17세기 초·중엽 지역별로 군선의 개삭 및 개조 기한이 달랐던 이유는, 연해 군현이나 수군진이 중앙에서 내려오는 일정한 지침 없이 사정에 따라 개조와 개삭을 했기 때문이라 생각된다.

이렇게 군선을 지속적으로 만들다 보면 군선의 건조 비용이나 인력 동원에 문제가 생길 수밖에 없었다. 이 문제는 수군진보다 군선을 보유한 연해 군현에서 심각하게 제기되었다. 그 이유는 군선을 건조하는 연혁과 관계가 있다. 수군진은 예전부터 군선을 건조해왔기 때문에 목재 공급이나 비용 조달에 일정한 체계를 갖추고 있었지만, 서해안 연해 군현은 당시 대외 정세의 변화에 따라 군선이 배치되고 역이 새롭게 생겨난 경우가 많았다. 그에 따라 서해안 연해 군현 백성들이 이에 대한 문제를 직접적으로 제기했던 것으로 보인다. 군선의 건조 비용이나 인력 동원에 관한 문제는 인조 16년(1638) 검토관 최유해(崔有海)와 인조 27년(1649) 집의 김홍욱의 장계를 통해 잘 드러난다.

---

13) 『承政院日記』 105冊, 仁祖 27年 3月 18日; 『磻溪隨錄』 卷21, 「兵制」, 今定船制.

연읍민의 고통이 막심합니다. 또한 주사잡역은 육읍(陸邑)에는 없는 것입니다. 3년 만에 개삭하는 데 소요되는 미(米)가 100여 석이며, 6년 만에 개조하는 데 소요되는 미는 300석입니다. 그 밖에 전선의 집물과 군기도 심히 많으며, 봄과 가을로 열리는 수조 비용도 많습니다. 이것이 모두 백성에게서 나오는 것입니다. 연해 백성들이 "1년에 역에 응하는 수를 따져보면 주사에 관련된 역이 반을 넘었다"고 말하는데, 이 말이 허언이 아닙니다(김홍욱).[14]

연해 군현 중에서 한산(韓山)의 폐막이 너무 심합니다. (…) 하물며 이전에 없던 주사(舟師)를 설치한 것은 어떠합니까? 태안은 목재를 구할 수 있습니다. 그러나 다른 군현은 재목을 구할 수 없어 배를 건조할 수 없기 때문에 미 300석 혹은 50석을 가지고 수영에서 배를 삽니다. 배에 필요한 집물(什物)이나 화기(火器) 등 여러 기구의 값도 목 50동에 육박하는데 이를 연해 군현에서 홀로 전부 담당합니다. 작미(作米)하는 역도 내지보다 몇 배 무거운데 수군[船師]에 동원되어 그 폐단이 열 배가 늘어 백성들의 원망이 극에 달했습니다(최유해).[15]

---

14) 『承政院日記』 105冊, 仁祖 27年 3月 18日. "此所以沿海之民 困苦莫甚 舟師雜役 又是陸邑之所無也 三年改槊米 至百餘石 六年改造定米三百石 其他船上什物及軍器名目甚衆 春秋水操所費 亦不貲 而皆出於民力 故沿海之民皆言 計一年應役之數 而舟師之役 居半焉 此非虛語也."

15) 『承政院日記』 64冊, 仁祖 16年 5月 8日. "沿海各官中韓山一郡 弊瘼偏多 (…) 況今又設無前之舟師 泰安則可以得材木 而他官則絶無材木 故不能造船 必以三百石 或以五十石之米 貿船於水營 船上什物火器諸具之價 亦幾出木五十同 沿海各邑 皆獨當辦出 故作米之役 倍重於內地 而又以船師 其弊十倍 此民情之極怨者

군현에 군선이 분정되면 수령은 비용과 인력을 마련하여 군선을 건조했다.[16] 하지만 그 과정은 순탄치 않았다. 개조 비용 300석과 개삭 비용 100석을 군현에서 홀로 담당했기 때문에 군현의 부담이 늘어났다는 지적이 제기될 수밖에 없었다. 그 밖에 군선을 보유한 군현에서는 훈련에 관련된 부담도 져야 했다. 백성들의 불만이 늘어날 수밖에 없었다.

또한 군선을 건조하기 어려운 군현으로 하여금 군선을 건조하게 하여 문제가 되기도 했다. 검토관 최유해에 따르면, 충청도에서 군선을 건조할 목재를 확보할 수 있는 곳은 태안밖에 없었다. 때문에 여건이 되지 않는 지역은 수영(水營)과 같이 군선을 건조할 수 있는 곳에서 돈을 주고 군선을 사는 경우가 많았다. 이렇게 각 군현이 군선을 사는 것을 당시 방납(防納)이라고 지칭했다. 이러한 방납 행위는 여러 문제를 야기했던 것으로 보인다.

광해군 즉위년(1608)에는 전라좌수영에서 보성군의 전선을 방납하여 문제가 되었다.[17] 인조 9년(1631)에는 공청수사 이경여(李慶餘)가 각 군현에서 전선을 방납할 때 군선 1척 값을 미 300석으로 정하여 문제가 되기도 했다.[18] 같은 해 전라좌수사 최유해도 전선을 방납하고 군선가를 미 300석으로 책정하여 민의 부담을 증가시켰다는 혐의로 사헌부의 탄핵을 당하기도 했다.[19] 이 사례에서도 보이듯 군선의 방납은 민의 부담

也."

16) 『承政院日記』53冊, 仁祖 14年 8月 5日.
17) 『光海君日記』(重草) 卷9, 光海 卽位年 10月 15日 己巳.
18) 『仁祖實錄』卷24, 仁祖 9年 5月 18日 辛卯.
19) 『承政院日記』33冊, 仁祖 9年 5月 18日. "府啓 崔有海事 新啓 公淸水使李慶餘 本

을 더욱 가중시켰다.

요컨대, 임진왜란 이후 조선 정부는 전선을 지속적으로 건조하여 배치했다. 특히 광해군 연간 이후 서해안 연해 군현에 군선을 배치했다. 군선이 한 번 배치되면 개삭과 개조를 지속적으로 행해야 했다. 17세기 초·중엽 개삭 및 개조 기한은 일정한 지침 없이 다양하게 행해졌다. 군선에 관련된 역을 부담하는 백성들의 불만도 급격히 증가했다. 또한 조선 정부는 여건이 되지 않는 군현으로 하여금 군선을 건조하게 해서 군선을 방납하는 사례도 생겨났다. 수군 전력을 유지하기 위해서는 이 문제를 해결할 필요가 있었다.

3. 대동법의 실시와 군선역 상정

대동법은 전국적으로 시행되는 데 100년에 가까운 시간이 걸렸다. 광해군 즉위년(1608)에는 경기에 선혜법을 시행했으며, 인조 1년(1623)에는 강원·충청·전라도에 삼도대동법을 시행했다. 이후 삼도대동법은 인조 2년(1624) 강원도를 제외하고 혁파되었다. 이후 대동법 실시에 대한 논란은 지속되었다. 효종이 집권하자 대동법에 관한 논의가 탄력을 받았다. 그에 따라 충청도에서는 효종 2년(1651)에 대동법이 시행되었으며,

---

以泛濫之人 前爲全羅水使時 公行賄賂 重被臺評 及授本職 猶不謹愼 酗酒失性 濫用刑杖 加以各官戰船 自爲防納 一船之價 勒定三百石之米 內浦殘民 受害無窮 請罷職."

전라도 연읍과 전라도 산군에서는 효종 9년(1658)과 현종 3년(1662)에 시행되었다. 경상도와 황해도에서는 숙종 4년(1678)과 숙종 34년(1708)에 대동법이 시행되었다.

조선의 공납제는 대동법의 전국적인 확대로 인해 여러 변화를 겪었다. 대동법이 가지는 역사적 의의는 이미 선행 연구에서 정리된 바 있다. ① 세원의 원천인 토지로 수세 단위를 집중·단일화한 점, ② 부세 '공평의 원칙'에 합당한 보편적 과세와 균등한 부담을 마련한 점, ③ 예산 제도의 기틀을 마련하여 가렴적인 봉건 재정에 일정한 수취 질서를 부여한 점, ④ 종래의 배부세주의(配賦稅主義)를 지양하고 정률세주의(定率稅主義)를 채택한 점, ⑤ 당시 일반적 교환 수단이었던 미·포·목에서 점차 전(錢)으로 환봉·대봉을 이룸으로써 조세 금납화의 기초를 마련했다는 점 등 5가지 부문에서 의의가 부여되었다.[20] 아울러 대동법은 ① 선혜청의 주도하에 투명한 지방재정 운영을 기획했다는 점, ② 도내 존재하던 여러 부세들을 저치미라는 대동세로 통합해 나갔다는 점, ③ 복잡다단한 물류 체계를 정비하는 데 일조했다는 점에서 지방재정에 미친 영향도 지대했다.[21]

대동법의 시행은 수군진에도 여러 영향을 미쳤다. 먼저 수군진에 수미(需米)가 지급되기 시작했다는 점이 주목된다. 수미는 각 군현과 군문에 지급된 아록전·공수전·관둔전 등을 혁파하고 그에 따른 재정 손실을 보충하기 위해 지급한 것으로, 통제영과 수영에만 지급되었다. 그

---

20) 한영국, 「大同法의 實施」, 『한국사』 13, 국사편찬위원회, 1976, 212~215쪽.
21) 문광균, 앞의 논문, 2013.

액수는 충청수영 150석, 전라좌·우수영 250석, 경상좌수영·통제영 300석 등이었다. 통제영이나 수영의 수미는 일반 군현과 마찬가지로 사객지공미(使客支供米)·유청(油淸)·지지가(紙地價) 등으로 지출하도록 되어 있었다. 수미의 지급은 그동안 자체 재원으로만 운영되던 수군진에 중앙의 재원이 공식적으로 분급되었다는 점에서 의미가 있었다.

다음으로 포량미(砲糧米) 지출이 공식화되었다는 점도 주목된다. 포량미는 전선에 탑승하는 포수의 급료를 마련하기 위해 경상도의 전결(田結)에 부과한 세목이다. 경상도의 포수에게만 포량미를 지급하게 된 계기는 임진왜란 이후 방위 태세 정비와 관련이 있다. 임진왜란 이후 조선 정부가 주목한 전략적 요충지는 바로 경상도였다. 이로 인해 이 지역의 수군 방위 태세의 빠른 회복이 중요한 문제로 등장했다. 하지만 이 지역은 일본군이 오랫동안 진주하고 있었기 때문에 백성들이 유망하는 사례가 많아 병력을 확보하기 어려운 실정이었다. 조선 정부는 서북 지역 출신(出身)들을 경상도로 부방하게 하여 병력 부족 문제를 해결하고자 했다. 이들을 부방시키는 데 필요한 자금을 조달하기 위해 만든 세목이 포량미였다. 이후 서북 지역 출신들은 부방하지 않게 되고 이들의 업무를 경상도 포수가 대신하게 되었지만 포량미는 존속되었다. 대동법 시행 이후에는 포량미를 선혜청에서 저치미로 지급하는 방안이 마련되었다.[22]

수미와 포량미 관련 규정을 제외하면 대동사목의 수군 관련 규정은

---

22) 포량미에 대해서는 문광균, 「조선후기 양산 甘同倉의 설치와 변천」, 『한국문화』 66, 서울대학교규장각한국학연구원, 2014 참조.

〈표 2〉 대동법 당시 군선별 개삭 및 개조 비용

단위: 미

	선종	개삭/개조	매년 저치	총 재원	개삭 비용	개조 비용	집물 값
충청 전라	전선	3년/5년	100석	500석	150석	300석	50석
	방패선	3년/5년	46석 5두	212석	62석	125석	25석
	병선	3년/5년	9석	45석	15석	30석	전선퇴선가
경상 좌도	전선	3년/5년	60석	300석	100석	200석	〃
	병선	3년/5년	9석	45석	15석	30석	〃
경상 우도	전선	3년/7년	42석 12두 8승	300석	100석	200석	〃
	병선	3년/7년	6석 6두 4승	45석	15석	30석	〃

* 출전: 「湖西大同事目」奎석1594; 「嶺南大同事目」古683-5; 「全南道大同事目」奎1556.

모두 군선역에 관련된 것이었다. 군선역이 대동법 규정에 포함된 이유는, 산군과 연읍 사이에 부과액이 다른 이른바 '불균한 역' 중 하나였기 때문이다. 대동법에 규정된 군선역은 여러 종류가 있지만 개삭 및 개조에 관련된 규정이 상당한 비중을 차지한다. 〈표 2〉는 대동사목에 기록된 개삭 및 개조 규정을 도표화한 것이다.

개삭 및 개조 관련 규정은 다시 선종(船種), 개조와 개삭 기간 및 비용, 집물 값 등 세 가지로 구분할 수 있다. 먼저 선종을 살펴보자. 17세기 중엽 조선이 보유한 군선은 전선·귀선·방패선·사후선 등 주로 다섯 가지였다. 「호남대동사목(湖西大同事目)」과 「전남도대동사목(全南道大同事目)」에서는 전선·방패선·병선 등 세 종류 군선의 개삭 및 개조 비용이 책정된 데 비해, 「영남대동사목」에는 전선과 병선의 개삭 및 개조 비용만 책정되어 있다.

이 차이는 17세기 중엽 지역별 군선 보유 현황을 반영한 것이다. 전선과 병선은 세 지역에 모두 배치되어 있었기 때문에 세 대동사목에 모두 규정이 제정되었다. 그에 비해 방패선은 서해안 지역에서만 활용되었기 때문에 경상도에서는 방패선 관련 규정이 필요 없었다. 이 세 군선 외에 다른 군선의 규정이 없는 이유도 짐작이 가능하다. 귀선은 17세기 중엽까지 수영당 한 척씩만 배치되고 다른 군현과 수군진에는 없었기 때문에, 별도의 규정을 두지 않고 전선 규정을 준용한 것으로 보인다. 사후선은 선박의 규모가 작아 전선을 건조하고 남은 목재로 건조하도록 되어 있었기 때문에 개삭 및 개조 비용이나 집물 값 등이 책정되지 않았다.

이렇듯 대동사목은 여러 군선 중 가장 많이 이용되고 규모가 큰 선종을 택하여 기록하고 있다. 이를 바탕으로 선종별 개삭과 개조 기간을 규정했다. 충청·전라·경상좌도 군선은 건조된 지 3년 만에 1번 개삭하고 5년 만에 1번 개조하도록 되어 있었으며, 경상우도 군선은 3년 만에 1번 개삭하고 7년 만에 1번 개조하도록 규정되어 있었다. 경상우도만 개삭 및 개조 기간을 다르게 책정한 이유는 세 가지로 파악할 수 있다.

첫째, 군선의 내구성 문제이다. 알려진 바와 같이 조선 정부는 임진왜란 직후 경상우도 방비를 중요시했고 군선을 튼튼하게 건조했다.[23] 선체가 좋은 군선일수록 장기간 활용할 수 있었을 것이다. 둘째, 자연 조건과의 연관성이다. "호남의 수세(水勢)는 영남과 달라 배를 만드는 규례가 다르다"는 언급을 고려해보면 도별로 자연 조건이 달랐고, 이는

---

23) 『承政院日記』 54冊, 仁祖 15年 6月 7日.

군선의 수명과도 밀접한 연관이 있었던 것으로 생각된다.[24]

셋째, 선체 관리 규정의 정비로 선체 수명이 늘어나고 있던 상황을 반영한 것이다. 개삭 및 개조와 함께 군선 관리의 주요 절차 중 하나는 비로 연훈(煙燻)이었다. 연훈은 선체를 연기로 그을려 선체 표면에 기생하던 병충해를 소독하는 것으로 하절기에 매달 두 번씩 실시했다. 본래 연훈을 할 때 엽송(葉松)을 태워 한두 번 선체를 그을리도록 되어 있었으나 현종 6년(1665)에는 내외 선판(船板)을 세척한 뒤 소나무를 잘라 만든 횃불로 간조(干潮) 때 하루종일 연훈하는 것으로 규정이 변화했다.[25] 연훈 규정의 강화는 군선의 수명을 연장시키는 효과가 있었을 것이라 판단된다. 결국 조선 정부는 경상도 대동법을 실행할 때 경상도 군선의 상태 및 자연 환경, 그리고 그동안의 군선 관리 규정의 강화를 반영하여 경상우도부터 개조 기간을 늘린 것으로 생각된다.

조선 정부는 이렇게 개삭 및 개조 기간을 결정한 뒤 그에 맞추어 저치미를 지급했다. 충청도를 살펴보면 전선의 개삭 및 개조 비용은 500석으로 대동저치미를 100석씩 5년 동안 모아서 마련했다. 이 중 개삭할 때 150석을 쓰고 개조할 때 300석을 썼다. 나머지 50석은 잡물가였다. 방패선의 개삭 및 개조 비용은 212석이었는데, 46석 5두를 5년 동안 모

---

24) 『統營啓錄』 VII-2-243, 고려대학교민족문화연구원(일본동양문고소장본) 雍正 5 年(英祖 3, 1727). "湖南水勢與嶺南有異 造船規例又此迥別 戰漕船年限各異 行用 不同."

25) 『統營啓錄』 VII-2-243, 고려대학교민족문화연구원(일본동양문고소장본), 康熙 4 年(顯宗 6, 1665) 10月. "沿海各官浦戰船 夏節一朔兩巡煙薰 防蟻虫 而若干葉松 一二番燒火 未免兒戲 明松細截作矩 盡洗內外船板 潮退間 竟日煙燻之 則松指 盡出 虫亦燋死."

아 마련했다. 이 비용에서 개삭할 때 62석을 쓰고 개조할 때 125석을 썼다. 나머지 미 25석은 집물 값이었다. 병선의 개삭 및 개조 비용은 45석이었는데 9석씩 5년 동안 모아서 마련했다. 이 비용 중에 개삭할 때 15석을 쓰고 개조할 때 30석을 썼다.[26] 전라도의 개삭 및 개조 규정은 충청도와 동일했다.

상대적으로 늦은 시기에 제정된 「영남대동사목」의 규정은 충청·전라도와 차이가 있다. 경상좌도에서는 전선의 개삭 및 개조 비용 300석을 60석씩 5년간 모아서 마련했다. 이 비용에서 개삭할 때 100석을 쓰고 개조할 때 200석을 썼다. 병선의 개삭 및 개조 비용은 45석으로 9석씩 5년 동안 저치하여 만들었다. 이 비용에서 개조할 때 30석을 쓰고 개삭할 때 15석을 지출했다. 경상우도는 개조 기간이 2년 늘어났기 때문에 경상좌도와 차이가 있다. 전선의 개삭 및 개조 비용은 300석으로 매년 42석 12두 8승씩 7년을 모아 마련했다. 이 비용 중에서 개조할 때 200석을 쓰고 개삭할 때 100석을 썼다. 병선의 개삭 및 개조 비용은 45석으로 매년 6석 6두 4승씩 7년을 모아 마련했다. 이 비용 중에서 개조할 때 30석을 쓰고 개삭할 때 15석을 썼다. 집물 값은 퇴선가로 마련하도록 되어 있었다.

세 지역을 비교해보면, 경상도 전선의 개삭 및 개조 비용이 충청도와 전라도에 비해 200석 가량 줄었음을 확인할 수 있다. 효종 2년(1652) 대동법이 시행될 때 개삭 및 개조 비용은 당시 관행을 고려해 산정한 것으로 생각된다. 하지만 이후 개삭 및 개조 비용을 줄여야 한다는 의견이

---

26) 「湖西大同事目」奎1594.

개진되었다. 17세기 중엽 오이익(吳以翼)은 "여러 도의 구마(驅馬), 갈물(葛物), 개삭 및 개조 비용 등 민역이 연읍민의 막대한 고통이었기 때문에 사목에서 대동미로 그 역가를 지급하는 것으로 규정했지만, 민역을 관아에 어찌 감히 그 값을 부과하겠는가! 관아도 그 값을 지급하는 것을 즐길 수 없다"고 지적했다. 이를 바탕으로 그는 "개삭할 때 지급하는 미 150석과 개조할 때 지급하는 300석은 실로 근거가 없다. 목재는 여러 섬에서 취하고 노동력은 민간에서 나오는데 그 쌀을 어디에 쓰겠는가?"라며 "이들 역을 매년 가을에 걷을 때 실제로 들어가는 값에 맞추어 삭감해야 하고, 역을 할 때가 되어서는 백성들이 식량을 가져오고 장인들의 급료는 대동여미로 계산해서 지급해야 한다"고 주장했다.[27] 경상도에서 대동법을 시행하고 개삭 및 개조 비용을 산정할 때 이런 지적을 받아들인 것이라 생각된다.

　개삭 및 개조 비용에는 집물 값도 포함되어 있었다. 집물은 군선의 건조와 유지에 반드시 필요한 물품으로 생갈(生葛)·색마(生麻)·초둔(草芚)·석(席)·표자(瓢子) 등이다.[28] 집물은 군현에서 연호(烟戶)에게 수취하는 것이 원칙이었으나, 대동법 시행 이후 저치미나 퇴선가로 그 값을 마련하여 구입했다. 대동법의 집물 값 마련 규정은 지역별로 약간 차이가

---

27) 『石門集』 卷4, 「疏時弊疏」. "諸島驅馬 竹田鋤治 戰船改槊改造 年例葛物等役 乃是 沿海諸邑莫大之苦 事目中雖以大同米 給其役價 而民役於官 豈敢責價 官亦豈肯 給價 (…) 且戰船改槊時給米百五十石 改造時給米三百石者 亦爲無據 材取諸島 役出民間 米將安用 (…) 臣等竊以爲通計驅車鋤治葛物改槊改造等役之價 每於秋 捧 從實減定 而及當赴役 民自裹其糧 其匠人料米 自其官報于監司 以大同餘米 支計用之 則民蒙實惠 而國家無空費之患矣."

28) 「湖南大同事目」 奎1594. 이를 陸物 혹은 六物이라고 지칭하기도 한다.

있었다. 충청도와 전라도는 전선·방패선 집물 값은 저치미로 지급하고, 병선의 집물 값만 은퇴한 전선의 판매 값인 퇴선가(退船價)로 지급하도록 규정했는데, 경상도 군선의 집물 값은 모두 퇴선가로 마련하도록 되어 있었다. 집물 값을 마련하는 데 퇴선가의 비중이 늘어난 이유는 대동저치미를 절약하고자 하는 의도와 관계가 있었던 것 같다.

군선의 개삭 및 개조 비용은 저치미에서 분급한 일정 금액을 특정 기간 동안 축적하는 형태로 마련했다. 그에 따라 곡식을 장기간 보관할 방안도 있어야 했다. 일반적으로 곡식 보관 시한은 2년을 넘지 않기 때문에, 저치미를 본색 그대로 3년 이상 보관하기는 어려웠을 것이다. 이 점을 고려해 조선 정부는 개삭 및 개조 목적으로 보관한 저치미를 환곡으로 활용할 수 있도록 허가했다. 여기서 얻은 모곡 수입은 군선을 관리하는 수직(守直)의 급료와 군선 관련 물품의 구입 비용으로 이용하도록 했다. 또한 대동사목에서는 병선이 다른 군선에 비해 운영 빈도가 높아 개삭 및 개조 기간보다 오랫동안 이용할 가능성이 높다고 했다. 개삭 및 개조 기간이 길어지면 그만큼의 비용이 추가로 저치된다. 그 초과분은 여미(餘米)로 환원해야 했다.[29]

지역별로 군선이 배치되면 부수 비용도 당연히 발생한다. 수조의 관련 비용 역시 저치미로 지급되었다. 수조는 1년에 2차례 열리는 정규 훈련으로, 군선을 보유한 지역은 모두 참여해야 했다. 17세기에는 수조가 빈번하게 행해지다가 19세기에 이르면 정조(停操)가 일상화되는 추세였다. 대동사목에는 이 비용을 수조 기간의 인건비, 호궤 비용, 물품

---

29) 「嶺南大同事目」古683-5.

비용 등 세 가지로 구분하여 규정했다. 충청·전라·경상도 모두 수조 기간 동안 군선에 탑승하는 승무원에게 지급하는 인건비는 일정한 기준을 바탕으로 일수를 계산하여 지급하도록 되어 있었다. 훈련 종료 후 장병 위로 행사인 호궤에 들어가는 비용은 충청·전라도에서 1인당 5승씩, 경상도에서 3승씩 책정했다. 훈련할 때 쓰는 화약·유황·염초 등과 군선의 장착물인 기휘(旗麾)와 색장막(色帳幕) 등을 만드는 비용도 저치미의 분급 대상이었다.

이렇듯 조선 정부는 대동법을 기점으로 군선역과 관련된 각종 비용을 저치미로 지급하도록 조치했다. 그렇다면 저치미는 어느 지역에 지급되었을까? 각 지역 대동사목에는 그 지급 범주가 기록되지 않아 어느 지역에서 지급되었는지 확인하기 어렵다. 본 연구에서는 19세기 『영남청사례』와 『호남청사례』의 전선읍조(戰船邑條)에 기록된 수군진과 군현을 바탕으로 시기를 역추적하는 방식을 취하고자 한다.

『영남청사례』 전선읍조를 살펴보면 저치미로 군선 관련 비용을 지급하는 지역은 좌도 군현 두 곳, 우도 군현 열한 곳 등 총 군현 열세 곳이었으며, 『호남청사례』에는 전라우도 군현 일곱 곳, 좌도 군현 여섯 곳 등 총 군현 열세 곳과 수군진 네 곳이었다.[30] 이 중 전라우도에 기록된 진 네 곳은 숙종 7년(1681)에 설치된 지도·신지도·고금도와 숙종 37년

---

30) 『湖南廳事例』에는 사실 전라우수영과 전라좌수영 및 소속 수군진의 명칭도 기록되어 있다. 〈표 3〉에 제시한 수군진을 제외한 나머지 수군진은 草芚價나 戰兵船儲置米를 지급하기 위해 수록한 것이었다. 즉 "좌수영 소속 수군진 일곱 곳은 防布가 있으므로, 개조 비용은 각 해당 진에서 마련한다. 다만 전선·귀선의 매 척당 초둔가는 미 5석을 회감한다"는 것이었다. 『湖南廳事例』 奎15232, 「戰兵船」.

〈표 3〉 군현별 군선 보유 현황과 보유 확인 연도

도	지역	읍/진	보유선척	군선 확인 연도	전거
전라우도	나주	읍	전선2, 병선2	인조13(1635)	(承)09월 26일
	영암	읍	전선1, 병선1	인조16(1638)	(承)01월 04일
	영광	읍	전선1, 병선1	효종즉위(1649)	(承)11월 22일
	진도	읍	전선1, 병선1	인조26(1648)	(承)12월 14일
	해남	읍	전선1, 병선1	숙종10(1684)	(承)10년 27일
	무안	읍	전선1, 병선1	선조39(1606)	(啓)11월 08일
	함평	읍	전선1, 병선1	효종7(1656)	(朝)08월 27일
	임자도	진			
	고금도	진			
	지도	진			
	신지도	진			
전라좌도	순천	읍	전선1, 병선1	인조14(1636)	(承)08월 05일
	장흥	읍	전선1, 병선1	선조39(1606)	(啓)02월 18일
	보성	읍	전선1, 병선1	숙종42(1716)	(承)08월 24일
	낙안	읍	전선1, 병선1	선조36(1603)	(朝)07월 23일
	광양	읍	전선1, 병선1	인조16(1638)	(承)01월 17일
	흥양[고흥]	읍	전선1, 병선1	선조31(1598)	(朝)02월 10일
경상좌도	울산	읍	전선1, 병선1	효종4(1653)	(承)02월 23일
	기장	읍	전선1, 병선1	숙종7(1681)	(朝)06월 23일
경상우도	진주	읍	전선2, 병선2	효종5(1654)	(承)06월 21일
	거제	읍	전선1, 병선1	·	·
	김해	읍	전선1, 병선1	숙종10(1684)	(朝)03월 17일
	사천	읍	전선1, 병선1	선조39(1606)	(啓)04월 14일
	창원	읍	전선1, 병선1	선조39(1606)	(啓)04월 14일
	웅천	읍	전선1, 병선1	선조39(1606)	(啓)04월 14일
	진해	읍	전선1, 병선1	인조15(1637)	(承)10월 05일
	곤양	읍	전선1, 병선1	선조39(1606)	(啓)04월 14일
	하동	읍	전선1, 병선1	·	·
	고성	읍	전선1, 병선1	선조39(1606)	(啓)04월 14일
	남해	읍	전선1, 병선1	·	·

* 군선 보유 확인 연도는 해당 지역에 군선이 있었다는 것을 증명하는 연도이다. 朝는 조선왕조실록, 啓는 계본등록, 承은 승정원일기이다.

* 출전『嶺南廳事例』奎15233,「戰兵船」;『湖南廳事例』奎15232,「戰兵船」.

(1711)에 설치된 임자도진이었다.

이 네 진은 경안부 수군이 지급되지 못한 진이었다. 조선 정부는 임진왜란 이후 경안부 수군의 확보에 힘을 쏟았으나 여러 문제에 봉착하게 되었다. 그 결과 숙종 연간 서해안 수군진에 경안부 수군을 지급하지 못하는 사례가 생겨났다. 경안부 수군이 없으면 역가 수입이 감소하기 때문에, 진의 재정 마련에 문제가 생길 수밖에 없었다. 조선 정부는 이 문제를 해결하기 위한 방안 중 하나로 군선의 개삭 및 개조 비용을 대동저치미로 지급하도록 조치했다.[31]

이들 진 네 곳에는 경안부 수군이 없었기 때문에 군선의 개삭 및 개조 비용을 저치미로 지급했으며, 그 이유로 『호남청사례』에 기록되었다. 이를 제외하면 저치미는 군현의 읍전선에만 지급되었다. 읍전선의 보유 시기를 추적해보면 『영남청사례』와 『호남청사례』에 기록된 군현은 대부분 대동법이 시행될 당시에도 전선을 보유하고 있었다. 그러므로 이 지역은 군선역 명목으로 저치미를 지급받아왔다고 할 수 있다.

결국, 대동사목의 군선 관련 규정은 읍전선에 관련된 역가만을 저치미로 지급한다는 것이었다. 그렇다면 저치미의 지급 대상이 아니었던 수군진은 어떻게 군선을 개삭하고 개조했을까? 대동사목의 개삭 및 개조 기간은 당시 지역에서 행해지던 개삭 및 개조 기간을 참고해서 설정되었기 때문에, 당시 수군진도 이 규정을 준용했을 가능성이 높다. 하지만 개삭 및 개조 비용 마련 방안이나 군선역 부과 방식은 연해 군현과 달랐을 것으로 생각된다. 이는 숙종 8년(1682) 병조판서 김석주(金

---

31) 『承政院日記』339冊, 肅宗 16年 1月 15日.

錫胄)의 장계와 정조 21년(1797)에 발간된 『곡총편고』에 기록된 내용으로 짐작할 수 있다.

저는 근래 양남(兩南)의 변장 중 교체해 오는 자와 만나서 연해 군민의 폐단에 대해 들었습니다. 진의 전선은 이미 기한이 있어 개삭한 지 얼마 되지 않아 바로 개조하니, 이는 당연히 해야 하는 역으로 면하기 어려운 것입니다. 또한 근래 비변사에서 선박을 별도로 분정해서 건조하는 일이 끊이지 않습니다. 통제영이나 수영은 이렇게 분정받은 군선을 휘하 진에 다시 분정합니다. 그러한 까닭으로 변장은 토졸을 모두 징발하여 소나무를 키우는 섬 가운데서 선재(船材)를 채취합니다. 배 1척에 들어가는 목재가 3~4백 그루에 이르며, 이 목재를 아래로 나르는 병졸은 또 100여 명 이하가 아닙니다. 능로군(能櫓軍)을 모집해 매달마다 역을 시켜 쉬지 못하게 하니 그 원망함이 하늘에 사무친다고 합니다.[32]

통제영의 전선과 병선이 기한을 채워 개조할 때 선재를 예운(曳運)하는 것은 통제영 근처에 거주하는 백성들이 함께 하는 역이었다. 그러나 옹정 기유년(영조 5, 1729) 통제영 근처에 사는 백성이 원역(遠役)에

---

32) 『承政院日記』290冊, 肅宗 8年 5月 11日. "臣於近日 連與兩南邊將之遞來者相接 備聞沿海軍民之弊 各鎭浦戰船 旣有年限 改槊未久 旋又改造 此固應行之役 不可免者 而近來備局 別分定造船之事 相續不絶 統營水營 又皆分定於各鎭浦 故邊將盡發土卒 斫取船材於養松海島之中 而一船所用之材 多至三四百株運下之卒 又不下累百名 募集能櫓之類 無月不役 不得休息 怨恣徹天云."

힘들어하자, 조 400석을 마련해서 모조를 취해 쓰고 민역(民役)에 동원하지 않기를 청했다(防役). 그에 따라 당시 통제사 김흡(金潝)은 병고(兵庫)의 전 1,000냥을 가지고 조 1,000석을 사서 이 창고[補役倉]를 개설하고, 조(租)를 매년 백성에게 진분(盡分)하여 거둔 모곡을 원곡에 합쳐두었다가 군선을 만들 때 예운역가(曳運役價)로 쓰도록 했다.[33]

보유한 군선을 개조할 때나 중앙에서 군선 건조를 지시받았을 때, 통제사는 수군진에 일할 몫을 할당했다. 할당을 받은 지휘관은 토졸이나 능로군을 모아 군선을 건조했다. 토졸이나 능로군의 급료는 대부분 자체적으로 마련했다. 군선역 가운데 특히 해안에서 벌채한 목재를 선소(船所)까지 운반하는 예운역(曳運役)은 고역 중 하나였다. 『곡총편고』의 기록에 따르면, 예운역은 본래 통제영 근처에 거주하는 백성들이 주로 담당했는데, 백성들의 원망이 심했다고 한다. 영조 5년(1729) 조선 정부는 보역창(補役倉)이라는 창고를 개설하여 이 문제를 해결했다. 창고에서 곡식을 조성해 이를 환곡으로 운영한 것이었다. 진의 군선에 필요한 집물은 경안부 수군에게 징수했는데,[34] 이 관행이 문제가 되자 숙종 30년(1704) 「양남수군변통절목」의 반포 이후 경안부 수군의 역가 중에 일

---

33) 『穀摠便攷』卷3, 統營會外條. "本營戰兵船 限滿改造時 船材曳運 自是營下民大同之役 而雍正己酉(英祖 5, 1729) 營民難於遠役 措備四百石租 請以取耗需用 以防民役 故其時統制使金潝 以兵庫錢一千兩貿租一千石 創設此倉 並民租 每年盡分取耗 仍付元穀 需用於造船時曳運役價."

34) 『承政院日記』25冊, 仁祖 7年 3月 19日.

부를 덜어내 마련하는 것으로 변모했다.[35]

요컨대, 조선 정부는 군선을 원활하게 관리하기 위해 대동법을 시행하고 군선역 규정을 정비했다. 충청도와 전라도의 개삭 및 개조 규정은 동일한데, 경상도는 차이를 보였다. 경상도만 규정이 다른 이유는 군선 배치 실태, 자연 조건, 군선 관리 방식의 변화, 저치미 현실화 등 여러 요인 때문이었다. 또한 이 개조 및 개삭 규정이 모든 군선에 적용되는 것은 아니었다. 개삭 및 개조 기간은 군현과 수군진의 군선에 적용되었지만, 비용 마련 방안은 읍전선에만 적용되었다. 진의 군선 건조 비용은 진 자체에서 마련했다.

4. 개삭 및 개조 규정의 변화와 그 요인

조선 정부는 대동법을 통해 군선의 개삭 및 개조 기간과 비용 등 군선역에 관한 규정을 정비했다. 이렇게 정해진 규정은 이후 여러 요인에 의해 변경되었다. 이 장에서는 개삭 및 개조 기간과 비용의 변화를 살펴보고자 한다. 〈표 4〉는 대동법 이후 군선의 개삭 및 개조 기간 변화를 도표화한 것이다.

숙종 13년(1687) 국왕의 전교로 인해 개삭 및 개조 기간이 새롭게 규정되었다. 충청도의 전선·방패선·병선은 30개월(2년 6개월)에 개삭하고 60개월(5년)에 개조하게 되었다. 전라도 전선·방패선의 개삭 및 개조 기간

---

35) 『各營釐整廳謄錄』奎15062,「兩南水軍變通節目」.

〈표 4〉 대동법 이후 군선 별 개삭 및 개조 규정의 변화

도	선종	개삭/개조	숙종13(1687)			영조 22(1746)			순조 8(1808)		
			간격(월)	횟수(회)	비용(석)	간격(월)	횟수(회)	비용(석)	간격(월)	횟수(회)	비용(석)
충청도	전선	개삭	30	1	·	30	2	·	30	3	·
		개조	60	1	·	90	1	·	120	1	·
	방패	개삭	30	1	·	36	2	·	36	3	·
		개조	60	1	·	108	1	·	144	1	·
	병선	개삭	30	1	·	36	3	·	36	5	·
		개조	60	1	·	144	1	·	216	1	·
전라도	전선	개삭	30	1	70	30	2	160	84	1	좌도 150 우도 220
		개조	60	1	100	90	1	220			
	방패	개삭	30	1	·	36	2	·	84	1	·
		개조	60	1	·	108	1	·			
	병선	개삭	30	2	10	30	2	20	84	1	20
		개조	90	1	15	90	1	30			
경상좌도	전선	개조	60	1	150	60[80]	1	150	80	1	150
	병선	개조	60	1	25	60[80]	1	25	80	1	25
경상우도	전선	개조	80	1	150	80[100]	1	150	100	1	150
	병선	개조	80	1	25	80[100]	1	25	100	1	25

* [ ] 안은 최대 개조 연한이다. 진하게 표시한 부분은 개삭 규정이 없어지고 개조 기간만 규정되어 있는 경우이다. 개삭 및 개조 기간은 『수교집록』과 『속대전』, 그리고 『만기요람』을 바탕으로 작성했다. 개삭 및 개조 비용은 『호남청사례』와 『영남청사례』를 근거로 작성했으며, 일반 전선을 기준으로 했다.

* 출전: 『受敎輯錄』 「兵典」 兵船; 『續大典』 卷4, 「兵典」 兵船; 『萬機要覽』 軍政4, 「戰船改造改槊年限」; 『嶺南廳事例』 「戰兵船」; 『湖南廳事例』 「戰兵船」.

은 충청도의 예를 따르게 되었고, 병선만 별도의 규정을 두었다. 전라도 병선은 처음 건조된 후 30개월 간격으로 두 번 개삭하고 90개월(7년 6개월)이 지나면 개조했다. 경상도의 전선과 병선은 개삭 기간은 없고 개조 기간만 좌도 60개월, 우도 80개월(6년 8개월)로 정해졌다.

　이후 규정들은 지속적으로 변화해 나갔다. 영조 22년(1746)의 규정을 살펴보면, 충청도 전선은 처음 건조하고 나서 30개월 간격으로 두 차례 개삭한 후에 90개월(7년 6개월)이 되면 개조했다. 방패선은 처음 건조하고 나서 36개월 간격으로 두 차례 개삭한 후 108개월(9년)이 되면 개조했다. 병선은 36개월씩 3차례 개삭한 후 144개월(12년)이 되면 개조했다. 전라도 전선은 30개월 간격으로 두 차례 개삭하고 90개월이 되면 개조했다. 방패선은 36개월 간격으로 두 차례 개삭하고 108개월이 되면 개조했다. 병선은 전선과 규정이 같았다. 충청도와 전라도 군선 중 기간이 차지 않았는데도 군선이 썩어서 개삭 및 개조가 필요할 경우 수사가 보고하여 시행하도록 했다.[36] 경상도에서는 개조 기간이 변화하지 않았으나 최대 개조 기간[退限]이 20개월 추가로 설정된 점이 주목된다. 이 조치는 숙종 13년(1687)의 규정을 준수하되, 재량에 따라 20개월을 연장할 수 있도록 한 것이었다.

　순조 8년(1808) 충청도 전선은 처음 건조된 이후 30개월마다 세 번 개삭하고 120개월(10년) 만에 한 번 개조했다. 방패선은 처음 건조한 뒤 36개월마다 세 번 개삭하고 144개월 만에 개조했다. 병선은 새롭게 건조된 이후 36개월씩 다섯 번 개삭하고 216개월(18년)이 되면 개조했다.[37] 전

---

36)　『續大典』卷4,「兵船」.

37)　전선보다 병선의 개조 기간이 더 긴 이유는 그 규모와 관계가 있는 것으로 생각된다. 좌의정 李畬의 증언에 따르면, 전선은 그 체구가 커서 쉽게 썩는 반면 私船은 체구가 작아 오랫동안 쓸 수 있었다고 한다(『承政院日記』418冊, 肅宗 30年 5月 30日). 이 증언을 볼 때 체구가 큰 선박일수록 쉽게 손상되므로 개조 기간이

라도에서는 전선·방패선·병선의 개삭 기간은 없어지고 개조 기간만 84 개월(7년)로 통일시킨 정조 12년(1788)의 조치가 순조 8년(1808)까지 그대로 이어졌다.[38] 경상 좌·우도에서는 80개월과 100개월(8년 4개월)이 지나면 개조하도록 규정되었다.

개삭 및 개조 비용도 기간의 변화에 발맞추어 새롭게 규정되었다. 세도 중 전라도와 경상도에서 비용의 변화를 파악할 수 있다. 경상도는 대동법 시행 3년 뒤인 숙종 7년(1681) 전선과 병선의 개조 비용을 150석과 25석으로 규정했고 개삭 비용은 삭감했다.[39] 이후 이 규정은 순조 연간까지 그대로 이어졌다. 같은 해 전라도 전선의 개삭 및 개조 비용은 70석과 100석 등 총 170석, 병선의 개삭 및 개조 비용은 5석과 15석 등 총 20석으로 규정되었다. 이와 같은 규정 변경은 이 지역에서 군선의 개삭 및 개조 비용 부족이라는 문제를 낳았다. 이에 영조 10년(1734) 이 지역 전선의 개삭 및 개조 비용은 각각 160석(개삭 비용 40석, 첨목 개삭 비용 120석)과 220석 등 총 380석, 병선의 개삭 및 개조 비용은 20석과 30석 등 총 50석으로 규정되었다.[40] 이 규정은 영조 22년(1746)에도 그대로 이어

짧았음을 알 수 있다.

38) 『湖南廳事例』奎15232, 「戰兵船」.

39) 『嶺南廳事例』奎15233, 「戰兵船」. "戰兵船改造價百五十石 兵船改造價二十五石 會減事."

40) 『湖南廳事例』奎15232, 「戰兵船」. "康熙辛酉(肅宗 7, 1681) 戰船改造價米一百石 改槊價米七十石 兵船改造價米十五石 改槊價米五石 自本廳裁減事 別單啓下 而其後戰船改造價 次次漸減 只爲五十石 故造船之際 添價旣多 海民怨苦 雍正己酉(英祖 5, 1729)本道請得穀物 以其耗條用之 甲寅(英祖 10, 1734)因本道監司狀聞 戰船新造價二百二十石 初改槊價四十石 添木改槊價一百二十石 兵船新造價三十

졌다. 이후 정조 6년(1782) 전라도에서도 개삭이 없어지면서 전선의 경우 전라좌도 150석, 우도 220석 등으로 결정되었고, 병선은 좌·우도 상관없이 20석으로 결정되었다. 이는 순조 8년(1808)까지 이어진 것으로 생각된다.

이러한 개삭 및 개조 기간의 흐름을 살펴보면 도별로 차이가 있다. 충청도 군선은 개삭 횟수가 늘어났고 개조 기간도 길어졌는데, 전라도와 경상도 군선은 개삭 규정이 없어졌으며 개조 기간만 길어졌다. 개삭 및 개조 비용은 대동법 시행 당시보다 복잡하게 변화하긴 했지만 삭감되는 추세였음이 분명해 보인다. 이렇게 변화한 이유는 대략 세 가지로 정리할 수 있다.

첫째, 건조 방식의 변화이다. 조선 정부는 군선을 건조할 때 본래 나무못[木釘]을 쓰고 있었는데 17세기 후반부터 쇠못[鐵釘]을 도입했다. 철정은 숙종 8년(1682)과 정조 6년(1782) 경상도와 전라도에서 사용하기 시작했다.[41] 경상도에 철정이 먼저 도입된 이유는, 이 지역의 수세가 급해 그에 적합한 선박이 필요했기 때문이라고 한다.[42] 철정의 도입은 군선을 더욱 견고하게 했지만,[43] 개삭이 불가능해지는 결과를 낳기도 했다. 일반적으로 개삭은 군선을 해체하여 썩은 나무를 없애고 다시 조립하는 방식으로 이루어진다. 그러므로 목정을 사용하면 기존 목정이 박혔

石 初改槊價五石 添木改槊價十五石式上下事更爲定式矣.”

41) 『承政院日記』291冊, 肅宗 8年 6月 23日 ; 『湖南廳事例』 奎 15232, 「戰兵船」.

42) 『承政院日記』445冊, 肅宗 34年 11月 20日.

43) 『承政院日記』68冊, 仁祖 17年 3月 21日. “柳琳曰 戰船固當完固 而不輕捷 則不可用 臣意戰船左右三板 主柱爲之 而用鐵釘使之堅牢 則好矣.”

던 구멍을 재사용할 수 있었다. 하지만 철정을 쓰면 이 구멍을 다시 사용할 수 없어서 옛날 구멍을 그대로 둔 상태에서 새롭게 못을 박아야 하는데, 이 경우 배를 띄우면 옛날 구멍에서 물이 들어오는 문제가 생겼던 것이다.[44]

둘째, 소나무의 부족이다. 소나무 부족은 17세기 중엽 이후 계속 논란의 대상이었다. "소나무에 적당한 곳은 옥토(沃土)가 많으니 간악한 백성이 화전(火田)을 이롭게 여겨 곳곳에 불을 지르고 있고, 소나무가 불에 타 말라죽은 뒤에도 수령은 적발하여 치죄하지 못하고 정(情)에 의해 작벌을 묵인하는 일"까지 벌어지는 실정이었다.[45] 조선 정부는 여러 차례 송금사목을 반포하여 이를 해결하고자 했다.[46]

하지만 이런 조치에도 불구하고 소나무 부족 현상은 개선되지 않았고 목재 수급은 날로 어려워졌다. 이런 상황은 숙종 29년(1703) 내수사의 의봉산 분정 사건을 통해 짐작할 수 있다. 조선 정부는 연한이 오래된 내수사의 선박을 개조하는 데 필요한 목재를 의송산의 금표 밖에서 채취하도록 허락했다. 이에 대해 통제사 원덕휘(元德徽)는 만약 의송산 금표 밖에서 목재 채취를 허락하게 되면 10년도 되지 않아 의송산도 민둥산으로 변할 것이라고 지적했다. 그는 의송산은 물론이고 의송산 밖에

---

44) 『承政院日記』 418冊, 肅宗 30年 5月 30日.
45) 『備邊司謄錄』 38冊, 肅宗 10年 2月 30日 「松禁事目」.
46) 『備邊司謄錄』 38冊, 肅宗 10年 2月 30日 「松禁事目」; 『備邊司謄錄』 38冊, 肅宗 10年 11月 26日 「黃海道沿海禁松節目」; 『備邊司謄錄』 45冊, 肅宗 17年 8月 24日 「邊山禁松節目」.

서 목재를 채취하는 것도 금지해야 한다고 주장했다.[47] 송산의 황폐화로 군선에 필요한 목재의 수급이 어려워지자 조선 정부는 군선의 개삭 및 개조 기한을 점차 늘리는 방향으로 정책을 추진한 것으로 보인다.

『홍재전서(弘齋全書)』에 따르면, 일반적으로 전선을 처음 건조하거나 개조하는 데 드는 소나무 양은 191그루였다. 이후 첫 번째 개삭에 20그루, 두 번째 개삭에 50그루, 세 번째 개삭을 할 때는 95그루가 필요하다고 했다.[48] 『홍재전서』는 개삭에 필요한 나무 수가 기록되었다는 점에서 다른 개조 및 개삭 기록에 비해 주목된다. 전선의 규모가 같다고 가정한다면 이 기록을 통해 목정을 쓸 때와 철정을 쓸 때의 총 목재 수요와 연간 목재 수요를 추정해볼 수 있다(표 5 참조).

전선을 처음 건조하여 30개월 만에 개삭하고 60개월(5년) 만에 개조할 때 1년당 목재 투입량은 42.2그루로 가장 많은 목재가 소요되었다. 개삭을 두 번하거나 세 번하여 개조 기간을 늘리면 연간 목재 수요가 줄어들었다. 그렇다고 무작정 개삭 횟수를 늘린다고 목재가 절약되는 것은 아니었다. 두 번 개삭을 하고 90개월 만에 개조하는 것이 세 번 개삭하고 120개월 만에 개조하는 것보다 연간 목재 소비량이 더 적었다. 또한 철정을 사용하는 것이 목정을 사용하는 것보다 목재가 덜 들어갔다. 이

---

47) 『承政院日記』 409冊, 肅宗 29年 1月 20日.

48) 『弘齋全書』 卷13, 「翼靖公奏薨軍旅類叙」. "又從以諸路戰兵防船之改槊新造 無歲無之 戰船則用一百九十一株 初改槊二十株 再改槊五十株 三改槊九十五株." 이 증언에 따르면, 개삭 횟수를 늘릴수록 개삭에 들어가는 목재의 양은 2배 이상으로 늘어났다. 전선의 개삭은 네 번 이상은 불가능했다. 네 번째 개삭할 경우 산술적으로 볼 때 개조에 소요되는 목재보다 더 많이 소비되었기 때문이다.

건조 방식	개조 기간	개삭 횟수(회)	총 목재 수요(株)	연간 목재 소비량(株)
나무못 [木釘]	60개월	1	211	42.2
	90개월	2	261	34.8
	120개월	3	356	35.6
쇠못 [鐵釘]	60개월	0	191	38.2
	80개월	0	191	28.7
	100개월	0	191	22.9

* 나무못을 사용할 때 개조 기간을 60개월, 90개월, 120개월로 정한 것은 충청도 전선의 개삭 및 개조 기간을 준용한 것이고, 쇠못을 사용할 때 개조 기간을 60개월, 80개월, 100개월로 정한 것은 경상도의 개조 기간을 준용해서 예를 든 것이다.
* 출전: 『弘齋全書』 卷13, 「翼靖公奏藁軍旅類叙」.

산술식을 활용하면 100개월에 1번 개조하는 것이 가장 적은 목재를 소비한다. 개조 기간을 늘리거나 철정을 도입하는 것이 소나무 절약에 효과가 있었음을 추정할 수 있다.

셋째, 저치미의 감소이다. 잘 알려진 바와 같이 18세기 초반부터 대동저치미의 중앙 상납이 늘어나면서 지방 저치미의 양이 점차 줄어들고 있었다.[49] 이런 상황에서 일부 지역에서 환곡을 이용해 군선의 개삭 및 개조 비용을 마련하기 시작했다는 점도 주목된다. 다음은 영조 4년(1728) 전라감사 이광덕(李匡德)의 보고이다.

전선의 개조 비용은 옛날에 300석을 획급하여 그 폐단이 백성에게

---

49) 오일주, 「조선후기 재정구조의 변동과 환곡의 부세화」, 『實學思想硏究』 3, 1992, 무악실학회, 72~76쪽.

미치지 않았는데 중간에 150석으로 감소되자 첨가(添價)가 점차 늘어났습니다. 지금에는 본가(本價)가 줄어 50석밖에 되지 않아 연해 백성들의 원망이 송산(松山)에 가득합니다. 많은 군인을 이끌고 깊은 골짜기에 들어가 나무를 베어서 운반하는 비용으로 백성에게 백징하는 것이 300~400석 정도나 됩니다. 첨목개삭역(添木改槊役)도 그 비용이 100여 석이 되어 13개 군현이 모두 빈곤하게 되니, 세금을 걷은 데 대한 원망이 하늘을 울립니다. 읍전선의 저치미는 그 숫자가 극히 적어 만일 곡물 1만여 석으로 전병선저치(戰兵船儲置)를 만들어 모곡을 취해 군선을 만드는 역을 감당하게 한다면 민간에서 백징하는 폐단을 없앨 수 있을 것입니다. 자못 그 규모가 커진 후에 조선 정부에서 비록 50석을 주지 않는다 하더라도 그 비용을 충분히 감당할 수 있어 전선과 관련된 일에 근심이 되지 않을 것입니다.[50]

영조 5년(1729) 전라감사 이광덕(李匡德)의 장계에 따르면, 전라도의 개삭 및 개조 비용이 점차 삭감되면서 군현에서는 이 비용을 민간에서 백징(白徵)하는 사례가 늘어났다고 했다. 이를 해결하기 위해 이광덕은 원곡 10,000여 석을 조성하여 환곡으로 운영하고자 했다. 이를 실현하

---

50) 『湖南廳事例』奎15232,「戰兵船」,"戰船改造之價 舊以三百石劃給 弊不及民 中間減爲一百五十石 添價漸多 到今本價減爲五十石 沿海之民 此呼冤松山濯濯 領率多軍深入窮谷 擇斫曳運之費 白徵民間者 三四百石 添木改槊之役 其費亦爲百餘石 皆歸於十三邑之困 於徵斂怨讟 徵天矣 各邑戰船 本儲置其數至少 若得萬餘石穀物 合作戰兵船儲置 取耗舊積 專當造船之役 以除民間白徵之弊 差得規模完成之後 朝家雖不給五十石 足可支用 而戰船一事 更無可憂之端."

기 위해 관서유진대동미(關西留賑大同米) 10,000석, 영남곡 3,000석, 통영곡 2,000석과 이들의 모곡 1,122석을 합산하여 총 16,123석을 조성한 후에, 이 곡식 중에 11,547석을 나주·장흥·순천·보성·영광·진도·낙안·광양·무안·해남·흥양·함평·영암 등 13개 군현에 지급하고, 3,500석은 좌·우수영과 소속 수군진에 지급하자고 했다.[51] 이렇게 지급된 비용에 기존에 저치한 비용을 합산하여 각 군현에는 1,100석씩 총 14,300석을 확보했고, 전라좌·우수영 및 소속 수군진에는 12,141석을 확보했다. 이를 자본으로 만들어진 환곡이 바로 전병선저치미(戰兵船儲置米)였다.

이광덕의 언급에는 전라우도 군현과 전라도 전체 수군진이 포함되었지만, 전병선저치미를 주로 활용한 것은 전라우도의 연해 군현과 수군진이었다. 전라좌도 수군진은 전병선저치미를 제한적으로만 활용했던 것 같다. 그 이유는 전병선저치미 설치 이전에 이 지역이 이미 환곡을 마련해서 군선 건조 비용을 보조하고 있었기 때문이었다. 『호남청사례』에 따르면, 좌수영에는 별저소(別儲所)가 있고 또 조량청(助粮廳) 및 저류전(儲留錢) 등의 명색이 있었는데, 여기에서 나온 비용을 군선을 건조할 때 활용했다고 한다.[52]

그에 비해 경상도는 환곡을 부분적으로 이용하여 군선 관련 비용을

---

51) 나머지 비용 1,076석은 어디에 이용했는지 알 수 없다.

52) 『湖南廳事例』奎15232,「戰兵船」. 별저소는 당초 사적으로 전곡을 마련하여 창고를 세우고 잉여를 취하여 民役에 보용하는 것이고, 조량청은 영 아래의 土卒이 선재를 끌고 내려올 때의 식량[粮資]을 위해 스스로 물력을 갖추어 창고를 설치한 것이라 한다. 저류전은 防軍給代할 비용 중에서 매달 10냥씩 모아놓은 돈이라고 한다.

조달했다. 전술한 바와 같이 경상도의 집물 값은 퇴선가로 지급했으며, 저치미를 환곡으로 활용해 대장(代將) 및 군기감관(軍器監官)의 급료로 지급하도록 대동사목에 규정되어 있었다. 이후 철정이 도입되면서 저치미를 몇 년간 모아 지급하는 관행이 없어지자, 저치미를 환곡으로 활용할 수 없게 되었다. 이에 전선과 병선의 퇴선가(退船價) 50석과 10석을 각기 모아 진분하여 그 모곡을 각종 물품 마련과 감관 및 대장의 급료에 활용했다. 영조 14년(1738) 경상도 전병선저치미의 규모는 368석이었다.[53]

요컨대, 대동법 시행 이후 군선 관리 방식은 많은 변화를 겪었다. 그 변화는 크게 소나무 부족, 선체 건조 기술의 변화, 저치미 감소 등 세 가지 요인에서 비롯된 것이었다. 이러한 움직임과 더불어 개삭 및 개조 비용을 환곡으로 이용하고자 하는 시도도 전개되었다. 전라도에서는 전병선저치미를 설치해서 군선의 개삭 및 개조 비용을 보조했으며, 경상도는 퇴선가로 환곡을 설치해 대장(代將)의 급료나 각종 물품 비용을 충당했다.

5. 맺음말

임진왜란 이후 조선 정부는 수군 방위 태세를 개편하면서 군선의 숫자를 증가시켰다. 그와 함께 군선 배치 방식을 결정하고 선체(船體)에

---

53) 『嶺南廳事例』 奎15233, 「戰兵船」.

대한 규정을 정했다. 이렇게 건조된 군선을 효율적으로 관리하기 위해는 군선에 관한 여러 역이 필요했다. 군선역의 종류에는 여러 가지가 있지만 개삭 및 개조 역이 가장 대표적이었다. 이 역은 군선이 일정 기간이 지나면 수리와 건조를 해주어야 했기 때문에 생겨나는 역이었다. 군선의 증설로 인한 군선역의 증가는 연해 백성의 부담을 크게 늘어나게 했다. 특히 이 문제는 진보다 서해안 연해 군현에서 더 많은 논란이 되었다. 17세기 초·중엽 서해안 연해 군현에 전선의 배치가 확대되면서 군선이 처음 분정되는 군현이 많았기 때문이다.

이 문제를 해결하기 위해 조선 정부는 대동법을 시행하고 군선역에 관한 비용을 저치미로 지급했다. 조선 정부는 일정양의 저치미를 일정 기간 보관했다가 이를 개삭 및 개조 비용으로 나누어 쓰는 방식을 활용했다. 충청·전라·경상좌도 군선이 건조된 지 3년째 되는 해에 개삭하고 5년째 되는 해에 건조하는 것이 원칙이었다면, 경상우도 군선은 건조된 지 3년째 되는 해에 개삭하고 7년째 되는 해에 개조하는 것이 원칙이었다. 경상우도의 개조 기간이 긴 이유는 경상우도의 군선이 다른 지역에 비해 우수했다는 점, 자연 환경의 차이, 군선 관리 방안 강화 등 세 가지 요인 때문이었다.

개삭 및 개조 비용도 도별로 차이를 보였다. 충청·전라도에서는 개삭 및 개조 비용의 총액을 500석으로 정하고 이를 개조 비용과 개삭 비용, 그리고 집물 값으로 나누어 썼다. 경상우도에서는 300석으로 정하여 그보다 200석 정도 적었다. 이는 충청·전라도에서 개삭 및 개조 비용이 규정된 이후 이 비용이 너무 많다는 의견이 지속적으로 제기되자 경상도에서 규정을 제정할 때 반영된 것으로 생각된다. 또한 저치미는 수조

와 관련된 비용으로도 썼였다. 저치미는 읍전선만 지급하는 것이 원칙
이었다. 다만 경안부 수군이 지급되지 않는 일부 수군진들은 대동저치
미를 지급받았다. 진에서는 개삭 및 개조 비용을 경안부 수군의 역가
등 자체 재원으로 조달해야 했다.

　대동법에서 규정된 군선의 개삭 및 개조 규정은 이후 새로운 모습으
로 변해간다. 충청도에서는 개삭 횟수가 늘어나고 개조 기간이 길어졌
다. 그에 비해 전라도나 경상도는 개삭 규정은 없어지고 개조 기간만
규정되었다. 군선의 개조 기간도 점차 길어졌다. 그와 함께 개삭 및 개
조 비용은 이전에 비해 크게 줄었으며 개삭 비용은 점차 없어지는 모
습을 보였다. 이러한 변화는 크게 철정의 도입에 따른 군선 건조 방식
의 변화, 소나무 부족, 저치미 감소 등 세 가지 요인 때문이었다. 군선의
개삭 및 개조 비용을 마련하기 어려워지자 조선 정부는 개삭 및 개조
기간을 변화시키거나 환곡을 이용하기도 했다. 이렇듯이 조선 정부는
재원이 부족해지는 상황 속에서 군선을 유지·관리하기 위해 다양한 노
력을 기울였다. 여기에는 당시 상황을 고려하여 군사력을 효율적으로
유지하기 위한 조선 정부의 노력이 반영되어 있었다.

부록

[그림 1] 18세기 후반 조선의 수군진 분포 현황

선사방어영
선사포
노강
평안도

삼화방어영
광량
초도 허사포
조니포 황해도
오차포
백령 용매
황해수영 등산 주문 통어영 덕포
장봉 영종
덕적 화량 경기
소근포 평신
안흥
충청도
충청수영
마량
서천포
고군산 군산포 통제영 장목포 제포 경상좌도 경상좌수영
위도 격포 당포 구산 신문 청천 서생포
검모포 구소비 남촌 안골 포이포
법성포 전라우도 경상우도 부산포
지도 전라좌도 섬진 천성 개운포
임자도 임치 전라좌수영 평산포 율포 조라포 두모포 서평포
다경포 목포 여도 사도 방답 미조항 지세포 영등포 다대포 가덕
전라우수영 마도 녹도 발포 사량 가배량
남도포 금갑도 회령포 고돌산 적량 삼천포
어란포 고금도
이진 신지도
가리포

[부표 1] 18세기 중엽~19세기 초반 충청·전라·경상도 군선 배치 현황

(단위: 척)

도	자료진명	속대전(영조 22)						여지도서(영조 36)						고사신서(영조 47)						만기요람(순조 8)					
---	---	전	귀	방	병	사	합	전	귀	방	병	사	합	전	귀	방	병	사	합	전	귀	방	병	사	합
충청도	수영	2	1	1	2	7	13	2	1	1	2	7	13	2	1	1	2	7	13	2	1	1	2	7	13
	안흥	1	0	1	1	3	6	0	1	1	1	3	6	0	1	1	1	3	6	0	1	1	1	3	6
	평신	0	0	2	1	2	5	0	0	2	1	2	5	0	0	2	1	2	5	0	0	1(2)	1	2	4
	소근	1	0	1	1	3	6	1	0	1	1	3	6	1	0	1	1	3	6	1	0	1	1	3	6
	마량	1	0	1	1	3	6	1	0	1	1	3	6	1	0	1	1	3	6	1	0	1	1	3	6
	서천포	1	0	2	1	2	6	1	0	0	1	2	4	1	0	0	1	2	4	1	0	0	1	2	4
	홍주	1	0	1	1	3	6	0	1	1	1	3	6	0	1	1	1	3	6	0	1	1	1	3	6
	한산	0	0	2	1	2	5	0	0	2	1	2	5	0	0	2	1	2	5	0	0	2	1	2	5
	서천	0	0	0	1	2	3	0	0	2	1	2	5	0	0	2	1	2	5	0	0	2	1	2	5
	서산	1	0	1	1	3	6	0	1	1	1	3	6	0	1	1	1	3	6	0	1	1	1	3	6
	임천	0	0	2	1	2	5	0	0	2	1	2	5	0	0	2	1	2	5	0	0	2	1	2	5
	태안	1	0	0	1	2	4	0	1	0	1	2	4	0	1	0	1	2	4	0	1	0	1	2	4
	결성	0	0	1	1	1	3	0	0	1	1	1	3	0	0	1	1	1	3	0	0	1	1	1	3
	남포	0	0	1	1	1	3	0	0	1	1	1	3	0	0	1	1	1	3	0	0	1	1	1	3
	보령	0	0	1	1	1	3	0	0	1	1	1	3	0	0	1	1	1	3	0	0	1	1	1	3
	비인	0	0	1	1	1	3	0	0	1	1	1	3	0	0	1	1	1	3	0	0	1	1	1	3
	해미	0	0	1	1	1	3	0	0	1	1	1	3	0	0	1	0	1	2	0	0	1	1	1	3

도	진명	속대전(영조 22)						여지도서(영조 36)						고사신서(영조 47)						만기요람(순조 8)					
		전	귀	방	병	사	합	전	귀	방	병	사	합	전	귀	방	병	사	합	전	귀	방	병	사	합
충청도	당진면천	0	0	1	1	1	3	0	0	1	1	1	3	0	0	1	1	1	3	0	0	1	1	1	3
	당진면천	0	0	1	1	1	3	0	0	1	1	1	3	0	0	1	1	1	3	0	0	1	1	1	3
	합계	9	1	21	20	41	92	5	5	21	20	41	92	5	5	21	19	41	91	5	5	21	20	41	91
전라우도	수영	3	1	1	4	8	17	·	·	·	·	·	·	2	2	1	4	8	17	2	2	1	3	8	16
	가리	1	1	1	2	4	9	·	·	·	·	·	·	2	1	1	2	2	8	1	1	1	2	4	9
	위도	1	0	0	1	2	4	·	·	·	·	·	·	1	0	0	1	2	4	1	0	0	1	2	4
	임치	1	0	1	1	2	5	·	·	·	·	·	·	1	0	1	1	2	5	1	0	1	1	2	5
	고금	1	0	0	1	2	4	·	·	·	·	·	·	1	0	0	1	2	4	1	0	0	1	2	4
	고군산	1	0	0	1	2	4	·	·	·	·	·	·	1	0	0	1	2	4	1	0	0	1	2	4
	임자	1	0	0	1	2	4	·	·	·	·	·	·	1	0	0	1	2	4	1	0	0	1	2	4
	법성	1	0	1	1	2	5	·	·	·	·	·	·	1	0	1	1	2	5	1	0	0	1	2	4
	군산	1	0	0	1	2	4	·	·	·	·	·	·	1	0	0	1	2	4	1	0	0	1	2	4
	검모	1	0	1	1	2	5	·	·	·	·	·	·	1	0	1	1	2	5	1	0	1	1	2	5
	금갑	1	0	1	1	2	5	·	·	·	·	·	·	1	0	1	1	2	5	1	0	1	1	2	5
	남도	1	0	1	1	2	5	·	·	·	·	·	·	1	0	1	1	2	5	1	0	1	1	2	5
	다경	1	0	1	1	2	5	·	·	·	·	·	·	1	0	1	1	2	5	1	0	1	1	2	5
	목포	1	0	1	1	2	5	·	·	·	·	·	·	1	0	1	1	2	5	1	0	1	1	2	5
	신지	1	0	0	1	2	4	·	·	·	·	·	·	1	0	0	1	2	4	0	1	0	1	2	4

도	진명	속대전(영조 22)						여지도서(영조 36)						고사신서(영조 47)						만기요람(순조 8)					
		전	귀	방	병	사	합	전	귀	방	병	사	합	전	귀	방	병	사	합	전	귀	방	병	사	합
전라우도	어란	1	0	1	1	2	5	·	·	·	·	·	·	1	0	1	1	2	5	1	0	1	1	2	5
	이진	1	0	0	1	2	4	·	·	·	·	·	·	1	0	0	1	2	4	1	0	0	1	2	4
	지도	1	0	0	1	2	4	·	·	·	·	·	·	0	1	0	1	2	4	1	0	0	1	2	4
	마도	1	0	1	1	2	5	·	·	·	·	·	·	1	0	0	1	2	4	0	1	1	1	2	5
	격포	0	0	0	0	0	0	·	·	·	·	·	·	0	0	0	0	0	0	1	0	1	1	2	5
	갈두	폐	폐	폐	폐	폐	폐	폐	폐	폐	폐	폐	폐	폐	폐	폐	폐	폐	폐	폐	폐	폐	폐	폐	폐
	나주	2	0	0	2	2	6	·	·	·	·	·	·	2	0	0	2	2	6	0	2	0	2	4	8
	영암	1	0	0	1	2	4	·	·	·	·	·	·	1	0	0	1	2	4	1	0	0	1	2	4
	영광	1	0	0	1	2	4	·	·	·	·	·	·	1	0	0	1	2	4	1	0	0	1	2	4
	무안	1	0	0	1	2	4	·	·	·	·	·	·	1	0	0	1	2	4	1	0	0	1	2	4
	진도	1	0	0	1	2	4	·	·	·	·	·	·	1	0	0	1	2	4	1	0	0	1	2	4
	함평	1	0	0	1	2	4	·	·	·	·	·	·	1	0	0	1	2	4	1	0	0	1	2	4
	해남	1	0	0	1	2	4	·	·	·	·	·	·	1	0	0	1	2	4	1	0	0	1	2	4
	합계	29	2	11	31	60	133	·	·	·	·	·	·	28	4	10	31	58	131	25	7	11	31	64	138
전라좌도	수영	3	1	0	5	11	20	·	·	·	·	·	·	3	1	0	5	11	20	4	0	0	5	11	20
	방답	2	0	0	2	4	8	·	·	·	·	·	·	1	1	0	2	4	8	2	0	0	2	4	8
	사도	2	0	0	2	4	8	·	·	·	·	·	·	2	0	0	2	4	8	2	0	0	2	4	8
	녹도	1	0	0	1	2	4	·	·	·	·	·	·	1	0	0	1	2	4	1	0	0	1	2	4

도	진명	속대전(영조 22)						여지도서(영조 36)						고사신서(영조 47)						만기요람(순조 8)					
		전	귀	방	병	사	합	전	귀	방	병	사	합	전	귀	방	병	사	합	전	귀	방	병	사	합
전라좌도	발포	1	0	0	1	2	4	·	·	·	·	·	·	1	0	0	1	2	4	0	1	0	1	2	4
	여도	1	0	0	1	2	4	·	·	·	·	·	·	0	1	0	1	2	4	1	0	0	1	2	4
	회령	1	0	0	1	2	4	·	·	·	·	·	·	0	1	0	1	2	4	1	0	0	1	2	4
	고돌산	1	0	0	1	2	4	·	·	·	·	·	·	1	0	0	1	2	4	1	0	0	1	2	4
	장흥	1	0	0	1	2	4	·	·	·	·	·	·	0	1	0	1	2	4	1	0	0	1	2	4
	순천	1	0	0	1	2	4	·	·	·	·	·	·	0	1	0	1	2	4	1	0	1	1	2	5
	보성	1	0	0	1	2	4	·	·	·	·	·	·	1	0	0	1	2	4	1	0	0	1	2	4
	낙안	1	0	0	1	2	4	·	·	·	·	·	·	1	0	0	1	2	4	1	0	0	1	2	4
	광양	1	0	0	1	2	4	·	·	·	·	·	·	1	0	0	1	2	4	1	0	0	1	2	4
	흥양	1	0	0	1	2	4	·	·	·	·	·	·	1	0	0	1	2	4	1	0	0	1	2	4
	합계	18	1	0	20	41	80	·	·	·	·	·	·	13	6	0	20	41	80	18	1	1	20	41	81
경상우도	통영	3	3	2	7	21	36	5	1	2	7	20	35	4	2	2	7	21	36	5	1	2	7	21	36
	가덕	1	1	0	2	4	8	2	0	0	2	4	8	2	0	0	2	4	8	2	0	0	2	4	8
	미조항	1	0	0	1	2	4	1	0	0	1	2	4	1	0	0	1	2	4	1	0	0	1	2	4
	적량	1	0	0	1	2	4	0	1	0	1	2	4	1	0	0	1	2	4	1	0	0	1	2	4
	구산	1	0	0	1	2	4	1	0	0	1	2	4	1	0	0	1	2	4	1	0	0	1	2	4
	천성	1	0	0	1	2	4	0	1	0	1	2	4	1	0	0	1	2	4	0	1	0	1	2	4
	안골	1	0	0	1	2	4	0	1	0	1	2	4	0	1	0	1	2	4	0	1	0	1	2	4

도	자료진명	속대전(영조 22)						여지도서(영조 36)						고사신서(영조 47)						만기요람(순조 8)					
		전	귀	방	병	사	합	전	귀	방	병	사	합	전	귀	방	병	사	합	전	귀	방	병	사	합
경상우도	제포	1	0	0	1	2	4	0	1	0	1	2	4	0	1	0	1	2	4	0	1	0	1	2	4
	옥포	1	0	0	1	2	4	0	1	0	1	2	4	0	1	0	1	2	4	0	1	0	1	2	4
	조라	1	0	0	1	2	4	1	0	0	1	2	4	1	0	0	1	2	4	1	0	0	1	2	4
	지세	1	0	0	1	2	4	0	1	0	1	2	4	0	1	0	1	2	4	0	1	0	1	2	4
	가배	1	0	0	1	2	4	0	1	0	1	2	4	0	1	0	1	2	4	0	1	0	1	2	4
	영등	1	0	0	1	2	4	1	0	0	1	2	4	1	0	0	1	2	4	1	0	0	1	2	4
	평산	1	0	0	1	2	4	0	1	0	1	2	4	0	1	0	1	2	4	0	1	0	1	2	4
	당포	1	0	0	1	2	4	1	0	0	1	2	4	1	0	0	1	2	4	1	0	0	1	2	4
	사량	1	0	0	1	2	4	0	1	0	1	2	4	0	1	0	1	2	4	0	1	0	1	2	4
	율포	1	0	0	1	2	4	1	0	0	1	2	4	1	0	0	1	2	4	1	0	0	1	2	4
	삼천	1	0	0	1	2	4	0	1	0	1	2	4	0	1	0	1	2	4	0	1	0	1	2	4
	구소비	1	0	0	1	2	4	0	1	0	1	2	4	1	0	0	1	2	4	0	1	0	1	2	4
	남촌	1	0	0	1	2	4	1	0	0	1	2	4	1	0	0	1	2	4	1	0	0	1	2	4
	신문	1	0	0	1	2	4	1	0	0	1	2	4	1	0	0	1	2	4	1	0	0	1	2	4
	청천	1	0	0	1	2	4	1	0	0	1	2	4	1	0	0	1	2	4	1	0	0	1	2	4
	장목	1	0	0	1	2	4	1	0	0	1	2	4	1	0	0	1	2	4	1	0	0	1	2	4
	섬진	0	0	0	0	2	2	2	0	0	0	0	0	0	0	2	0	2	4	1	0	0	1	2	0
	소비	1	0	0	1	2	4	폐	폐	폐	폐	폐	폐	폐	폐	폐	폐	폐	폐	폐	폐	폐	폐	폐	폐

도	자료 진명	속대전(영조 22)						여지도서(영조 36)						고사신서(영조 47)						만기요람(순조 8)					
		전	귀	방	병	사	합	전	귀	방	병	사	합	전	귀	방	병	사	합	전	귀	방	병	사	합
경상우도	상주	1	0	0	1	2	4	폐	폐	폐	폐	폐	폐	폐	폐	폐	폐	폐	폐	폐	폐	폐	폐	폐	폐
	풍덕곡포	1	0	0	1	2	4	폐	폐	폐	폐	폐	폐	폐	폐	폐	폐	폐	폐	폐	폐	폐	폐	폐	폐
	곡포	1	0	0	1	2	4	폐	폐	폐	폐	폐	폐	폐	폐	폐	폐	폐	폐	폐	폐	폐	폐	폐	폐
	고성	1	0	0	1	2	4	1	0	0	1	2	4	1	0	0	1	2	4	1	0	0	1	2	4
	사천	1	0	0	1	2	4	0	1	0	1	2	4	1	0	0	1	2	4	0	1	0	1	2	4
	하동	1	0	0	1	2	4	1	0	0	1	2	4	1	0	0	1	2	4	1	0	0	1	2	4
	거제	1	1	0	2	4	8	2	0	0	2	4	8	2	0	0	2	4	8	2	0	0	2	4	8
	진해	1	0	0	1	2	4	0	1	0	1	2	4	1	0	0	1	2	4	1	0	0	1	2	4
	곤양	1	0	0	1	2	4	1	0	0	1	2	4	1	0	0	1	2	4	1	0	0	1	2	4
	남해	1	0	0	1	2	4	1	0	0	1	2	4	1	0	0	1	2	4	1	0	0	1	2	4
	창원	1	0	0	1	2	4	1	0	0	1	2	4	1	0	0	1	2	4	1	0	0	1	2	4
	웅천	1	0	0	1	2	4	0	1	0	1	2	4	0	1	0	1	2	4	0	1	0	1	2	4
	김해	1	0	0	1	2	4	1	0	0	1	2	4	1	0	0	1	2	4	1	0	0	1	2	4
	진주	1	1	0	2	4	8	2	0	0	2	4	8	2	0	0	2	4	8	2	0	0	2	2	6
	합계	40	6	2	47	103	198	27	15	2	41	92	179	31	11	4	43	95	184	30	13	2	44	93	178
경상좌도	수영	3	1	0	5	12	21	3	1	1	5	11	21	4	0	0	5	12	21	3	1	1	5	11	21
	부산	1	1	0	2	4	7	1	1	0	2	4	8	2	0	0	2	4	8	1	1	0	1	4	7
	다대	1	1	0	2	4	7	1	1	0	2	4	8	2	0	0	2	4	8	1	1	0	2	4	8

도	진명	속대전(영조 22)						여지도서(영조 36)						고사신서(영조 47)						만기요람(순조 8)					
		전	귀	방	병	사	합	전	귀	방	병	사	합	전	귀	방	병	사	합	전	귀	방	병	사	합
경상좌도	서생	1	0	0	1	2	4	1	0	0	1	2	4	1	0	0	1	2	4	1	0	0	1	2	4
	개운	1	0	0	1	2	4	1	0	0	1	2	4	1	0	0	1	2	4	1	0	0	1	2	4
	두모	1	0	0	1	2	4	1	0	0	1	2	4	1	0	0	1	2	4	1	0	0	1	2	4
	서평	1	0	0	1	2	4	1	0	0	1	2	4	1	0	0	1	2	4	1	0	0	1	2	4
	포이	1	0	0	1	2	4	0	1	0	1	2	4	1	0	0	1	2	4	1	0	0	1	2	4
	울산	1	0	0	1	2	4	1	0	0	1	2	4	1	0	0	1	2	4	1	0	0	1	2	4
	기장	1	0	0	1	2	4	1	0	0	2	2	5	1	0	0	1	2	4	1	0	0	1	2	4
	축산	1	0	0	1	2	4	폐	폐	폐	폐	폐	폐	폐	폐	폐	폐	폐	폐	폐	폐	폐	폐	폐	폐
	칠포	1	0	0	1	2	4	폐	폐	폐	폐	폐	폐	폐	폐	폐	폐	폐	폐	폐	폐	폐	폐	폐	폐
	감포	1	0	0	1	2	4	폐	폐	폐	폐	폐	폐	폐	폐	폐	폐	폐	폐	폐	폐	폐	폐	폐	폐
	합계	15	3	0	19	40	75	11	4	1	17	33	66	15	0	0	16	34	65	12	3	1	15	33	64

* 별선은 전선에 포함시켜 계산했다. 해골선은 제외했다. 고군산은 전선 6척, 병선 6척, 방선 2척, 사후선 10척으로 기록되었는데 이는 오류이다. 그러므로 전선 1척, 병선 1척, 사후선 2척 으로 기록했다. 섬진진은 『만기요람』에서 전라우수영 소속으로 기록되었는데, 실제로는 통 제영 소속이었다. 때문에 통제영 소속에 합산하여 기록했다. 『만기요람』의 국역본 충청도 韓山 부분에는 병선이 2척으로 기록되었는데 오타이다. 원문에는 병선 1척으로 기록되었다. 평신진은 『만기요람』에 방선 1척, 병선 1척, 사후선 2척이 있다고 되었는데 그렇게 보기는 어 렵고 합계와도 차이가 있다. 『고사신서』 및 『선안』 자료를 살펴보면 방선 2척, 병선 1척, 사후 선 2척이 맞는 것으로 생각된다.

* 출전: 『續大典』, 『輿地圖書』, 『攷事新書』, 『萬機要覽』.

[부표 2] 18세기 중엽~19세기 초반 황해도 군선 변화 현황

(단위: 척)

	속대전(영조 22)											고사신서(영조 47)										
	전	방	병	사	협	거	추	소	급	별	합	전	방	병	사	협	거	추	소	급	별	합
수영	1	3	1	0	2	5	10	1	0	0	23	1	3	1	0	3	5	12	1	2	0	28
백령	1	1	2	0	0	4	0	0	0	0	8	1	1	2	0	0	4	0	0	0	0	8
허사	0	2	1	0	0	3	2	0	0	0	8	0	2	1	0	0	3	2	0	0	0	8
등산	0	2	1	0	0	3	0	0	0	1	7	0	2	1	0	0	3	0	0	0	1	7
용매	0	2	1	0	1	2	0	0	0	0	6	0	2	1	0	2	2	0	0	0	0	7
오차	0	2	1	0	0	3	0	0	0	0	6	0	2	1	0	0	3	0	0	0	0	6
초도	0	1	2	4	1	0	0	0	0	0	8	0	1	2	4	1	0	0	0	0	0	8
조니	0	1	0	1	1	0	1	0	0	0	4	0	1	0	1	1	0	1	0	0	0	4
해주	0	2	0	0	2	0	1	0	1	0	6	0	2	0	0	2	0	1	0	1	0	6
풍천	0	2	0	0	2	0	1	0	1	0	6	0	2	0	0	2	0	1	0	1	0	6
안악	0	1	0	0	1	0	0	0	0	0	2	0	1	0	0	1	0	0	0	0	0	2
배천	0	1	0	0	1	0	0	0	0	0	2	0	1	0	0	1	0	0	0	0	0	2
연안	0	1	0	0	1	0	0	0	0	0	2	0	1	0	0	1	0	0	0	0	0	2
長淵	0	1	0	0	2	0	1	0	1	0	5	0	1	0	0	2	0	1	0	1	0	5
長連	0	1	0	0	1	0	0	0	0	0	2	0	1	0	0	1	0	0	0	0	0	2
강령	0	1	0	0	1	0	0	0	0	0	2	0	1	0	0	1	1	0	0	0	0	3
은율	0	1	0	0	1	0	0	0	0	0	2	0	1	0	0	1	0	0	0	0	0	2
옹진	0	1	0	0	1	0	2	0	2	0	6	0	0	0	0	0	0	0	0	0	0	0
금사	0	0	0	0	0	0	5	0	1	0	6	0	0	0	0	0	0	0	0	0	0	0
전체	2	26	9	5	17	21	23	1	6	1	111	2	25	9	5	19	21	18	1	5	1	106

* 전: 전선, 방: 방패선, 병: 병선, 사: 사후선, 협: 협선, 거: 거도선, 추: 추포선, 소: 소맹선, 급: 급수선, 별: 별소선 혹은 소선이다.

* 출전: 『속대전』; 『고사신서』; 『만기요람』.

	만기요람(순조 8)									
	전	방	병	사	협	거	추	소	급	별	합
수영	1	3	1	0	2	5	30	1	0	0	43
백령	1	1	2	0	0	4	0	0	0	0	8
허사	0	2	1	0	3	0	3	0	0	0	9
등산	0	2	1	0	0	3	0	0	0	1	7
용매	0	2	1	0	3	0	0	0	0	0	6
오차	0	2	1	0	3	0	0	0	0	0	6
초도	0	1	2	1	3	0	0	0	0	0	7
조니	0	1	0	1	1	0	1	0	0	0	4
해주	0	2	0	0	2	0	1	0	0	0	5
풍천	0	1	0	0	1	0	2	0	0	0	4
안악	0	1	0	0	1	0	0	0	0	0	2
배천	0	1	0	0	1	0	0	0	0	0	2
연안	0	1	0	0	1	0	0	0	0	0	2
長淵	0	2	4	0	4	0	6	0	0	0	16
長連	0	1	0	0	1	0	0	0	0	0	2
강령	0	1	0	0	1	0	0	0	0	0	2
은율	0	1	0	0	1	0	0	0	0	0	2
옹진	0	1	0	0	1	0	0	0	0	0	2
금사	0	0	0	0	0	0	0	0	0	0	0
전체	2	26	13	2	29	12	43	1	0	1	129

[부표 3] 18세기 중엽~19세기 초반 경기 지역 군선 변화

(단위: 척)

	속대전(영조 22)								고사신서(영조 47)									
	전	방	병	귀	사	거	급	합	전	방	병	귀	사	거	급	복	보	합
통어영	2	1	4	1	8	0	3	19	2	1	4	1	8	0	3	0	0	19
영종	0	2	2	0	0	1	2	7	0	2	2	0	0	1	2	0	0	7
주문	1	1	0	0	2	1	2	7	1	1	0	0	2	1	2	0	0	7
화량	1	1	1	0	1	0	1	5	1	1	0	0	2	0	2	0	0	6
덕적	0	0	2	0	1	0	0	3	0	0	2	0	1	0	0	0	0	3
덕포	0	2	1	0	3	0	0	6	0	2	2	0	3	0	0	0	0	7
장봉	0	3	0	0	1	1	1	6	0	3	0	0	1	0	1	0	0	5
합계	4	10	10	1	16	3	9	53	4	10	10	1	17	2	10	0	0	54

* 전: 전선, 방: 방패선, 병: 병선, 귀: 귀선, 사: 사후선, 거: 거도선, 급: 급수선, 복: 복물선, 보: 보경선이다.
* 출전: 『속대전』; 『고사신서』; 『만기요람』.

	만기요람(순조 8)								
	전	방	병	귀	사	거	급	복	보	합
통어영	2	1	4	1	8	0	3	0	0	19
영종	0	2	2	0	0	1	3	0	0	8
주문	1	1	0	0	2	1	2	1	0	8
화량	1	1	1	0	1	0	2	0	0	6
덕적	0	1	1	0	2	0	2	0	2	8
덕포	0	2	1	0	3	0	0	0	0	6
장봉	0	3	0	0	2	1	1	0	0	7
합계	4	11	9	1	18	3	13	1	2	62

[부표 4] 18세기 경상도와 전라도 경안부 수군 숫자의 변화

(단위: 명)

	직위	지휘관	선단	숙종 42년 (1716)	영조 26년 (1750)	영조 36년 (1760)	정조16년 (1792)	비고
통제영	통제영	통제사	8	7,636	10,586	10,586	·	
	가덕	첨사	2	2,102	2,917	2,917	2,917	
	미조항	첨사	1	1,066	1,481	1,481	1,481	
	적량	첨사	1	1,036	1,436	1,436	1,436	
	구산	첨사	1	1,036	1,436	1,436	1,436	
	천성	만호	1	1,036	1,436	1,436	1,436	
	안골	만호	1	1,036	1,436	1,436	1,436	
	제포	만호	1	1,036	1,436	1,436	1,436	
	옥포	만호	1	1,036	1,436	1,436	1,436	
	조라	만호	1	1,036	1,436	1,436	1,436	
	가배량	만호	1	1,036	1,436	1,436	1,436	
	지세	만호	1	1,036	1,436	1,436	1,436	
	당포	만호	1	1,036	1,436	1,436	1,436	
	사량	만호	1	1,036	1,436	1,436	1,436	
	평산	만호	1	1,036	1,436	1,436	1,436	
	영등	만호	1	1,036	·	1,436	1,436	영조 32년 재설치
	상주포	권관	1	1,036	·	·	·	영조 27년 폐지
	곡포	권관	1	1,036	·	·	·	영조 27년 폐지
	소비	권관	1	1,036	1,436	·	·	영조 32년 폐지
	율포	권관	1	1,036	1,436	1,436	1,436	
	삼천	권관	1	1,036	1,436	1,436	1,436	
	풍덕	별장	1	544	·	·	·	영조 27년 폐지
	신문	별장	1	544	704	704	704	
	구소비	별장	1	544	704	704	704	
	청천	별장	1	544	704	704	704	
	남촌	별장	1	544	704	704	704	
	장목	별장	1	544	656	656	656	
	섬진	별장	1	·	·	·	0	방군 미지급 추정

	직위	지휘관	선단	숙종 42년 (1716)	영조 26년 (1750)	영조 36년 (1760)	정조16년 (1792)	비고
경상좌수영	좌수영	수사	4	4,144	5,744	4,144	·	
	부산	첨사	2	2,112	2,932	2,112	2,932	
	다대	첨사	2	2,072	2,872	2,072	2,872	
	서생	첨사	1	1,036	1,436	1,036	1,436	
	개운	만호	1	1,036	1,436	1,036	1,436	
	두모	만호	1	1,036	1,436	1,036	1,436	
	서평	만호	1	1,036	1,436	1,036	1,436	
	포이	만호	1	1,036	1,436	1,036	1,436	
	감포	만호	1	1,036	·	·	·	영조 27년 폐지
	칠포	만호	1	1,036	·	·	·	영조 27년 폐지
	축산	만호	1	1,036	·	·	·	영조 27년 폐지
	소계			48,296	58,724	·	·	
전라우수영	우수영	수사	4	3,850	3,850	·	3,210	
	고금도	첨사	1	0	0	·	0	방군 미지급
	임자도	첨사	1	0	0	·	0	방군 미지급
	가리포	첨사	2	1,780	1,680	·	1,680	
	임치	첨사	1	890	890	·	890	
	위도	첨사	1	890	890	·	890	
	법성포	첨사	1	890	890	·	890	
	군산포	첨사	1	890	890	·	890	
	고군산	첨사	1	890	890	·	890	
	갈두산	첨사	1	890				영조 10년 폐지
	신지도	만호	1	0	0	·	0	방군 미지급
	다경포	만호	1	890	890	·	890	
	검모포	만호	1	890	890	·	890	
	지도	만호	1	0	0	·	0	방군 미지급
	목포	만호	1	890	890	·	890	
	남도포	만호	1	890	890	·	890	
	금갑도	만호	1	890	890	·	890	
	어란포	만호	1	890	890	·	890	

직위	지휘관	선단	숙종 42년 (1716)	영조 26년 (1750)	영조 36년 (1760)	정조16년 (1792)	비고
이진	만호	1	890	890	·	890	
마도	만호	1	890	890	·	890	
격포	별장	1	0	0	·	0	방군 미지급 추정
좌수영	수사	4	3,850	3,850	·	3,210	
방답	첨사	2	1,780	1,780	·	1,780	
사도	첨사	2	1,780	1,780	·	1,780	
여도	만호	1	890	890	·	890	
녹도	만호	1	890	890	·	890	
발포	만호	1	890	890	·	890	
회령포	만호	1	890	890	·	890	
고돌산	별장	1	690	790	·	790	
소계			29,750	28,860	·	·	
합계			80,364	87,584	·	·	

전라좌수영 (좌측 세로 병합 열: 이진~고돌산 구간은 "전라좌수영"에 해당)

* 경상좌수영조 영조 36년(1760) 수치에는 병말보가 누락된 것으로 보이며, 실제로는 존재했다. '·'은 누락을 표시, '0'은 본래 배급되지 않은 것을 표시했다.
* 출전:『各營釐正廳謄錄』奎15062,「兩南水軍變通節目」;「賦役實摠」;『輿地圖書』;『軍國摠目』.

참고문헌

연대기·등록류
『朝鮮王朝實錄』,『備邊司謄錄』,『承政院日記』,『啓本謄錄』,『謄錄類抄』,『各司謄錄』,
『御營廳謄錄』,『禁衛營謄錄』.

법전류
『經國大典』,『續大典』,『大典通編』,『大典會通』,『典律通補』,『受敎輯錄』,
『新補受敎輯錄』.

절목·사례류
「湖西大同事目」,「全南道大同事目」,「嶺南大同事目」,『湖南廳事例』,『嶺南廳事例』,
『各營釐整廳謄錄』,「均役廳事目」(原),「均役廳事目」(追),『三道水軍統制使節目』,
「全羅道古今島等四鎭釐弊節目」.

문집 및 일기류
『弘齋全書』,『月州集』,『瓶窩集』,『訒齋集』,『白沙集』,『磻溪隨錄』,『經世遺表』,
『牧民心書』,『閔文忠公奏議』,『一峯集』,『南塘集』,『息城君實記』,『壯嚴遺集』,
『西厓先生文集』,『草庵集』,『耳溪集』,『石門集』,『亂中日記』,『居營日記』,『統營日記』,
『江都日記』.

병법서류
『制勝方略』,『紀效新書』,『兵學指南』,『兵學通』,「右水營戰陣圖貼」.

읍지·진지류
『輿地圖書』,『大東地志』,『嶺南鎭誌』,『湖南鎭誌』,『統制營事例』,「大東輿地圖」.

기타
『各船圖本』,『攷事新書』,『穀摠便攷』,「京畿水軍節度使崔鎭立解由移關」.

『慶尙道戰漕船通用條例冊子』,「頭龍浦記事碑」,『良役實摠』,『賦役實摠』,『萬機要覽』,
『軍國摠目』,『海營兵制摠錄』.

도록 및 보고서

『국립해양박물관 소장 고문서 해제집』 I, 국립해양박물관, 2014.
『조선시대 수군 이야기―충무공 탄신 470주년 기념 특별전』, 문화재청 현충사관리소,
        2015.
『의령남씨 충장공파 고문서』, 충남대학교 충청문화연구소, 2017.
『조선시대 수군진 조사―경상좌수영편』 IV, 국립해양문화재연구소, 2018.

연구서

고동환, 『朝鮮後期 서울商業發達史硏究』, 지식산업사, 1998.
권내현, 『조선 후기 평안도 재정 연구』, 지식산업사, 2004.
김경옥, 『朝鮮後期 島嶼硏究』, 혜안, 2004.
김재근, 『朝鮮王朝軍船硏究』, 일조각, 1977.
김재근, 『韓國船舶史硏究』, 서울대학교출판부, 1984.
김재근, 『續韓國船舶史硏究』, 서울대학교출판부, 1994a.
김재근, 『한국의 배』, 서울대학교출판부, 1994b.
김재승, 『韓國近代海軍創設史』, 혜안, 2000.
김종수, 『朝鮮後期 中央軍制硏究 ―訓鍊都監의 設立과 社會變動』, 혜안, 2003.
김옥근, 『朝鮮王朝財政史硏究』 II, 일조각, 1987.
김옥근, 『朝鮮王朝財政史硏究』 III, 일조각, 1988.
김용섭, 『韓國近代農業史硏究』(上), 일조각, 1984.
김우철, 『朝鮮後期地方軍制史』, 경인문화사, 2001.
노대환, 『동도서기론 형성 과정 연구』, 일지사, 2005.
노영구, 『조선후기의 전술―『兵學通』을 중심으로』, 그물, 2016.
문영구, 『전라좌수영연구』, 대한건설진흥회, 1992.
문용식, 『朝鮮後期 賑政과 還穀運營』, 경인문화사, 2001.
민현구, 『朝鮮初期 軍事制度와 政治』, 한국연구원, 1983.
방상현, 『朝鮮初期 水軍制度』, 민족문화사, 1991.
배항섭, 『19世紀 朝鮮의 軍事制度 硏究』, 국학자료원, 2002.
백기인, 『朝鮮後期 國防論 硏究』, 혜안, 2004.

서태원, 『朝鮮後期 地方軍制研究』, 혜안, 1999.

손병규 등, 『통계로 보는 조선후기 국가경제』, 성균관대학교출판부, 2013.

손승철, 『朝鮮時代 韓日關係史研究』, 지성의 샘, 1994.

송양섭, 『朝鮮後期 屯田 硏究』, 경인문화사, 2006.

오붕근, 『조선수군사』, 사회과학원, 1998.

有馬成甫, 『朝鮮役水軍史』, 海と空社, 1942.

유재성, 『丙子胡亂史』 국방전사편찬위원회, 1986.

육군본부, 『한국군사사—조선전기』 I-5, 육군군사연구소, 2012.

육군본부, 『한국군사사—조선후기』 I-7, 육군군사연구소, 2013.

연갑수, 『대원군 집권기 부국강병책 연구』, 서울대학교출판부, 2001.

이정철, 『대동법, 조선 최고의 개혁』, 역사비평사, 2010.

이민웅, 『임진왜란해전사』, 청어람미디어, 2004.

이원식, 『한국의 배』, 대원사, 2003.

이태진, 『朝鮮後期의 政治와 軍營制 變遷』, 한국연구원, 1985.

이형석, 『壬辰戰亂史』 上·中·下, 壬辰戰爭史刊行委員會, 1974.

이훈, 『朝鮮後期 漂流民과 韓日關係』, 국학자료원, 2000.

장학근, 『朝鮮時代海洋防衛史』, 창미사, 1988.

전형택, 『조선 양반사회와 노비』, 문현, 2010.

정해은, 『한국 전통병서의 이해』 II, 국방부군사편찬연구소, 2008.

제임스 팔레 지음, 김범 옮김, 『유교적 경세론과 조선의 제도들—유형원과 조선 후기』
    1·2, 산처럼, 2007.

차문섭, 『朝鮮時代軍制研究』, 단국대학교출판부, 1973.

최석남, 『韓國水軍活動史』, 명양사, 1965.

최완기, 『朝鮮後期船運業史研究』, 일조각, 1997.

한명기, 『임진왜란과 한중관계』, 역사비평사, 1999.

한명기, 『정묘·병자호란과 동아시아』, 푸른역사, 2009.

연구논문

강만길, 「軍役改革論을 통해 본 實學의 性格」, 『동방학지』 22, 연세대학교동방학연구
    소, 1979.

강석화, 「朝鮮後期 咸鏡道의 親騎衛」, 『한국학보』 89, 一志社, 1997.

강석화, 「조선후기 平安道의 別武士」, 『한국사론』 41·42, 서울대학교국사학과, 1999.

강석화, 「조선후기 황해도 연안방위체계」, 『한국문화』 38, 서울대학교규장각한국학연구원, 2006.

구범진, 「병자호란 시기 강화도 함락 당시 조선군의 배치 상황과 청군의 전력」, 『東洋史學硏究』 141, 동양사학회, 2017.

권기중, 「『부역실총』에 기재된 지방재정의 위상」, 『역사와 현실』 70, 한국역사연구회, 2008.

김강식, 「개항기 해항도시 부산의 絶影島鎭 설치와 운영」, 『역사와경계』 90, 부산경남사학회, 2014.

김경옥, 「朝鮮後期 古群山鎭의 설치와 운영」, 『지방사와지방문화』 10-1, 역사문화학회, 2007.

김경옥, 「조선후기 태안 안흥진의 설치와 성안마을의 공간 구조」, 『역사학연구』 32, 호남사학회, 2008.

김경옥, 「16~17세기 古今島 인근의 海路와 水軍鎭 설치」, 『도서문화』 33, 목포대학교도서문화원, 2009.

김경옥, 「19세기 말엽 靑山島鎭의 재편과 해양 방어 체제의 변화」, 『지방사와 지방문화』 20-2, 역사문화학회, 2017.

김병륜, 「조선후기 선박의 櫓 구조와 軍船 格軍의 편성과 운용」, 『역사민속학』 54, 역사민속학회, 2018.

김병호, 「湖左水營誌의 역사지리학적 접근」, 『충무공 이순신과 한국 해양』 3, 해군사관학교해양연구소, 2016.

김상환, 「朝鮮後期 統制營의 公廨 建設―『統營誌』의 분석을 중심으로」, 『慶尙史學』 15·6, 경상대학교사학회, 2000.

김선경, 「17~18세기 山林川澤 절수에 관한 정책의 추이와 성격」, 『조선시대사학보』 15, 조선시대사학회, 2000a.

김선경, 「17~18세기 양반층의 山林川澤 사점과 운영」, 『역사연구』 7, 역사학연구소, 2000b.

김성우, 「17세기 전반 班常制의 확립과 士族支配構造의 정착」, 『조선사연구』 8, 조선사연구회, 1999.

김용국, 「田雲祥과 海鶻船」, 『학술원논문집』 13, 대한민국학술원, 1974.

김우철, 「조선후기 군사사의 현황과 과제」, 『조선 후기사 연구의 현황과 과제』, 창작과비평, 2000.

김의환, 「朝鮮後期 鹽業의 發展과 鹽業政策」, 충북대학교 박사학위논문, 2004.

김재근,「朝鮮王朝의 水軍」,『군사』 1, 국방부전사편찬위원회, 1980.

김재호,「朝鮮後期 中央財政과 銅錢—『賦役實摠』을 중심으로」,『경제사학』 44, 경제사학회, 2008.

김재호,「조선후기 군사재정의 수량적 기초—규모, 구성, 원천: 『賦役實摠』의 분석을 중심으로」,『조선시대사학보』 66, 조선시대사학회, 2013.

김종수,「17세기 軍役制의 推移와 改革論」,『한국사론』 22, 서울대학교국사학과, 1990.

김종수,「군산도와 고군산진의 역사」,『전북사학』 37, 전북사학회, 2010.

김준석,「柳馨遠의 政治·國防體制 改革論」,『동방학지』 77·78·79 합집, 연세대학교 국학연구원, 1993.

김현구,「朝鮮後期 統制使에 관한 연구—그 職任을 中心으로」,『부대사학』 9, 부산사학회, 1985.

김현구,「朝鮮後期 統制營의 財政運營에 관한 硏究—統營穀을 中心으로」, 부산대학교 박사학위논문, 1994.

김현구,「조선후기 統制營의 公廨 구성과 변천」,『역사와 경계』 83, 부산경남사학회, 2012.

김현구,「조선후기 통제영의 군정 운영과 전개」『조선시대 수군진 조사—경상좌수영 편』 IV, 국립해양문화재연구소, 2018.

노성호,「명종대 수군 강화 정책 연구」, 한림대학교 석사학위논문, 1996.

노영구,「조선 초기 水軍役과 海領職」, 서울대학교 석사학위논문, 1994.

노영구,「朝鮮增刊本 『기효신서』의 체제와 내용」,『군사』 36, 국방부전사편찬위원회, 1998.

노영구,「조선후기 군사 조련의 기본서 『병학지남』」,『정조대의 예술과 과학』, 문헌과해석, 2000.

노영구,「朝鮮後期의 兵書와 戰法의 연구」, 서울대학교 박사학위논문, 2002.

노영구,「18세기 騎兵 강화와 지방 武士層의 동향」,『한국사학보』 13, 고려사학회, 2002.

도주경,「18세기 奴婢 比摠制의 시행과 내시노비 혁파론의 대두」, 고려대학교 석사학위논문, 2017.

문광균,「17세기 경상도 지역 공물수취체제와 영남대동법의 실시」,『한국사학보』 46, 고려시대사학회, 2012.

문광균,「18세기 후반 경상도 재정 물류의 운영 구조—『부역실총』을 중심으로」,『역사와 현실』 90, 한국역사연구회, 2013a.

문광균,「영남대동법 시행 초기 지방재정의 개편과 그 성격」,『한국사연구』 161, 한국사연구회, 2013b.

문광균, 「조선후기 양산 甘同倉의 설치와 변천」, 『한국문화』 66, 서울대학교규장각한
　　국학연구원, 2014a.

문광균, 「17~18세기 경상도 세곡운송체계의 변화와 三漕倉의 설치」, 『대동문화연구』
　　86, 성균관대학교대동문화연구원, 2014b.

문광균, 「朝鮮後期 慶尙道 財政運營 연구」, 충남대학교 박사학위논문, 2015.

민덕기, 「동아시아 해금정책의 변화와 해양경계에서의 분쟁」, 『한일관계사연구』 42,
　　한일관계사학회, 2012.

박광성, 「紫燕島考」, 『畿甸文化硏究』 6, 인천교육대학 지역사회연구소, 1975.

박범, 「正祖代 壯勇營의 軍制와 財政 運營」, 고려대학교 박사학위논문, 2017.

박병주, 「朝鮮朝 水軍定額 및 水軍役攷」, 『논문집』 17, 여수수산전문대학, 1983.

박병주, 「肅宗朝의 『兩南水軍變通節目』攷」, 『논문집』 18, 여수수산전문대학, 1984.

박찬식, 「申櫶의 國防論」, 『역사학보』 117, 역사학회, 1988.

박세나, 「조선시대 전라우수영 연구」, 목포대학교 석사학위논문, 2010.

박재광, 「임진왜란기 거북선의 구조와 역할」, 『해양문화연구』 4, 전남대학교이순신해
　　양문화연구소, 2010.

방상현, 「朝鮮前期 水軍 軍役考」, 『경희사학』 11, 경희대학교사학회, 1983.

방상현, 「朝鮮初期 水軍硏究―鮮初 水軍世傳과 軍役 중심」, 『경희사학』 15, 경희대학
　　교사학회, 1988.

방상현, 「朝鮮後期 水軍統制使 硏究―水軍統制營設置背景을 중심으로」, 『국사관논
　　총』 17, 국사편찬위원회, 1990.

방기중, 「조선후기 軍役稅에 있어서 金納租稅의 전개」, 『동방학지』 50, 연세대학교국
　　학연구원, 1986.

변동명, 「조선시대의 突山鎭과 古突山鎭」, 『역사학보』 198, 역사학회, 2008.

배성수, 「肅宗初 江華島 墩臺의 축조와 그 의의」, 『조선시대사학보』 27, 조선시대사학
　　회, 2003.

배성수, 「해양과 방어체제―조선후기 관방을 중심으로」, 『바다와 섬, 인천에서의 삶』,
　　인천광역시역사자료관, 2008.

백승철, 「17~18세기 軍役制의 變動과 運營」, 『이재룡박사환력기념한국사학논총』, 이
　　재룡박사환력기념한국학논총간행위원회, 1990.

서태원, 「壬辰倭亂 및 孝宗의 北伐論이 內政에 끼친 영향―磻溪 柳馨遠의 軍役制改革
　　論을 중심으로」, 『국사관논총』 80, 국사편찬위원회, 1998.

서태원, 「朝鮮後期 忠清道 平薪鎭 研究」, 『중앙사론』, 34, 중앙사학연구회, 2012.

서태원, 「朝鮮後期 忠清道 安興鎭의 設置와 變遷」, 『역사와실학』 50, 역사실학회, 2013a.

서태원, 「조선후기 충청도 安興鎭의 구조와 기능」, 『역사와실학』 52, 역사실학회, 2013b.

서태원, 「朝鮮時代 忠清道 所斤浦鎭의 변천」, 『역사와 실학』 61, 역사실학회, 2016a

서태원, 「朝鮮後期 忠清道 所斤鎭의 구조와 기능」, 『사학연구』 124, 한국사학회, 2016b.

서태원, 「조선시대 충청도 馬梁鎭 연구」, 『한국문화』 81, 서울대학교규장각한국학연구원, 2018.

손병규, 「조선후기 국가재원의 지역적 분배―『賦役實摠』의 上下納 세물을 중심으로」, 『역사와 현실』 70, 한국역사연구회, 2008.

손형부, 「19세기 초·중엽 海防論과 朴珪壽」, 『전남사학』 7, 전남사학회, 1993.

송기중, 「17세기 수군방어체제의 개편」, 『조선시대사학보』 53, 조선시대사학회, 2010.

송기중, 「17~18세기 전반 水軍役制의 운영과 변화―『兩南水軍變通節目』을 중심으로」, 『대동문화연구』 76, 성균관대학교대동문화연구원, 2011.

송기중, 「균역법 실시와 수군 급대의 운영」, 『역사학보』 218, 역사학회, 2013.

송기중, 「균역법 실시 이후 통영곡 운영의 변화」, 『한국문화』 66, 서울대학교규장각한국학연구원, 2014.

송기중, 「반계 유형원의 수군제도 개혁론」, 『대동문화연구』 87, 성균관대학교대동문화연구원, 2014.

송기중, 「17~18세기 수군 軍船의 배치 변화와 개선 방안」, 『동방학지』 169, 연세대학교국학연구원, 2015a.

송기중, 「대동법 실시와 軍船役 규정의 정비」, 『조선시대사학보』 72, 조선시대사학회, 2015b.

송기중, 「균역법 실시와 어영청 재정 운영의 변화」, 『역사와 현실』 102, 한국역사연구회, 2016.

송기중, 「균역법의 실시와 균역청의 병조 급대 시행」, 『朝鮮時代史學報』 82, 조선시대사학회, 2017.

송양섭, 「조선후기 군역제 연구현황과 과제」, 『조선 후기사 연구의 현황과 과제』, 창작과비평, 2000.

송양섭, 「17세기 江華島 방어체제의 확립과 鎭撫營의 창설」, 『한국사학보』 13, 고려사학회, 2002.

송양섭, 「17·19세기 아병의 창설과 기능」, 『조선시대의 과거와 벼슬』, 집문당, 2003.

송양섭, 「효종의 북벌 구상과 군비 증강책」, 『한국인물사연구』 7, 한국인물사연구회, 2007.

송양섭, 「조선후기 재정사 연구와 『부역실총』」, 『역사와 현실』 70, 한국역사연구회, 2008.

송양섭, 「균역법 시행과 균역청의 재정 운영—급대 재원의 확보와 운영을 중심으로」, 『영조의 국가정책과 정치이념』, 한국학중앙연구원출판부, 2012.

송양섭, 「반계 유형원의 '公' 이념과 이상국가론」, 『조선시대사학보』 64, 조선시대사학회, 2013a.

송양섭, 「반계 유형원의 공전제론과 그 이념적 지향」, 『민족문화연구』 58, 고려대학교 민족문화연구원, 2013b.

송양섭, 「반계 유형원의 奴婢論」, 『한국인물사연구』 19, 한국인물사연구회, 2013c.

송양섭, 「19세기 거제도 舊助羅 촌락민의 職役變動과 家系繼承 양상—『項里戶籍中草』를 중심으로」, 『한국문화』 67, 서울대학교규장각한국학연구원, 2014.

송혜영, 「동래지역 읍·영·진성의 공간 구조와 관아 시설에 관한 연구」, 부산대학교박사학위논문, 2017.

신재덕, 「忠淸水營에 關한 硏究」, 『대보문화』 2, 大保文化硏究會, 1992.

신윤호, 「『호좌수영지』를 통해 본 전라좌수군의 운영과 충무공 현창」, 『충무공 이순신과 한국 해양』 3, 해군사관학교해양연구소, 2016.

신윤호, 「임진왜란 시기 충청수군의 편제와 운용」, 『역사와실학』 68, 역사실학회, 2019.

심승구, 「壬辰倭亂 중 武科의 運營實態와 機能」, 『조선시대사학보』 1, 조선시대사학회, 1997.

심승구, 「朝鮮初期 都試와 그 性格」, 『한국학보』 16권3호, 일지사, 1990.

양흥숙, 「조선후기 東萊 지역과 지역민의 동향—倭館 교류를 중심으로」, 부산대학교박사학위논문, 2009.

오인택, 「朝鮮後期 癸卯·甲戌量田의 推移와 性格」, 『부대사학』 19, 부산사학회, 1995.

오종록, 「조선시기 군사사 연구의 동향 2001~2004」, 『군사』 53, 국방부전사편찬위원회, 2004.

오일주, 「조선후기 재정구조의 변동과 환곡의 부세화」, 『實學思想硏究』 3, 무악실학회, 1992.

연갑수, 「丙寅洋擾와 흥선대원군 정권의 對應—『巡撫營謄錄』을 중심으로」, 『군사』 33, 국방부전사편찬위원회, 1996.

유현재, 「湖左水營誌의 소장 경위 및 자료적 가치」, 『충무공 이순신과 한국 해양』 3, 해

군사관학교해양연구소, 2016.

이근호, 「숙종대 중앙군영의 변화와 수도방위체제의 성립」, 『조선후기의 수도방위체제』, 서울학연구소, 1998.

이민웅, 「18세기 江華島 守備體制의 强化」, 『한국사론』 34, 서울대학교국사학과, 1995.

이민웅, 「17·8세기 水操 運營의 一例 考察—慶尙左水營 水操笏記를 중심으로」, 『군사』 38, 국방부전사편찬위원회, 1999.

이병혁, 「전라도 장흥도호부 水軍 萬戶鎭 會寧浦 연구」, 『호남문화연구』 61, 전남대학교호남학연구원, 2017.

이선희, 「조선후기 황해도 水營의 운영」, 『한국문화』 38, 서울대학교규장각한국학연구원, 2006.

이은호, 「壬辰倭亂 이후 朝鮮의 對日 방어대책과 水軍」, 고려대학교 석사학위논문, 2010.

이우연, 「『賦役實摠』에 나타난 조선후기 지방재정의 규모와 특질」, 『경제사학』 48, 2010.

이욱, 「18세기 말 서울 商業界의 변화와 政府의 對策」, 『역사학보』 142, 역사학회, 1994.

이욱, 「18세기 서울의 木材商과 木材供給」, 『鄕土서울』 56, 서울特別市史編纂委員會, 1996.

이장희, 「朝鮮前期 邊界守禦와 土兵」, 『군사』 2, 국방부전사편찬위원회, 1981.

이재경, 「三藩의 亂 전후(1674~1684) 조선의 정보 수집과 정세 인식」, 『한국사론』 60, 서울대학교국사학과, 2014.

이재룡, 「朝鮮前期의 水軍—軍役關係를 中心으로」, 『한국사연구』 5, 한국사연구회, 1970.

이홍두, 「병자호란 전후 江都의 鎭堡 설치와 관방 체계 확립」, 『인천학연구』 9, 인천대학교 인천학연구원, 2008.

임성수, 「朝鮮後期 戶曹의 財政運營 硏究—加入·鑄錢을 중심으로」, 고려대학교 박사학위논문, 2019.

장동익, 「1633년 京畿水使 崔震立의 解由文書에 대한 一檢討」, 『대구사학』 26, 대구사학회, 1984.

장원주, 「17세기 朝鮮의 海防體制와 水操運用」, 중앙대학교 석사학위논문, 2012.

조정기, 「農圃子 鄭尙驥의 國防論」, 『부산사학』 7, 부산사학회, 1983.

정만조, 「肅宗朝 良役變通論의 展開와 良役對策」, 『국사관논총』 17, 국사편찬위원회, 1990.

정연식, 「17·18세기 良役均一化政策의 推移」, 『한국사론』 13, 서울대학교국사학과, 1985.

정진술, 「조선후기 거북선의 구조―『이충무공전서』의 龜船圖說을 중심으로」, 『해양문화연구』 4, 전남대학교이순신해양문화연구소, 2010.

정청주, 「전라좌수영의 역사」, 『전라좌수영의 역사와 문화』, 순천대학교박물관, 1993.

제장명, 「정유재란 시기 해전과 조선 수군 운용」, 부산대학교 박사학위논문, 2014.

조낙영, 「『부역실총』을 통해 본 경기의 재원 특성 및 운영 구조」, 『역사와 현실』 90, 한국역사연구회, 2013.

차문섭, 「壬亂 以後의 良役과 均役法의 成立」 上·下, 『史學研究』 10·11, 한국사학회, 1961.

차문섭, 「朝鮮後期 兵馬防禦營 設置考」, 『국사관논총』 17, 국사편찬위원회, 1990.

최성민, 「조선후기 군사 체제 변화에 따른 수군진성의 건축적 특성에 관한 연구―경상우수영을 중심으로」, 명지대학교 석사학위논문, 2015.

최주희, 「조선후기 宣惠廳의 운영과 中央財政構造의 변화―재정기구의 합설과 지출구조의 변화를 중심으로」, 고려대학교 박사학위논문, 2014.

최주희, 「균역법 시행 전후 訓鍊都監의 재원 확보 양상」, 『역사와 현실』 102, 한국역사연구회, 2016.

천관우, 「磻溪 柳馨遠 研究」 上·下, 『역사학보』 2·3, 역사학회, 1952.

한영국, 「湖西에 實施된 大同法―大同法 研究의 一齣」 上·下, 『歷史學報』 13·14, 1960·1961.

한영국, 「湖南에 實施된 大同法―湖西 大同法과의 比較 및 添補」 一·二·三·四, 『歷史學報』 15·20·21·24, 역사학회, 1961·1963·1964.

한영국, 「大同法의 實施」, 『한국사』 13, 국사편찬위원회, 1976.

허태구, 「丙子胡亂의 정치·군사사적 연구」, 서울대학교 박사학위논문, 2008.

허태구, 「丙子胡亂 江華島 함락의 원인과 책임자 처벌―金慶徵 패전책임론의 재검토를 중심으로」, 『진단학보』 113, 진단학회, 2011.

홍성구, 「청조 해금 정책의 성격」, 『한중일 해양 인식과 해금』, 동북아역사재단, 2007.

황미숙, 「조선후기 木材需要의 증대와 國用材木의 조달」, 『전농사론』 2, 서울市立大學校國史學科, 1996.

찾아보기